城市轨道交通专业培训系列教材

城市轨道交通
设备调度

上海申通地铁集团有限公司
轨 道 交 通 培 训 中 心　编著

中 国 铁 道 出 版 社

2 0 1 2 年·北 京

图书在版编目(CIP)数据

城市轨道交通设备调度/上海申通地铁集团有限公司轨道交通培训中心编著．—北京：中国铁道出版社，2012.9

城市轨道交通专业培训系列教材

ISBN 978-7-113-15210-9

Ⅰ.①城… Ⅱ.①上… Ⅲ.①城市铁路—设备—调度—技术培训—教材 Ⅳ.①U239.5

中国版本图书馆 CIP 数据核字(2012)第 190367 号

书　　名：城市轨道交通专业培训系列教材
城市轨道交通设备调度

作　　者：上海申通地铁集团有限公司轨道交通培训中心

策划编辑：殷小燕

责任编辑：殷小燕　　**电话**：(010)51873147

封面设计：崔丽芳

责任校对：张玉华

责任印制：陆　宁

出版发行：中国铁道出版社(100054，北京市西城区右安门西街 8 号)

网　　址：http://www.tdpress.com

印　　刷：三河市兴达印务有限公司

版　　次：2012 年 9 月第 1 版　2012 年 9 月第 1 次印刷

开　　本：787 mm×960 mm　1/16　印张：19　字数：351 千

印　　数：1～3 000 册

书　　号：ISBN 978-7-113-15210-9

定　　价：30.00 元

《城市轨道交通设备调度》
编写人员

主　　编：张凌翔
主　　审：王晓保　朱永赤
编写人员：朱利敏　庄毅华　张　军　袁志骞　于　伟
顾　冲　罗　峥　郭子欢　陈丽萍　李培松
阔　康　康　伟　张建华

序

随着城市化进程的加快，城市“出行难”的社会问题越来越突出。在“以人为本、公交优先”方针指引下，城市轨道交通因运能大、速度快、安全准点、节约资源、保护环境等优点，日益成为广大市民出行的首选，深受市民欢迎。当前我国的城市轨道交通正处在大发展、大建设时期：北京、上海等大城市的轨道交通已率先由单线运营进入了网络化运营；其他城市的轨道交通网络化建设规划也在不断深化和完善。便捷的城市轨道交通运营网络在为市民带来出行便利的同时，也为轨道交通运营部门带来了新的管理课题。

城市轨道交通的自身特点决定了：一旦开通运营，就必须持续保持高度的安全性、可靠性和服务的人性化。网络化运营带来的客流迅猛增长，对客运组织和客运服务提出了高要求。城市轨道交通的发展需要有一大批专业人才，急需有一套能满足城市轨道交通网络化运营要求的人才培训教材。

这套《城市轨道交通专业培训系列教材》是以上海城市轨道交通十余年运营实践为基础并结合全国轨道交通发展状况，推出的面向国内、面向未来的教材。城市轨道交通多专业“联动”的要求决定了专业技术人才的“一专多能”要求，因此本“系列丛书”既是城市轨道交通各专业人员的入门和提升培训教材，也能满足非本专业人员对其他专业的业务进修。

坚持科学发展观，提高自主创新能力。把多年积累的地铁各专业运营管理与维护方面的经验及解决实际问题的思路和方法，由多位具有运营实践的专业技术人员提炼总结，汇编成书，期望能给轨道交通运营管理与维护人员以启迪和帮助。

“源于实践、高于实践”，“符合国情”是本套丛书的两大特点，不但可以满足当前运营管理培训的需要，也为今后的城市轨道交通网络化发展的管理提出了新的思考和知识点。随着城市轨道交通不断引进新技术，随着运营管理的要求越来越高，虽然书中阐述的技术和管理的基本原理是相同的，但是《城市轨道交通专业培训系列教材》必然还要在实践中不断补充实例、不断完善，希望本套丛书能真正成为技术和管理人员的“良师益友”。

编委会

2009年10月

前　　言

随着我国国民经济的不断发展，各大城市的轨道交通建设均进入快速发展期，城市轨道交通运能大、能耗低、污染少、速度快、安全、准点的优点，使其成为深受人民欢迎的城市交通工具。北京、天津、上海、广州、深圳、南京、沈阳、成都、杭州、西安、苏州、无锡、昆明等20多个城市均在加紧进行轨道交通建设。

城市轨道交通是集线路、车辆、供电、通信信号、自动售检票、运营管理等专业工种于一体的综合系统；新工艺、新技术在城市轨道交通各个专业得到充分地运用；城市轨道交通职业是新的职业工种，所以对从业职工的岗前培训、岗位培训以及技能考核，成为城市轨道交通职业教育的重要任务。

《城市轨道交通设备调度》是在结合上海轨道交通十余年运营的经验，由工作在第一线的具有丰富调度经验的设备调度员及专业的设备管理部门撰写。该教材从设备调度的两个组成部分电力调度和环控调度出发，主要介绍了供电系统设备和环控机电设备系统的概况，电力调度和环控调度岗位的工作内容和职责，并总结了轨道交通突发情况下设备调度员应急处置的流程、工作要求。此外，本教材还对轨道交通调度各岗位常用设备的功能和使用要求作了汇总和介绍。作为一本面向城市轨道交通设备调度员的教材，理论联系实际是这本教材的特色。

本书在编写过程中得到上海申通地铁集团公司技术研究中心、运营管理中心、维护保障中心的大力支持和指导，在此表示衷心的感谢！

本书不仅是城市轨道交通职工培训教材，也可以作为城市轨道交通大专院校、职业学校学生的教学参考用书。

编　者

2012.1于上海

目　　录

第1章 运营安全

1.1 轨道交通发展概况

1863年,世界上第一条地铁诞生在英国伦敦。现在,世界各国建造城市轨道交通方兴未艾,新系统、新形式层出不穷。到20世纪末,轨道交通已经在英国、法国、德国、美国、俄罗斯、日本等20多个国家发展成熟,在城市交通中担负着主要的交通运输任务。

我国第一条地铁于1969年在北京建成,1995年上海建成地铁1号线。

改革开放以来经济快速、持续、稳定的增长,增强了城市的综合实力,加快了城市化进程。城市人口的集聚和城区面积的扩大,带来了出行总量的增加及出行距离的延长,常规的公共汽车已无法满足居民的出行需求,交通的发展使得各大城市均把建设大容量的快速轨道交通作为解决城市交通问题的最主要技术政策。由于轨道交通建设投资巨大,建设周期又长,国家对城市轨道交通立项审批制度把关较严,各城市从筹建立项开工到正式运营,往往需要10年以上时间。但近年来,轨道交通在国内仍是飞快的发展。

下列一组数据很好的说明了轨道交通目前的发展态势,自1995年上海轨道交通1号线投入运营以来,上海轨道交通现已建成投入运营的线路11条,运营线路总长达425 km,共280座车站。其中,有79座车站构成33个换乘节点(注:4线换乘1座、3线换乘7座),基本形成网络化运营格局,如图1.1所示。全网现有控制中心9座,维修基地及停车库18座,列车配属数达462列2 878辆。2010年全网完成运送客流达到19亿人次,日均客流达到521万人次,同比2009年增长45%,承担客运量约占全市公交出行总量的34%。2011年1至9月,全网日均客运量569万人次,较去年同期增长12%。全网单日最高客流754.8万人次。到2012年底,会形成13条线路,而在未来3年内,9号线三期、11号线北段二期、11号线南段、12号线东段和13号线西段5个轨道交通项目建成后,网络运营里程将达650 km。

城市轨道交通是服务于城市内部,有独立的专用轨道,独立运行的客运系统,典型的形式有地铁、轻轨、有轨电车、市郊铁路等,平均运行速度一般为25~65 km/h,高峰小时单向断面客流量不小于1万人次。按国家标准,城市快速轨道交通一般分为三个等级:

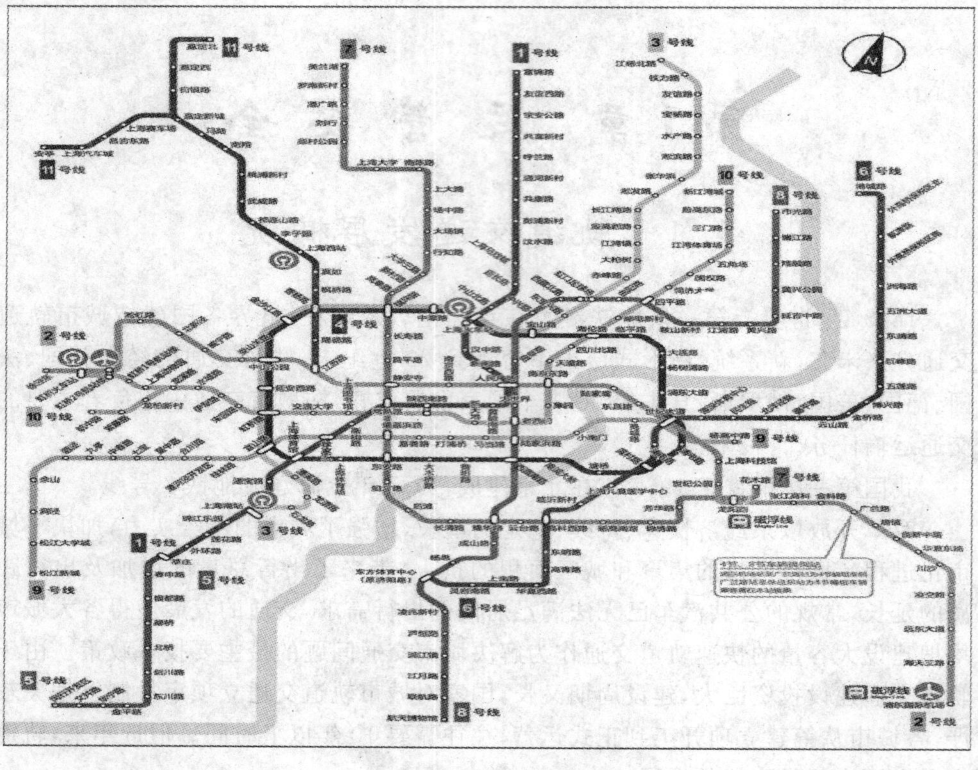

图 1.1　上海轨道交通网络示意图

(1)高运量快速轨道交通:单向客运能力在 5 万人次/h 以上;

(2)大运量快速轨道交通:单向客运能力在 3 万至 5 万人次/h;

(3)中运量快速轨道交通:单向客运能力在 3 万人次/h 以下。

地铁和轻轨是城市快速轨道交通最常见的表现形式。从等级上分,地铁属高、大运量,轻轨属中运量。现在的地铁已不是"地下的铁路"。地铁既可以是埋在地下,也可以是高架或地面敷设,像上海轨道交通 3 号线(明珠线)就是地铁。地铁单向运能大于 3 万人次/h,属高、大运量轨道交通,车厢较宽,一般采用 A、B 型车(宽分别为 3.0 m、2.8 m),适用于人口规模 300 万人以上的城市。轻轨交通是一种中运量的轨道交通系统,采用的车厢较窄,一般为 C 型车(宽 2.6 m)。

1.2　轨道交通运营安全

城市轨道交通是城市公共交通重要组成部分之一,其建设投资额度巨大,施工周期长,环境因素复杂,风险大。由于城市轨道交通系统是一个独立的、封闭的系统,其结构复杂且客流密集,一旦发生灾害事故就会形成比较严重的后果,甚至可以导致城市和区域经济和社会功能的瘫痪，因此城市轨道交通的安全问题一直得到广泛的关注，近年来，全球轨道交通事故频发，下面为近年来轨道交通内发生灾害事故及造成的损失统计，1991 年德国柏林发生地铁火灾，18 人送医院急救；1995 年 3 月 20 日，日本奥姆真理教在东京地铁站段投放沙林毒气，造成 5 500 多人受伤，10 多人死亡的惨剧；2003 年 1 月英国伦敦发生地铁列车撞月台引起大火事故，至少造成 32 人受伤；2003 年 2 月 18 日，韩国大邱地铁发生人为纵火案，导致 192 人死亡，147 人受伤，直接经济损失约 5 000 亿韩元；同年 7 月 1 日，正在施工中的上海地铁四号线发生特大涌水事故，致使地面发生沉降，引起隧道部分结构损坏及周边地区地面沉降，造成 3 幢楼房严重倾斜、下沉，直接经济损失约为 1.5 亿元人民币；2004 年 9 月 25 日，广州地铁二号线延长线发生大面积塌方事故，造成一辆挖泥车被淹没，3 辆摩托车跌入基坑，附近数千居民处于停水状态。2004 年 2 月 6 日莫斯科市中心一地铁列车在上班高峰时间发生爆炸，至少 40 人在爆炸中死亡，数十人受伤。2007 年 5 月 8 日，上海地铁三号线中山公园站站厅内一商铺起火，所幸没有造成人员伤亡等，这仅仅是城市轨道交通系统近年来灾害事故的发生情况。

如何确保城市轨道交通安全，在突发情况下，发挥调度的统筹作用，城市轨道交通调度所的部门功能必须得到极大的发挥。

调度所是运营体系中运营生产指挥部门，负责公司所辖各条轨道交通线路行车、电力、消防环控及客运相关系统等的运行调度和突发事件处理工作。其职责范围为：组织制订行车、设备调度规程，参与地铁运营技术管理、行车组织等规程及突发事件预案的编制，并组织实施。组织、控制有关行车人员按运行图行车，遇到列车晚点和突发事件，及时采取调整措施，迅速恢复正常运行。密切注意客流动态，并按规定负责下令和通知自动售检票系统有关单位实行相关运营方案。负责行车、设备事故及突发事件的救援抢修的调度指挥，采取有效措施，防止事故扩大，尽快恢复正常运行；并按事故报告程序，及时做好上报和下达工作。负责编制及组织实施地铁正线的施工、抢修及工程、调试列车的作业计划。建立健全运营生产、调度指挥等各项原始记录及统计，分析报表，准确、及时地传达、执行上级有关运营的指示，接受基层单位的情况上报，做好地铁运行的协调工作。

本书通过对城市轨道交通调度所部门内设备调度进行详细的描述，包括从设备调度需要掌握的基础知识、管理以及选拔条件等方面说明，从而促进一名设备调度的成长，让设备调度在城市轨道交通的运营中发挥更大的作用。

第2章　调度指挥架构和设备

本章节主要介绍了城市轨道交通的调度指挥架构，对电力调度、环控调度、运营调度及维保专业调度的工作范围进行逐一说明，并对电力调度和环控调度的指挥通信设备进行描述。

2.1　调度指挥架构

轨道交通运营指挥体系包括路网管理层、线路控制层和线路执行层。

路网管理层(轨道交通网络协调与应急指挥室，简称 COCC)：负责全路网的运营监控、统筹管理，是企业内部负责实时监督、协调日常运营生产工作的最高部门。

线路控制层(轨道交通各条线路的控制中心，简称 OCC)：负责行车、电力、环控专业的组织实施、突发事件时运行方案的落实。

线路执行层(车站值班员、变电站值班员)：负责线路行车、供电、环控专业的组织实施、突发事件时运行方案的执行。

2.1.1　电力调度

1. 电力调度功能

轨道交通供电网络是指供电电源取自于地区电网，通过轨道交通供电系统实现输电、变电和配电，以供应轨道交通的牵引用电和动力、照明用电。

轨道交通电网运行采用集中式供电方式，并实行“统一调度、分级管理”。轨道交通电力调度机构是电网运行的组织、指挥、指导和协调机构，设立中央级电力调度员、设备管理部门的生产调度、车站级变电站值班员、值守点人员，为二级运行管理模式。城市轨道交通电力调度(以下简称“电调”)是负责城市轨道交通供电系统系统运行、检修、施工作业和事故处理的指挥人员。在调度业务活动中，变电站值班员、值守点人员必须服从电力调度统一指挥，以确保整个电力系统的安全、有序、经济运行。

2. 电力调度指挥架构

电力调度指挥架构，如图 2.1 所示。

3. 电力调度职责

(1)认真贯彻执行有关规章、制度、命令和上级指示。执行供电协议中有关条文。

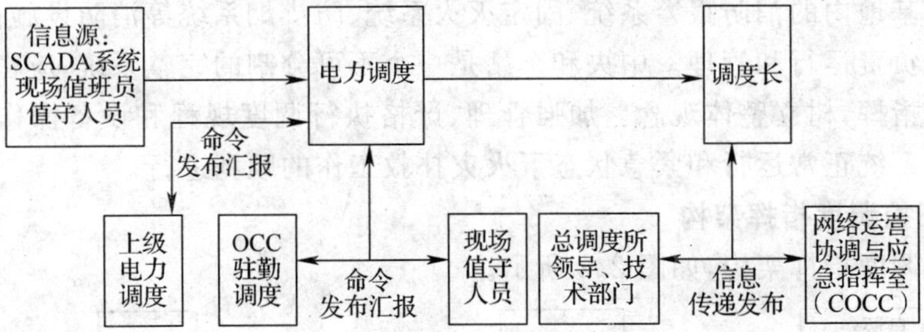

图 2.1　电力调度指挥架构图

(2)监控整个轨道交通供电系统安全运行和连续供电。充分发挥轨道交通供电设备能力,满足各类设备的用电需求。

(3)对管辖范围内的设备进行倒闸操作管理。

(4)监控指挥供电系统的设备运行和操作,审批供电设备的检修作业,正确、迅速、果断地指挥供电设备的故障处理。

(5)负责对轨道交通供电系统的电压调整、继电保护调整的遥控操作、安全自动装置停用/启用等运行管理,并由变电站值班员现场确认。

(6)根据《施工检修通告》和计划检修、计划抢修的要求,组织设备的检修和施工,并负责审核施工检修申请单、填写操作票。

(7)指挥并参与轨道交通供电系统内的事故处理(特殊情况除外),参加事故分析,制定提高系统安全运行的措施。

(8)管辖范围内的设备检修作业,进行合理安排,并批准轨道交通供电系统设备的检修申请。

2.1.2　环控调度

1. 环控调度功能

环控调度员(以下简称"环调")负责消防、环控等机电设备运营和管理工作,主要是通过火灾报警系统 (Fire Alarm System,以下简称"FAS")、轨道交通机电设备监控系统(Electrical and Mechanical Control System,以下简称"EMCS")或轨道交通综合监控系统(Integrated Supervision Control System,以下简称"ISCS")、气体自动灭火系统、给排水系统、通风空调系统的运行情况,指挥机电设备实现安全、高效、经济的运行,为乘客提供安全、舒适的乘车环境。在轨道交通区域内发生火灾时,环控调度员通过控制或指挥相关的消防设施、设备进入火灾工况模式,协助、配合火灾扑救工作,确保乘客和工作人员的生命安全和财产安全。

轨道交通消防及环控等机电设备的运行管理实行集中指挥、分级管理的运行体制,设立中央级环控调度员和车站级值班员(或基地消防值班员)二级运行管理。

轨道交通基地内的消防报警系统、固定灭火系统、防排烟系统等消防设施由基地消防值班员负责运行和管理。中央和车站是一个不可分割的完整系统,应密切配合,服从统一指挥,树立整体观念。加强管理、严格执行调度规程和设备操作手册,以确保整个系统正常运行和紧急状态下火灾扑救工作的顺利进行。

2. 环控调度指挥架构

环控调度指挥架构,如图 2.2 所示。

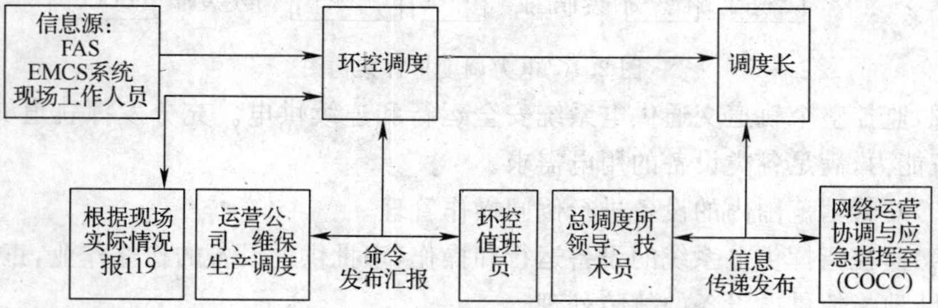

图 2.2 环控调度指挥架构图

3. 环控调度职责

(1)通过 FAS、EMCS 中央级工作站或 ISCS 综合监控工作站监视车站消防报警设备、通风、空调、隧道通风设备和装置、气体自动灭火系统、给排水等机电设备的运行状态,以及需要中央远程监控的安全设施(如隧道区间事故风机)。

(2)负责在突发事件情况下,现场值班员进行前期处置的指挥工作。

(3)及时发现系统中出现的故障,并及时通报设备主管单位进行维修或抢修。设备故障对安全运营带来隐患的,还应及时作出调整,在日志和交接班中详细记录,并且每班做好安全交底工作。

(4)负责监视所有车站的火灾报警情况,确保火警及时被确认和处置。

(5)负责在轨道交通灾害、大客流、列车阻塞等紧急情况下的环控系统的指挥及监控工作,确保相关设备在紧急情况下能够正常运行,协助抢修救灾工作。

(6)负责对 FAS、EMCS、气体自动灭火系统及水消防设备的故障处理、检修、施工等配合工作,并要求车站值班员对其施工过程进行安全监控,确保施工对运营的影响降到最低。

(7)中央级 FAS、EMCS 设备故障时,环控调度员要求车站值班员加强本站各机电设备的监控,突发事件时应立即报告调度,由调度根据现场情况进行指挥或授权车站值班员进行处理。

(8)负责定期对运营线路的隧道通风设备和装置进行中央联动试验,定期、定时收集设备运行数据及信息,记录及跟踪设备故障的处理情况。

(9)负责将所辖设备的运行情况和资料、故障报告及作业信息进行汇总,填写各类当班报表，由控制中心定期将运行统计、分析材料报运营技术管理部。

2.1.3　运营调度

1. 运营调度功能

运营调度员是城市轨道交通运输组织指挥系统的中枢神经，是按照计划列车运行图的要求开展行车调度指挥工作，并根据各线路客流变化及时调整部分区段的运能安排，合理使用生产资源，实行 24 h 不间断的指挥、协调、监督与控制，保障运营安全与质量，确保运营生产的顺利实施。运营调度负责运营事故以及其他运营突发事件的处置、抢险指挥与协调工作，以减少影响与损失，以迅速恢复正常运行为前提，及时采取一切有效措施控制事件发展态势。同时也负责轨道交通管辖范围内的施工检修施工计划管理，协调各单位、各专业间的作业计划安排与配合工作，合理分配检修作业时间、空间资源，并组织计划实施。

2　运营调度指挥架构

具体内容如图 2.3 所示。

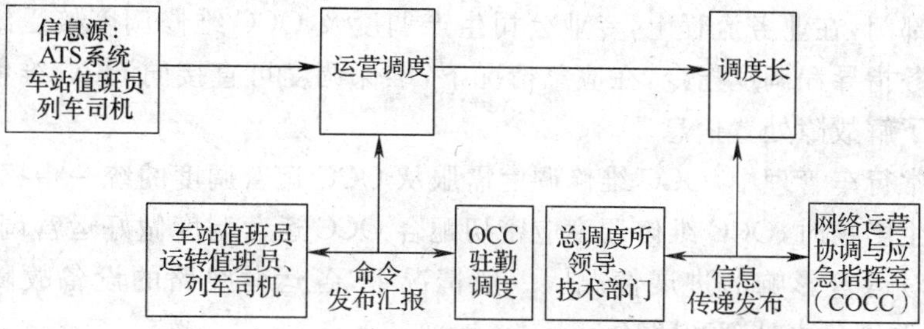

图 2.3　运营调度指挥架构图

3. 运营调度职责

(1)负责所辖各条线路的行车系统运营监控和调度指挥，按运营生产计划与列车运行图指挥行车，并根据客流变化及时调整运力安排，合理使用生产资源。严格执行有效规章、制度与工作纪律，确保实现总调度所运营生产质量方针与目标。

(2)负责突发事件的应急调度指挥与运营信息流转工作，做好抢险指挥工作，调动相关单位人员赶赴现场，采取有效措施减少影响与损失，尽快恢复正常运行秩序；收集事件发生与发展情况，做好信息整理上报，并按事件报告要求，完成情况汇总、数据统计与分析工作。

(3)负责上海地铁管辖范围内施工检修计划的管理与实施，受理所辖区域行车、电力施工作业申请与计划编制、审核与发布工作；按照运营技术管理部审核批复意见、技术措施要求，开展专项与大修改造项目。

(4)负责管辖运营系统设备的监控，做好设备故障情况的缺陷记录、报修与状态追踪，及时改变设备运行方式与人为干预措施，维持系统运行。

(5)负责按质量管理要求、积极开展质量管理活动；真实、完整记录运营生产与调度工作情况，及时生成、发布各类日常运营报表；按时做好运营数据的统计、上报工作；定期分析生产运行情况，及时采取纠正预防措施，评估技术管理质量。

(6)参与运营技术管理部组织的运营演练项目，协助运营技术管理部门制定有关规章，落实、执行上级下发的各类技术文件、规章，做好文件有效性控制，不断评估技术管理质量，并及时予以反馈。

2.1.4 维修调度

1. 设备维护单位调度功能

城市轨道交通维护保障部门包含车辆公司、通号公司、供电公司、工务公司以及后勤公司，每个专业公司都有自己的专业生产调度。同时 OCC 控制中心也分别有一名维修调度，由通号、车辆和供电专业人员组成，专业管辖范围包括：车辆、通号、供电、工务、后勤。维保中心还设立维保中心调度，是维保中心调度系统的调度业务主管部门，在业务流程上，专业公司生产调度及 OCC 维修调度接受维保中心调度的业务指导和调度指令，在应急情况下，维保调度可直接向 OCC 维修调度下达指令和了解故障处置信息。

在日常行车管理中，OCC 维修调度需服从 OCC 运营调度的统一指挥，在故障对运营产生影响时，OCC 维修调度应密切配合 OCC 运营调度做好运营调整，同时掌握故障对运营影响的进展情况。一般情况下，各运营线路的设备故障信息由 OCC 维修调度负责处理和闭环。

2. OCC 维修调度在应急状态下的处置流程

(1)正线发生运营设备故障时，OCC 运营调度员向维保 OCC 维修调度发布相关指令或抢修令，并在网络运营设施设备故障接报系统上登录相关故障信息。

(2)维保中心 OCC 维修调度在接到相关指令或抢修令后，第一时间调度本线路抢修力量，通知各维护部负责人及相关抢修点(日检点)人员并协调总调客运的行车指挥与现场故障抢修，在确保行车安全的前提下，按先通后复位的原则，缩小故障处理时间，减少运营影响。同时维保中心 OCC 维修调度应及时将有关故障信息通知维保中心调度及相关专业公司生产调度。

(3)当发生工务、供电类故障时，原则上 OCC 专业驻勤依然接报故障信息并通知相关专业人员。

(4)维保中心调度及相关专业公司生产调度在接报情况后，应及时通过电话及短信通知相关领导。

(5)维保中心 OCC 维修调度应密切关注故障现场的处置进程，并与维保中心调度保持密切联系，及时通报现场的处置情况，维保中心调度视情况考虑是否要求维保中心 OCC 维修调度进一步安排力量至现场增援。与此同时，维保中心调度需即时发布各类处置情况信息。

(6)发生突发运营事故(件)后，在应急抢险抢修处置过程中遵循“及时响应、安全第一、运营优先、快速处置”的原则。当发生重大故障及运营事故(件)时，OCC 维修调度应第一时间了解故障信息和运营现状，按故障类别的划分界面先电话通知相关维护部及抢修点(日检点)人员，后电话通知维保中心调度和专业公司调度。

(7)在处理重大故障及运营事故(件)时，OCC 维修调度需第一时间了解故障修复情况、抢修人员响应和到位情况、故障修复情况和当前运营模式等信息，按每 5 min 一次的间隔通知维保中心调度及专业公司调度并做好书面记录以备专报所用。

(8)故障修复后，维保中心 OCC 维修调度应及时将修复情况报 OCC 行车调度、维保中心调度和相关专业公司生产调度。由维保中心调度和相关专业公司生产调度负责进行修复信息的发布。

2.2　设备调度与内部人员的工作接口

电力调度员和环控调度员在线路控制层，即控制中心内部统称为设备调度，即设备调度必须同时了解电力和环控两个系统的专业知识。

2.2.1　设备调度与调度长的工作接口

设备调度在工作中必须服从调度长的统一指挥，完成运营指挥任务。

在故障、事件或事故的情况下，设备调度有责任提出电力、环控系统处理方案和协助调度长制定应急处置方案，并组织实施。

2.2.2　设备调度与运营调度的工作接口

1. 电力调度

接触网发生事故跳闸，影响列车正常运行时，电力调度应立即与运营调度联系，查找事故原因，尽快恢复对接触网的供电。

当运营期间需接触网停电处理时，电力调度应积极与运营调度配合，确定停电区段和采取安全措施。

2. 环控调度

因特殊情况，需加开客车或客车晚点延误收车时间，运营调度应及时通知控制中心设备调度，提早或推迟开启和关闭车站空调大系统。

开启隧道风机的要求：

(1)非运营期间,因检修施工、工程车开行,需要开启事故冷却风机时,环控调度员应根据运营调度要求,命令开启相关车站的风机进行排热、排湿、排烟。

(2)如列车阻塞在隧道内 5 min 及以上,运营调度应按需通知环控调度开启相应的区间事故冷却风机或推力风机进行通风,直至列车恢复运行,具体也要考虑冬夏季隧道温度的差异和列车空调的运行与否。

(3)在运营期间除特殊原因(如隧道过度潮湿、列车阻塞或火灾)以外,不得因维修、调试、测试、验收等原因临时开启推力风机或事故冷却风机。

(4)当发生车站、列车、区间隧道火灾、区间渗漏水等突发事件时,按“谁先接报,谁先期处理,并通知当值所有专业调度”的原则,各专业调度必须准确执行调度长的指令。

2.2.3 设备调度与 COCC 的工作接口

设备调度在工作中必须服从 COCC 的统一指挥,完成运营指挥任务。

在故障、事件或事故的情况下,设备调度有责任提出电力、环控系统处理方案并协助制定应急处置方案,并组织实施。

2.2.4 设备调度与其他线路设备调度的工作接口

1. 电力调度

(1)有转供电、共用电情况的变电站,电源端和受电端电力调度为上下级调度关系。电源端调度在值班期间为调度管辖范围内系统运行、操作和事故处理的指挥人。受电端调度员应接受电源端调度员的调度指令。

(2)变电站施工需要相关控制中心配合停电的,由受理施工的控制中心向相关配合的控制中心申请配合施工计划,关联的控制中心均应掌握施工的范围、内容及工作进程。变电站的停役检修施工应在关联控制中心书面备案。遇到重大施工时由总调度所运营技术管理部负责牵头制定重大施工处理意见。

2. 环控调度

枢纽站发生火警之后,环控调度必须严格按照 133(是火警确认的流程,1 min 之内确认,3 min 跟进,第二个 3 min 值班员没有回复就报 COCC)的时间节点进行确认,并在第一时间通知相关线路的环控调度员。

2.3 调度指挥设备

2.3.1 电力调度员指挥设备

1. 专用电话系统

(1)概述

专用电话系统是调度员和车站、停车场值班员指挥列车运行和指导设备操作的重要通信工具。行车调度直接关系到行车安全，需要设备高度安全可靠，操作方便快捷。

大容量快速轨道交通以其快速、准时、大运量、舒适性高的优点成为中国城市交通发展的主要方向之一，是构成中国未来立体城市公共交通网络的主体。而一个可靠的专用电话系统是保证轨道交通系统正常运营和管理的信息传递平台，是为地铁运营指挥、运营监督、运营安全和运营管理等几个方面而建立的通信系统。

在地铁正常运营状态下，专用电话系统是列车运营、电力供应、防灾救护及维修指挥人员高效、快捷、实时运用的重要通信工具。

在突发事件时，例如地铁的车辆、供电、信号等自动控制系统出现故障时，地铁运营调度指挥人员仍能通过专用电话系统进行信息传递、发布命令和人工调度控制，确保列车安全运行。

因此，城市轨道交通对专用电话系统提出了高可靠、高稳定的严格要求。专用电话系统在城市轨道交通中的应用及发展课题也受到了极其重要的关注。

(2)设备组成介绍

专用电话系统由专用调度台(行车调度、电力调度、防灾调度等)、车站调度分机、录音设备、接续设备、配套设备等组成，还应实现站内集中电话、站间电话等功能。

1)服务功能

调度台之间、调度台与各调度分机的直接通话；调度台对调度分机的个别选择呼叫、分组呼叫、全部呼叫；调度分机可对调度台进行一般呼叫和紧急呼叫；号码显示、回叫、强插/强拆、全程录音、固定和临时电话会议功能。

2)专用电话系统配置

每条线路应独立设置专用电话交换设备。在专用电话交换设备上接入各专业调度，车站的集中电话和站间电话可由专用电话系统实现。

专用电话系统应采用成熟的数字程控交换设备。其组网示意图和组网方式如图 2.4 所示。

① 在线路 OCC 设置独立的专用系统数字程控交换设备。具有与网络中心时间同步的功能。

② OCC 调度大厅应设置总调度、行车调度、电力调度、防灾环控调度等的调度台。

③ 调度系统应有录音设备，能对所有调度通话进行全程录音，并可兼顾调度大厅内的公务电话、调度员人工广播的录音。

④ 宜在车站、车辆基地设置专用车站级设备，通过线路传输系统的中继通道，

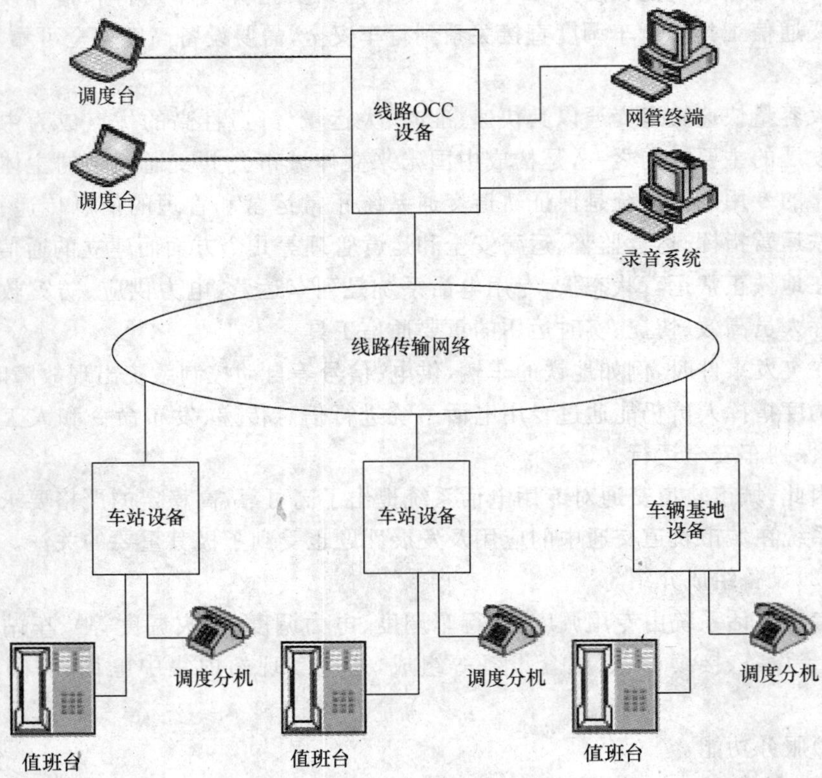

图 2.4 专用电话系统组网示意图

使用星形(含环形+星形)方式与 OCC 程控交换机连接。

⑤ 调度分机设置位置如下：

➢在车站车控室及车辆基地的信号楼运转室、车库值班室设置行车调度分机；

➢各主变电所、牵引变电所、降压变电所、跟随变电所设置电力调度分机；

➢在车站车控室及车辆基地消防值班室设置防灾环控调度分机。

⑥ 采用直接部署分机的方式时，宜通过运营通信传输系统的 PCM 设备的电话用户板卡，将调度分机部署到各个岗位。

⑦ 车站车控室和信号楼运转室的行车调度分机，应选用专用的数字型终端设备(值班台)，除实现行车调度的通话功能外，还可作为站内集中电话的汇聚总机，并能支持站间电话的功能。

⑧ 站内集中电话设置要求：

➢在车控室设置集中电话终端(与车控室行车调度分机共用)，实现对站内集中电话进行选呼、组呼、全呼通话等操作，并可作为站间电话使用；

➢站内集中电话分机设在服务中心、人工售票室和票务室等处；

➢位于车控室的集中电话终端通过单键选择的方式直接呼叫本站内相关站内集中电话分机；

➢站内集中电话分机通过摘机直通的热线通话方式呼叫车控室的集中电话终端；

➢站内集中电话分机之间可通过站内集中电话总机的转接建立通信。

(3)型号介绍

1)Trading 调度系统

调度电话系统 Hicom Trading300 是一个 ISDN 应用组件，是特别为满足特殊要求而设计的，如图 2.5 所示，Hicom Trading300 提供了多线功能，直接用户话机选择功能、大型会议功能、线路转切换功能和独立编程功能，便于信息快速准确的处理和应急情况下的调度和处置。目前在上海轨道交通 1、2 号线使用，Trading300 调度系统采用和 Hicom 交换机一体化的模块化结构，由以下模块构成：

图 2.5 液晶式按键调度台

① Tradeboard LCD 液晶式按键调度台(TBL)，如图 2.5 所示。Hicom Trading300 调度系统的调度台 Tradeboard LCD 有 40 个 LCD(液晶显示)键，8 个固定键和一个 8 行显示。

② 用户线路模块交换(SLMT)

几个(不超过 4 个)这种模块可组合在一起，构成一个 Hicom Trading300 系统组。

③ 多路复用器(Mux 5)

多个调度台的连接可以由多路复用器提供最佳支持。

④ 系统管理

对 Hicom Trading300 系统的管理是由一台 PC 机通过一集成 So 接口完成的。这个管理机可用于 Hicom300E 的几个系统组，也可在网络范围内使用。

⑤ 光缆

Tradeboard 通常是通过一条 Toslink 光缆与多路复用器相连，即光缆在整个系统中普遍使用。一条光缆可提供对每个调度台 Tradeboard 上多达 240 个端口和 7 个用户信道的访问。

2)西门子 PDS 调度系统

① 总体概述

西门子 HiPath 4000 IP 融合通信平台开发的专业调度系统，该系统综合了诸多因素并考虑到用户发展的现实需要，是专门针对国内调度行业以及类似或相关任务关键型业务领域而研发、具有高度稳定性和可靠性的语音调度解决方案，目前在上海轨道交通 3、4 号线使用。

② 专业调度系统调度的主要功能

➢热键页的概念和主要功能(图 2.6)

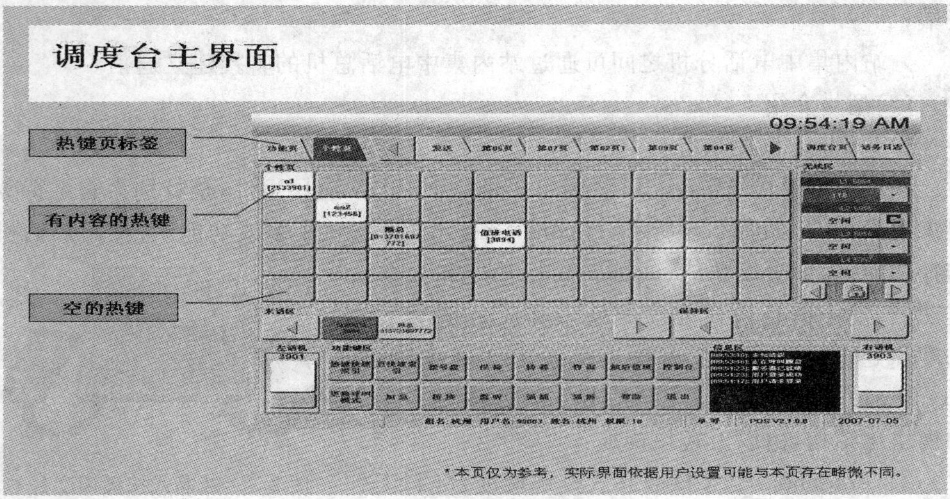

图 2.6 调度台主界面

• 专业调度系统主界面最上端为“热键翻页区”，其内存储的都是“热键页标签”。触摸任意热键页标签均可跳转到相关热键页。

• 功能页:用于存放系统提供的一些辅助性功能热键，以及用户自定义的运行外部应用程序热键。比如，可以将录音查询程序作为外部应用程序热键定义在此处，并命名为“录音查询”，点击此键后直接打开录音查询程序并按该程序提供的功能和用户所拥有的权限进行录音查询。

• 调度台页:一个调度中心可被划分为多个逻辑分组，每个分组拥有共同的呼叫队列和群振铃。调度台页内显示的就是本逻辑分组内除本调度台外其他所有调度台的状态信息，除调度台信息外还包括其调度台话机信息(空闲、忙等)，在调度台页内可直接对本组其他调度台发起触摸操作(如呼叫、强拆、强插、监听等)。

• 话务日志:以列表形式给出本调度台呼入呼出的话务日志，可按时段等条件查询，也可按不同字段进行排序。触摸某些特定字段可直接进行呼叫操作。如果有特殊要求，还可将话务日志按格式输出成供打印的文件。

➢热键的概念和主要功能(图 2.7)

• 用户可根据实际需要将热键存储在不同的热键页中，热键页的数量原则上没有限制，实际测试表明专业调度系统支持 1 000 个热键页是毫无问题的。

• 每个热键页最多可容纳的热键数量由管理员自行决定，一般是通过系统控

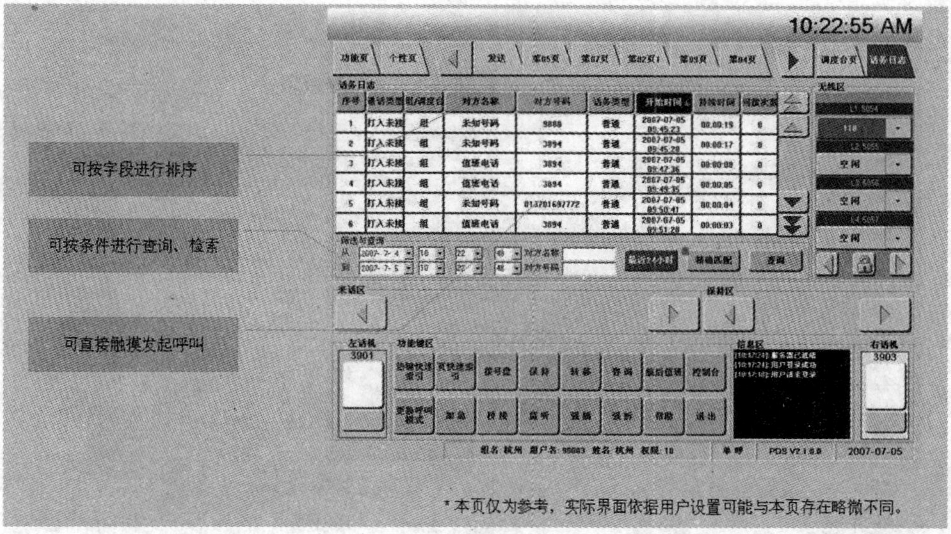

图 2.7　热键功能

制台决定热键页可容纳的行与列，由此自动决定了每个热键的大小（但是太小不便触摸和显示，太大比较浪费空间，实际经验是 5 行 10 列比较美观），然后由管理员自行决定每个热键页的布局。通常一个热键对应的就是一个联系对象，热键本身用来进行触摸式一键呼出以及对位显示。

• 触摸式一键呼出：触摸点击某热键后，调度台话机即呼出与该热键对应的电话号码，同时该热键状态由“空闲”转为“呼叫”状态。如果该热键所对应的电话号码不止一个（在热键定义时可将多个号码关联在一个热键上），那么一键式呼出就自动成为“轮呼”模式，指的是该热键对应所有号码均会被呼叫尝试，直到其中某个号码被应答（此功能主要为了解决某联系单位或联系人存在多个号码的情况）。

• 对位显示：无论是使用热键发起呼叫还是该热键对应的号码呼叫调度台，热键的状态都会发生相应变化，以明确显示对谁（或由谁）发起了呼叫以及当前话务状态如何（正在呼叫还是话务已经接通）。

• 热键还可以被定义成为一个会议，当此会议键被触摸点击后实际上是召开起一个预置的会议。如果预置的会议由交换机直接发起，那么会议最大方数（包括调度台自己）为 8 方，会议呼叫方式为逐一呼出；如果预置的会议由配套会议机发起，那么最大方数取决于会议机容量和预置会议容量，呼叫方式为并发。

➢ 热键和热键页的快速索引（图 2.8）

• 实际使用过程中用户遇到最多的问题是：热键和热键页过多，很难快速定位

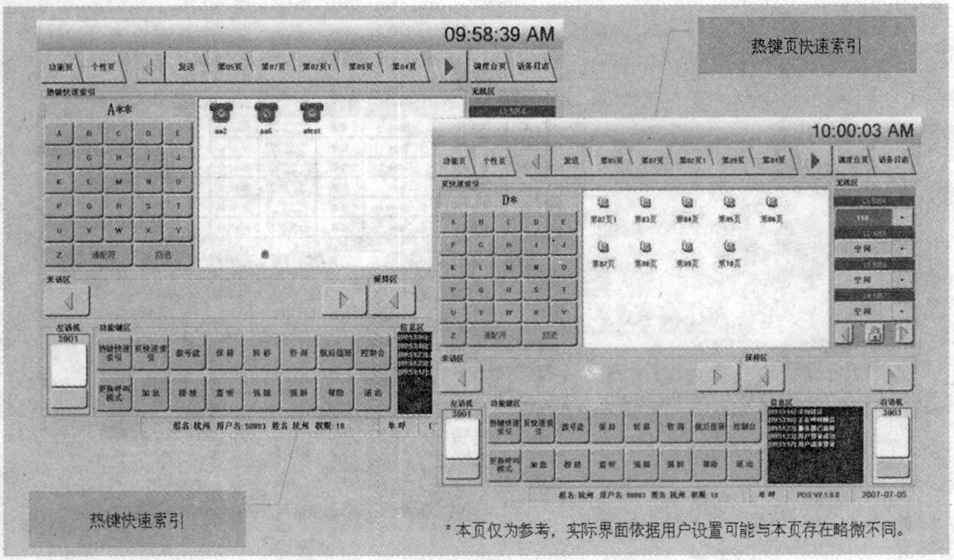

图 2.8 热键页的快速索引

到一个热键或热键页以便快速发起呼叫。热键和热键页快速索引就是针对解决这个困难而专门设计的。

• 缺省条件下只要使用拼首就可以快速定位热键或热键页（如北方发电厂的完全拼首为 BFFDC），索引结果是实时给出的，输入的拼首越多匹配就越是精确。对于无法判明的字符等还可以使用 * 作为通配符进行模糊检索。

• 对于热键索引，直接触摸点击索引结果中的某一个，则将对其直接发起呼叫；对于热键页索引，直接触摸点击索引结果中的某一个，则将跳转到相应热键页上去，等同于点击热键页标签上对应的热键页。

• 系统支持多达 4 种非缺省索引方式。比如对于所有变电站事先已经定义了相应缩写编号，则如果这些缩写编号已经定义在数据库对应字段中，则在热键快速索引中除使用拼首匹配这些变电站外，也可使用相应缩写编号进行匹配。

➢话务处理相关功能（如图 2.9 所示）

• 所有呼叫调度中心某个逻辑组的来电都会在该组所有调度台上形成群振铃，任何一个调度台摘机通话都会结束相应的群振铃。

• 组内所有调度台的来电队列共享当前呼入本组但尚未被接起的来电，来电队列理论上被认为可容纳无限个来电，实际测试结果 16 个来电在来电队列里等候不会造成系统工作异常。

• 来电在队列中等待被接起时，主叫听到的是振铃音或语音提示（需要硬件支

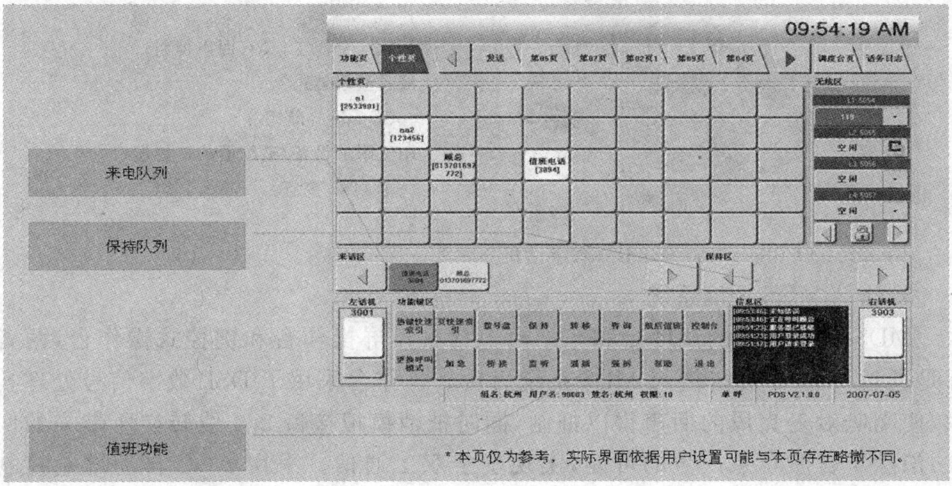

图2.9　话务处理相关功能

持)，同时组内调度台群振铃；组内任何一个调度台接起等候的来电，则相应群振铃停止并调度台立即能够与对应主叫通话。

• 调度台有两种方式接听来电：直接摘机接听排列在来电队列中最前面(左边)的来电；或在队列中触摸点击任意选择一个其想要接听的来电。

• 来电在队列中排队符合“先入先出”的原则，以确保摘机接听总是能够接起最先进入来电队列(等待时间最长)的来电。

• 来电在队列中排队具有优先级，其原则是确保高优先级来电以摘机接听方式能够最先被接起。

• 如果来电呼叫的是调度分组的紧急号码而非平常公布的号码，则认为这是一个紧急呼叫，它将以不同颜色区分并排列在队列最前面(以区别普通来电)，如果发生多个紧急呼叫则其本身也符合先进先出原则。

• 如果来电主叫事先被定义为高优先级(如VIP)，它将以不同颜色区分并排列在队列最前面(以区别普通来电和紧急呼叫)，如果发生多个高优先级呼叫则其本身也符合先入先出原则。

③ OptiPoint 500调度数字话机

OptiPoint 500全系列数字话机能够快速、方便地访问HiPath 4000的功能，且其具有简单的操作原则：3个对话键结合显示屏，方便了互动用户提示。此外，各控制功能分为多个子菜单，清楚明了，并可在显示屏上读取。此外还可将重要功能灵活定义在话机的多个服务键上供日后直接调用。HiPath 4000 + OptiPoint 500(如图2.10所示)所提供的功能基本覆盖了常规通信调度的基本需求，因此也被称为PDS标准方案而被行业所广泛采用。

√12 个功能键；

√免提一全双工，具有回声抑制；

√液晶显示屏；

√optiGuide 导航键 ；

√用于附加设备/适配器的连接端口；

√一个 USB 接口。

图 2.10 OptiPoint 500 Standard 数字话机

3)佳讯 MDS 调度系统

MDS 系统支持的调度台和车站台包括触摸屏操作台和键控式操作台，两者都是通过 2B+D 接口接入 MDS 系统后台。操作台采用了 DSP 数字信号处理技术，使喇叭对麦克风的回声得以抑制，同时抵消模拟接口 2/4 线转换所带来的回波，消除了自激现象产生的可能，实现了全双工通信。采用 AGC 自动增益控制技术，在系统内部自动进行电平调节，无论用户的声音是大还是小，操作人员所听到的声音都保持在一个比较合适的范围之内。目前在上海轨道交通 7 号线使用。

① 中心触摸屏操作台

触摸屏操作台分为用于调度所侧的调度台和用于车站侧的车站台，两者在硬件结构上相同，通过数据设置完成不同的使用功能。

➢设计特点

• 一体化触摸屏操作台(图 2.11)

一体化触摸屏调度台将屏幕、双手柄及扬声器集成，采用图形化的操作界面。同时还可配置麦克风及鼠标，并支持触摸与鼠标同时操作。

一体化触摸屏操作台与调度交换子系统之间通过 2B+D 接口连接，支持主辅两个通道，其中麦克风、扬声器和右手柄为主通道，左手柄为辅通道。

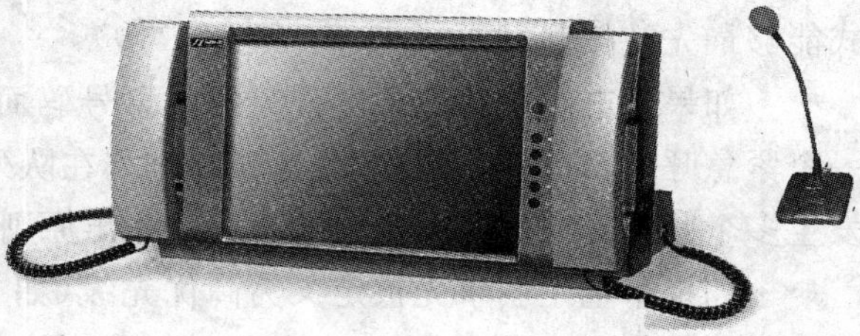

图 2.11 一体化触摸屏操作台

• 分体式操作台

分体式操作台—AA 也叫大屏幕操作台，主要有工控机，大屏幕触摸屏，通话终端等 3 部分组成，如图 2.12 所示。

其中通话终端是需要生产组装的部分。通话终端外型类似电话机，由手柄和机身两部分组成，而机身又由上下壳组成，其平面效果如图 2.13 所示。

触摸屏采用 17 寸液晶触摸屏，如图 2.14 所示。

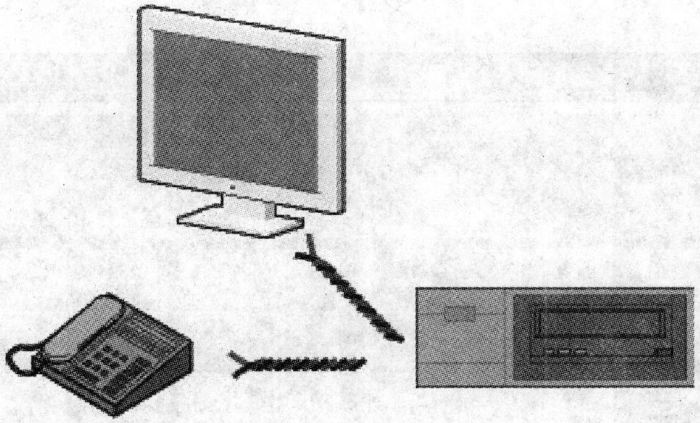

图 2.12　分体式操作台

图 2.13　通话终端

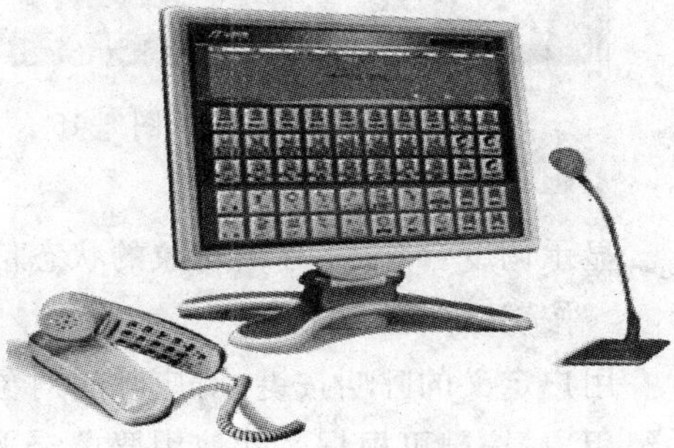

图 2.14　触摸屏

➢功能特点

触摸屏操作台可实现的功能如下：

- 单呼、组呼、会议、广播；
- 呼叫转接、呼叫转移、呼叫保持；
- 强拆、强插；
- 来电电话号码显示、来电中文显示；
- 呼叫状态显示、呼叫级别显示；
- 双通道通话、一键直通；
- 按键扩展；
- 保存通话记录；
- 数据业务；
- 调度辖区内列车运行的实时显示。

➢操作台界面

一体化触摸屏操作台与单手机触摸屏操作台完全相同，操作台主界面如图2.15所示：

图 2.15　操作台主界面

• 呼叫显示区

显示调度台呼入、呼出对象的状态信息。

• 按键呼叫区

用户定义的呼叫按键，对应呼叫对象的电话号码。每一按键代表一个用户或一组用户，按键可根据实际使用要求定义为单呼键、组呼键或广播键。

• 功能键区

用来完成呼叫保持、转接、主辅通道切换等功能的按键。

功能键包括以下按键：

上一条：选择上一条呼叫记录。

下一条：选择下一条呼叫记录。

主接听：选择主通道接听。

辅接听：选择辅通道接听。

保持：保持当前呼叫。

拒绝：拒绝选择的呼入。

切换：切换主辅通道。

转接：转接当前的通话。

申请发言：在会议中申请发言、可以讲话。

结束发言：释放发言、结束讲话。

系统配置：完成系统配置，包括按键配置、增益配置、附加业务的设置、数据业务的设置、公里标的设置、通话记录的查询等。

拨号盘:通过拨号方式发起呼叫。

重拨:重拨选择的呼叫。

静音:对主通道进行静音。

运行信息页:显示当前辖区内的列车运行信息(列车运行信息由数据中心或 MIS 系统提供)。如图 2.16 中的列车是动态显示的,如列车运行到调度员或车站值班员的管理区段,列车就会出现在相应的调度台或车站台的界面上,调度员或车站值班员可直接呼叫管辖区域内的列车司机或运转车长。

单键呼叫页:显示单键拨号按键。

翻页:可对按键呼叫区进行扩展。如图 2.16 所示。

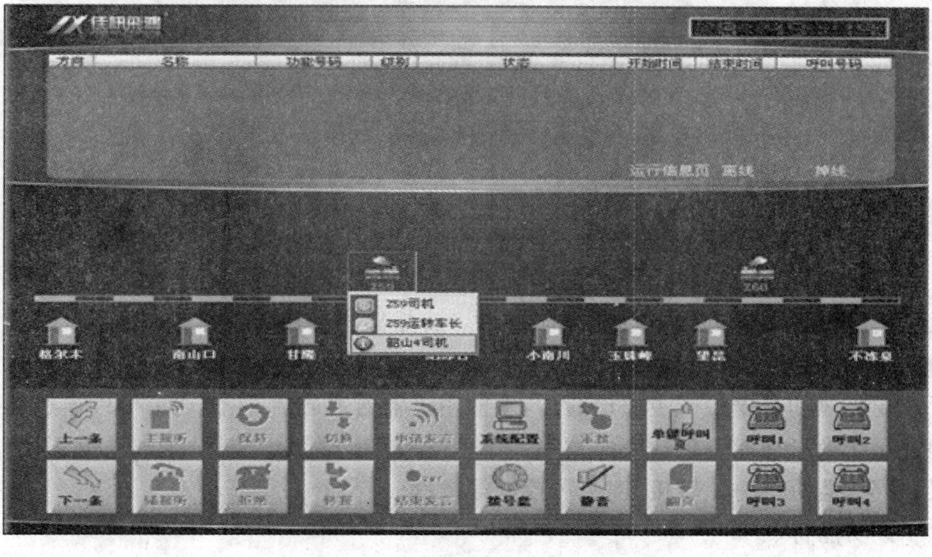

图 2.16　按键呼叫区扩展界面

呼叫 1、呼叫 2、呼叫 3、呼叫 4:如果呼入的电话号码在调度台上没有定义,从呼叫 1 到呼叫 4 中选择一个空闲的键响应该呼叫,并进行号码翻译。

② 车站键控式操作台

键控式操作台分为用于枢纽侧的调度台和用于车站侧的车站台,用于枢纽侧的调度台和用于车站侧的车站台,两者在硬件结构上相同,通过数据设置完成不同的使用功能。

➢设计特点

键控式操作台由拨号键区、呼叫键区、功能键区、液晶显示屏、按键指示灯、手柄和麦克风等部分构成。

键控式操作台与调度交换子系统之间通过 2B+D 接口连接,支持主辅两个通道,其中麦克风、扬声器为主通道,手柄为辅通道。操作台与调度交换子系统之间距离若采用后台供电方式可达 1 km,若采用本地供电方式可达 5.5 km,也可通过传输设备将调度台无限延伸。

键控式操作台具有 24、48、60 键三种容量规格,图 2.17 为 60 键操作台外观图。

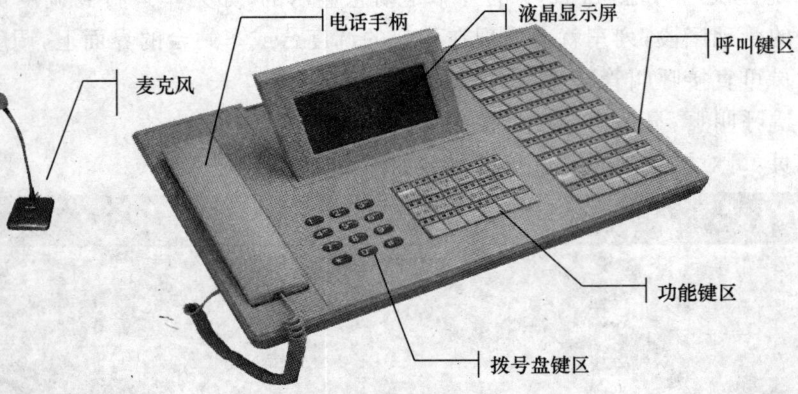

图 2.17　60 键键控式操作台

用户键区通过维护台可设置为各种单呼、会议、组呼、转接等功能键。数字键区可用于设置系统时间和系统拨号使用。液晶显示屏用于显示系统时间、系统菜单设置和各种操作状态,系统时间可以从维护台取得,也可以通过液晶菜单进行设置。麦克风和耳麦用于主通道通话,手柄用于辅通道通话,主辅通道可以通过切换键进行切换。功能键包括液晶菜单操作、音量调节、录放音控制、主辅通道切换、会议、参会、监听、保持、转接、麦克风控制等按键。

➤功能特点

- 单呼;
- 组呼;
- 会议;
- 广播;
- 呼叫转接;
- 呼叫转移;
- 呼叫保持;
- 强拆、强插;
- 一键直通;
- 来电电话号码显示;
- 来电中文显示;

• 双通道通话。

2. 公务电话系统

(1)系统介绍

① 设备组成

公务电话系统由程控数字交换设备、电话设备、接续设备(如配线架,分线箱等)及相关附属设备等组成。

② 公务电话系统的功能

城市轨道交通的公务电话系统应具备热线服务、延时热线服务、呼叫限制、转移呼叫、遇忙回叫、无应答转移、呼叫等待、缩位拨号、用户会议电话、免打扰服务、号码显示、追查恶意呼叫、语音信箱等的功能。能实现紧急电话、乘客求助电话和车站端头电话功能。具备与2B+D、30B+D、H.323、SIP等互通功能;在实现多媒体、信息业务通信的时候,能支持通过API提供的第三方业务应用的开发。

在车辆基地的信号楼值班室、运转值班室、列检库值班室、车站站长室、警务室设置市话公网的直线电话;在主变电所与地区供电局电调之间、OCC电调工位与地区或城市供电局电调之间、OCC环调工位与城市消防部门之间设置基于市话公网的热线录音电话。

(2)公务电话网设置

① 采用三层网络架构

核心层的交换网络汇接局采用程控交换机或软交换的核心设备,实现各线路之间以及与市话网之间的互通。

线路层的交换系统采用独立设置或共享(共用OCC时)程控数字用户交换机实现单条线路的语音交换功能,也可采用软交换方式实现公务语音交换功能以及新业务的应用。

车站层(车站和车辆基地)的交换系统采用远端模块或软交换的车站路由设备实现站内通信以及与OCC交换设备之间的通信。

② 网络级组网(图2.18)

在轨道交通网中建立核心交换平台,同时支持话音业务与软交换应用,采用程控交换方式实现话音汇接交换,同时搭建基于软交换技术的应用平台,实现信息、数据和视频电话等的应用。应分步实施。

(3)公务电话业务介绍

公务电话系统用于轨道交通内部各部门间公务通话及业务联络。目前在技术上采用基于电路交换的程控交换技术。一般公务电话系统由程控电话交换机、远端模块和自动电话终端组成。每条轨道交通线路通常设一台程控交换机和若干远端模块,且可与其他程控交换机以数字中继方式相连,还可与公用网本地电话局联

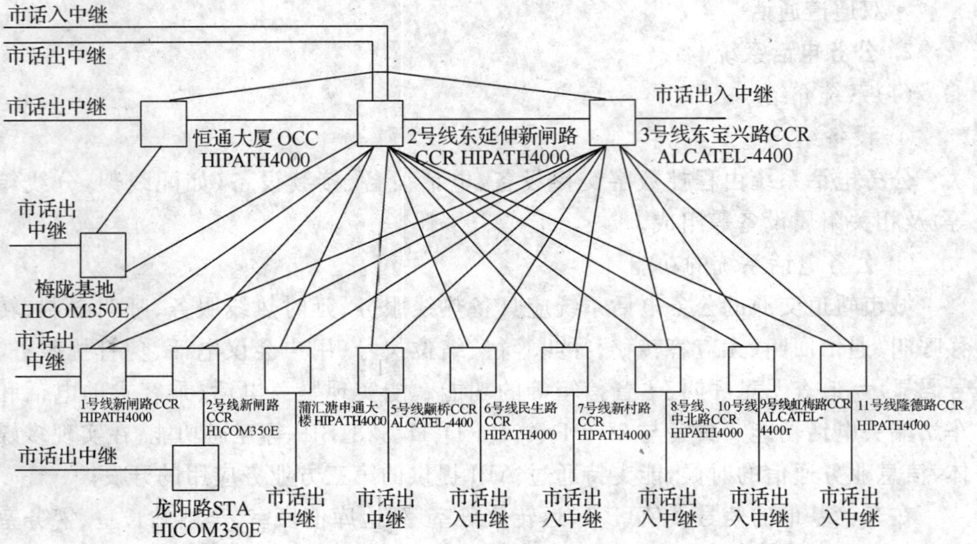

图 2.18 上海轨道交通公务电话组网图

网，以实现对外联络的目的。

公务电话系统采用技术成熟、性能可靠的交换设备，可实现紧急电话、乘客求助电话、车站端头电话和轨旁电话等相应功能。

3. 电力调度热线

该电力热线电话应供电生产要求，由市电力部门及相关区电力部门，铺设专门用于电力生产的热线电话，设置在线路控制中心电调处。

4. SCADA 业务介绍

电力监控(SCADA)系统对城市交通供电系统变电所、牵引网设备进行实时控制监视和数据采集，使调度管理人员通过监控系统实时地监视供电系统设备的运行情况，及时掌握和处理供电系统的各种事故、报警事件、准确实施调度指挥、事故抢修和事故处理，保证供电的可靠性、安全性。通信设备传输接口是 RS422。

5. CCTV 系统

城市轨道交通一般采用车站、控制中心、上级监控中心三级互相独立的监视方式，平常以车站值班员控制为主进行视频监视，控制中心调度员可任意选择上调各车站的任一摄像头的监控画面。在紧急情况下则转换为以控制中心调度员控制为主进行视频监控。在一个城市有多条线路的情况下，上级管理中心可以设置上级监控中心，根据需要调看各线路监视画面，从而形成车站、控制中心和上级监控中心的三级视频监控系统。出于安全与事故取证要求，视频监控系统还应具有录像功能。

(1) 运营中心切换操作

1)用户已从键盘登录

2)监视器选择

在改变一个显示监视器的当前画面时，首先必须选择监视器。

按键，跟着是所需监视器序号。

❑如 3 .. 选3号监视器；

❑或 6 ↵ .. 选6号监视器(当监视器多于10个时)。

监视器的说明字符将显示所控CCTV键盘的名字，例如：KB 1。

监视器上也可以显示操作员姓名，这取决于CCTV的系统配置，例如：Liediao—op1。

3)摄像机选择

首先必须选定一个监视器。

先按键然后是所需摄像机的站号和站内序号。

❑ 0 1 1 0 1 ↵ .. 选1号站的101号摄像机。

监视器现在应该显示新选定摄像机，以及该摄像机说明字符。

可能有时所选摄像机找不到。在这种情况下一个说明字符信息将显示在监视器上。

(2)球机控制操作

1)操作一个球机摄像机，必须首先确认如下：

❑必须选定一个监视器；

❑监视器必须显示所选摄像机；

❑所选摄像机必须具备PTZ功能[即全方位(上下、左右)移动及镜头变倍、变焦控制功能]。

2)摄像机平移、俯仰、聚焦、控制功能在下面详细说明：

❑左移 .. 向左推操作杆，放开操纵杆将停止移动。

❑右移 .. 向右推操作杆，放开操纵杆将停止移动。

❑向上仰 .. 向上推操作杆，放开操纵杆将停止移动。

❑向下俯 .. 向下推操作杆，放开操纵杆将停止移动。

俯仰功能可以倒过来，这取决于CCTV的系统配置。

❑移向 ... 逆时针旋操作杆，放开操作杆将停止变焦。

❑移离 ... 顺时针旋操作杆，放开操作杆将停止变焦。

3)如果PTZ摄像机有人为变焦或光圈选项，那么下列PTZ功能也可以用：

❑聚焦远 .. 按键。放开键将停止变焦。

❑聚焦近 .. 按键。放开键将停止变焦。

❑光圈打开 . . . 按键。放开键将停止人为光圈功能。

❑光圈关闭 . . . 按键。放开键将停止人为光圈功能。

带有适当设备的 PTZ 解码箱可变速控制 PTZ 功能。当从 CCTV 键盘上选定一个 PTZ 功能时，第 1 s 内只有'半速'。随后才达到'全速'。这允许从一点到另一点快速运动。当进行较小的调整到一个视场时它也能达到较高精度。

2.3.2 环控调度员指挥设备

1. 专用电话系统

环调调度系统与电调调度系统设备是一样的，区别只在于设置的调度业务不同。

2. 公务电话系统

环调调度系统与电调调度系统设备是一样的，区别只在于设置的业务不同。

3. 上海市消防联动中心热线

该消防联动热线电话应环调生产要求，由上海市消防部门及相关区消防部门，铺设专门用于环调生产的热线电话，设置在线路控制中心环调处。

4. FAS 业务传输通道介绍

火灾自动报警系统(FAS)，对城市轨道交通全线进行火灾探测、报警和控制。FAS 有中央和车站两级监控。FAS 系统图形控制中心系统、车站级火灾自动报警系统和现场设备组成。城市轨道交通的主变电站、变配电站、信号设备室及车站控制室等一些电子电气用房采用自动灭火系统进行保护。自动灭火系统由存储输送灭火介质的管网子系统和探测报警的控制子系统组成，平时由自动灭火系统的控制子系统来监视防护区的状态，火灾时能自动报警，并按预先设定的控制方式启动灭火装置，达到扑救防护区火灾的目的，通信设备传输接口是 RS422。

5. 专用无线系统

(1)概述

城市轨道交通(下文简称城轨)专用无线通信系统是高速行驶的城轨列车与行车调度系统之间唯一的通信方式，承担着保障城轨列车正常运行，城轨系统安全运营及乘客生命的重要责任。因此，城轨无线通信系统必须保证语音及数据通信功能、调度管理功能的稳定，以及确保城轨全路网的信号覆盖和良好的通信质量。为了满足城轨列车调度需要和城轨的发展，目前国内城轨无线通信系统所采用集群的组网方案，并且随着数字技术的发展，无线数字集群系统已经成为了目前无线集群系统的主流。新建城轨线路基本都使用无线数字集群方案，老线路的模拟系统亦相继完成了模转数的技术改造。无线数字集群系统大大提高了频谱的利用率，增强了通信信道的抗噪能力和保密性，并且网络管理灵活高效，可以更好的满足城轨无线通信的需要。

(2)无线调度系统的网络结构

二次开发调度台是作为无线调度指挥人员的指挥和通信使用平台。二次开发调度台提供了直观的显示界面和便利的音频附件(包含MIC、喇叭、PTT等),通过与Tetra数据信令和音频的交换,完成与Tetra终端设备(包括其他调度台、车载电台和便携台)的话音和数据通信(包含个呼、组呼和短消息等);同时,二次开发调度台还可通过IP网络与调度CAD服务器实现数据交换,从调度CAD服务器提取时钟同步和ATS等信息,也将本调度产生的信息转存到调度CAD服务器上去。

1)设备组成

① MCC7500调度台　　　　　　　　1套(由Motorola提供)

包括台式电脑、GPIOM、相关附属设备及连线等。

②台式计算机(二次开发调度台)　　　　1套

配置要求:(最佳配置)

➢液晶显示器

➢分辨率:1 280×1 024

➢ Windows XP操作系统(中文版)

➢ 512M以上内存

➢ P4以上处理器

③ TWDZ-Ⅰ无线调度操作终端　　　　1套

④ 二次开发调度软件　　　　　　　　1套

⑤ 激光打印机　　　　　　　　　　　1台

2)设备连接

图2.19为各设备的连接关系图。

调度CAD服务器:通过交换机与二次开发调度台相连,一方面作为调度信息的数据库,供各调度台使用;另一方面为二次开发调度台提供集中接入服务,接收信号系统ATS信息和时钟信息,为所有相连接的二次开发调度台提供集中的车次号、列车位置等数据,并保持相互之间的时间同步。

二次开发网管:通过交换机与二次开发调度台相连,一方面网管监视二次开发调度台的工作情况;另一方面为二次开发调度台完成动态重组提供平台。

录音服务器:通过交换机与二次开发调度台相连,完成二次开发调度台的录音功能。

MCC7500调度台:提供Tetra系统服务,协助二次开发调度台完成语音呼叫(包含个呼、组呼)等功能。

GPIOM:通过1394数据线与MCC7500调度台相连,提供麦克、录音、喇叭等

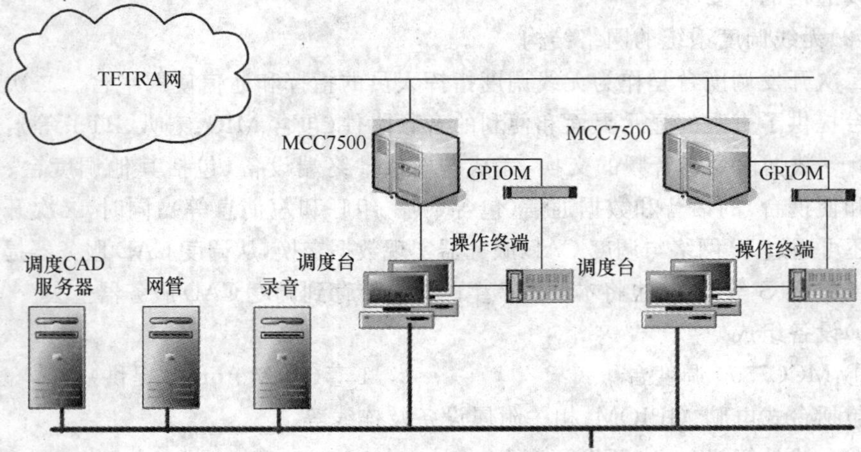

图 2.19 调度台二次开发设备连接图

接口。

调度操作终端：通过串口与二次开发调度台相连，简化调度台操作，完成调度语音和部分数据功能。

(3)调度操作终端

调度操作终端的界面如图 2.20 所示。

1)控制台按键说明

① 功能按键

➢全呼：对二号线列车进行全体呼叫；

➢组呼：对某一车站进行呼叫；

➢个呼：对某一移动台进行私密呼叫；

➢车次号：通过车次号对某一列车进行呼叫；

➢机车号：通过机车号对某一列车进行呼叫；

➢司机号：预留键，本系统暂无此功能；

➢数传：用于数据传输(发送预定义短消息)；

➢取消：用于被呼叫号码输入错误时的纠正；

➢测试：用于维护，对使用人员无任何作用；

➢备用：预留用于以后扩展系统功能，暂时对使用人员无任何作用；

➢ *：用于组合键；

➢ #：用于确认呼叫。

② 数字按键

➢包括 0～9，用于输入被呼叫号码。

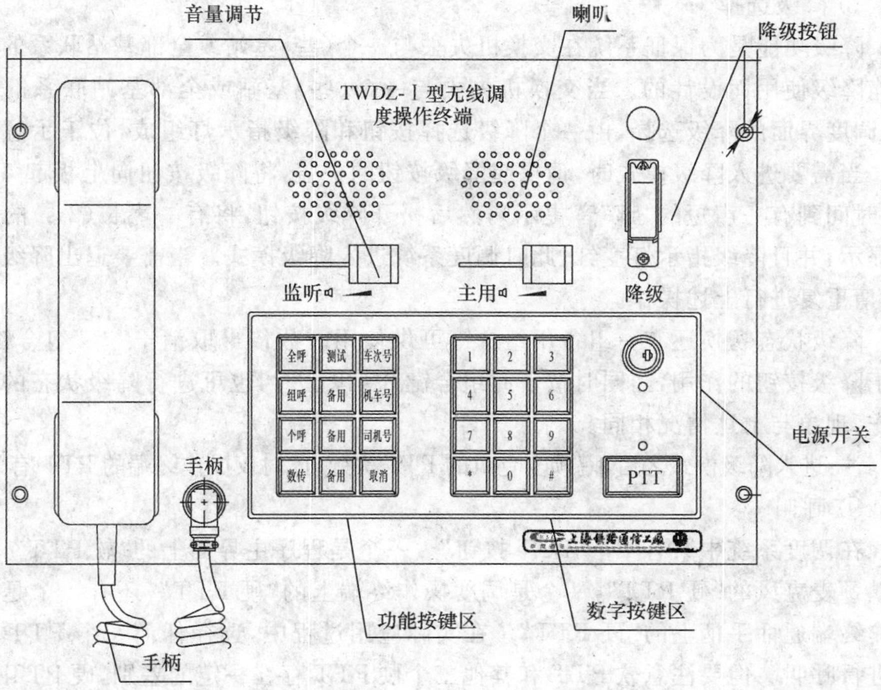

图 2.20　调度控制台示意图

2)调度操作终端的使用

调度操作终端的使用主要分为六部分:加电、音量调节、降级选择、呼叫、数据传输(发送预定义短消息)、组合键使用。下面将分别对这些功能分别进行介绍。

① 加电

无线通信系统二次开发调度操作终端的开关有一个电源开关控制(带钥匙),用钥匙控制电源的开关,一个调度操作终端配备一把钥匙,钥匙是一一对应的。当钥匙与水平线平行时调度操作终端的电源是关闭的(另外当钥匙与水平线成 45°角时调度操作终端的电源也是关闭的,此时钥匙在调度操作终端上面不能取下来),当钥匙与水平线成 90°角时调度操作终端的电源是开启的。用钥匙进行电源的开关切换时,请先握着钥匙轻轻按下,然后旋转钥匙即可。

② 音量调节

调度操作终端有两个音量控制按钮,位于示意图位置。左边为监听音量调节按钮,右边为主用音量调节按钮。监听是系统未选中其资源而进行的语音通道,通过从左至右调节监听音量调节按钮来改变其大小,可参照按钮下方的图标。主用是系统选中其资源与其进行通话的语音通道,通过从左至右调节主用音量调节按钮来改变其大小,可参照按钮下方的图标。

③ 降级选择

降级功能是为保证系统在交换机失去与一个(些)基站或全部基站联系的情况下能降级使用而设计的。当交换机失去与一个(些)基站或全部基站联系的情况时，调度界面的降级选择，由一个降级选择按钮和降级指示灯组成，位于示意图位置。当需要进入降级模式时，请揭起降级按钮的护盖，将降级按钮向上板起 5 s 以上(时间到有一声短的"嘟"音提示)，然后松开降级按钮，将有一声长(2 s)的"嘟"音提示，并且降级指示灯变红，此时调度系统进入降级模式。当需要退出降级模式时，请重复进行上述操作。

降级状态切换还有一组备用组合键可供使用。数传＋取消＋"#"组合键，等价于降级按钮的作用，当同时按下此组合键 3 s 以上时，也可进行降级状态的切换操作，现象与上述情况相同。

注:进入降级模式之后，鹅颈麦克风的 PTT 失效，此时仅操作终端的 PTT 有效。

④ 呼叫

在调度系统中共有 4 个"PTT 按钮"。一个是程序主界面上的"软 PTT"，一个是鹅颈麦克风的"硬 PTT"，一个是调度操作终端上的"硬 PTT"，还有一个是调度操作终端通话手柄上的"硬 PTT"。在实际应用过程中，选择任何一个 PTT 都可以进行呼叫。但要注意软 PTT 和其他三个硬 PTT 存在一定的差别，硬 PTT 操作是对选择主用的对象发起 PTT，而软件 PTT 则根据选择对象的不同而不同，有些功能硬 PTT 没有办法完成的时候可以由软件 PTT 完成。

使用调度控制台进行呼叫都遵循以下三步:首先按下"功能按键"，然后按下"对应数字按键"，最后按"#"键确认。然后按下 PTT 就可进行呼叫。操作可以在调度台软件界面的"PTT"按钮上方的黑色文本框显示。例如要对 9986 的手持台进行个呼，需要有以下三步操作，首先按下功能按键"个呼"，然后分别按下数字按键 9,9,8,6，最后按下"#"键确认后按下 PTT 就能对手持台 9986 进行个呼呼叫。

下面将各个功能键的操作过程罗列如下:

➢全呼(仅限行车调度):首先按下"全呼"键，然按下"#"键确认后，再按下 PTT 即可进行全呼。

➢组呼(仅限行车调度和车辆段调度):依次按下"组呼"键，"车站编号"数字键，"#"键确认后按下 PTT 即可进行组呼。个呼:依次按下"个呼"键，"个呼号码"数字键，"#"键 确认后按下 PTT 即可进行个呼。

➢车次号呼叫(仅限行车调度):依次按下"车次号"键，"车次号码"数字键，"#"键 确认后按下 PTT 即可进行车次号呼叫。

➢机车号呼叫(仅限行车调度和车辆段调度):依次按下"机车号"键，"车体号码"数字键，"#"键确认后按下 PTT 即可进行机车号呼叫。

➢司机号呼叫(仅限行车调度):依次按下“司机号”键,“司机号码”键,“♯”键确认后按下 PTT 即可进行司机号呼叫。

➢取消键:在输入一段数字的过程中,中途输入错误,可按取消键消除已经输入的内容,重新输入。

➢数据传输

数据传输(发送预定义短消息)业务:使用方法,以此按下“数传”键,“预定义短消息编码”数字键,“♯” 确认后即可完成数传功能。

(4)调度软件的使用

调度软件安装在调度台工控机上,双击软件运行程序,进入程序主界面(图 2.21),进行正常的操作,功能与调度操作终端基本相同。

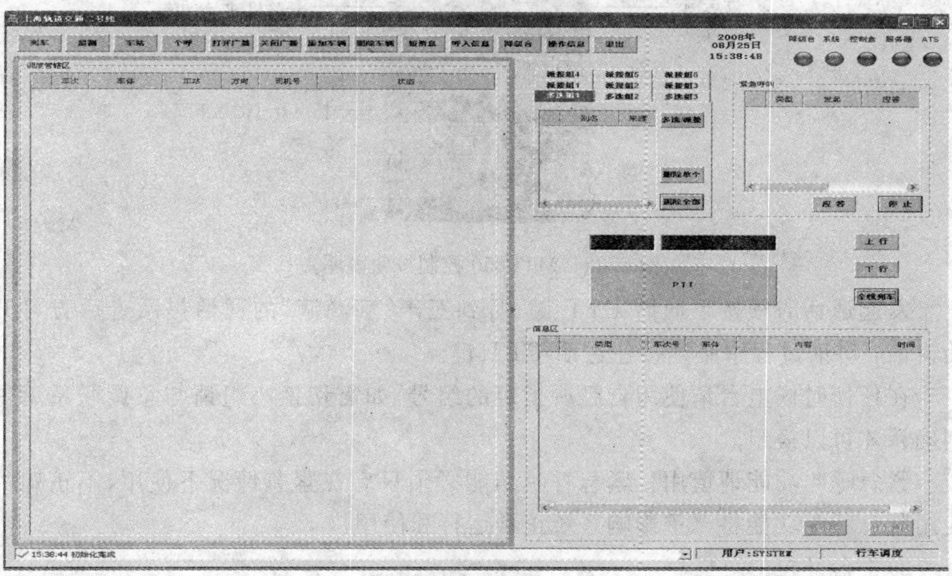

图 2.21　程序主界面

(5)MTP850 手台的使用

MTP850 控制按钮说明(图 2.22)

1)基本注意要点

待机状态时,手台屏幕上显示系统名称“上海地铁”和当前所在的通话组名称。

除了需要通话的情况以外,其他时间都需要将 850 插入充电座的插槽中进行充电(在开关机的状态下都可充电)。

同一个通话组内,同一时间只允许有一个电台在讲话,其他电台都只能接听。

如果要发起通话,必须在本通话组内没有其他电台通话、并且具备空闲通话信道的情况下才能发起通话。

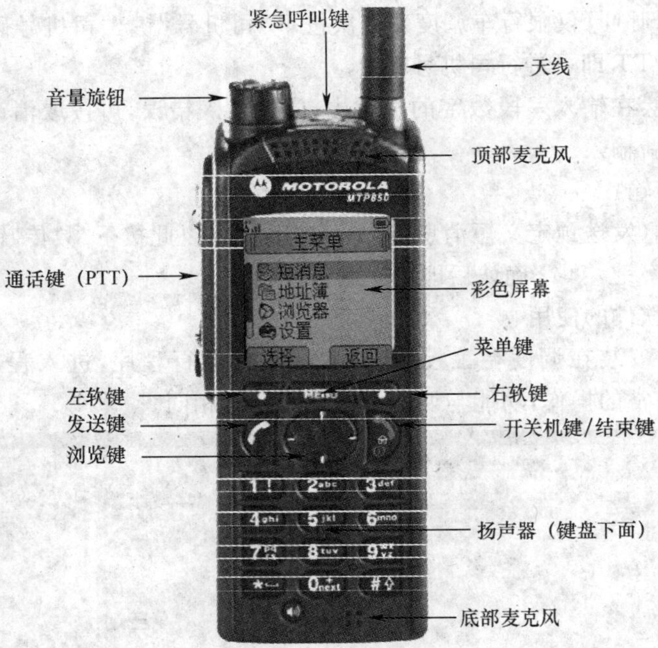

图 2.22　MTP850 控制按钮说明图

发起通话时须按下通话 PTT 键、听到三声“滴滴滴”的通话提示音后方可开始讲话，讲话过程中必须按住通话 PTT 键。

在任何时候电台请使用自己所指定的组号，如需切换小组请与总调联系后得到确认才可以换组。

紧急呼叫功能请慎用！紧急呼叫功能必须只有在紧急情况下使用，不正确的使用紧急呼叫功能将严重影响系统正常运行和使用！

2)手台开机

① 按住 MTP850 键盘上的开关机键，手台打开。

② MTP850 会进行自检和登记注册，成功登记注册后 MTP850 将进入工作状态。手台上显示系统名称“上海地铁”，如图 2.23 所示。

③ 如电台不在服务区内，屏幕显示“不在服务区”信息，此时电台将无法使用。

3)关机

① 按住 MTP850 键盘上的开关机键(键盘上的红色键)进行关机，如图 2.24 所示。

② 关机的时候会听到一声提示蜂鸣音，屏幕中显示“关机”信息。

4)手台充电

① 将 MTP850 插入充电座的插槽中进行充电(MTP850 在开关机的状态下都可充电)。

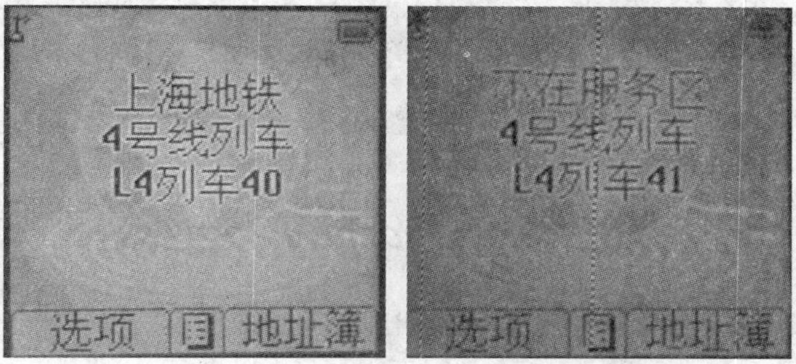

图 2.23　手台开机界面图

② MTP850 开机的状态下充电，屏幕上会显示“充电器已连接”的信息，并听到一声蜂鸣提示音，如图 2.25 所示。

图 2.24　手台关机界面图

图 2.25　手台充电界面图(开机)

③ MTP850 关机的状态下充电屏幕上会显示一个电池充电图标。如图 2.26 所示。

④ 电池充电进程图标如图 2.27 所示。

⑤ 屏幕右上角有个电池电量信息图标(图 2.28)，显示的信息如下：

➢绿色图标代表电池电量满(50%～100%电池容量)；

➢黄色图标代表电池电量中(20%～50%电池容量)；

➢红色图标代表电池电量低(10%～20%电池容量)；

➢空图标代表电池电量极低(5%～10%电池容量)；

➢“电量低”信息代表低于 5%的电池容量。

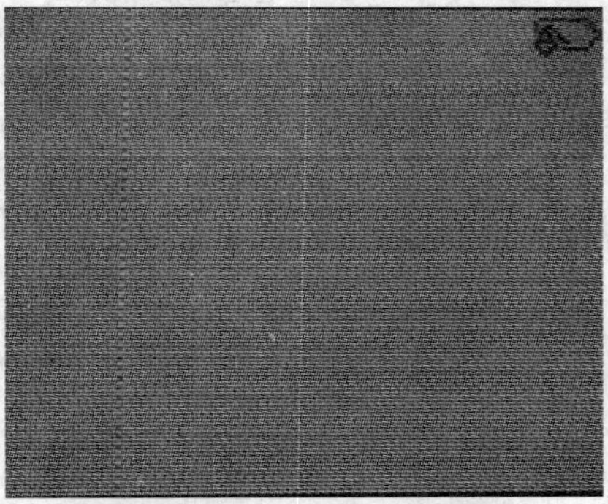

图 2.26　手台充电界面图(关机)

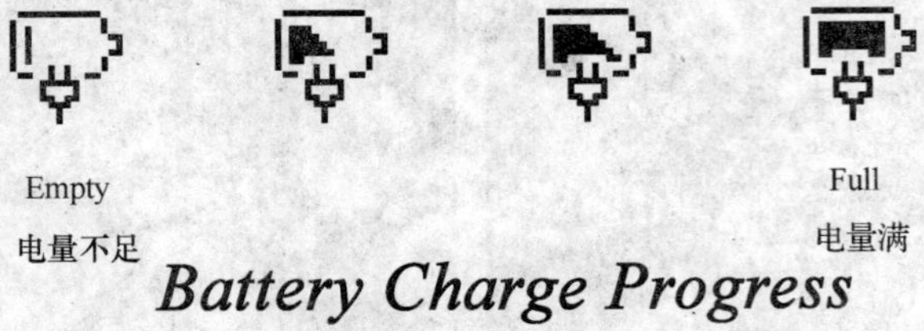

图 2.27 电池充电进程图

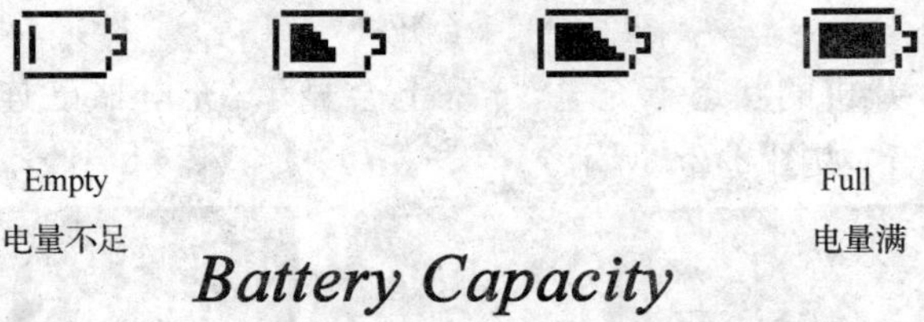

图 2.28 电池电量显示图

5)手台通话(组呼)

MTP850 正常工作状态下,屏幕上会显示手台当前所在的通话组名称。如图 2.29 中的“4 号线列车 L4 列车 40”。

同一个通话组内,同一时间只允许有一个电台在讲话,其他电台都只能接听。

如果要发起通话,必须在本通话组内没有其他电台通话、并且具备空闲通话信道的情况下才能发起通话。

按住 PTT 键即可发起组呼通话:

① 按下通话 PTT 键后可以听到三声滴滴滴的通话提示音,听到该提示音代表组呼已建立,可以进行通话,屏幕上同时显示“正在使用组呼”信息和呼叫的组名组号,通话结束后,松开通话 PTT 键进入收听状态,如图 2.30 所示。

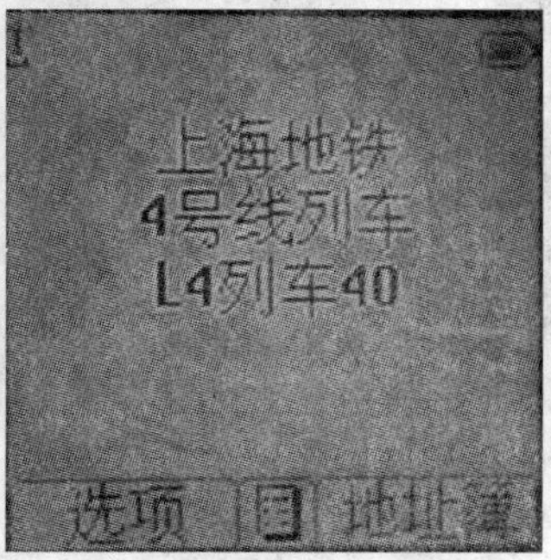

图 2.29 通话组显示图

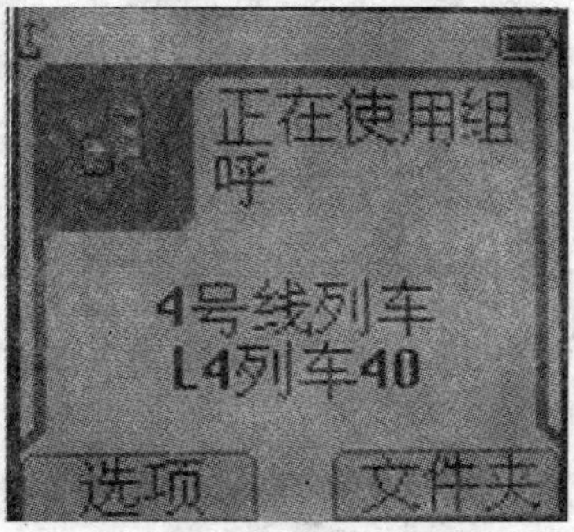

图 2.30 发起组呼图

② 如果发起组呼时听到一声蜂鸣提示音(有可能是“信道繁忙”、“不在服务区”等情况),无法发起呼叫。

收到组呼的时候屏幕上显示发起组呼的电台个人 ID 号和组号,通话结束时会听到一声蜂鸣提示音代表对方通话结束。

MTP850 手持对讲机可以通过调转动电台顶部左侧的音量控制旋钮来调节音量,顺时针转动可以提高音量。

6)紧急呼叫

在 MTP850 手持对讲机工作状态下,按住 MTP850 顶部的紧急呼叫键,进入紧急呼叫模式,屏幕上方会出现红色三角形的紧急呼叫标志,同时总调的调度台上将收到紧急呼叫告警和紧急呼叫发起人的电台号码,进入紧急呼叫模式后,按住通话 PTT 键进行通话。

注意!请慎用紧急呼叫功能!不正确的使用紧急呼叫功能将严重影响系统正常运行和使用!

退出紧急呼叫:要退出紧急呼叫模式,按住屏幕右下角“退出”下面的右软键退出紧急呼叫,MTP850 手持对讲机工作屏幕上将切换到原来的显示状态。

7)转换通话组

在 MTP850 手持对讲机工作状态下,使用浏览键的左右键选择所需要的通话组,然后按屏幕中“选择”下的左软键确认。

6. 消防无线控制台

(1)概述

消防无线控制台(以下简称“控制台”)主要是针对基站中继转发台建立的远程控制终端,以及按照要求打开和关闭中继转发台的中继转发功能,在规定的时间内检测基站各部分的连接情况。

(2)系统功能和特点

① 按照要求打开和关闭基站的转发功能。

② 在固定的时间对基站进行检测。

③ 监视基站运行状态。

(3)主要性能及技术要求

1)设备外观

① 正面外观(图 2.31)

2)各部分说明

① 操作面说明

➢选择方式区　该区域共三个按键并有相应的状态指示灯

• 全选　按下该区域的“全选”按键,当此方式被系统确认时,相应的状态指示

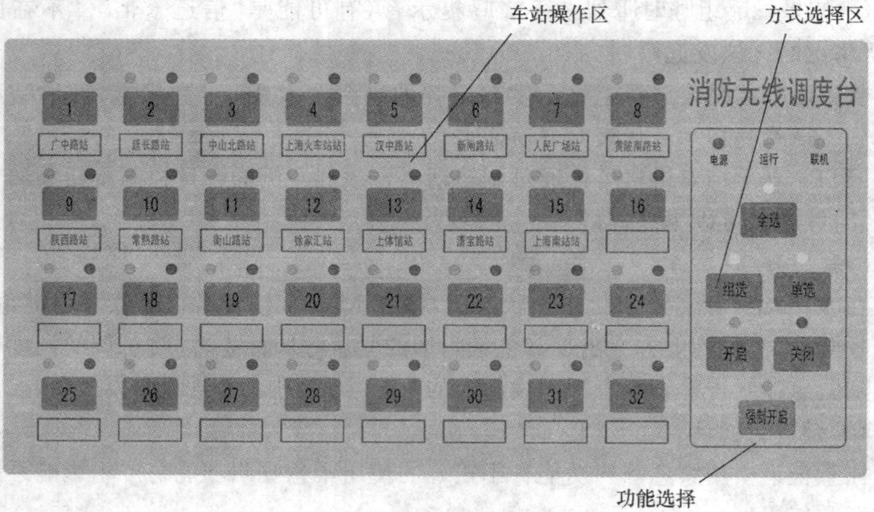

图 2.31 消防无线调度台

灯亮起，此时操作人员将对所有车站进行同一操作而不用选择车站。

• 组选 按下该区域的“组选”按键，当此方式被系统确认时，相应的状态指示灯亮起，此时操作人员将对被选择的车站进行组选操作。

• 单选 按下该区域的“单选”按键，当此方式被系统确认时，相应的状态指示灯亮起，此时操作人员将对所选择的车站进行操作。

➢功能选择区 该区域共三个按键并有相应的状态指示灯

• 开启 按下“开启”按键，当此功能被系统确认时，相应的指示灯亮。打开基站台的中继转发功能。

• 关闭 按下“关闭”按键，当此功能被系统确认时，相应的指示灯亮，关闭基站台的中继转发功能。

• 强制开启 按下“强制开启”按键，当此功能被系统确认时，相应的指示灯亮，在有应急的情况下打开基站台的中继转发功能。

② 侧面说明(图 2.32)

• 电源开关 控制设备电源。

• 控制器连接插座 负责控制台和系统控制器的连接。

(4)操作说明

1)设备上电

首先确保控制台连接线和控制中心相连，然后打开控制台电源，如果连接正确电源灯亮。

2)控制台操作

图 2.32　消防无线调度台背图

① 控制台开启

上电后正常的情况是绿色运行灯闪烁，等待控制台和控制中心成功的建立通信连接后绿色的联机指示灯亮。此时控制台进入工作状态。

② 控制台操作步骤

使用控制台对车站操作分为以下几个步骤：

➢在选择方式中选择方式按键，等相应的指示灯亮之后表示系统已接受该方式。

选择的方式包括：全选、单选和组选。

全选：选择全部车站。

组选：被选择车站以及和它相邻的车站。

单选：被选择的车站。

➢在功能按键中选择对车站操作的类别，等响应的指示灯亮之后表示系统已接受该类别。

对车站操作的类别包括：开启、关闭和强制开启。

开启：打开所选车站中继台的转发功能。

关闭：关闭所选车站中继台的转发功能。

强制开启：因现在没接入应急接口，暂无效。

➢选择相应的车站。

注意：

• 在全选方式操作时会有和其他两种操作不同，选择全选方式之后再选择操作的类别，那么就将对所有车站进行操作。等待操作结束后全选和操作类别灯灭，系统也不再记录选择方式和操作类别。下次操作时用户需再选择方式和操作类别。

• 控制台操作区中的指示灯显示了当时的操作方式和状态，若用户要改变方式或类别只需再选择其他方式或类别。

➢操作中可能出现的一些状态：

• 在某个按键按下后，按键相应状态没有出现，在这种情况下，有可能的情况是本次按键没有得到系统确认。用户可以再次按下按键。

• 在对车站进行某项操作之后，该车站的绿色开启灯闪烁，表示此次操作没有得到车站应答，用户可以对该车站再进行一次相同的操作。

(5)检测

在控制台收到的时钟信号和系统设置的时钟吻合时，控制台自动对各有效车站进行检测。当检测到故障时，相应车站的绿灯闪烁。

显示灯状态说明：

• 绿灯闪烁：所选车站有故障。

• 绿灯点亮：所选车站开启。

7. CCTV 系统

环调调度系统与电调调度系统设备是一样的，区别只在于设置的业务略有不同。

8. PA 广播系统

(1)概述

控制中心广播设备由调度员广播控制盒、广播机柜（安装了广播控制设备、接口装置）、广播系统管理维护终端等设备组成。系统提供完整的系统软件和专用软件（包括控制中心软件、系统网管软件、广播内容下载软件）。

控制中心设备中只有广播控制盒由工作人员直接操作，广播机柜内的设备及维护终端不需操作，出现故障由维护人员解决。

(2)控制中心广播控制盒操作

工作人员可以通过中心广播控制盒，任意选择一个、多个、全部车站的部分或全部广播区域进行话筒广播，常用的组合模式可以事先设定并存储为快捷键，使用时可以一键调用，非常便捷。同时中心广播控制盒也可以显示全线各车站的工作状态，包括正常/故障、广播/空闲、广播区域占用情况、广播信源等内容，便于中心工作人员直观的了解全线所有车站的情况。

1)中心播音控制盒

控制中心广播控制盒的组成，如图 2.33 所示。

2)控制中心广播控制盒的操作

打开电源后液晶屏显示 3 个中心播控盒的名称，名称有圆点的表示正在操作的播控盒，名称下打勾的，表示这个播控盒正在广播。

按“广播”键后进入广播选择界面，输入 2 位数字的车站编号，能看到所选车站

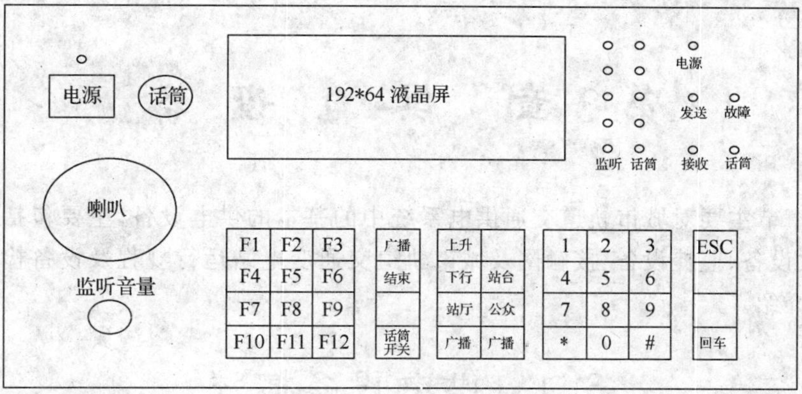

图 2.33 中心播音控制盒面板

的故障和工作状态。再按“上行”、“下行”、“站厅”和“办公”来选择所要广播的区域，站台为上行和下行，公众为上行、下行和站厅，全区为全部负载区。

按“回车”后播控盒将通知主机进行广播，当看到自己的播控盒名称下出现打勾，表示刚刚所选区域已打开，按下“话筒开关”就能广播，放开“话筒开关”将关闭广播。不按“话筒开关”键也可按“结束”键来关闭广播。

如按“回车”后，没有显示自己播控盒能广播则表示此次广播命令没有被主机接受，有 2 种情况会被主机拒绝：1 是 2 路音频通道已经被占用，并且自己的广播优先级别较低；2 是说选的车站和区域全部有故障。

(3)控制中心实时监测

控制中心能实时监测各车站、车辆段的广播设备工作状态。发现故障时即时报警，并将故障信息送至集中监控终端接受统一管理。在控制中心可通过网管终端对各车站的设备进行远端维护，调整参数及设置，满足一般或特殊的广播需要。

(4)中心广播系统接入 ATS 信息

中心广播系统具备接入本线时钟系统提供的 ATS 信息接口。

第3章　供电设备

本章节主要对城市轨道交通供电系统中的基本的供电设备，主要包括一次设备、二次设备、监控设备、接触网及城市轨道交通变电站运行规程及设备检修规程进行了介绍。

3.1　供电设备概述

轨道交通是一个重要的用电部门。据其重要性划分，属一级负荷，应由两路独立的电源供电；当任何一路中断供电时，另一路应能保证轨道交通的用电需求。采用集中供电方式的轨道交通供电系统一般进线电压为 110 kV，由市供电系统传输到轨道交通各线路主变电站。主变电站将电压降到 35 kV 或 10 kV 后，再向为轨道交通车辆供电的牵引变电所和为车站动力照明的降压变电所以及牵引降压混合变电所供电。

轨道交通供电设备一般由变电站一次设备、变电站二次设备、电力的监控设备、接触网等设备构成。

3.1.1　变电站一次设备

1. 供电系统和变电站的典型主变电站一次主接线

(1)目前轨道交通供电方式为集中供电方式。在沿地铁线路，根据用电容量和地铁线路的长短，建设地铁专用的主变电所。主变电所电压为 AC110 kV，由城市电网区域变电所对其供电，再由主变电所降压为地铁内部供电系统所需的电压级(AC35 kV 或 AC10 kV)。由主变电所构成的供电方案，称为集中供电，各主变电所具有两路独立的 AC110 kV 电源。集中供电方式有利于地铁公司的运营和管理，各牵引变电所和降压变电所由环网电缆供电，具有很高的可靠性。

(2)供电系统图：如上海轨道交通 10 号线共分为 10 个供电分区(图 3.1)，凯旋路主变电所供电一至五供电分区，溧阳路主变电所供电六至十供电分区。第六供电分区为凯旋路主变电所与溧阳路主变电所间的环网供电分区。凯旋路、溧阳路两个主变电站正常运行，老西门混合变电所环网分段开关断开，各牵降变电站 35 kV系统正常运行方式，各环网变电所采用 A 组定值。

(3)一种主变采用 110/33 kV、33/1.2 kV、33/10 kV、10/0.4 kV 三级供电方式，110 kV 系统采用内桥接线方式(图 3.2)。110 kV 的分段断路器在进线断路器

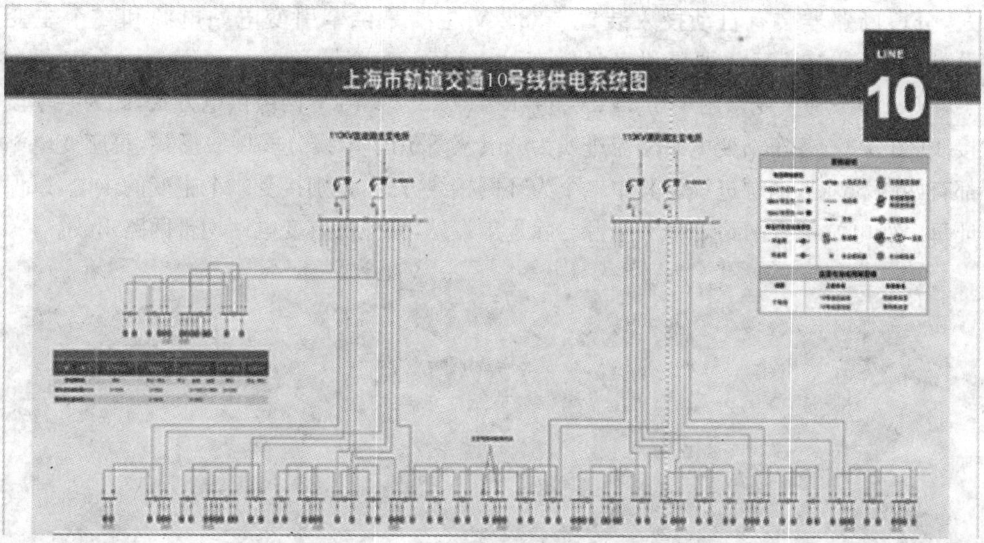

图 3.1　典型轨道交通供电系统图

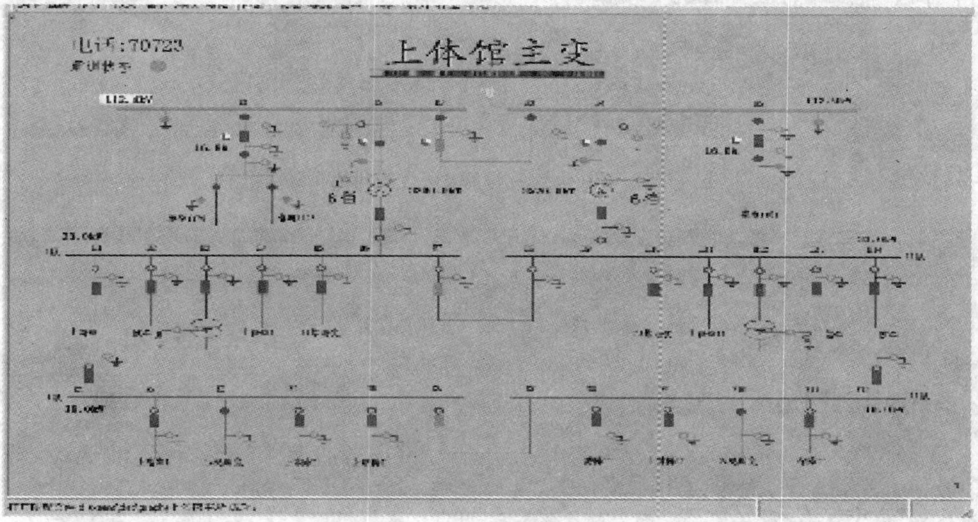

图 3.2　典型内桥接线图

的内侧故尔得名。这种接线方式可以节省二个变压器断路器,减少投资。在操作上可以通过分段断路器使两路电源互为备用,提高 110 kV 系统供电的可靠性。33 kV 系统采用单母线分段的接线方式,为使操作迅速方便,提高 33 kV 系统供电可靠性,用断路器来分段母线,可以带负荷进行运行方式的改变。分段断路器配有自动投入装置。当某一段母线失电时(非母线故障)分段开关能自动投入,维持失电母线的正常供电。10 kV 系统同样采取了以断路器为分段的单母线分段接线方式,分段断路器装有自动投入装置。33 kV 主要是供牵引变电站电源和二个主变电站的联络,10 kV 主要是供各地铁车站电源。

(4)另一种主变采用 110/35 kV、35/1.2 kV、35/0.4 kV 两级供电方式,此为共享段接线(图 3.3),各车站变电站交流进线为 35 kV,采用单母线分段接线形式,每座变电站都有两路 35 kV 电源进线。其中二个为环网接线方式,分别接受二个主变的供电,以保证每个变电站都有两路 35 kV 电源。除了末端站,其他所有变电站均带两路出线。

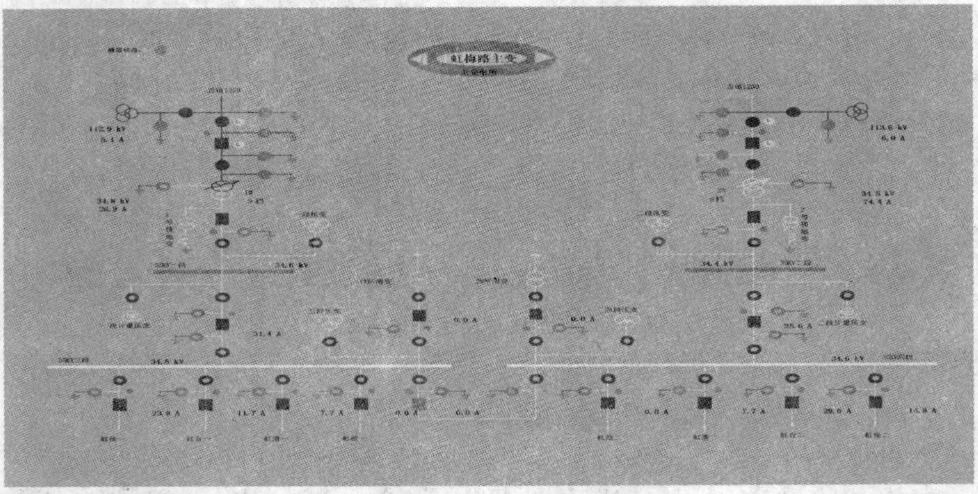

图 3.3 共享段接线图(两级供电)

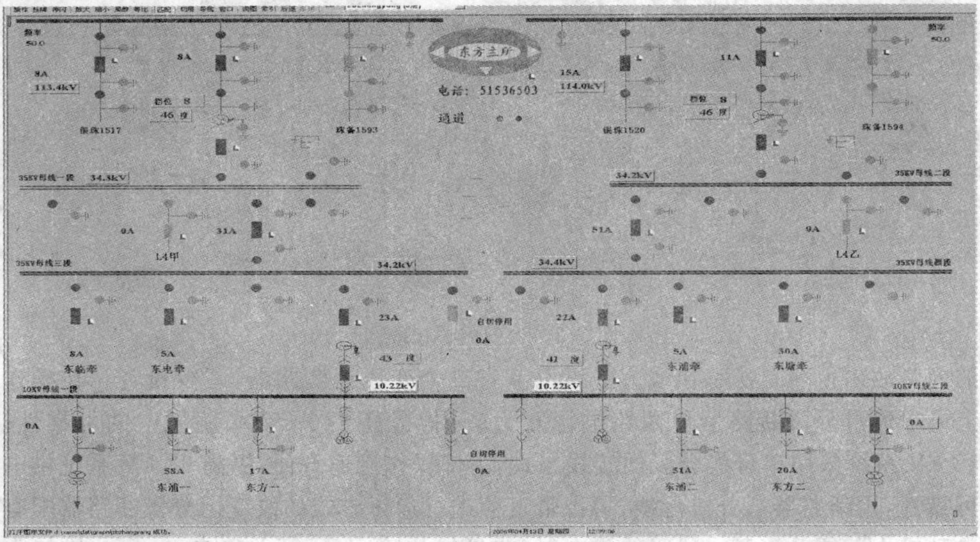

图 3.4 共享段接线图(三级供电)

(5)还有一种主变采用 110/35 kV、35/1.2 kV、35/10 kV、10/0.4 kV 三级供电方式，35 kV 分为一、二、三、四段共享段母线接线，主变引入两路 110 kV 交流电源(图 3.4)。主变电站设置两台三相二圈有载调压变压器，绕组接线形式为 Y/—11，电压为 110 kV(±8×1.25%)/35 kV。牵引系统采用 35 kV。另设置两台三相二圈无载调压变压器，绕组接线形式为/Y—11，电压为 37.5 kV/10.5 kV。35 kV 和 10 kV 采用单母线分段的接线方式。35 kV 出线分别供电给沿线设置的牵引站及中心降压站。10 kV 出线分别供给沿线各地铁车站降压站电源。

(6)牵引变电所，每个变电所都有两路 35(33)kV 进线电源，正常情况下为一用一备，并与相邻主变或牵引变电所 33 kV 进行联络供电(图 3.5)。每个牵引变电所都有两套整流器组(包括整流变开关、整流变压器、整流器、正负极闸刀)直流母线为单母线接线形式，两套整流器组设置在同一直流母线上供电，并联运行构成等效 24 脉波整流电路，以减少送入电力系统的谐波量。主要是为地铁列车牵引供电。

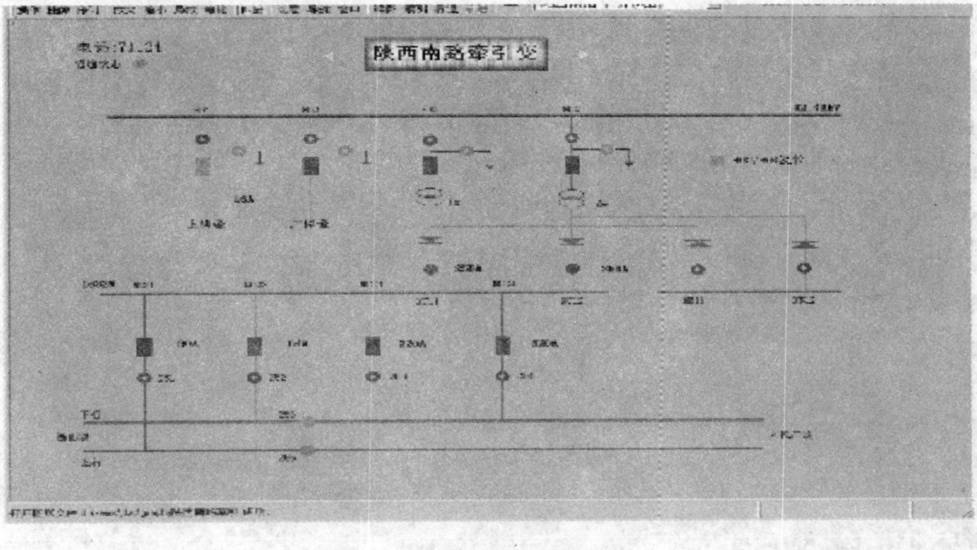

图 3.5　牵引变电所接线图

(7)车辆段有一个牵降混合变电站和二个跟随所，有两路 35 kV 电源进线，牵降混合变电站主要负责车辆段内包括出入线的列车牵引供电，一个降压站和二个跟随所主要负责车辆段范围内 0.4 kV 供电，如图 3.6 所示。

(8)降压变电所，每座降压变电所都有两路 10(35)kV 电源进线，两路 10(35)kV电源出线，如图 3.7 所示。正常情况下为双电源单母分段运行，10(35)kV分段开关选择自切投入(10 kV 停用)。0.4 kV 也采用双电源单母分段运行，0.4 kV 分段开关选择自切投入。降压变电所主要是对地铁车站供电。

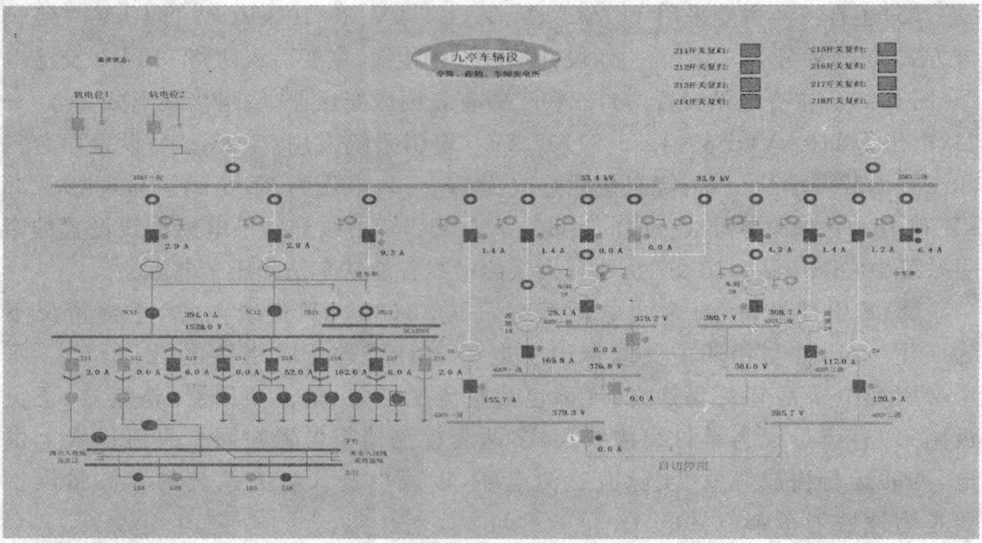

图 3.6　混合变电所接线图

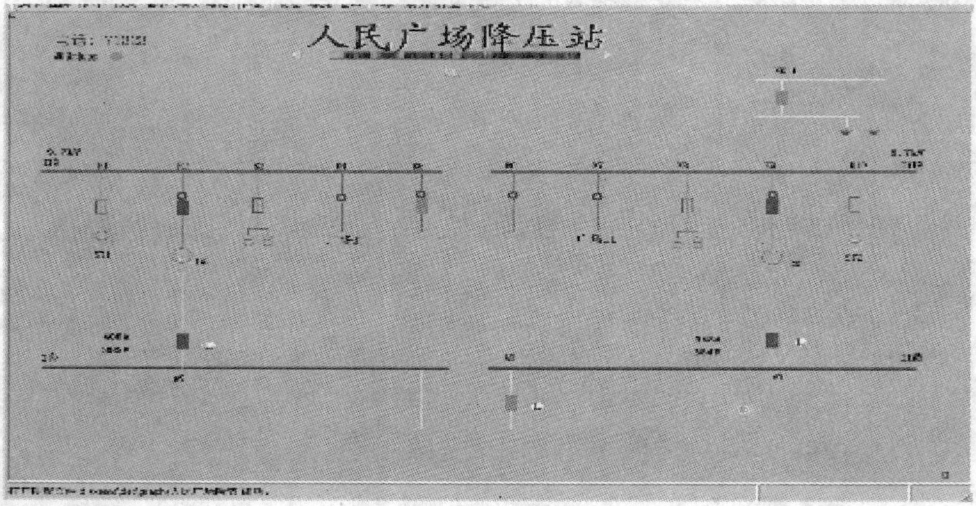

图 3.7　降压变电所接线图

2. 主变电站设备

(1)主变电所作用

主变电所采用从上级城市电网受电，并引接 2 路 110 kV 电源进线供电方式，主变电所正常运行方式为两台主变压器分列运行。35(33)kV、10 kV 分段断路器打开，两段母线分列运行。供电系统采用集中供电，110/33 kV、33/1.2 kV、33/10 kV、10/0.4 kV 三级供电方式(上海轨道交通 1、2、3、4、5 号线采用)和 110/

35 kV、35/1.2 kV、35/0.4 kV 两级供电方式(上海轨道交通 6、7、8、9、10、11 号线采用),每条线路基本上设 2 座 110/35(33)kV 主变电所或再增加一座 35 kV/33 kV辅助主变电所,35(33)kV/DC1 500 V 牵引变电所和 35(10)kV /0.4 kV 降压变电所供电。

故障情况下运行方式为:当主变电所内一台主变压器发生故障退出运行或一回 110 kV 进线失电时,通过 35(33)kV 侧的备用电源自切装置合上 35(33)kV 分段断路器,由另一台主变压器承担该主变电所供电区域内的全部一、二级负荷。

(2)主变电所设备

1)主变电所设备主要包括:110 kV 配电装置(GIS)、35 kV 配电装置(GIS)、主变压器、接地变压器、接地电阻、所用电屏、直流屏、自动化监控装置、所用变等设备。

由城市电网引入两路 110 kV 专用电源,分别经过 110 kV 配电装置(GIS),主变压器至 35kV 配电装置(GIS)。主变电所通过 35(33)kV、(10 kV)馈线电缆向牵引(降压) 变电所供电。

主变电所设置两台所用变压器,分别接于 35 kV(10 kV) Ⅰ、Ⅱ段母线上,其低压端经所用电屏,供电给配电装置的操作系统、主变调压系统、直流系统、自动化系统、泵、动力照明等。

2)110 kV 及主变部分

① 部分联/闭锁条件

➢各回路母刀

合闸条件:该母刀接地开关在打开位置,相应断路器在分闸位置。

分闸条件:相应断路器在分闸位置。

➢接地开关

合闸条件:隔离开关在打开位置,相应断路器在分闸位置,进线侧无电时。

分闸条件:无。

② 35 kV 开关

➢西门子 35 kV 配电装置均采用了 SF6 绝缘的金属铠装式开关柜,设备间隔较小。根据国家的有关标准,设备必须满足如下要求,见表 3.1。

每台隔离开关和接地开关的操作机构应为三相联动。

隔离开关和接地开关与相关的断路器之间应具有电气或机械联锁,以防止误操作。

➢ ABB 35 kV GIS 的主要参数,见表 3.2。

表 3.1　西门子 35 kV SF6 开关柜主要参数

项目		单位					
电压		kV	12	24	36	38	40.5
频率		Hz	50/60	50/60	50/60	50/60	50/60
概况	额定短时工频耐受电压	kV	28	50	70	80	85/95
	额定雷电冲击耐受电压	kV	75	125	170	200	185
隔离开关	额定短时工频耐受电压	kV	32	60	80	90	90/110
	额定雷电冲击耐受电压	kV	85	145	195	230	218
短路开断电流,最大		kA	40	40	40	40	40
短时耐受电流 3 s,最大		kA	40	40	40	40	40
短路关合电流,最大		kA	100	100	100	105	100
峰值耐受电流,最大		kA	100	100	100	105	100
母线正常电流,最大		A	3 150	3 150	3 150	3 150	3 150
馈线正常电流,最大		A	2 500	2 500	2 500	2 500	2 500

表 3.2　ABB 35 kV GIS 开关柜主要参数

型号	ZX2 气体绝缘金属封闭开关设备	型号	8DA10
额定电压	40.5 kV	额定电压	40.5 kV
额定电流	250 A～1 000 A	额定母线电流	1 250 A
额定频率	50 Hz	额定分支电流	1 250 A
额定短时工频耐受电压	85 kV	电流互感器变比	200/1/1×3/A
额定短路持续时间	3 s	额定短路开断电流（3S 热稳定电流）	25 kA
额定短时耐受电压	25 kV	额定动稳定电流	63 kA
额定充气压力	0.03 MPa	防护等级	IP 3XD
最低功能压力	63 MPa	引用标准	IEC298
生产厂家	厦门 ABB	生产厂家	西门子

➢ 35 kV 母线

• GIS 应为单母线系统。

• 母线应为铜质,其最小的持续额定电流为 1 250 A,且为 SF6 气体绝缘。

• 在额定的持续电流下,母线及主连接点的温升应按照有关的标准。

➢断路器

• 35 kV GIS 的断路器应在真空或 SF6 气体内每相一个断口开断。

• 断路器应具有自由脱扣式操作机构,并应由电动机进行弹簧储能。应配有所有适当功能的辅助开关。

• 提供手动合闸及跳闸装置，以便在失去控制电源时可操作断路器。

• 所有的控制设备，包括跳闸线圈和合闸线圈应设计为能安全可靠地运行，标称电压为 DC220 V。合闸线圈的工作电压为额定电压的 65%至 120%，跳闸线圈的工作电压为额定电压的 65%至 120%，跳闸线圈在低于 30%额定电压时应不动作。

➢隔离开关及接地开关

• 隔离开关应能操作小电流，如断路器的充电电流，而不产生可能引起控制回路瞬时过电压或在外壳上的瞬时电位升高的瞬时过电压。

• 每台隔离开关和接地开关的操作机构应为三相联动。

• 隔离开关和接地开关与相关的断路器之间应具有电气或机械联锁，以防止误操作。

• 应具有观察窗或可靠的机械位置指示装置，以校核其位置。

➢电流互感器

电流互感器应为组合式，三相布置，其额定值应符合前面第 4 条的规定，同时也应符合下列要求，见表 3.3。

表 3.3 电流互感器匹配配电柜主要参数

柜名称	CT 变比	额定输出(VA)	准确度
主变进线柜	(见具体参数表)最终变比在设计联络会确定，下同	15/30/30	0.5/5P20/5P20
分段柜		15/30	0.5/5P20
馈线柜		15/15/15	5P20/5P20/0.5
所变出线柜		15/15/15	5P20/5P20/0.5

③ 联锁

➢开关柜内设有必要的联锁装置以保证运行中的安全，设有：

• 防止在断路器合闸状态下误分、合隔离开关。

• 防止在断路器合闸状态下误合接地开关。

• 防止在接地开关接地位置时，误将断路器合于带电的母线上。

➢同时，开关柜具备下列的联锁功能：

• 断路器与接地刀之间的联锁。即断路器在运行位置，接地刀不能合闸，只有断路器和隔离开关在分闸位置，接地刀才能进行合闸、分闸；在线路检修时甲方将利用三位置隔离开关的接地功能作为检修电缆时的安全防护措施，考虑该工况的闭锁要求，此时断路器应合闸，并防止远方及当地误分闸。

• 断路器在工作位置，处于合闸状态时，隔离开关不能进行分、合闸。

• 为防止误入带电间隔，柜内正面至少有三只指示对应三相进线电缆头带电的指示灯，该指示灯能给出信号接点。

• 在维修时用来保证隔离间隙的主回路上的高压隔离开关，确保不自合。

• 断路器与系统中其他断路器有联跳关系，当断路器因故障跳闸时有输出信号，以便实现系统中规定的联跳作用，具体情况将在设计联络中确定。

3）防雷

主变电所的过电压保护主要是考虑侵入雷电波及操作过电压对配电装置的影响，因此，在主变压器的 110 kV 侧及 35 kV 母线均配置了氧化锌避雷器作为配电装置的过电压保护。

为使变电所建筑在受到直击雷和感应雷的雷击时能有可靠保护。在变电所的非导电体的屋面上装设了避雷带作为防雷保护，并且避雷带设有数个独立接地点。

3. 牵引站

(1)系统接线方式

牵引变电站的功能是将主变电站送来的交流电经降压整流后变为直流电，通过接触网，供地铁车辆的行车用电。目前轨道交通采用的牵引直流供电为接触网 DC 1 500 V供电形式。

牵引变电站交流进线 35(33)kV 侧采用单母线接线方式，每座变电站都为双回路 35(33) kV 电源进线。一种是牵引变电站交流进线电源取自某个主变 35(33)kV 母线的Ⅰ、Ⅱ段。另一种是环网牵引变电站交流进线电源接线方式，即可接受一条线路上 2 个不同主变的供电。还有一种是 2 个相邻牵引变电站交流进线电源各取某个主变 35(33)kV 母线的Ⅰ、Ⅱ段，牵引变电站之间形成联络供电。这样保证每一牵引变电站都能均有两路交流进线电源，二路电源相互备用，确保供电安全可靠。

每座带牵引的变电站都有两套整流器组(包括整流变开关、整流变压器、整流器、正负极闸刀)，直流母线为单母线接线形式，两套整流器组并列运行向同一直流母线供电。

一般每座牵引变电站设有四台直流开关向不同区段的接触网供电。每个牵引变电站都设有一个绝缘分段，将正线接触网划分为上下行区段。在每一个供电区段通常有二个牵引站的直流开关向这一区段供电，这种供电方式我们称之为双边供电，这样即提高了供电的可靠性。

(2)35(33) kV 开关

35(33) kV 中压开关柜采用的是 SIEMENS 等的中压开关，此开关柜额定电压最高 40.5 kV，额定电流最高 2 500 A。它们允许的额定最大短路电流可达到

108 kA，最大短路开断电流达到 40 kA。35(33)kV 交流开关柜采用户内 SF6 气体绝缘金属封闭式开关柜(简称:GIS)。开关柜内选用真空断路器，其真空灭弧室应选用质量可靠的产品，如图 3.8 所示。

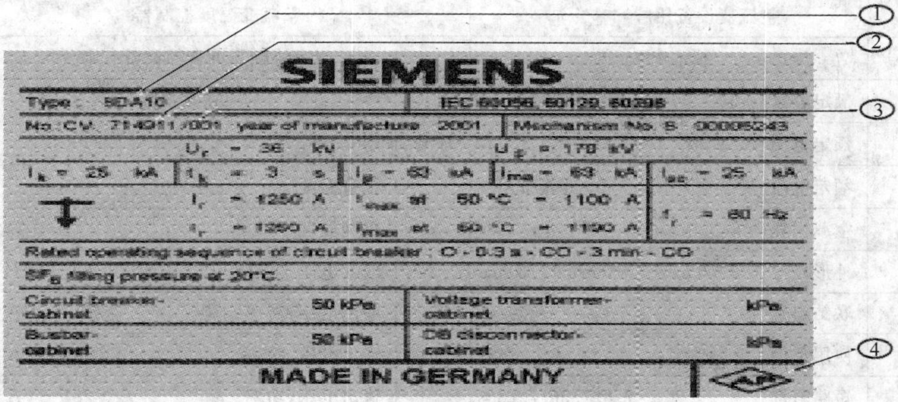

图 3.8　35(33)kV SF6 开关柜铭牌参数

图注:①—开关柜型号;②—订货号;③—开关柜的数量;④—SF6 气室的压力测试标志。

(3)整流变压器

牵引站的两台干式整流变压器，采用环氧浇注工艺制成，与传统的油浸式变压器相比较，干式变压器具有质量轻，结构简单，抗短路能力强，难燃阻燃，(免维护)维护保养方便，继电保护简单等优点，干式变压器适用范围广，尤其是对防火有严格要求的场所。

牵引站的整流变压器主要有 4 000 kVA、3 300 kVA 与 2 200 kVA 这几种容量。整流变压器规格参数见表 3.4。

(4)整流器

1)整流器的型号含义:(上海整流器厂)

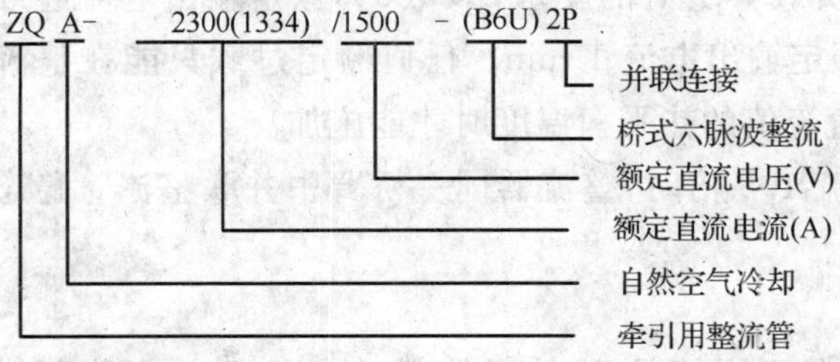

2)技术性能及电气参数

① 交流输入:2×3ϕ 50 Hz，1 180 V，938 A(544A)

② 额定输出直流电压 1 500 V，额定输出直流电流 2 300(1 334)A。

表 3.4 整流变压器规格参数

固定资产编号		设备名称	1号整流变	型号规格	20sc9－2200/35	制造厂或国别	顺特电气	启用日期	06.12.21	存放地点	1号整流变室	备注	

整流变设备铭牌			整流变温度控制器		
序号	技术参数		厂家广州市协顺开关自控设备有限公司		
1	额定容量	2 200 kVA	技术参数		
2	额定电压	35 kV/1 180 V	序号	型　号	TTC－314R4
3	额定电流	36.3 A/538 A	1	报警温度	140 ℃
4	空载损耗	4.5 kV	2	跳闸温度	150 ℃
5	外形尺寸	2 650 mm×1 600 mm×3 630 mm	3	输入电压	230 V AC
6	联结组别	D(－75)y7d2		输出电压,功率	12V 15VA
7	使用条件	户内	4	输出电压,功率	双 9V 3VA
8	短路阻抗	7.8/7.36/7.28%		输出电压,功率	28V 5VA
9	冷却方式	自然风冷			
10	额定频率	50 Hz　3 相			
11	温升限值	68.5 K			
12	负载损耗	11.25 kV			
13	绝缘等级	F 级			
14	绝缘水平	L1 170AC70/LI20 AC10			
15	总质量	9 000 kg			

③ 过载能力符合负载等级Ⅵ的要求,即其主要指标如下:

➢额定输出直流电压 1 500 V。

➢额定输出直流电流 2 200 A。

➢过载能力符合负载等级Ⅵ的要求,即 100%额定输出电流连续;150%额定输出电流 2 h;300%额定输出电流 1 min。任何额定过载只能在整流器的温度不高于对应 100%额定直流值的热平衡温度时才能施加。

➢在额定直流电流 1.5 倍时,整流器同一桥臂中并联整流管稳态电流均衡度应大于 0.9。

(5)功能试验

在检查装配、放线均无误情况下,接通控制、辅助回路电源进行以下试验。试验目的是为了验证电气线路的所有部分以及控制系统的连接是否正确,选用低压电器元件能否与主电路一起正常工作。设备的电气特性是否能满足设计规定要求。

1)1 个整流管损坏时,快熔熔断并发出报警信号。

2)当 2 个整流管损坏时,快熔熔断并发出跳闸信号。

3)压敏电阻回路熔断器熔断,并发出跳闸信号。

4)当整流器测试点温度超过设定值 90 ℃或 115 ℃时,发出报警或跳闸信号。

(6)直流开关柜设备技术性能及描述

1 500 V 直流开关柜型号为 Sitras 8MF,包含正极柜(进线柜)、馈线柜和负极柜,为金属封闭式户内成套设备,由一系列标准化单元组成,其中馈线柜具有低压元件室、一次电缆室、测试元件室、断路器室等独立分割的单元,其中高、低压部分采用电隔离或光电隔离方式,以防止操作时的电磁干扰和保证操作人员的安全。

馈线柜和备用手车所配的直流快速断路器均提供直接瞬时过电流脱扣器和间接快速脱扣器,装于断路器本体内,由综合测控保护装置或机械装置操控。

1 500V 直流开关柜是牵引供电系统中的重要组成部分,其主要参数见表 3.5。

表 3.5　1500 直流高速开关柜主要参数

<table>
<tr><th colspan="3">项　　目</th><th>参　　数</th></tr>
<tr><td colspan="3">• 额定电压</td><td>DC 1 500 V</td></tr>
<tr><td colspan="3">• 系统最高工作电压</td><td>DC 1 800 V</td></tr>
<tr><td colspan="3">• 额定电流</td><td>4 000 A</td></tr>
<tr><td colspan="3">预期短路电流</td><td>110 kA,τ=10 ms</td></tr>
<tr><td rowspan="3">• 过负荷能力</td><td colspan="2">2 h</td><td>>4 000 A</td></tr>
<tr><td colspan="2">1 min</td><td>>9 000 A</td></tr>
<tr><td colspan="2">20 s</td><td>>12 500 A</td></tr>
<tr><td rowspan="4">• 额定绝缘水平</td><td rowspan="2">主回路</td><td>工频耐压</td><td>8.5 kV,50 Hz,1 min</td></tr>
<tr><td>冲击耐压</td><td>18 kV</td></tr>
<tr><td rowspan="2">辅助回路</td><td>工频耐压</td><td>2.0 kV/50 Hz,1 min</td></tr>
<tr><td>冲击耐压</td><td>采取光电隔离措施</td></tr>
</table>

(7)馈线柜

馈线柜是安装于 1 500 V 直流正极母线与接触网上网隔离开关之间的设备,其内配置 1 500 V 正极母线、直流快速断路器、分流器以及微机综合保护控制装置 SITRAS® Pro,实现向牵引网直流馈电的控制和保护。

直流快速断路器装于可移动的手车上。手车能方便地拉出和推入,且具有“运行”、“试验”、“移开”三个明显的位置和标志。手车入柜后有两个机械定位:试验位和运行位,两个位置均能由带扭转弹簧的机械锁定/解锁连杆可靠锁定。手车在由柜外的移开位置推入试验位置时,该扭转弹簧可将机械锁杆定位在柜内的试验位置的导口处而使手车可靠锁定在试验位置。

(8) 进线柜(正极柜)

进线柜是用于连接整流器阀侧正极与 1 500 V 正极母线间的开关设备,实现整流机组向 1 500 V 直流正极母线馈电的控制。进线柜采用电动隔离开关,其合/分操作与 35 kV 的整流变压器的断路器设有硬接线的电气联锁。

(9) 负极柜

负极柜是连接于整流器阀侧负极与回流钢轨之间的开关设备,柜内装设手动隔离开关,开关柜前部设可锁住的金属门,上部有一个低压元件室。负极手动隔离开关的合/分操作与进线电动隔离开关有电气联锁。全所设一套低阻抗框架故障保护装置装于负极柜内,是为防止直流设备内部绝缘损坏闪络时造成人身及设备危险而设,主要保护设备安全,同时对某些特殊的故障进行保护。框架故障保护装置由一个电流元件和一个电压元件组成,电压元件可通过转换开关当地投入/切除,并可分别整定为报警和跳闸二段,该设定值可在面板上通过一个带液晶显示的人机界面进行现场设定,且有密码保护。框架保护动作跳闸后,将闭锁相关断路器合闸,只有当故障被清除,复归框架保护后,相应断路器才能合闸,框架故障保护可通过当地和远方复归。框架保护的动作信号可在当地/远方显示。

(10)牵引变主接线运行方式

1)主接线

① 牵引变电所设置两套整流机组,均接于同一段 35(33)kV 母线上。

② 整流器正极通过电动隔离开关与直流 1 500 V 母线相连;负极通过手动隔离开关与负极柜中的负母排连接。

③ 直流 1 500 V 母线采用单母线接线方式。直流母线通过 1 500 V 直流馈线分别接至接触网上、下行的上网隔离开关,每回直流馈线均设置直流快速开关。

④ 35(33)kV 进线各设置一组电压互感器和避雷器。

⑤ 整流器正、负母线间及正母线对地间各设置一台避雷器作过电压保护用。

2)运行方式

①33 kV 母线正常运行时,牵引变电所由一路 35(33)kV 进线电源供电,联络线电源热备用。

②当任一路 35(33)kV 进线电源或电缆故障时,其进线开关跳开,备用电源手动或自动投入。

3)牵引部分

① 正线牵引变电所

正常运行时,两套整流机组并联运行,接触网越区隔离开关打开,与相邻两牵引变电所构成双边供电方式,共同向供电范围内的电力机车供电。

当一套整流机组退出运行时，另一套机组在其允许过负荷的情况下，可继续运行。

当一牵引变电所退出运行时，相邻的两牵引变电所通过该变电所直流母线或接触网越区隔离开关恢复对该区段的机车负荷供电。

当接触网发生故障时，向该段接触网供电的直流馈线快速开关通过保护装置均跳闸，停止向该区段接触网供电。

② 停车场牵引变电所

正常运行时，停车场接触网与正线接触网通过电动隔离开关分断，停车场牵引变电所分别向停车场内的库线及试车线供电。

当停车场牵引变电所退出运行时，停车场与正线接触网之间的电动隔离开关合闸，由正线牵引变电所向停车场供电。

当正线牵引变电所退出时，停车场与正线接触网之间的电动隔离开关合闸，由停车场牵引变电所向该正线接触网供电。

➢牵引变电所安全、可靠地向地铁接触网提供 DC1 500 V 电源。

➢牵引变电所设两套整流机组，构成等效二十四脉波整流，减少谐波，两套整流机组接于同一段 AC 33 kV 母线上，整流机组负荷等级：GB 50157—2003 Ⅵ级。

➢整流机组高压侧额定电压为 AC 35(33)kV，阀侧直流馈线额定电压为 DC1 500 V，最高工作电压为 DC 1 800 V。

4)牵引变电所自动装置配置

自动装置应能满足供电安全、可靠、灵活的运行要求。牵引变电所设置如下自动装置：

① 35(33)kV 侧设置母联手动/自动投入装置。

② 直流 1 500 V 馈线设置带有能判断故障性质的自动重合闸装置。

③ 直流屏设置备用电源手动/自动投入装置。

④ 交流屏设置备用电源手动/自动投入装置。

⑤ 应急照明切换屏设置交直流电源自动切换装置。

5)牵引变电所闭锁关系

① 交流 35(33)kV 开关柜断路器闭锁正极柜电动隔离刀。

② 正极柜电动隔离刀闭锁负极柜手动隔离刀。

③ 正极柜电动隔离刀摇把插入闭锁相应 35(33)kV 断路器合闸，如35(33)kV 断路器在合闸状态，需跳闸。

6)防雷与过电压保护

① 变电所 35(33)kV 进线、联络线各设置一台避雷器，用于过电压保护。

② 整流器 1 500 V 正负母线间和 1 500 V 正母线对地间设置避雷器，用于过电压保护。

4. 降压站

(1)牵引降压混合变电所或降压变电所的两段 35 kV 母线上各引入一路 35 kV电源。

降压变电所 35 kV 侧为单母线分段,两台 35/0.4 kV 配电变压器分别接在两段母线上。

车站跟随式降压变电所直接从该站牵引降压混合变电所或降压变电所的两段 35 kV母线上各引入一路 35 kV 电源,跟随式降压变电所设两台 35/0.4 kV 配电变压器。

为满足车站动力、照明负荷的需要,每座车站设一座降压变电所,规模较大的地下车站和换乘站,根据需要可再设一座跟随式降压变电所。降压所的设置要靠近负荷中心。(指冷水机组,即站内所有制冷电源。)

降压变电所的电源引自主所的两段母线,设两台动力变压器,正常时两台变压器同时运行,负荷率为 0.7,其容量满足任一台变压器退出运行时,另一台担负本所供电区域内的一、二级动力、照明负荷用电。

供电系统功率因数不应低于 0.9,在降压变电所内采用集中自动无功补偿装置。无功补偿装置的容量计算应考虑 35 kV 环网电缆产生充电功率以及变压器分接头协调配合,使无功分量最小。

降压变电所低压 0.4 kV 侧单母线分段,0.4 kV 交流接地型式采用 TN—S 系统(独立的 *N* 线和 PE 线),母线电压:AC 0.4 kV,系统电压:AC380/220 V,额定频率:50 Hz,系统接地方式:中性点直接接地。通过 0.4 kV 低压开关向车站各动力照明负荷供电。降压变电所设置三级负荷总开关。

(2) 400 V 低压开关柜

设备的选型为 GHD18(MPS)低压抽出式开关柜,该型号低压开关柜为封闭式户内成套设备,各项指标符合招标方技术要求。

MPS 低压抽出式开关柜是一种用标准模件,由工厂组装(FBA)的组合式柜型,其技术相当于九十年代末国际水平。柜体最大程度做到了免维修。

1)开关柜分类(表 3.6)

表 3.6 开关柜分类表

序号	项 目	内 容
1	进线柜	接受电能并通过水平母线传递给馈线柜
2	母联柜	用于分段母线之间电能的传递
3	馈线柜	分配电能,简称 PC 柜

2)开关柜柜型为抽屉式开关柜,当额定电流≥250 A 时,应采用固定式接线抽出式开关。

3)变电所内进线总开关、母联开关、三级负荷总开关及冷水机组采用就地控制和 SCADA 远动控制。开关柜设自动/手动转换开关,可接受遥控分、合闸命令。

(3)降压站 400 V 开关

降压站采用 35 kV/400 V 直降式,电能经 400 V 开关送到 400 V Ⅰ/Ⅱ母排上,400 V 开关使用的是 ABB 公司的 Emax 空气断路器,其外型坚实,拥有特别坚固的金属结构,可以很好的承受动应力和热应力,使安装工作安全可靠。Emax 空气断路器具有机械寿命长、维护工作量少等特点:

1)低压交流框架式断路器

选用框架断路器选用 ABB 公司生产的 E 系列框架开关。符合地铁运行的技术要求:

E 系列框架断路器的极限分断能力为 40～85 kA/400～415 V 范围内 Ics=Icu。

① E 系列框架式断路器控制单元功能包括:可调整长延时保护、可调整短延时保护、可调整瞬时脱扣及零序保护。在短延时保护和零序(接地)保护时具有区域选择性闭锁功能,还具有电流、电压和功率的测量、故障显示和自检功能。

② 有宽阔的电流和时间调节范围。

长延时　0.4～1.0 Ir　3～144 s　短延时　1.5～10 Ir　0.1～0.4 s

短路瞬时　1.5～10 Ir　接地　0.2 Ir～1 200 A　0.1～0.4 s

2)低压交流塑壳式断路器

选用塑壳断路器选用施耐德公司生产的 NS 型开关塑壳式断路器符合下列主要技术要求:

低压交流塑壳断路器电气技术性能及参数见表 3.7。

表 3.7　低压交流塑壳断路器电气技术性能及参数

框架等级 额定电流(A)		100	160	250	400	630
额定工作电压(V)		380/220				
额定绝缘电压(V)		690				
极数		进线开关、出线开关:3 极				
额定极限短路 分断能力(kA)		35/65	35/65	35/65	35/65	35/65
使用寿命(次) ×1 000	机械	40	30	20	15	12
	电气	20	15	10	6	4
可附	分励脱扣			√	√	√
	辅助触点	√	√	√	√	√
	报警触头	√	√		√	√
安装型式		固定式、抽出式				

注:变压器容量在 1 250 kVA 以上时采用极限分断能力为 70 kA 的塑壳断路器。

3）柜内母线及绝缘导线敷设

① 低压开关柜内的主母线和配电母线均为四母线，材料应选用铜材料制作，其相对导电率不小于99.9%。

② 柜内母线和导线的颜色和排列

柜内母线和导线的颜色和排列应符合GB 2681—81《电工成套装置中的导线颜色》的规定。柜内保护导体的颜色必须采用黄绿双色。当保护导体是绝缘的单芯导线时，也应采用这种颜色并且贯穿导线的全长。黄绿双色导线除作保护导体的识别外不允许有任何其他用途。

柜内母线的相序排列从装置正面观察应符合表3.8的排列。

表3.8 柜内母线的子相序排列

类别		水平排列	垂直排列
交流	L1 相	上	左
	L2 相	中	中
	L3 相	下	右
	中性线 中性线保护	最下	最右

4）车站钢轨电位限制装置：

① 为保证旅客安全，每座车站和停车场应设钢轨电位限制装置。

② 接触器（带晶闸管）短路装置

短路装置的短路耐受电流为50 kA(250 ms)，持续电流为1 400 A。

➢正常情况下，直流接触器的触头是断开的。

➢非正常情况下，通过三级电压检测系统控制短路装置与大地有效短接。

• 第一级电压检测 $U>$(90～110 V)，延时短接

如果检测到钢轨与大地之间的接触电压大于或等于第一级电压测量装置的设定值 $U>$，则经过一段可调整的延时后(延时时间整定范围为0.15 s～99 h)，直流接触器将钢轨与大地进行有效短接。

• 第二级电压检测 $U>>$(120～170 V)，无延时短接

如果检测到钢轨与大地之间的接触电压大于或等于第二级设定值 $U>>$，则直流接触器在100 ms之内(无延时)永久合闸，不再恢复开断。

短路装置在第一级和第二级电压检测装置动作后，将钢轨与保护地进行短接，经一定时间间隔后可以允许恢复开断。短接后到恢复开断的时间间隔可用时间继电器进行调整，调整范围为0～120 s。

动作电压设定值 $U>$ 和 $U>>$ 的调节范围为DC 25 V～250 V。

• 第三级电压检测 $U>>>$，(可设定为 120～600 V)。

此时晶闸管装置立即短接钢轨和大地(导通时间≤0.2 ms)，然后启动接触器合闸。接触器合闸后，晶闸管回路立即断开。经过整定时间后，接触器才恢复开断。接触器的合闸时间不大于 100 ms。

闭锁状态(恒定合闸)，当短路装置在 10 s 内(可调)连续动作 3 次后，或检测到的电压差大于危险电压时，短路装置将不再断开，而处在恒定合闸状态并给出报警信号。

当短路装置短接时，若在钢轨和大地间仍有一个电压，则设备被认为出了故障，此时将由干接点向 SCADA 系统发送故障信息。

5. 混合变电站

(1) 牵引变电所与降压变电所合设为牵引降压混合变电所。

牵引降压混合变电所交流进线电压为 35 kV，采用单母线分段接线形式，每座变电站都有两路 35 kV 电源进线。其中银湖至合川路为环网接线方式，即可接受佘山主变的供电，也可接受虹梅主变的供电，以保证每个变电站均能有两路电源。除了末端站，其他所有变电站均带两路出线。

牵引降压混合变电所 35 kV 侧为单母线分段，两段母线间设母联断路器，两套整流机组接在 35 kV 侧的同一段母线上，两套整流机组并列运行；两台 35/0.4 kV配电变压器分别接在两段母线上。

每座带牵引的变电站都有两套整流器组(包括整流变开关、整流变压器、整流器、正负极闸刀)直流母线为单母线接线形式，而两套整流器组可以并列向同一直流母线供电。由于 35 kV 采用单母线分段接线形式，在考虑负荷分配的因素，混合变电站的两套整流器组以间隔的方式均匀分布在 35 kV Ⅰ/Ⅱ母线上。

每座变电站至少配置两台电力变，分别分布在 35 kV Ⅰ/Ⅱ母线上，提供车站内的用电。

(2)35kV 供电系统网络

1)变电所接线

牵引降压混合变电所 35 kV 侧为单母线分段，两段母线间设母联断路器，两套整流机组接在 35kV 侧的同一段母线上，两套整流机组并列运行；两台 35/0.4 kV配电变压器分别接在两段母线上。

降压变电所 35 kV 侧为单母线分段，两台 35/0.4 kV 配电变压器分别接在两段母线上。

跟随式降压变电所设两台 35/0.4 kV 配电变压器，两台变压器直接从该站(或停车场)牵引降压混合变电所或降压变电所的两段 35 kV 母线上各引入一路

35 kV电源。

降压变电所低压 0.4 kV 侧单母线分段，通过 0.4 kV 低压开关向车站各动力照明负荷供电。降压变电所设置三级负荷总开关。

2)供电系统网络接线

35 kV 供电网络采用短串环接的接线方式向各降压变电所或牵引降压混合变电所供电，每 3 至 4 个车站变电所为一个小供电分区，每个供电分区中的一个降压变电所或牵引降压混合变电所直接从主变电所引入两回电源，其他变电所(跟随式降压变电所除外)采取环接形式从相邻变电所引入两回 35 kV 电源。

车站跟随式降压变电所直接从该站牵引降压混合变电所或降压变电所的两段 35 kV 母线上各引入一路 35 kV 电源。

为了使两主变电所间能够相互支援，在两个小供电分区中设一个牵引降压混合变电所为两主变电所间的联络开关，正常运行时联络开关打开。

(3) 电力电缆运行规定

1) 凡停止运行一个星期以上但不超过一个月的电缆线路，重新投入运行前，应做绝缘电阻测试，进行电缆的耐压试验，由检修车间专职人员进行。

当电缆的容许电流大于所接设备的额定电流时，应按所接设备的额定电流进行监视。电缆终端头应有明显与相位对应的色标。电缆终端头处应安装铭牌(记载电缆电压、截面、长度、地点名称或号数，由何处到何处的说明等)。

2) 电力电缆的巡视检查周期

电力电缆的巡视检查按规定巡视要求及巡视次数进行巡视，并在相关记录上对巡视情况做出记录。

3) 电力电缆巡查项目

① 电缆终端头绝缘子应完整清洁，引出线联接应保持紧固，无发热、放电现象。

② 电缆终端接线必须良好，无松动、断股和锈蚀现象。

③ 电缆隧道及电缆沟内不应积水或堆积杂物和易燃品。

④ 注意电缆表面温度是否正常，电缆是否有鼓胀现象。

⑤ 电缆支架应牢固，无松动或锈烂现象，接地良好。

4) 电力电缆常见故障及处理

线路故障变：电站进出线均系电缆线路，因此线路故障跳闸后，不允许强送。汇报电力调度和上级专业主管部门，听候处理。

① 电力电缆故障处理，发生下列情况之一者，必须立即拉开电源：

➢电缆绝缘击穿发生接地放电。

➢电缆外皮破裂或过热有冒烟现象。

➢三相电缆相间放电。

② 电力电缆故障处理，发生下列情况之一者，允许经联系后停电处理：

➢电缆或电缆头漏油较严重。

➢电缆终端处接地线脱落。

➢电缆铅皮鼓起或凹入。

6. 中心变电站

以上海轨道交通三号线为例：各中心站 35 kV 母线为双电源单母线分段运行。每个中心站均有两路进线分别来自主变的Ⅰ、Ⅱ段母线，以提高中心站供电的可靠性。降压双电源同样采自 10 kV 母线的Ⅰ、Ⅱ段母线，单母线分段运行，三类负荷开关投入。漕溪路和镇坪路作为整个 10 kV 系统的环网开断点。实现东宝兴路、中山公园及停车场中心的互相支援。当中心变电站内任意一路 10 kV 进线失电时，该进线开关分闸，10 kV 分段开关自切投入，由正常供电的一段同时供中心变 10 kV Ⅰ/Ⅱ段母线。

其他设备情况与上述主变、牵降混合变电所一致。

7. 开关变电站

以上海轨道交通六号线为例：开关站通过Ⅰ、Ⅱ段 35 kV 馈线开关，将二路电能送到各供电分区的第一个变电站，再通过第一个变电站送到下一个变电站。

开关站中有一个站全站退出运行时，先将退出站的 35 kV 进线开关拉开，再将北洋泾变电站内 35 kV Ⅰ、Ⅱ段联络开关投入运行。用一个主变电站电源供全线负荷，此时所退出变电站的 35 kV 母线仍带电。世纪开关站正常运行方式(由 4 号线张扬路主变电站供电)

(1)35 kV 系统Ⅰ、Ⅱ段母线分段运行，分段开关热备用。

(2)400V 系统Ⅰ、Ⅱ段母线分段运行，分段开关热备用。

(3)35 kV、400V 分段开关均装有自动投入装置，正常时应将方式选择开关置于自动位置。

其他设备情况与上述主变、牵降混合变电所一致。

8. 接地系统，防迷流

(1)接地系统

主变电所 110 kV 中性点接地方式根据城市电网运行状况，由电力系统确定，35 kV 系统采用小电阻接地系统，即主变电所 35 kV 侧通过接地变压器中性点连接小电阻的接地方式，低压 0.4 kV 配电系统采用 TN-S 供电方式。1 500 V 直流牵引系统采用正、负极不接地方式。

为保证人身安全,所有的电气设备都装设接地装置,并将电气设备外壳接地。同时为了尽可能地减小接地网的接地电阻,接地网均采用铜质接地材料,接地电阻在任何季节均小于0.1 Ω。

牵引变电所的设备工作接地、安全接地与防雷接地利用车站综合接地网。接地电阻不大于0.5 Ω。同时,车站综合接地网的设计应满足安全跨步电势及接触电势的要求。降压变电所保护性接地。

低压开关柜内设有独立的PE接地保护系统,并且贯穿整个装置,PE线的材料采用铜排,要能与低压开关柜柜体、接地保护导体通过螺钉可靠连接。

(2) 防迷流

1)系统结构

系统的组成如图3.9所示,设一个控制中心,负责整条线路所有杂散电流信号的监测,每个车站设一个监测装置,负责监测靠近该车站两半区间内的杂散电流信号,现场的信号通过电缆引入监测装置,由监测装置负责信号的采集、转换和计算,通过以太网(介质为多模光缆)接到车站变电所控制柜的交换机光口上,由主干网传送到控制中心的计算机上,进行各种数据和图形的显示。

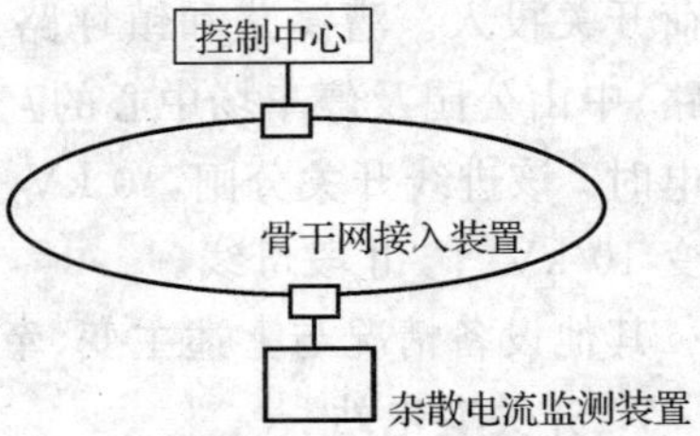

图3.9 防速流系统组成图

2)主要技术参数

监测装置主要负责现场信号的采集、转换及数据的传输。

输入通道:满足同时采样20个监测点电位数据,1个排流柜电流数据、1个钢轨电位数据。

通信方式:工业以太网/RS-485。

通信介质:多模光缆。

监测装置输入电源:DC 220×(1±10%)V。

3)杂散电流的产生

上海城市轨道交通供电方式是采用直流供电系统,作为直流电源的牵引整流变电所,通过与之正极相连的架空接触网,向电动列车输送电能,然后通过列车以走行钢轨作为直流电流的回流通路,最终在牵引整流变电所附近的负排,通过电缆将走行钢轨与牵引整流变电所负极相连,使馈出的直流电流返回牵引整流变电所。但供电系统在实际运营过程中,走行钢轨作为直流电流的回流通路,在电动列车运行时,牵引电流并非全部流回到牵引整流变电所,有一部分会由走行钢轨杂散流入大地,再由大地流回钢轨到牵引整流变电所。

牵引整流变电所直流回路往往无法保证与周围的环境隔绝，由于各种原因，系统对周围环境存在着或多或少的泄漏电阻，随着线路运营时间的延长，运营环境逐步恶化，泄漏电阻值还将逐步减小，尤其是作为回流通路的走行钢轨，大多安装在隧道内的道床上，而在地面线路，更是直接安装在露天，经受着风吹雨淋，因此走行钢轨与大地之间的过渡电阻势必会减小，从而造成有部分直流电流泄漏向大地，侵入线路周围的地区，尤其是线路周围的输电电缆、通信电缆、煤气管道、自来水管道等金属构件。这部分电流没有按照既有线路流通，而流入大地的电流，我们称之为杂散电流既迷流。由于杂散电流产生以及它的电腐蚀效应，使对线路以及周围设施的金属构件构成了一定的威胁。

4)杂散电流的控制

我们已经知道了杂散电流危害的严重性，这一问题也逐步得到人们的重视。那么如何减少和降低杂散电流对我们的轨道交通系统以及临近线路的其他金属构件的危害呢？把它控制在一个有效范围内。首先我们分析杂散电流是怎样腐蚀地下金属的，我们知道金属发生腐蚀有二种情况：化学腐蚀和电化学腐蚀，化学腐蚀是金属表面与环境介质发生直接的化学反应而引起的破坏，其特点是腐蚀过程中发生了氧化反应，必要条件是存在氧化剂，反应过程中没有电流产生。电化学腐蚀是金属在电解质溶液或潮湿金属表面发生的破坏，与化学腐蚀相比电化学腐蚀在进行过程中有电流产生。电化学腐蚀的发生一般应具备以下4个缺一不可的条件：A、必须有阴极和阳极；B、阴极和阳极之间必须有电位差；C、阴极和阳极之间必须有金属的电流通道；D、阴极和阳极必须浸在电解质中，该电解质中有流动的自由离子。具备这4个条件，腐蚀电流即形成。金属开始发生电化学腐蚀。然而，上述4项条件中，我们只要阻止其中一项，即可阻止金属的电化学腐蚀。而电化学腐蚀是轨道交通系统金属腐蚀的主要腐蚀形式，杂散电流引起的腐蚀比自然化学腐蚀要剧烈得多。杂散电流一旦流入埋地金属体，再从金属体流出，进入大地或水中，则在电流流出的部位(阳极区)发生腐蚀。在阳极金属被氧化形成离子进入电解质，同时释放电子。由杂散电流引起的电腐蚀使地下金属腐蚀激烈，腐蚀集中于局部位置。因此上海轨道交通根据杂散电流的特性，采取一般方法是：A、防止杂散电流的产生，将其控制在一定范围内；B、排流法，把产生的杂散电流通过排流网排出。

3.1.2 变电站二次设备

在变电所中，变压器、断路器、隔离开关等设备叫做一次设备。

二次设备是指对一次设备的工作进行监测、控制、调节、保护以及为运行、维护人员提供运行工况或生产指挥信号所需而装设的辅助低压电气设备。如各种测量仪表、控制开关、信号装置、继电器、熔断器、控制电缆等。由二次设备相互连接，构成对一次设备进行监测、控制、调节和保护的电气回路称为二次回路或二次接线系统。

1. 轨道交通全路网变电站的二次回路逻辑原理(典型变电站)

将二次回路中的设备或装置的各组成部分的图形符号，按其相互关系、动作原理集中绘制在一起的电路图，成为集中式二次回路电路图。(见图 3.10)；将二次系统中的设备元件各组成部分分别绘制在不同电源的电路图(亦称回路)中，称为分开式二次回路电路图。(见图 3.11)

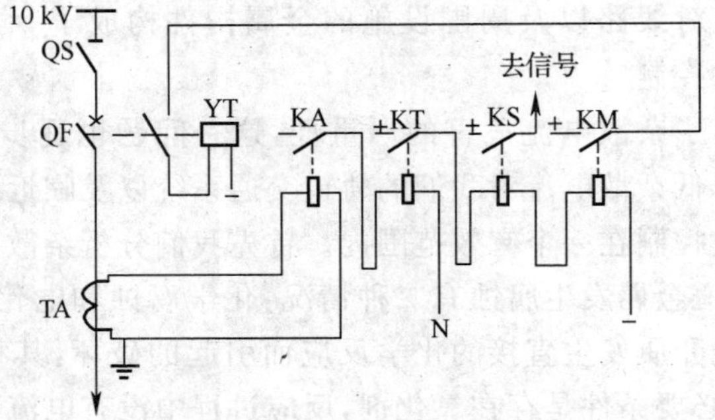

图 3.10 集中式二次回路电路图

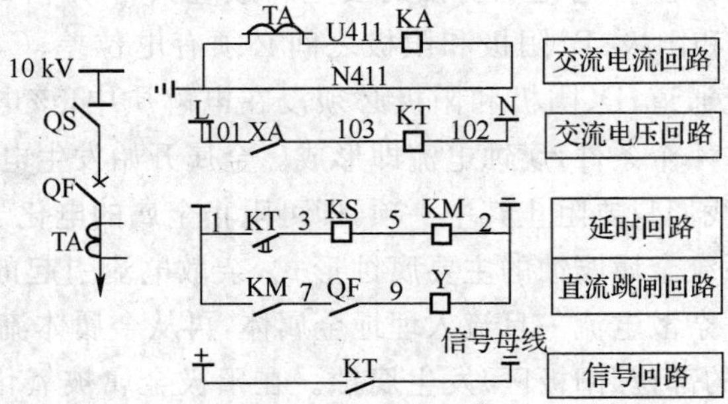

图 3.11 分开式二次回路电路图

(1)集中式二次回路电路图的特点

1)集中式二次回路电路图是以设备、元件为中心绘制的图，因此，各种设备元件均以集中地形式表示，例如，图 3.10 中的继电器的线圈与触点、断路器的主触点、辅助触点、跳闸线圈等，都集中绘制在一起。这种集中表示方法能清楚地显示设备元件之间的连接关系，比较形象直观。所以，集中式二次回路电路图可使读图者获得对二次系统一个明确的整体概念。

2)为了表明二次系统对一次系统的监视、测量、保护等功能，在集中式二次回路电路图中，往往也将有关的一次系统及主要的一次设备简要地绘制在二次系统图的一旁，如图中，断路器 QF、电流互感器 TA 是与二次系统相互联系密切的一次设备，因而也一并绘制出来，但一次系统常用粗线条绘制以示区别。这样，二次设备元件的工作原理，如动作原因、动作过程、动作结果、监视、测量、保护等的对象，表示的更加清晰、具体。

3)为了在图面上突出表示二次系统的工作原理，在集中式二次回路电路图中，各种二次设备元件的内部结构、连接线、接线端子一般不予画出，各种设备元件排列合理，以使各种电气连接线不互相交叉，尽量使各种电气连接线保持横平、竖直。

4) 在二次回路电路图(含集中式和分开式)中，设备元件的工作状态一般表示在不带电或非激励、不工作的状态，例如：

① 继电器和接触器在非激励的状态；

② 断路器和隔离开关在断开位置；

③ 带零位的手动控制开关在零位位置，不带零位的手动控制开关在图中规定的位置；

④ 机械操作开关，例如行程开关在非工作的状态或位置，即搁置时的情况。机械操作开关的工作状态与工作位置的对应关系应表示在其触点符号的附近。事故、备用、报警等开关应该表示在设备正常使用时的位置。如在特定的位置时，则图上应有说明。多重开闭器件的各组成部分必须表示在相互一致的位置上，而不管电路的实际工作状态。

在图 3.10 中所表示的工作状态时：故障未发生，电流继电器未动作，其余继电器均未带电，断路器 QF 也画成未合闸状态，其常开辅助开关亦断开。但实际情况是，若要开关保护断开，其开关必须处于合闸状态。这一实例表明，设备元件在图上表示的工作状态与实际工作状态在某些情况下不一定相一致，这在读图过程中应特别注意。

(2)分开式二次回路电路图的特点

1) 分开式二次回路电路图是以回路为中心绘制的，各个设备元件的不同组成部分分别画在不同电源的回路中，例如，图 3.11 中电流继电器 KA 的线圈在交流电流回路中，二触点在交流电压回路中；时间继电器 KT 的线圈在交流电压回路中，而触点在直流电压回路中等。

2)同一个设备元件的不同组成部分标注同一个文字符号，例如，分属不同回路中的电流继电器均标注 KA。对于同一设备元件的类似组件，如继电器的多个触点，也可加数字区分，如 KM1 的不同触点可分别标注 KM1.1、KM1.2…。

3) 分开式二次回路电路图通常排列成平行的行。行从上到下按系统动作顺序排列，例如，图 3.11 中电流继电器 KA 动作后，时间继电器 KT 动作，所以 KA 回路在 KT 回路之上；对于多相电路，通常按从上至下或从左至右排列，其顺序为 L1、L2、L3、N。每一行元件的排列一般也按动作顺序从左至右排列，但对于主要降压元件，如图中的 KA、KT、KM、YT 等的线圈，通常上下对齐。

4）分开式二次回路电路图中每一回路的一侧一般都有简单的文字说明，有以说明回路的名称、功能等，例如 3.11 中标注的“交流电流回路”、“交流电压回路”、“延时回路”、“直流跳闸回路”、“信号回路”。这些文字说明是图的重要组成部分，读图时切不可忽略。

5）各回路的供电电源，除电流互感器外，一般都是通过各种电源小母线引入的。在分开式二次回路电路图中，各种小母线按照电源类别和功能的不同，分别采用不同的名称符号。

综上所述，集中式二次回路电路图主要表示二次系统整体工作原理，许多内容都已尽量简化，分开式二次电路图图线清晰，横向排列，符合人们的阅读习惯，易于阅读，便于按图接线、查线。通常，轨道交通变电站中比较复杂的二次系统，均采用分开式表示方法。图 3.12 是某牵引变电站的 1 500 V 系统的一张联跳回路图。

2. 轨道交通全路网变电站闭锁条件

(1)变电站电气设备误操作事故给供电安全、设备安全和人身安全造成巨大威胁，特别是现在随着轨道交通网络的不断发展，供电规模越来越大，发生事故后的影响范围将大大的扩大，甚至会造成影响整个轨道交通网络的运行。现在科技技术的不断更新发展，变电站防误技术也在不断地改进和完善，防止电气设备误操作也逐步发展成为保障供电安全生产的重要措施之一。

下列图示图 3.13 为某主变电站 35 kV 分段开关的分、合闸逻辑关系：

目前所有变电所使用的防误闭锁装置有常规防误闭锁方式和微机防误闭锁式，现在的防误闭锁装置多数是两种装置相结合来使用，以减少误操作事故的发生。

1)常规防误闭锁方式

常规防误闭锁方式主要有机械闭锁、程序锁、电气联锁和电磁锁。

机械闭锁是靠开关柜或刀闸、接地刀闸操作机构的机械结构相互制约和联动的机械机构来达到先后动作的闭锁要求，从而达到相互之间联锁的闭锁方式。在操作过程中无需使用五防钥匙等辅助操作，可以实现随操作顺序的正确进行，自动地步步解锁。

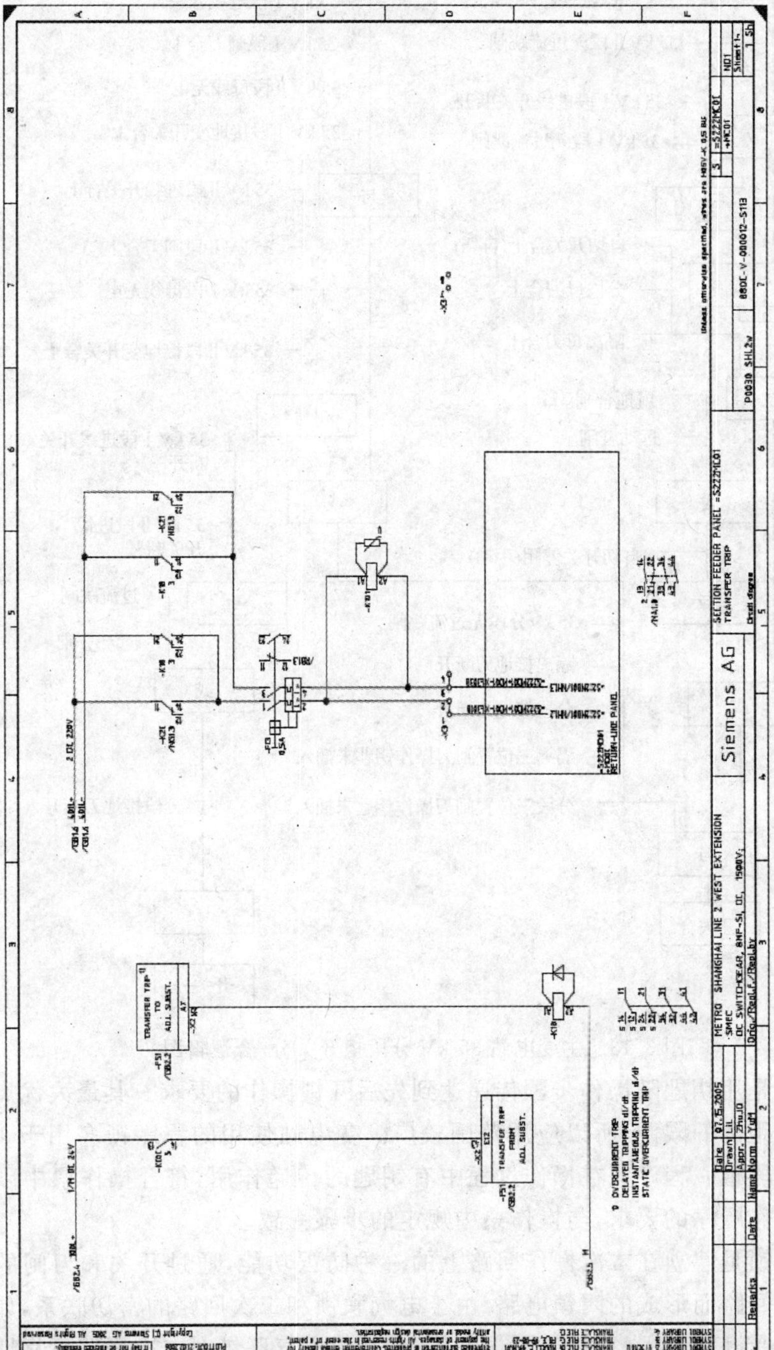

图 3.12　牵引变电站 1 500 V 系统联路回路图

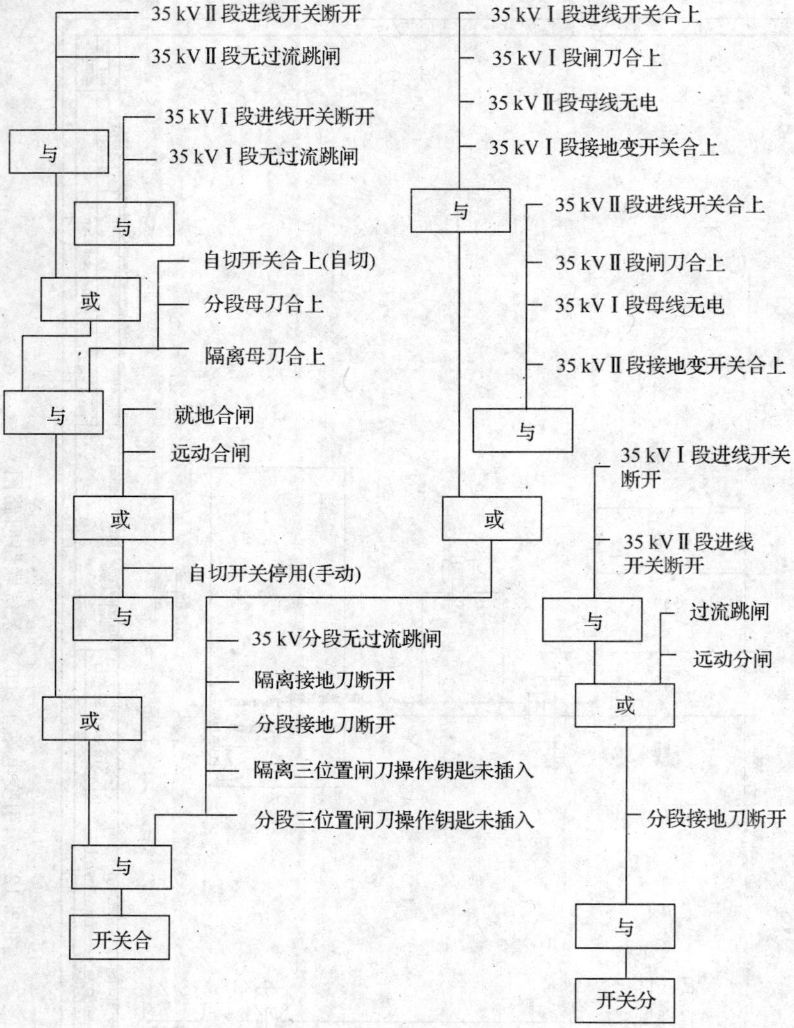

图 3.13　主变电站 35 kV 分段柜开关分/合逻辑图

程序锁是用钥匙随操作步骤传递达到先后开锁操作的要求。其最大优点是钥匙传递不受距离的限制，所以应用范围较广。变电站使用的程序锁多用于 10 kV 降压站的分段柜。程序锁在操作过程中有钥匙的传递作用，符合操作票中限定开锁条件的操作顺序的要求，与操作票中规定的步骤一致。

电气联锁是建立在二次操作回路上的一种防误功能，通过开关和刀闸的辅助接点和二次回路而形成的闭锁电路，由于电气联锁和二次回路的密切联系，如果二次电缆进水受潮等原因，往往容易误发信号，所以电气联锁对二次回路可靠性要求较高。

电磁锁作为闭锁的执行元件，利用开关、刀闸等的辅助接点，接通或断开需闭锁的刀闸、接地刀闸等电磁锁电源，使其操作机构无法动作，从而实现刀闸与接地刀闸设备之间的相互闭锁。这种闭锁装置原理简单，实现便捷，非同一体的开关设备之间就可实现闭锁。在使用中由于刀闸辅助转换开关的种种原因使其不能正常切换，且易受潮锈蚀，使闭锁装置常常失灵。

2）微机防误闭锁装置

微机防误闭锁系统是将开关、刀闸、接地刀闸（接地线）、开关柜门的辅助接点，通过微机编码锁具实现的闭锁。将开关设备操作程序或闭锁逻辑通过软件系统输入程序锁具进行倒闸操作，即在电动操作的开关机构箱的操作电源回路中加入微机五防接点，防误功能由微机五防系统独立完成。但要求微机五防系统要有“防空程”（操作过程中漏项）措施。

（2）变电站防误闭锁系统功能定义，按规定防误装置的设计、选用应遵循的原则是：凡是有可能引起误操作的高压设备，均应装设防误装置和相应的防误电气闭锁回路。防误系统应具备的功能：防止误分、合断路器；防止带负荷分、合隔离开关；防止带电挂接地线或合接地开关；防带接地线（接地刀）合断路器；防误入带电间隔。为了防止误操作发生，变电站的开关、闸刀操作都必须满足其操作条件和闭锁关系。

表3.9是某主变电站110 kV和35 kV设备开关操作的闭锁关系。

表3.9 主变电站110 kV、35 kV开关闭锁条件

	110 kV 1＃主变开关	110 kV 1＃主变母线闸刀	110 kV 1＃主变开关母线侧接地闸刀	110 kV 1＃主变变压器闸刀	110 kV 1＃主变开关变压器侧接地闸刀	110 kV 1＃主变压器接地闸刀	T5 110 kV 1＃主变压变	35 kV 1＃主变母线闸刀	35 kV 1＃主变接地闸刀	1＃接地变门	35 kV 1＃主变开关	A51（35 kV/16柜）
110 kV 1＃主变开关		不在故障位置		不在故障位置								
110 kV 1＃主变母线闸刀	分	手动摇柄未插入且未加挂锁	分		分							
110 kV 1＃主变开关母线侧接地闸刀		分	手动摇柄未插入且未加挂锁	分								
110 kV 1＃主变变压器闸刀	分		分	手动摇柄未插入且未加挂锁	分	分			分	关好		

续上表

	110 kV 1# 主变开关	110 kV 1# 主变母线闸刀	110 kV 1# 主变开关母线侧接地闸刀	110 kV 1# 主变变压器闸刀	110 kV 1# 主变开关变压器侧接地闸刀	110 kV 1# 主变变压器接地闸刀	T5 110 kV 1# 主变压变	35 kV 1# 主变母线闸刀	35 kV 1# 主变接地闸刀	1# 接地变门	35 kV 1# 主变开关	A51 (35 kV/16柜)
110 kV 1# 主变开关变压器侧接地闸刀		分		分	手动摇柄未插入且未加挂锁							
110 kV 1# 主变变压器接地闸刀				分		手柄未插入且未加挂锁	线路无电压	分				
35 kV 1# 主变母线闸刀						分				关好	分	
35 kV 1# 主变接地闸刀											分	无电压
1# 接地变门(开)						合			合			

3. 变电站自用电系统

(1)主变电站

1)主变电站交流所用电系统

主变电所设置一套交流所用电系统，从所内 35 kV(或 10 kV)Ⅰ/Ⅱ段母线上分别接入二个所用变引入两路电源，作为交流所用电 400 V 系统的进线电源，400 V系统单母线分段接线，两路电源互为备用。设置母联自动投切装置，以保证向全所用电负荷供电。

2)主变直流所用电系统

主变电所设置一套直流电源装置，有所内交流屏提供交流 0.4 kV 电源，相关信号送至主变电所综合自动化系统。直流所用电系统输出电压为直流 220 V。主变电所直流所用电系统正常运行时，负责全所直流用电，蓄电池在浮充电状态。当交流电源失电后，由蓄电池向所内直流负荷供电，蓄电池组容量满足全所事故停电 1 h 的放电容量及事故放电末期最大冲击负荷容量。

(2)牵引变电站

1)牵引变电所交流自用电系统

牵引变电所有降压部分 0.4 kV 两段母线分别引入相互独立的两路电源，作为交流自用电系统的进线电源，两路电源互为备用。交流自用电系统采用单母线分段接线方式，供牵引变电全所交流自用电负荷。正常运行时，母线分段开关处于分位，两路进线分别供两段母线上的负荷用电。设置母联自投功能，当任一路进线电源失电，进线断路器分闸后，母联自投合闸，由另一路进线供所有交流负荷。进线设来电自复功能，当失电一路进线电源恢复供电，母线分段开关自动分闸。交流自用电系统的重要信号通过直流盘的监控单元与变电所监控网络接口，送往上位监控单元。

2)牵引变电所直流自用电系统

牵引变电所内设置一套直流电源装置，有所内交流屏提供交流 0.4 kV 电源，相关信号送至变电所综合自动化系统。直流自用电系统由蓄电池和充电器两部分组成，作为牵引变电所控制、操作、继保电源。正常运行时，充电器负责全所直流用电，蓄电池在浮充电状态。交流失电后，变电所内的蓄电池组容量应保证所内经常性负荷、冲击负荷停电 1 h 的放电量及事故放电末期最大冲击负荷容量(按 4 台断路器同时动作考虑)的要求。直流系统操作电压为 DC 220 V。直流电源系统采用高频开关电源，高频开关电源具有稳压、稳流精度高、体积小、质量轻、效率高、输出纹波小、监控系统完善等优点。

(3)降压变电站

1)降压交流所用电系统

降压变电所设置一套交流所用电系统，从 0.4 kV 两段母线分别引入两路电源，作为交流所用电系统的进线电源，单母线分段接线，两路电源互为备用。设置双电源自动投切装置，以保证向全所用电负荷供电，相关信号送入变电所综合自动化系统。图 3.14 是交流屏原理图。

2)降压直流所用电系统

变电所设置一套直流电源装置，有所内交流屏提供交流 0.4 kV 电源，相关信号送至变电所综合自动化系统。直流所用电系统输出电压为直流 220 V。变电所直流所用电系统正常运行时，负责全所直流用电，蓄电池在浮充电状态。交流失电后，由蓄电池向所内直流负荷供电，蓄电池组容量满足全所事故停电 1 h 的放电容量及事故放电末期最大冲击负荷容量。

4. 变电站中央信号屏

中央信号屏是反映变电站中设备运行状况的信号装置，该装置一般分为正常运行显示信号装置、事故信号装置和指挥信号装置等。

正常运行信号装置一般为不同颜色的信号灯、光字牌、常用于电源指示(有、无及相别)、开关通断位置指示、设备运行与停止显示等。

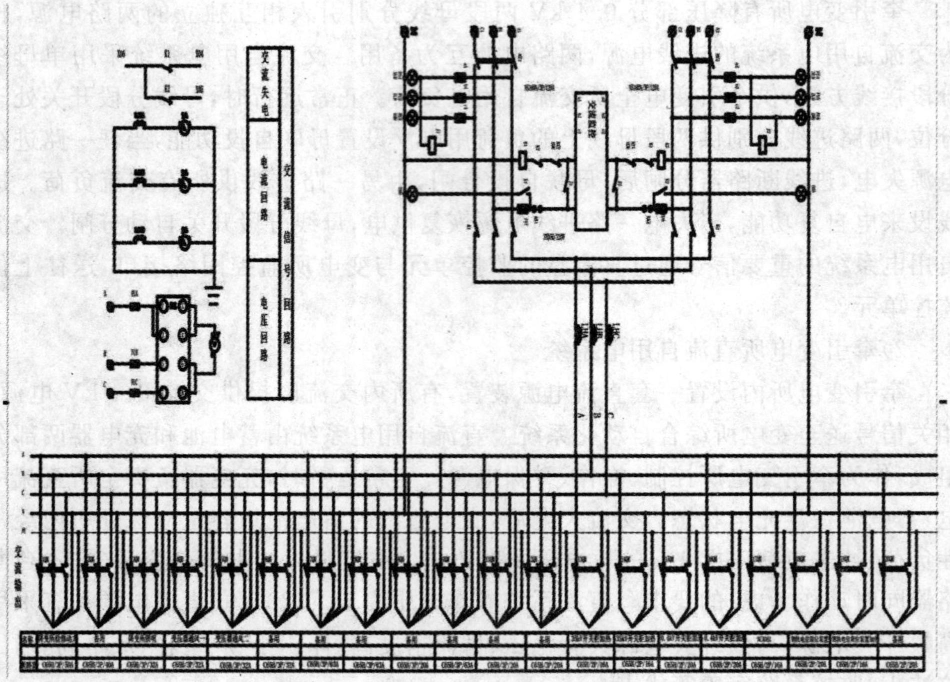

图 3.14 交流屏原理图

事故信号装置包括事故预告信号装置和事故已发生信号装置(简称事故信号装置)。事故信号在某些情况下又称为中央信号。当电气设备或系统出现了某些事故预兆后某些不正常情况,如绝缘不良、中心点接地、三相系统中一相接地故障、轻度过负荷、设备温升偏高等,但尚未造成设备后系统即刻就不能运行的严重程度,所发出的信号称为事故预告信号;当电气设备或系统故障已经发生、自动开关已跳闸,所发出的信号称事故信号。事故预告信号和事故信号一般由灯光信号和音响信号两部分组成。音响信号可唤起值班人员和操作人员注意,灯光信号可提示事故类别、性质、事故发生地点位置等。为了区分事故信号和事故预告信号,可采用不同的音响信号装置,如事故信号采用蜂鸣器、报警器、电喇叭等,事故预告信号采用电铃。

指挥信号主要用于不同地点(如控制室和操作间)之间的信号联络和信号指挥,多采用光字牌、音响等。

3.1.3 继电保护

继电保护装置采用微机型综合保护装置,应符合可靠性、选择性、灵敏性、速动性要求,应能尽快地切除短路故障和恢复供电,并在保证可靠性的前提下,力求简化保护配置。供电系统各级保护应考虑配合关系。

1. 主变电站

采用集保护、测控功能一体的变电所综合自动化系统,完成主变电所内的电气设备的控制、信号显示、传输功能,并通过电力监控系统由控制中心电力调度系统对主变电所的电气设备进行遥控、遥调、遥信和遥测。110 kV 保护采用微机保护装置,集中组柜;35 kV 保护采用微机综合保护装置,分散安装在各 35 kV 开关柜上。继电保护设置如下:

(1)主变压器保护

变压器差动保护、定时限过电流保护、零序过电流保护、重瓦斯保护、过负荷、轻瓦斯、油位异常、气压释放等保护,有载调压瓦斯保护。

(2)35 kV 馈线保护

线路差动保护、过电流保护、零序过电流保护等。

(3)接地变压器保护

过电流保护、零序过电流保护。

(4)所用变压器保护

过电流保护、零序过电流保护。

2. 牵引变电站

牵引变电所 35 kV 和 1 500 V 系统的继电保护装置均采用微机型综合保护测控单元,采用多 CPU 结构方式,实现保护、测量、信息采集和控制、开关间的连锁与联动、通信等功能,并能通过网络接口接入 I/O 服务器,保护功能具有独立性、不依赖于网络。各单元的保护测控装置直接安装于被保护开关柜的低压室内。

监控系统应满足供电安全、可靠、灵活的运行要求,监控系统和安全闭锁是提高供电可靠性、确保系统安全运行的有效措施,各级 35 kV 母联自投应保证选择性。继电保护设置如下:

(1)35 kV 进、出线

线路差动保护、过电流保护、零序电流保护、进线失压保护。

(2)35 kV 母联

限时电流速断保护、零序电流保护。

(3)整流器组

牵引变压器电流速断保护、牵引变压器过电流保护、牵引变压器零序电流保护、牵引变压器过负荷保护、牵引变压器温度保护(变压器内部保护)、整流器温度保护、整流器二极管保护(整流器内部保护)、整流器交、直流侧过电压保护(整流器内部保护)。

(4)直流 1 500 V 馈线

大电流速断保护(断路器本体保护)、电流增量 ΔI 保护、电流上升率 di/dt 保护、二段定时限过电流保护、双边联跳保护、线路测试及重合闸、低电压、过电流保护、全所 1 500 V 直流设备设一套框架保护,安装于负极柜内。

3. 降压变电站

继电保护装置采用微机型综合保护装置。必须符合可靠性、选择性、灵敏性、速动性要求,并供电系统各级保护间应考虑配合关系。在此原则下,尽量简化保护配置。继电保护设置如下:

➢ 35 kV(或 10 kV)进、出线:纵联差动保护、过电流保护、零序电流保护、进线设失压保护;

➢ 35 kV(或 10 kV)母联分段开关:过电流保护、零序电流保护;

➢ 动力变压器:电流速断保护、过电流保护、过负荷保护、零序电流保护、温度保护、零序电流保护;

➢ 0.4 kV 进线:长延时过负荷保护、短路短延时保护、短路瞬动保护、接地故障保护;

➢ 0.4 kV 母线分段开关:长延时过负荷保护、短路瞬动保护、过电流保护、接地故障保护;

➢ 0.4 kV 馈线:长延时过负荷保护、短路瞬动保护、接地故障保护;

➢ 自动装置设置如下:

35 kV(或 10 kV)母联分段开关设置自动装置、0.4 kV 母联分段开关设置带过流闭锁的自动投入装置;交流所用电屏的两路电源间设自动投入装置;各级自投装置动作时间应配合。

表 3.10 是某车辆段降压站 10 kV 系统的继保整定。

表 3.10　车辆段降压站 10 kV 系统的继保整定值

车辆段降压变电所							
设备名称	运行方式	保护类型	型号	变比	参数	整定值	作　用
K11. K21 10 kV 进线	所有运行方式	过流 phase Iocl	P142	100	I1＞	3.94	K11. K21 跳闸
					t1＞	0.70	
		电压		100	U＜	25.00	合闸允许 条件
					Ut＜	2.00	
					U＞	80.00	
K15 10 kV 母联	所有运行方式	过流 phase Iocl	P142	100	I1＞	2.96	K15 跳闸
					t1＞	0.40	

续上表

车辆段降压变电所							
设备名称	运行方式	保护类型	型号	变比	参数	整定值	作用
K12、K22 配电变 10 kV 侧	所有运行方式	速断 phase Ioc2	P142	20	I1>>>	56.97	K13、K23 跳闸
					t1>>>	0.05	
		过流 phase Ioc1			I1>	7.41	
					t1>	0.40	
		过负荷			I1'>	3.99	报警
					t1'>	60.00	
		电压(母线)		100	U<	14.43	合闸允许条件
					Ut<	2.00	
					U>	46.19	
K13、K23 配电变 10 kV 侧	所有运行方式	速断 phase Ioc2	P142	30	I1>>>	37.00	K14、K24 跳闸
					t1>>>	0.05	
		过流 phase Ioc1			I1>	7.90	
					t1>	0.40	
		过负荷			I1'>	4.25	报警
					t1'>	60.00	

说明：

1. 电流互感器二次侧额定电流 I_N=5 A，进出柜电压互感器二次侧额定电压为 100 V，配电变柜电压互感器二次侧额定电压为 57.74 V。
2. 整定表内时间单位为秒(s)。
3. 整定表所列功能外，其余保护功能均不用。

4. 混合变电站

目前轨道交通供电系统一般都采用集中供电方式，二级电压供电制式，主变电站引入 110 kV 电源，降压为 35 kV，为全线各牵引、降压变电站供电。中压网络采用 35 kV 从主变电站馈出，采用分区环网供电方式，保证每座牵引或降压变电站的两路 35 kV 电源分别来自主变电站的不同 35 kV 母线段。混合变电站就是把牵引变电站的 35 kV 进线与降压变电站的 35 kV 进线合二为一，共用 35 kV 母线。混合变电站继电保护装置采用微机型综合保护装置，功能上要求达到既满足牵引变电站又满足降压变电站的继电保护设置，从而达到简化设备。

3.1.4 电力监控系统设备

1. 电力监控系统设备概述

(1)电力监控定义

电力监控又称远动和 SCADA(Supervisory Control And Data Acquisition),其定义是:监控和数据采集。为了区别其他监控和数据采集系统(如火灾报警系统等)电力监控系统又称 PSCADA(P:Power 电力)。

(2)电力监控系统特征

1)远程性;电力监控系统远程性表现在系统使用了通信技术。

2)实时性;实时性是指:数据采集能及时反应到调度所;调度所的控制命令也能及时下达到控制对象。

(3)电力监控系统的基本构成

电力监控系统主要用户是电力调度,监控对象是变电站内供电设备。电力监控系统一般由控制中心调度主站系统、变电站内远方终端系统和联系主站与远方终端通信系统三大部分组成。如图 3.15 所示。

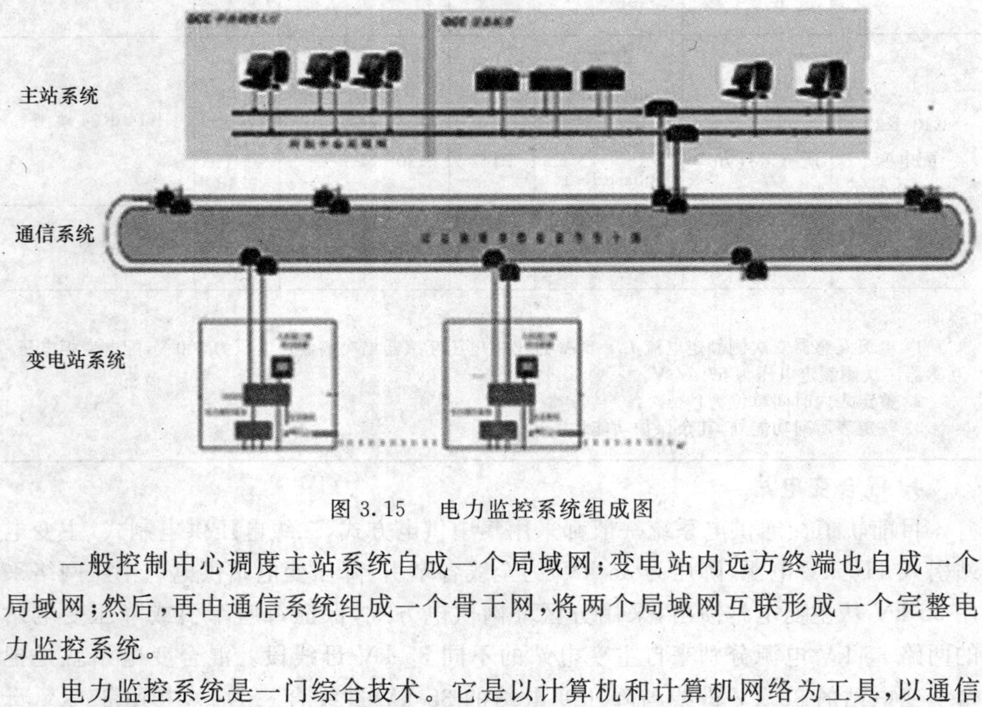

图 3.15 电力监控系统组成图

一般控制中心调度主站系统自成一个局域网;变电站内远方终端也自成一个局域网;然后,再由通信系统组成一个骨干网,将两个局域网互联形成一个完整电力监控系统。

电力监控系统是一门综合技术。它是以计算机和计算机网络为工具,以通信设备为传输媒介,监控对象为供电设备的系统。它是应用电力技术、计算机技术、现代通信技术在供电系统中的应用。

(4)电力监控系统的优越性

1)集中监控,提高安全运行水平。及时了解事故的发生范围,加快事故处理。

2)操作简便,提高劳动生产率和操作质量。电力调度一般只需要点几下鼠标,几秒钟就可完成开关的分合操作;而人工操作往往需要十几分钟。另外,电力调度误操作概率远远低于人工操作。

3)经济效益显著,减少运行费用。目前上海轨道交通大部分变电站采取无人值守、定时巡视的管理模式。节约了70%左右的人力。

(5)电力监控系统与一般自动化控制系统的区别

1)电力监控系统要借助通信设备。一般自动化控制系统控制半径都在百米之内,控制设备可直接通过通信线路通信。电力监控系统控制距离少则几千米,多则几万米甚至更远。所以,必须借助通信设备。

2)电力监控系统是一个开环系统。电力监控系统数据采集是自动完成的,而控制命令主要由人工完成。电力调度不发遥控命令,开关就不会动作。

3)电力监控系统对时间要求较低。自动化控制系统对控制命令的执行和被控对象信息反馈的时间要求都在毫秒级;而电力监控系统对时间要求都在秒级(3～5 s)。

2. 电力监控系统基本功能

(1)遥控。调度所对远方变电站的被控对象(开关等)进行操作。遥控功能可分为如下几种:

1)单控。对一台开关进行分、合控制。

2)程序控制。程序控制是按照一定顺序和条件执行的一系列遥控操作。程序控制又分标准控制和自定义控制。

标准控制:是按照一定顺序和条件执行的一系列遥控操作。同一变电站或多个变电站的多个受控对象按照一定的安全连锁关系定义为一个顺序操作序列,操作员通过顺序控制画面,选择需要的顺序控制序列,对各受控对象进行操作。

自定义控制:是由具有使用该功能权限的操作员,根据将要完成工作任务,按一定操作顺序填写的控制命令的集合,填写完成后操作员可以保存,并重复使用。

3)开关故障闭锁复位。当变电所开关的智能保护装置检测到故障电流发出跳闸指令时,开关故障跳闸,同时保护装置闭锁对该开关的操作,操作员需要对被闭锁开关的保护装置进行远方复位操作可解除该开关闭锁。

(2)遥调。调度所对远方变电站的被控对象的工作状态和参数(如变压器的输出电压、继保整定值等)进行调整。

遥控与遥调的区别是遥控控制的对象一般只有两种状态;如:开关、闸刀只有分、合两种状态;而遥调控制的对象一般都多于两种状态;如可调变压器可调档有十几个之多;继保整定值也有四五组。

遥控与遥调又称为下行信息。

(3)遥信。将变电站的监视对象(如开关位置信号等)传送到调度所。遥信信息又分为如下几种:

1)单点遥信。用一个比特表示供电运行设备两种状态的监视信息(如:各类报警信息)。

2)双点遥信。由两个比特表示的监视信息(如:开关位置信息)。一般都用开关的一个常开和一个常闭一对触点表示开关位置。也就是说当开关位置信息为“01”或“10”时信息有效;当开关位置信息为“00”或“11”时信息无效,此时调度工作站会出现图象、文字、声音报警。

3)SOE(Sequence Of Event)遥信:事件顺序记录。当供电设备发生位置变化后,远动设备会将变化信息传送到控制中心。但由于信息传送有时间延误,有时还会出现先发生的变位信息要晚于后发生的变位信息传送到控制中心。为了避免这种现象,则采用变位信息带时标传送。为了精确的分辨出各个重要信号的先后,时标分辨率一般要求达到 1 ms;变位信息传送到控制中心后,再按时标排序显示和存储。

(4)遥测。将变电站的被测对象包括测量对象的 ABC 三相电压、线电压、电流、零序电压、零序电流、直流电压、直流电流、杂散电流、牵变谐波、有功功率、无功功率、功率因数、变压器温度等传送到调度所。

遥信和遥测信息的区别在于:遥信信息可用一位来表示,而遥测信息要用一个字节或两个字节来表示。

遥信和遥测信息也称作上行信息。

(5)其他管理功能

随着计算机软件和硬件技术不断升级和发展,电力监控系统功能也在不断增加。

1)事故追忆功能。可以按事件发生时间顺序查阅事故发生过程。

2)报警功能。有图像、文字、声光提示报警功能。

3)软件闭锁功能。根据事先编辑好的闭锁,当开关不满足遥控条件时,该开关被遥控闭锁。

4)事故处理预案提示功能。根据事先编辑好的预案,当故障满足条件时,系统显示事故处理预案供电力调度参考。

5)信息转发功能。向需要电力系统信息的其他系统提供数据。

6)报表管理。系统提供了一套工具,用来创建、修改、删除和打印用户定义的报表。可以根据要求或者事先定义的时间表来打印报表。

7)技能培训。模拟发生事故,对电力调度进行事故处理培训。

3. 控制中心主站设备功能和结构

(1)控制中心主站设备功能

通过完成不同功能计算机及相关通信设备、软件的组合，控制中心主站设备有如下主要功能：

1)数据采集和状态显示。主站设备系统具有友好的人机界面，可以以各种图形、图像、声音等方式显示监控设备的状态和参数、报警信息等。

2)远程监控。由于主站系统采集的数据具有全面性和完整性以及对供电设备的可控性，所以它能更好地实现整个系统的合理、优化运行。

3)报警和报警处理。主站系统可以以多种形式显示发生工作的名称、等级、位置、时间和报警信息的处理或应答情况。

4)事故追忆和趋势分析。主站系统将系统所有主要数据(如：报警、设备操作、用户管理等)储存，用户可选择查询。这样就可快速找到事故原因。

(2)控制中心主站设备结构

控制中心主站设备结构常见的有两种：

一种是：主机＋前置通信机＋工作站结构(见图3.16)

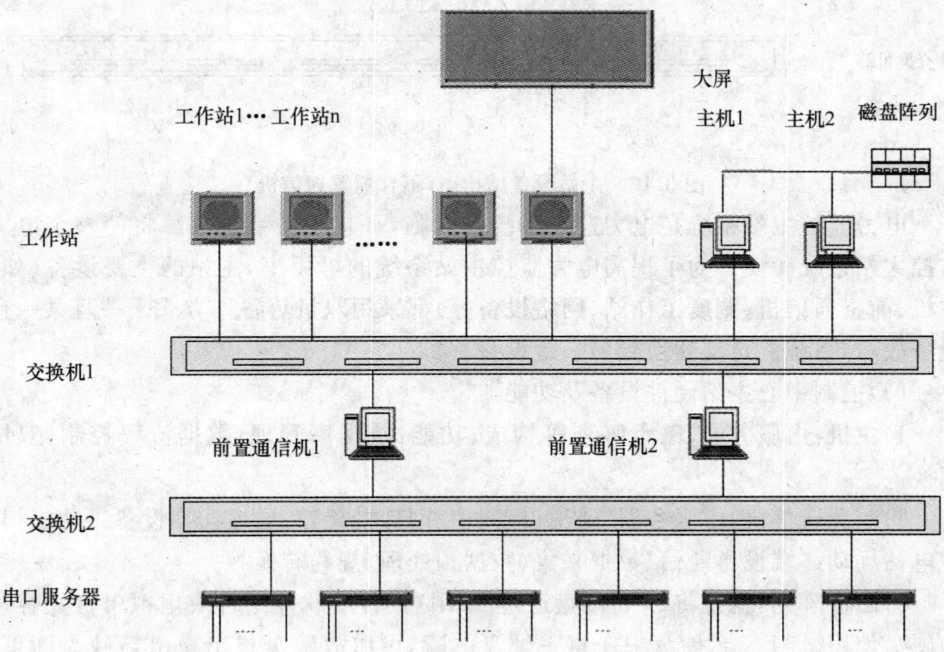

图3.16 主站设备结构图(含前置通信机)

早期的计算机性能比较低(如：速度慢、内存小、硬盘容量小等)，为了减少主机的负荷，增加了前置通信机用来与各变电站终端通信。

另一种是：主机＋工作站结构（见图 3.17）。随着计算机性能不断提高（如：速度、内存、硬盘容量都提高了数百倍），所以有许多新系统取消了前置通信机。

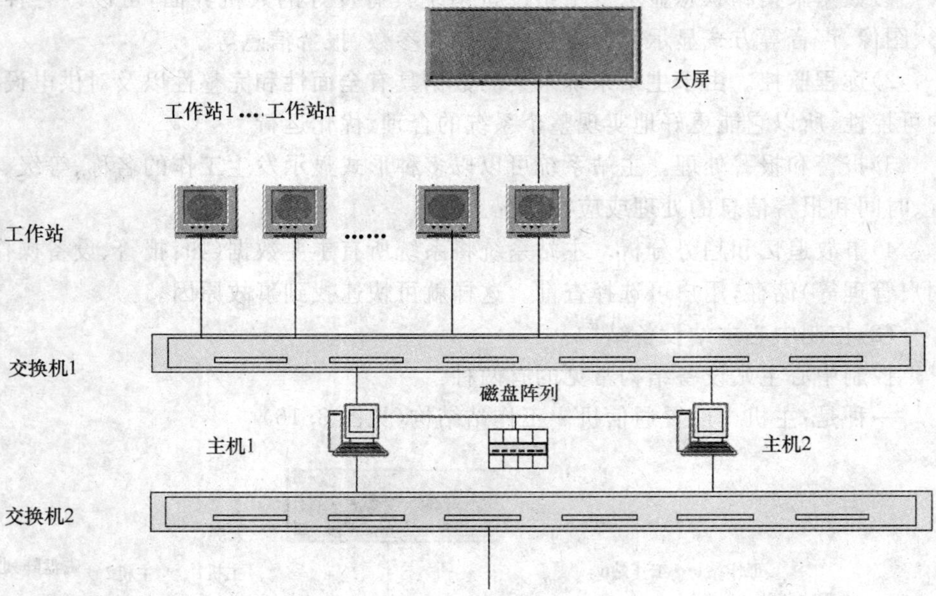

图 3.17　主站设备结构图（不含前置通信机）

电力监控主站系统是电力监控系统的大脑，一旦主站系统故障将使整个电力监控主站系统瘫痪。为了提高电力监控主站系统的可用率，主站的主要设备（如：主机、前置通信机、调度工作站、网络设备等）都采用双机热备用方式。一旦某一台设备故障，系统能自动切换到另一台设备。

(3)控制中心主站硬件设备及功能

1)主机：由服务器、磁盘阵列等构成；功能：数据库管理；数据流程控制；双机切换。

2)前置通信机：由服务器、通道设备（串/网转换接口、通道切换设备）；功能：与变电站远动终端设备通信、数据采集、数据预处理、规约转换等。

3)磁盘阵列：就是将 N 台硬盘通过 RAID 硬件或软件结合成虚拟单台大容量的硬盘使用。当 N 台硬盘中任意一硬盘故障，可将故障盘拔出换上新硬盘即可，而无需停机或重装软件。一般几台主机共享一套磁盘阵列。

4)工作站：一般用专用工作站计算机、工控机、PC 机等计算机构成。工作站主要功能就是人机对话。根据需要不同，工作站功能也不同。

① 电力调度工作站：具有“四遥”功能；用于电力调度对供电设备的监控

② 大屏幕控制工作站：能将供电全网一次图在大屏幕上显示。

③ 维护工作站：电力监控系统维护人员使用。主要用于：监控软件维护、系统扩容、数据库维护等。

④ 网管工作站：局域网管理、系统数据转发；如将接触网有电、无电信息转发给信号系统。

⑤ 报表工作站：根据用户需求打印各类报表。

⑥ 复视工作站：与电力调度工作站显示内容基本相同，但它只有查看和报警功能而无遥控、遥调和报警确认等功能（如果授权也可以有遥控功能）。复视工作站可利用网络设备安装在远离控制中心的地方。上海轨道交通各条线的复视工作站都安放在各自线变电站值守点，以便变电站值班员对无人值守变电站的设备进行监视；另外在供电公司管理部门（供电公司调度室）也安装各线的复视工作站，以便供电公司领导和专业技术人员及时了解、分析和处理供电设备故障。

5）网络设备。交换机、路由器、网线等。在控制中心由网络设备构成一个局域网。

6）串口服务器。将众多的串行通信接口与一个网络通信接口互相转换。

7）打印机。根据打印内容可分为：事件打印机、报表打印机、画面打印机。

8）GPS。对时系统。它不但可以保证本系统内部时间相同，而且以保证本系统与其他系统时间相同。

9）不间断电源 UPS（uninterruptible power system）。它一般由整流器、逆变器、蓄电池器、高速切换开关等部件组成。当供电系统断电时则由 UPS 供电。

（4）控制中心主站软件

1）操作系统

常用的操作系统有：SOLARSI、WINDOWS、UNIX 等；操作系统主要功能：多任务调度管理、存储器管理、外部设备（各种卡）管理、大批数据管理。

2）监控软件

监控软件是电力监控的应用软件，它主要有如下功能：各种控制操作、绘制人机界面、数据库定义、报警管理、权限管理、实时数据库、历史数据库、编辑（组态）软件、环境服务（功能开发）、通信软件等。

3）数据库

数据库是监控系统的支持软件；常用数据库有：oracle、SQLsever、sybase 等。其主要功能是对系统中各类数据进行存放、调用、查询等。

4. 通信系统

（1）通信网络

电力监控系统的通信网络通常分为骨干网和局域网两个层次。骨干网是连接变电站和控制中心的主干通信网络;控制中心和变电站各自又有自己的局域网。

(2)通信骨干网拓扑

通信骨干网是指电力监控系统主站与变电站终端设备通信的网络。目前,城市轨道交通通信骨干网一般有两种拓扑形式。一种是“点对点”形式(见图3.18)。

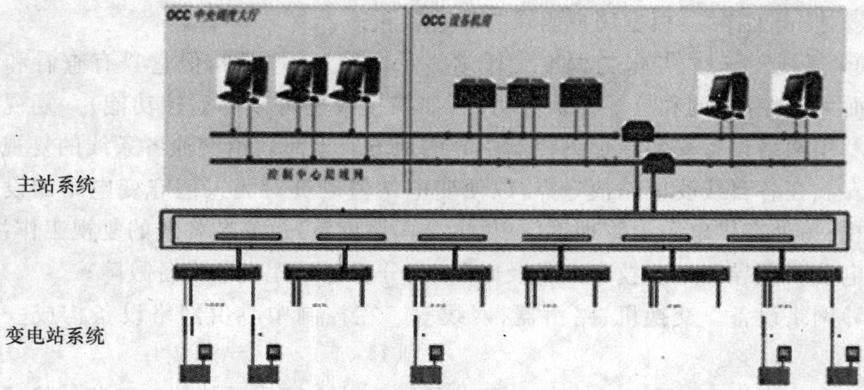

图 3.18 骨干网“点对点”拓扑

由于早期通信设备没有以太网接口,所以主站与变电站终端设备通信都采用串口通信,并且主站对每一个变电站终端设备都有一专用通道,即“点对点”。目前上海轨道交通 1、2、3、5 号线采用“点对点”形式。

另一种是以太网形式。随着计算机和通信网络技术的发展,以后的通信骨干网多采用以太网形式。

(3)常用通信接口

1)RS232C 接口。RS232C 接口是工控机、PLC 等与通信工业中应用最广泛的一种串行接口。它一般有 3、9、25 针 3 种类型。传输距离约 15 m,传输速度 20 kbit/s。

2)RS422 接口。RS422 由 RS232C 发展而来;RS422 采用四线制(两收两发),传输距离可达 1 000 m,传输速度 10 Mbit/s。因为电力监控设备到通信设备往往有数十米至数百米的距离,它弥补了 RS232C 传输距离近的不足。目前骨干网拓扑是“点对点”形式的系统都采用 RS422 接口。

3)RS485 接口。RS485 是从 RS422 基础上发展而来。它采用两线制传输,总线上可接 32 个设备。目前变电站内许多智能测控单元(如:MODBUS、PROFIBUS 等现场总线)都采用 RS485 接口。

4)以太网接口。在应用到以太网通信的设备中都用到以太网接口。随着计算机网络技术的不断发展,以太网接口逐渐替代其他接口。

(4)传输协议和通信规约

1)传输协议。传输协议是将要传送的信息完整地从一台计算机传送到另一台计算机。常用的传输协议有 TCP/IP。

2)通信规约。通信规约是通信双方规定通信报文格式和应答报文格式，约定通信报文中每一位定义。通信规约是网络协议的第 7 层——应用层。通信规约是由报文组成；报文是由 1 个字节或多个字节组成；报文的单位是帧。通信规约报文一般包括如下主要内容：报头、信息地址、信息功能、信息内容、保护码等。

骨干网的通信规约主要有：IEC60870-5-101、IEC60870-5-102、IEC60870-5-104、DNP 等。

变电站局域网的通信规约主要有：IEC60870-5-103、MODBUS、PROFIBUS 等。

(5)通信线路工作方式

全双工：通信可在两个方向同时进行(如打电话)。现在的骨干网通信都采用这种工作方式。

半双工：通信可在两个方向进行，但不能同时进行传输，必须轮流进行(如对讲机)。变电站内现场总线 MODBUS、PROFIBUS 等采用这种工作方式。

单工：通信只在一个方向进行(如 BP 机)。GPS、显示器等采用这种工作方式。

(6)常用通信介质

1) 网线。控制中心局域网基本采用网线作为通信介质。

2) 双绞线。变电站内现场总线 MODBUS、PROFIBUS 采用双绞线作为通信介质。

3) 光纤。通信骨干网采用光纤作为通信介质；现在，变电站内局域网为了提高通信抗电磁干扰能力，也常用光纤作为通信介质。

5. 变电站终端设备(RTU)

变电站终端设备也称 RTU(Remote Terminal Unit)。由于现在的 RTU 已取代了变电站中央信号屏的功能并作为中央信号屏使用，所以 RTU 也被称为中央信号屏。

(1)变电站终端设备(RTU)基本功能

RTU 是被控端的电力监控设备，是用来完成遥控接收、输出执行、遥测、遥信量的数据采集和发送；可实现变电站自动化控制和对供电设备软件闭锁等功能。另外，还可对变电站内设备进行监控。

(2)变电站终端设备(RTU)基本构成

变电站终端设备(RTU)基本构成见图 3.19。

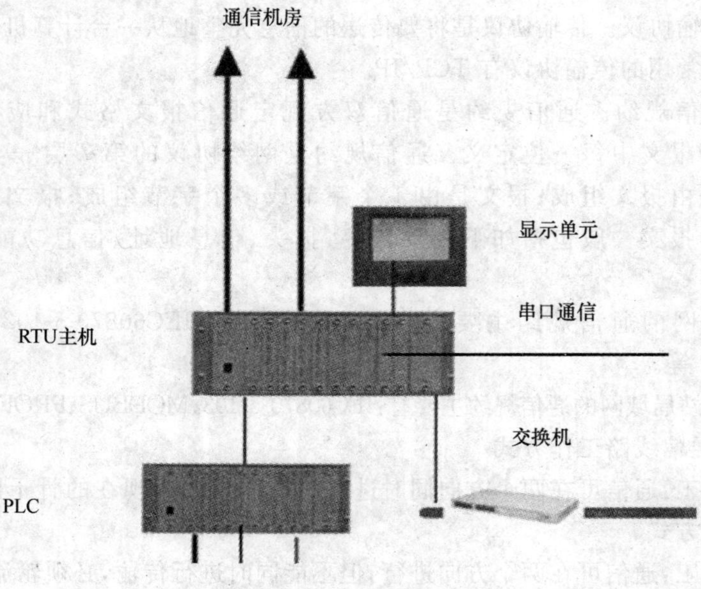

图 3.19　RTV 基本构成图

RTU 主要组成部件有：

工控机：用于通信和显示；

PLC：用于硬节点采样；

交换机、串口服务器等网络设备：组成变电站内局域网。

牵引变电站、降压变电站、混合变电站 RTU 都采用单机工作模式；大部分主变电站采用双机热备用机工作模式。

(3)变电站终端设备(RTU)与供电设备链接

RTU 与供电设备链接有多种方式。上海轨道交通最常见的有：现场总线、以太网、信号电缆等方式(如图 3.20 所示)。为了减少变电站内各种电波的干扰，通信线路多采用光纤线缆。

(4)变电站终端设备(RTU)基本采样方法

1)与智能测控装置通信采样。智能测控装置(如微机保护装置等)已采样到变位信息或经过计算得到报警信息，通过通信方式传送给 RTU。

2)硬节点采样。RTU 柜内的 PLC 通过信号电缆与供电设备报警辅助触点相连；当辅助触点变位，PLC 则将变位信息传送到控制中心。如果被监控设备自身不带有智能测控装置(如各类闸刀等)则采用硬节点采样方式。

3)RTU 自我判断采样。RTU 根据软件设置判断故障。如：当 RTU 多次呼叫智能测控装置而未得到回答，RTU 则判断与智能测控装置通信故障。

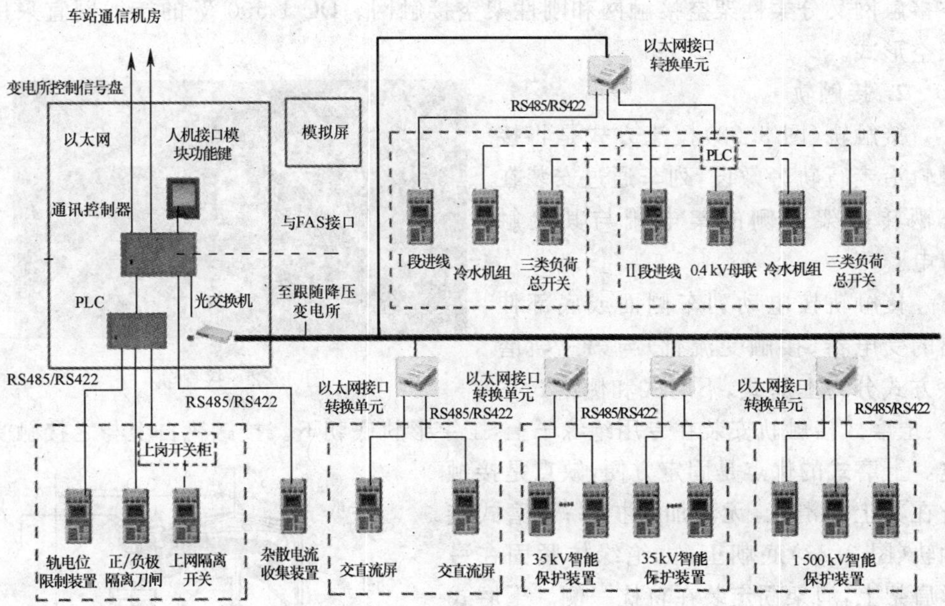

图 3.20　变电站终端设备(RTU)与供电设备链接

3.1.5　城市轨道交通接触网设备

接触网是一个庞大的空间机械系统，它用线、索及零部件实现有序的连接和接续，把接触线、承力索、支持装置、绝缘元件、电气设备以及支柱等连接成一个能传递电能并且有支持功能，同时具备相应强度的机械性质的整体系统。由接触网、馈电线、轨道和回流线组成的供电网络总称为牵引网。接触网按其结构可分为架空式和接触轨式。架空式接触网沿铁路线上方架设，通过与电动列车受电弓可靠地直接滑行接触，将电能持续不断地传送给电动列车，再经过走行轨道回到牵引变电所。接触轨式是沿线路敷设的与轨道平行的附加轨，故称为第三轨。

图 3.21　柔性接触网

1. 馈电方式

馈电方式是指将牵引电流从牵引变电所馈送到城市轨道交通列车的牵引网形式。

向城市轨道交通电动客车供给电能的接触网，分为接触轨和架空接触网。架空接触网又分柔性架空接触网和刚性架空接触网。DC 1 500 V 的接触网宜采用架空形式。

2. 接触轨

接触轨(图 3.22)授流方式是将接触轨沿走行轨旁敷设,列车通过安装在车辆转向架两侧的集电靴与其接触取电。

图 3.22 接触轨

接触轨按电动列车侧面或底部伸出的受电器(接触受流靴)与第三轨磨擦方式分为上磨式、下磨式和侧磨式三种:上磨式接触轨安装在专用绝缘子上,工字形轨底朝下。接触靴自上与之接触受电。上磨式的优点是固定方便,缺点是接触靴在其上面滑行,无法加防护罩;下磨式接触轨(图 3.23)底朝上,由绝缘体紧固在弓形肩架上,肩架固定装在轨枕一侧。下磨式的优点是可以加装防护罩,对工作人员较为安全。

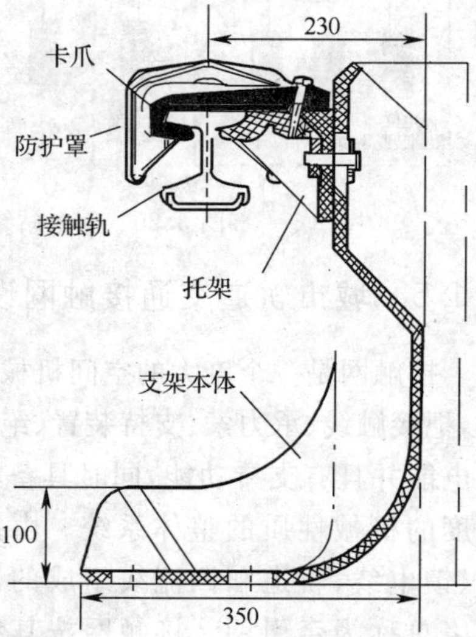

图 3.23 下磨式接触轨

相比而言,上部授流方式接触轨的接触面容易附着尘埃、冰雪等杂物,使得接触轨与列车集电靴之间的过渡电阻增大,对列车受流会产生一定影响;该方式只能从接触轨顶部和线路外侧对接触轨进行防护,虽然具有便于日常检查和维护的优点,但也存在防护不够严密、安全性差的缺点。

侧部授流方式接触轨的接触面不容易附着尘埃、冰雪等杂物,授流质量较好;但同上部授流方式一样,该方式只能从接触轨顶部和线路外侧对接触轨进行防护,也存在防护不够严密、安全性差的缺点。

下部授流方式受气候条件影响小,接触轨的接触面不容易附着尘埃、冰雪等杂物,授流质量好;可以从接触轨顶部和内、外侧三面对接触轨进行防护,防护更严密,有利于防止人员无意识地触及接触轨带电部分,安全性好。此外,下部授流方式集电靴的上抬力与接触轨自重产生的挠度方向相反,有助于提高授流质量,或在挠度许可范围内增大接触轨支架的间距、减少支架数量、节省投资。下部授流方式接触轨的日常检修和维护需要打开防护罩,但由于接触轨是刚性固定,稳定性好,无需经常维护，而且防护罩是依靠自身弹性固定，拆卸方便，因此检修维护工作量增加不多。

鉴于接触轨系统安装位置低，且带有高电压，人身安全问题尤为重要，因此，目前新建的接触轨系统一般均采用下部授流方式。

(1)接触轨系统构成

接触轨系统包括接触轨、绝缘支架、绝缘支架底座、防护罩、隔离开关、连接电缆等。接触轨、绝缘支架和防护罩是接触轨系统中送电、支撑、防护的三大部件。

在道岔区、人防门、防淹门、平交道口及需要设置电分段的地方，接触轨须断开(即设置断轨)，为保证列车集电靴平滑搭接或离开接触轨，在接触轨的端部设置具有适量纵向坡度的端部弯头。由于接触轨的不连续性，集电靴在滑入接触轨时会受到冲击，当列车速度过高时，冲击力较大，严重时会损坏集电靴，因此，采用接触轨授流方式时允许的列车最高运行速度较低。目前国内城市轨道交通工程采用接触轨授流方式时列车的最高运行速度为 90 km/h，国外城市轨道交通工程采用接触轨授流方式时列车的最高运行速度为 130 km/h。

接触轨通过玻璃钢绝缘支架(早期为绝缘瓷瓶支架)支撑定位。绝缘支架原材料包括树脂、短切纤维及固化体系等，采用模压或注射工艺制造，具有足够的机械强度和耐腐蚀能力、以及抗紫外线、耐老化的特点，适用于露天环境，寿命可达 25 年以上。与绝缘瓷瓶支架相比，两者价格相当，但绝缘支架更便于施工安装和维护检修。

接触轨悬挂点间距由绝缘支架的承载能力和接触轨自重所引起的悬垂度决定，一般最大为 5 m，在端部弯头、膨胀接头、馈线上网点处及曲线半径小于 200 m 区段的悬挂点间距应适当减小。

接触轨安装位置低，且带有高电压，人身安全尤为重要。为确保人身安全，接触轨需安装防护罩。防护罩靠自身弹性及支撑垫块固定在接触轨上。防护罩具有绝缘性能好、机械强度高、阻燃、低毒和耐腐蚀等特性，随同接触轨在车站、区间、车辆段、停车场等全范围内设置。

接触轨一般区间采用第三轨形式，车辆段采用柔性接触网，如图 3.24 所示。

(2)接触轨布置及供电分区

1)正线接触轨布置

正线接触轨一般布置在车辆行车方向的左侧，在道岔区等个别地段布置在车辆行车方向的右侧。在有牵引变电所的车站设置电分段，在线路道岔区设置接触轨机械分段。牵引回流电缆接至信号轨道电路盲区。如果信号采用移动闭塞方式，则不受信号系统影响。

图 3.24 第三轨区间与车辆段布置

具有检查坑的折返线，在检查坑区段前设置电分段，并通过检修开关柜通断接触轨电源。

2)车辆段接触轨布置及供电分区

场区接触轨按少断轨的原则布置，且应满足车辆作业的要求。在曲线半径小于 110 m 的区段，接触轨布置在线路的外侧。

① 车辆段与正线接口

在车辆段或停车场与正线接口处接触轨采用分段式电分段方式，分段长度大于 12.6 m，走行轨设置绝缘。在电分段和绝缘节处设置联络开关柜，柜内设置两套隔离开关，分别接至电分段和绝缘节两端，两隔离开关之间联动，同时开合。在正常运行条件下，开关为开断状态，当车辆段或停车场内牵引变电所退出运行时，开关闭合，由相邻的牵引变电所为车辆段牵引供电。

由于车辆段的信号电路与正线不同，存在一个分界点，走行轨 设置绝缘节的位置应与信号专业的分界点相匹配，因此在设置绝缘节时一定要与信号专业协商确定。

② 车辆段内供电分段

在车辆段或停车场内不同供电分区之间设置分段式电分段，分段长度根据线路道岔布置情况具体确定。

在线路道岔区和平交车道处设置接触轨机械分段。

为方便检修，场区应设置几个供电分区，由不同供电回路供电，供电回路间设置联络开关。

运用库内设双电源开关柜，主回路由牵引变电所直接供电，备用回路由场区外线接触轨引入，保证供电的可靠性。库内的接触轨按车辆检修工艺布置，每股道设置一面直流手动隔离开关。一般开关柜及接触轨的位置应与回流轨在同一侧，以便接地闸刀与走行轨的连接。当不能满足在同一侧布置时，可将接地刀闸与相邻开关柜接地刀闸下口连接。

③ 滑触线

国内运用库的接触轨根据车辆检修工艺要求断轨设置，月检修库内一般只设置检修开关，不敷设接触轨。在国外，采用接触轨系统的线路在运用库和月检库内通常设置滑触线。滑触线，可以滑动的接触线。通常由集电器、接触线、绝缘外壳、软电缆和插头组成，车辆上配套设置插座。一条检修线可根据车辆动车配置情况，设置 2～3 个集电器，根据车辆行进情况，依次将小车的插头插上或拔下。

3. 架空接触网授流方式

目前，国内城市轨道交通工程采用的柔性架空接触网主要为全补偿简单链形悬挂和补偿弹性简单悬挂。

架空式接触网在地面上与地下隧道内的架设方法是不同的，分为地面架空式和隧道架空式。架空式接触网又可分为刚性接触网与柔性接触网。架空接触网地面部分采用腕臂与软(硬)横跨相结合的悬挂形式，地下部分可采用弹性支架、链形悬挂或刚性悬挂形式。

(1)柔性架空接触网授流方式

柔性架空接触网由接触悬挂、支持装置、定位装置、支柱(含基础)等组成。接触悬挂的接触导线采用高导电率的铜或铜银合金制成(链形悬挂的承力索采用硬铜绞线)；支持装置采用旋转腕臂或软、硬横跨结构(隧道区段为减小隧道净空采用弓形腕臂或弹性支座结构)；由受电弓与接触导线接触受电。

柔性架空接触网授流方式在干线电气化铁路工程中得到了广泛的应用，根据其结构的不同，分为有承力索的链形悬挂和无承力索的简单悬挂。

链形悬挂的接触导线通过吊弦悬挂在承力索上，在某一特定温度下，接触导线处于无弛度状态，整个跨距的接触导线与轨面保持相等的高度。该悬挂方式基本消除了接触导线的硬点，可以满足列车较高运行速度的要求，目前，国外采用链形悬挂时列车的最高试验速度已达到 500 km/h，国内高速客运专线设计速度已达到 350 km/h。

简单悬挂是由一根或两根互相平行的、直接固定到支持装置上的接触导线组成，简单悬挂的结构简单、支柱的高度低、负荷小、建造费用比链形悬挂低约10%～20%，但简单悬挂的跨中弛度大、弹性不均匀、硬点较多，因而允许的列车运行速度较低。根据我国干线电气化铁路的运行经验，采用普通简单悬挂时列车运行速度不大于 45 km/h，采用弹性简单悬挂时列车运行速度不大于 80 km/h。

1)柔性悬挂

柔性悬挂为弹性接触悬挂，由简单接触悬挂、链形接触悬挂组成。其特点是受电弓与接触悬挂接触良好，适应较高速运行。柔性悬挂又分为地面架空式和隧道架空式。

➤地面架空式

地面架空式全补偿链形悬挂接触网(图3.25)主要由以下几部分组成，即接触悬挂、支持装置、定位装置、支柱和基础。

a. 接触悬挂：包括承力索、吊弦、接触线。其作用是直接供给电动列车电流，使其正常运行。与电动列车受电弓直接接触的是接触线。接触悬挂方式很多，地面段主要有简单链形悬挂、简单悬挂。

图 3.25 全补偿简单链形悬挂

b. 支持装置：用以支持接触悬挂并将其负荷传给支持或其他建筑物的机构。包括腕臂、绝缘子。腕臂：腕臂安装在支柱上，用以支持接触悬挂，对地有绝缘，并起传递负荷的作用。腕臂通过旋转底座固定。接触导线固定在定位器的定位线夹上，定位器装配在定位管上。

c. 定位装置：包括支持器、线夹和定位管。定位装置固定接触线的平位置，保证接触线与受电弓的相对位置在受电弓滑板运行轨迹范围内，并将接触线水平负荷传给支持装置。定位装置包括定位管和定位器。

d. 支柱和基础：支柱是接触网中最基本、应用最广泛的支撑设备，承受接触悬挂、支持装置、定位装置的负荷，并将接触悬挂固定在规定高度。

地面架空接触悬挂由相隔一定距离的悬挂点架空悬挂。地面架空式接触网支柱与支柱之间悬挂点的水平距离称为跨距。它表示接触线在跨距中间位置与悬挂点水平连接的距离称为弛度，弛度大即接触线对走行钢轨高度一致性差。张力表示接触线所受到的拉力。弛度和张力是随着跨距、接触线质量、气温变化而变化的量值。弛度和张力，随气温变化引起接触线的热胀冷缩而变化，气温上升，张力下降、弛度增大，反之，气温下降，张力增大、弛度减小。地面架空式接触网的弛度和张力还受到风力大小、结冰多少的影响。

接触悬挂的类型主要可分为简单接触悬挂和链形接触悬挂两种：简单接触悬挂是一种直接将接触线固定在支持装置上的悬挂方式，没有承力索和吊弦。有简单接触悬挂和弹性简单接触悬挂(通过弹性吊索再悬挂接触线)两种形式。简单接触悬挂根据其接触线是否进行补偿，又可分为未补偿简单接触悬挂和带补偿简单接触悬挂。未补偿简单接触悬挂的接触线两端下锚方式，可通过一组绝缘子固定在支柱或隧道壁上。当环境温度变化时，由于接触线热胀冷缩的物理特性，其张力和弛度变化很大。带补偿简单接触悬挂每个锚段接触线两端装有补偿装置，当环境温度变化时，接触线弛度变化不大，其张力几乎不变。简单悬挂结构简单、用料省、维修简单，但弛度大、弹性不均，使行车速度受限制；链形接触悬挂是接触线通过吊弦悬挂到承力索，承力索固定在支持装置上的悬挂方式，有简单链形悬挂和弹性链形悬挂等多种形式。链形接触悬挂有承力索和吊弦，使接触线增加了悬挂点，从而减小了弛度，提高了弹性和稳定性，行车速度得到较大的提高。吊弦是接触网链形悬挂中承力索和接触线间的连接部件。接触线的高度由吊弦来调整，调节吊弦的长度能保证接触线距轨面高度尽量保持一致，以改善受流质量。吊弦分为弹性吊弦、整体吊弦、载流整体吊弦和可调吊弦。

承力索和接触线的架设，经过多个跨距之后必须在两个终端加以固定，称为下锚。下锚的支柱称为锚柱。接触悬挂的下锚方式有两种：硬锚和张力补偿。简单接触悬挂和链形接触悬挂均可以采用硬锚和张力补偿方式。链形接触悬挂硬锚方式，又称无补偿链形接触悬挂，它是将承力索和接触线通过绝缘子固定在锚柱上。硬锚锚段内各跨距的承力索和接触线因无补偿，其张力和弛度随气温变化较大，故硬锚方式一般不采用。为了减少弛度受气温变化的影响，根据张力和弛度的关系，在锚柱上设置张力自动补偿器。

经张力自动补偿器下锚的链形悬挂有半补偿和全补偿二种形式：半补偿简单链形接触悬挂中，仅接触线设有补偿装置，而承力索没有补偿装置，仍为硬锚。这种悬挂由于承力索未补偿，当环境温度变化时，承力索的张力和弛度随之发生变化。而接触线由于两端安装有补偿器，当环境温度变化时，接触线会顺线路方向位移。一般情况下，环境温度在 20 ℃及以上时，定位应向下锚方向偏移。距离下锚越近，位移越大；全补偿简单链形接触悬挂锚段中的承力索和接触线两端均装设有补偿器。当环境温度变化时，承力索和接触线的补偿器调节承力索和接触线的弛度，使其几乎不变。

张力补偿器有重力补偿、弹簧补偿、液气补偿等多种形式。重力自动补偿器由坠砣、补偿滑轮和补偿绳所组成，坠砣质量使承力索和接触线在气温变化时保持其张力不变，接触线的弛度不变。

链形悬挂比简单悬挂的性能要好，但也带来了结构复杂、投资大、施工和维修调整较为困难等问题。链形悬挂中，承力索和接触线同时补偿的全补偿性能为最好。

城市轨道交通接触网因牵引电流大，地面架空式接触网的主线采用双接触线及双承力索，辅助馈线与接触线和承力索平列布置。调节所有导线间的连接使整个系统具有适当的电流分配。为了保证受电弓炭条平滑磨损，接触线有拉出值装置。拉出值分为正定位和反定位。正定位拉出方向在支柱同侧；反定位拉出方向在支柱反侧。横跨中间偏移包括风吹、拉出影响和温度影响。

➢隧道架空式

隧道架空式的悬挂方式与地面架空式有所不同，一方面隧道内不能立支柱，支持装置是直接设置在洞顶或洞壁，另一方面又必须考虑隧道断面，净空高度，带电体对接地体的绝缘距离，导线的弛度等因素的限制。根据隧道断面和净空高度的不同，接触悬挂有多种不同的方式。合理选择和确定悬挂方式，才能充分利用有限的净空高度改善接触网的工作性能。

➢弹性支架形式

弹性支架形式(图 3.26)是指一根(或几根)相互平行的接触线直接固定在支持装置上，支持装置采用弹性元件的悬挂方式。隧道内悬挂即为简单弹性悬挂。安装在绝缘子上的馈电线通过电连接线与接触线连接，使装在弹性元件上的接触线受电，弹性元件一端与弹性支座相连，弹性支座固定安装在隧道洞顶的一侧。弹性元件可用来调整接触线对走行轨道面的高度，弹性支座通过弹性元件使接触线与受电弓之间保持足够的弹性，保证它们之间的良好接触。主线的隧道段接触网由 2 根接触线，4 根平行的馈线和 1 根接地线组成。接触线的张力通常由张力补偿装置产生，2 根接触线连接到同一个张力棘轮，以保证在温度范围接触线有同样的张力。

图 3.26 弹性支架

➢链形悬挂形式

在隧道内，车辆限界、带电体与接地体的绝缘距离、弛度和安装误差等因素对接触悬挂高度有影响，在有限的净空高度内，欲使悬挂高度降低，可通过缩短跨距、减小弛度来调整。在有条件采用简单链形悬挂的隧道内，也可采用简单链形悬挂，以增加弹性，用具有张力补偿作用的装置实现张力补偿，以减小弛度及其变化。

2)柔性接触网安装结构

柔性架空接触网由接触悬挂、支持装置、定位装置、支柱和基础组成；为满足城市轨道交通列车大电流的需要，柔性架空接触网除接触导线和承力索外，还需增设辅助馈线；并且接触导线和承力索均需设置张力补偿下锚装置，结构复杂。

柔性架空接触网全补偿简单链形悬挂接触网采用了张力自动补偿装置，并通过吊弦调节接触导线高度，在某一特定温度下，接触导线处于无驰度状态，在整个跨距内接触导线至轨面保持相等的高度，基本消除了接触导线的硬点，可以满足列车较高运行速度的要求。弹性简单悬挂接触网同样也采用了张力自动补偿装置，但跨中驰度大、弹性不均匀、硬点较多，授流质量较差，因而列车运行速度较低。根据我国干线电气化铁路的运行经验，采用弹性简单悬挂时列车运行速度不大于80 km/h，一般用于列车运行速度较低的车场线路。

柔性架空接触网的接触导线截面较小，且要求在磨耗面积≤20%时，安全系数不应小于2.0，其最大允许磨耗量约为30%；柔性架空接触网在悬挂定位点和跨中的弹性不均匀性决定了导线磨耗的不均匀，悬挂定位点处接触导线表面的局部磨耗严重，造成其电气和机械性能下降。由于接触导线张力大，锚段内接触导线只要有一个点达到磨耗极限，就必须局部换线或更换整个锚段接触导线。

柔性架空接触网的承力索、接触线等呈柔性，需要定期调整、维修。若维护和调整不当，会使弓网运行状态变坏，容易出现弓网事故；当接触不良产生电弧时，会使导线局部过热，造成其机械强度局部降低；导线经过反复磨耗后存在断线事故隐患。一旦发生意外事故使接触网固定件断裂损坏时，由于所有线材均带有张力，将造成整个锚段陷入瘫痪，加上抢修时间较长，可能会中断行车达数小时。

柔性架空接触网的结构较复杂且接触悬挂呈柔性，运营中易产生位移或变形，需经常调整、维护；作业面高、故障影响范围大，安装调整和事故抢修复杂，需要配备较多的专业检修设备和人员；由于导线允许磨耗小，大修间隔时间短；柔性架空接触网的零件多达数百种，通用性较差，备品备件数量大，维护费用高。

柔性架空接触网的安装位置较高，正线地面和高架区段接触导线的悬挂高度一般为4.6 m，结构高度一般为1.0 m，支柱高度一般为7～8 m，为了满足列车大电流的需要，导线数量较多，一般需要1～2根接触线、1根承力索、3～4根辅助馈线，另外还需设置一根架空地线，整个系统结构比较复杂。

(2)刚性架空接触网授流方式

根据汇流排形式的不同，刚性架空接触网分为“T”型刚性悬挂和“Π”型刚性悬挂(见图3.27)。“T”型刚性悬挂是用长度为1 m的长线夹沿“T”型汇流排下端固定导线，每对长线夹采用4组螺栓固定，由于螺栓数量多，使得结构复杂、施工效率很低，尤其是在更换导线时，需拧下数量庞大的螺母，在换上导线后再拧上，其更换速度十分缓慢。而“Π”型刚性悬挂是利用“Π”型汇流排的弹性夹口固定导线，汇流排底部有特殊设计的工作导槽，使得专用的、将弹性夹口张开的小车可以沿汇流排运行，放、换线方

图3.27 “Π”型刚性悬挂

便、快捷。

“Π”型刚性悬挂有单导线形式和双导线形式两种。双导线形式“Π”型刚性悬挂配备了两根接触导线，但不能保证受电弓始终与两根接触线同时接触，而且采用双导线时，放、换线速度缓慢，工程投资增加较大；单导线形式“Π”型刚性悬挂放、换线方便、快捷，即使接触导线由于意外事故加热并退火后也不会影响正常运营。因此，目前一般都是采用单导线形式“Π”型刚性悬挂。

刚性架空接触网利用“Π”型汇流排的弹性将接触导线固定在汇流排底部，列车通过受电弓与接触导线接触取电。接触导线及汇流排均采用无张力架设。

接触导线一般采用银铜合金接触线。

汇流排以铝合金为原料，规格主要有 PAC110 型(高度为 110 mm)和 PAC85 型(高度为 85 mm)两种。除固定接触导线外，汇流排主要用于承载电流。

为了防止接触导线和汇流排间产生铜铝异金属腐蚀，接触导线在嵌入汇流排前，需涂一层导电油脂。

汇流排的标准制造长度一般为 12 m，两根汇流排间采用内嵌式汇流排中间接头连接，保证汇流排间电气和机械的连续性。多根通过中间接头连接的汇流排称为一个锚段，考虑到型材和接触导线的热胀冷缩，架空刚性悬挂的锚段长度一般为 200～250 m。在每个锚段中部设置中心锚结，以防止整个锚段发生顺线路的窜动。每个锚段两端装设长度为 7.5 m 的端部弯头，锚段间采用平行重叠的关节方式过渡，通过装设在汇流排顶部的馈电线夹和电连接线实现锚段间的电气连续。

根据国外经验，当列车运行速度大于 100 km/h 时，采用端部弯头的关节方式并不适合，为此，需在列车运行速度大于 100 km/h 区段的锚段间采用膨胀接头连接。膨胀接头可以补偿汇流排和接触导线由于温度变化引起的纵向伸缩，并保持刚性悬挂电气和机械的连续性、以及滑触面的平滑。当需设置电分段时，则装设分段绝缘器。

支持装置包括汇流排定位线夹、绝缘子、埋入螺栓及支撑角钢等。汇流排定位线夹托住汇流排，并允许汇流排因热胀冷缩产生位移，避免造成特殊硬点。汇流排定位线夹能自由旋转并自动与汇流排对正。通过埋入螺栓和支撑角钢可以方便地对汇流排进行水平和垂直方向的调节，保证能够按线路外轨超高及坡度调整汇流排的安装斜度，使其与线路轨迹相吻合，并满足拉出值的要求。

隧道内刚性架空接触网和隧道外柔性架空接触网的过渡一般采用切槽汇流排贯通方式。它是将柔性架空接触网的承力索直接在隧道洞口下锚，接触导线则依次嵌入切槽式汇流排及与之相连的一小段普通汇流排后在隧道内下锚。这样，在架空刚性悬挂的开始段，由刚性递次减小的切槽式汇流排吸收来自柔性悬挂接触线的振动，避免接触导线疲劳破坏，实现受电弓的平稳过渡。相对于柔性架空接触网而言，刚性架空接触网具有结构简单、可靠性高（采用无张力架设，无断线、钻弓等事故隐患）、维护工作量小、维修周期长等优点。因此，近期修建的采用架空接触网的城市轨道交通工程的地下区段均采用了刚性架空接触网。

1）刚性架空接触网安装结构

刚性架空接触网由接触导线、汇流排和支持装置组成，通过支持装置的埋入螺栓固定在隧道顶部。由于汇流排载流能力大，除汇流排和一根接触导线外，无须增设辅助馈线，并且接触导线和汇流排采用无张力架设，结构较简单、紧凑。

城市轨道交通工程采用的圆形隧道和马蹄形隧道断面的拱顶至列车车顶的自然净空已经满足刚性架空接触网的安装及绝缘要求，不需额外增加净空；直线矩形区间隧道断面，安装刚性架空接触网所需隧道净空比采用接触轨系统时的隧道净空多200 mm左右。

刚性架空接触网没有特殊硬点，而且其安装精度高、稳定性好、具有良好的弓网关系，授流质量较好。国外的有关试验及实际运营表明，在列车运行速度达到140 km/h时，受电弓的取流也是比较平稳的，弓、网间的离线率极小。刚性架空接触网的接触导线不带张力，只要保证受电弓平滑取流且不与汇流排相接触就可以正常运行。理论上允许接触导线磨耗至汇流排夹口边缘，综合考虑各种因素，其最大允许磨耗量约是柔性架空接触网的2倍；刚性架空接触网的结构稳定，本身无特殊硬点，接触压力变化小，接触导线磨耗均匀性较好。根据国外运营经验，刚性架空接触网的磨耗主要是波状磨耗，一般发生在列车加速及中途换常用等区段；由于采用无张力架设，对运营安全影响较小，因此，理论上刚性架空接触网的换线周期比柔性架空接触网长。

刚性架空接触网的接触导线钳夹在刚性汇流排上，接触悬挂无轴向张力，不存在断排或断线的可能，避免了柔性架空接触网的烧熔、不均匀磨耗、高温软化、线材缺陷及受电弓故障引起的断线故障，也不会发生钻弓事故；即使接触导线由于意外事故高温软化，退火后也不会影响正常运营；更由于汇流排的刚度大，运营中位移、变形很小，几乎不会出现带电体对地短路故障，因此，采用刚性架空接触网不需要经常调整、维修，稳定性好、可靠性高。

2）刚性悬挂形式

刚性悬挂是指固定的导电体受流过程中在受电弓或集电靴的作用下基本不变形，由支持体、绝缘子、汇流排和与受电弓接触的接触面或接触线组成，一般用于隧道段。刚性接触网是将传统的接触线夹装在汇流排中，汇流排取代了承力索，并靠它自身的刚性保持接触线的恒定位置，使接触线不因重力而产生弛度，不必担心因接触线过度磨损而导致的断线。汇流排是刚性悬挂的关键部件，一般用铝合金材料制成，其形状一般做成“T”和“Π”。“Π”形结构汇流排包括标准型汇流排、汇流排终端及刚柔过渡元件。标准型汇流排截面积 2 213 mm^2，制造长度10～12 m，高度 85 mm、110 mm 两种，铜当量截面约 1 400 mm^2，燕尾槽夹紧力约 10 kg/cm。每一段汇流排之间用汇流排中间接头连接，构成刚性悬挂每一个锚段，锚段长度一般为 200～250 m。为补偿铝合金汇流排与铜银接触线因热膨胀系数不同而产生的热膨胀误差，半个锚段汇流排与接触线的热膨胀差值大概在70 mm，一般一个锚段安装一个膨胀元件。汇流排终端用于锚段关节、线岔及刚柔过渡处，其作用是保证关节、线岔和刚柔过渡的平滑、顺畅过渡，其长度一般做成 7.5 m。刚柔过渡元件用于刚性悬挂与柔性悬挂过渡处，其作用是保证两种悬挂方式的平滑、顺畅过渡。

刚性悬挂接触导线一般采用铜银导线，与柔性接触悬挂所采用的接触导线相同。接触导线通过特殊的机械镶嵌于“Π”型汇流排上，或通过专用线夹固定于“T”汇流排上，与汇流排一起组成接触悬挂。刚性悬挂最大优点在于可以取消柔性悬挂中的承力索和辅助馈线，使接触网的结构变得简单紧凑，极大地方便运营管理和维修。刚性悬挂在地面与隧道交汇段有刚性悬挂过渡。

城市轨道交通接触网一般标称直流电压 1 500 V，最高直流电压 1 800 V；接触线最小高度 4 m，最大高度 5.7 m，地面系统结构高度 1.4 m；直线段“之”字值（拉出值）±200 mm，曲线段拉出值－250 mm，车辆段拉出值＋250 mm。地面主线一般采用简单全补偿链形悬挂，双接触线、双承力索分别由安装在各自电杆上的自动张力装置进行补偿，使承力索、接触网导线在整个工作温度范围内承受固定张力。软横跨是多股道站场接触悬挂的横向支持装置。它由横向承力索和上、下部固定绳及连接零件组成。简单软横跨只有横向承力索和下部固定绳及连接零件，无上部固定绳。横向承力索承受接触悬挂的全部垂直负载；上部固定绳承受承力索的水平负载；下部固定绳承受接触线的水平负载。接地线采用架空敷设。试车线上的接触网设备类似于正线，但没有辅助馈线。地面上的跨距，一般不超过 60 m。在特殊线路上，（锚段长度小于 150 m）采用弹簧终端。弹簧终端结构利用弹簧拉力自动调节触网的张力。弹簧终端结构简单、体积小，质量轻，安装方便并经济。

(3)供电方式与电分段

牵引变电所通过接触网向电动列车供电，接触网在每个牵引变电所附近断开，分成两个供电区段。每个牵引变电所仅对其两侧的区段供电。供电距离越长，牵引电流在接触网上的电压降越大，使末端电压过低及接触网上电能损耗过大；供电距离过短，牵引变电所数目增多，投资增加。供电距离以及接触线截面等与接触网供电方式有关。牵引变电所向接触网供电有单边供电和双边供电两种方式。每个供电区段也称为一个供电臂,如电动列车只从所在供电臂上的一个牵引变电所获得电能,这种供电方式则称为单边供电。单边供电时,若有故障,其范围小,牵引变电所内的保护也较简单。但电动列车所需牵引电流全部由一边流过牵引网,牵引网电压降和电能损耗也就大。如一个供电臂同时从相邻两个牵引变电所获得电源,则称为双边供电。双边供电时,牵引电流按比例由两边流过牵引网,牵引网电压降和电能损耗相对就小,但有故障时,范围也较大,保护较复杂。单边供电和双边供电都是正常供电方式。每个接触网区段均由相邻两个牵引变电所并联供电,即采用双边供电,以减小牵引网电压降和电能损耗。正常双边供电时,牵引变电所馈线开关内设置双边联跳保护装置。一旦接触网发生短路故障,靠近短路故障点的牵引变电所保护动作,馈线开关迅速跳闸,与此同时联动跳开另一侧牵引变电所的相应馈线开关,及时切除故障。当某一牵引变电所故障时,该故障所退出运行,此时该区段接触网就改为单边供电,或可通过闭合故障牵引变电所所处接触网的联络隔离闸刀,实施越区供电,此时称为大双边供电,二座牵引变电所的馈线开关仍有联跳功能。

在越区供电方式下运行,供电区域扩大,牵引变电所的负荷增大,线路损耗增大,因此视情况要适当减少同时处在该供电区段的电动列车数,但一旦接触网发生短路故障,其保护装置灵敏度降低。因此,越区供电只是在牵引变电所故障情况下运行的一种特殊运行方式。

接触网的电分段是保证供电可靠性和灵活性的另一种措施。被分段的接触网可以通过联络隔离闸刀联络。当某段接触网发生故障或检修时,只需打开相应区段的联络隔离闸刀,就可使故障或检修停电范围缩小,同时不影响其他各区段接触网的正常供电。接触网沿线路方向的分段称为纵向电分段,线路与线路之间的分段称为横向电分段,如折返线,交叉渡线处的电分段等。纵向电分段,一般采用电动控制;线路间的横向分段,一般采用手动控制。电分段的联络隔离闸刀的设置地点,应考虑操作方便和便于实现集中控制,如牵引变电所或车站附近。

3.2 城市轨道交通变电站运行规定

3.2.1 概述

城市轨道交通的基本能源是电,电的产生与使用是一个系统工程——电力系统工程。电力系统工程是由发电、变电、输电、配电和用电等环节组成的电能生产与消费系统。它的功能是将自然界的一次能源通过发电动力装置(主要包括蒸汽发电机、太阳能电池板、化学电池、原子能核反应堆、风力发电机及电厂辅助生产系统等)转化成电能,再经输、变电系统及配电系统将电能供应到各负荷中心,通过各种设备再转换成动力、热、光等不同形式的能量,为地区经济和人民生活服务。由于电源点与负荷中心多数处于不同地区,也无法大量储存,故其生产、输送、分配和消费都在同一时间内完成,并在同一地域内有机地组成一个整体,电能生产必须时刻保持与消费平衡。因此,电能的集中开发与分散使用,以及电能的连续供应与负荷的随机变化,就制约了电力系统的结构和运行。据此,电力系统要实现其功能,就需在各个环节和不同层次设置相应的信息与控制系统,以便对电能的生产和输运过程进行测量、调节、控制、保护、通信和调度,确保用户获得安全、经济、优质的电能。

城市轨道交通供电系统是电力系统的一部分,是一个由输电、变电、配电、用电组成的一个电能的消费系统。城市轨道交通网络建立结构合理的大型供、配电力系统不仅便于电能消耗的集中管理、统一调度和分配,减少设施设备投资,且有利于能源资源的合理利用,更大限度地满足地铁网络日益增长的用电需要。

在这里要特别提一下电力负荷的分级,我们国家电力负荷分级的原则是对供电可靠性的要求及中断供电在政治、经济上所造成损失或影响的程度进行分级,并应符合下列规定:

一级负荷:符合下列情况之一时,应为一级负荷:中断供电将造成人身伤亡时;中断供电将在政治、经济上造成重大损失时。例如:重大设备损坏、重大产品报废、用重要原料生产的产品大量报废、国民经济中重点企业的连续生产过程被打乱需要长时间才能恢复等;中断供电将影响有重大政治、经济意义的用电单位的正常工作。例如:重要交通枢纽、重要通信枢纽、重要宾馆、大型体育场馆、经常用于国际活动的大量人员集中的公共场所等用电单位中的重要电力负荷。在一级负荷中,当中断供电将发生中毒、爆炸和火灾等情况的负荷,以及特别重要场所的不允许中断供电的负荷,应视为特别重要的负荷。

二级负荷:符合下列情况之一时,应为二级负荷:中断供电将在政治、经济上造成较大损失时。例如:主要设备损坏、大量产品报废、连续生产过程被打乱需较长时间才能恢复、重点企业大量减产等;中断供电将影响重要用电单位的正常工作。例如:交通枢纽、通信枢纽等用电单位中的重要电力负荷,以及中断供电将造成大型影剧院、大型商场等较多人员集中的重要的公共场所秩序混乱。

三级负荷:不属于一级和二级负荷者应为三级负荷。

一级负荷必须是从两路同一电压等级的不同电源(或母线)上接入的电源。从国家对电力负荷的分级来看,城市轨道交通应该属于一级负荷。

本节要讨论的是供电设备的运行规程(规定),什么是运行规程(规定)?一般是指权威部门为保证下级部门的生产、工作能够安全、稳定、有效运转而制定的，相关人员在运行设备或办理业务时必须遵循的程序或步骤的技术性文件。例如：《上海城市轨道交通变电站运行规程》。

城市轨道交通变电站主要有：主变电站、牵引变电站、降压变电站组成。这三类变电站担负着向地铁车辆及地铁车站各类用电设施的供电任务。为确保变电站的安全可靠的运行，制定了《城市轨道交通变电站运行规程》。

《城市轨道交通变电站运行规程》适用人群是：轨道交通系统内的电力调度员、变电站值班员（电力值班员）、变电站设备维修人员、相关技术专职人员、分管电力设施设备的领导及各级相关主管部门。特别指出电力调度员与变电站值班员及变电站设备维修工要熟练掌握《城市轨道交通变电站运行规程》。

3.2.2 主变电站运行规定

1. 主变电站的运行方式

由于轨道交通线路一般较长，每一条线路设立两个以上主变电站，主变电站应由地区枢纽变电站（市电）提供两路专用供电线路，保证供电的可靠性和供电质量（一级负荷）。

1）城市轨道交通典型的主变电站正常的运行方式是：110 kV 系统一、二段母线分段运行，分段开关断开；35(33)kV 系统一、二段母线分段运行，分段开关断开；10 kV 系统一、二段母线分段运行，分段开关断开；400 V 系统一、二段母线分段运行，分段开关断开；1＃、2＃主变压器 110 kV 线圈中性点一般不接地运行；3＃、4＃主变压器 10 kV 线圈中性点经消弧线圈接地运行；35(33)kV 母线必须带接地变压器运行；35(33)kV、10 kV、0.4 kV 分段开关均装有自动投入装置，正常时应将方式选择开关置于自动位置。特殊运行方式：当一路进线失电时，另一路进线电源同时供二段母线运行（即分段开关投入）。

2）城市轨道交通典型的牵引变电站正常的运行方式是：35(33)kV 进线：每个牵引站都有两路 35(33)kV 进线电源，其中一路常供电，一路热备用。35(33)kV 进线开关柜上有近控/远控选择开关。在未投运前应放在近控位置，在远动装置投运后应放在远控位置。每个牵引变电站有二套整流器组，一般为双器组并列供电。1 500 V 直流馈线开关：馈线开关的近控/远控选择开关，应放在远控位置，远动装置未投运前应放在近控位置。馈线开关的联跳选择开关，应放在联跳接通位置，需要检修或改单边供电时，联跳开关应放在断开位置。辅助用电：直流蓄电池组应处于恒压浮充状态；蓄电池充电电压、直流系统对泄漏监视板上的选择开关应分别放在“正常”位置。站用交流电手动投入运行后，应将手动/自动选择开关置于自动投切位置。

3)城市轨道交通典型的降压变电站正常的运行方式是:各降压站 35(10)kV 母线和 0.4 kV 母线均为双电源单母线分段运行。正常运行时,母线分段开关均放在热备用状态,0.4 kV 母线分段开关的方式选择开关放在自动位置。35(10)kV母线分段开关没有压自投装置,0.4 kV 母线分段开关有失压自投装置。当一路进线失电时,另一路进线电源同时供二段 0.4 kV 母线运行。(即 0.4 kV 分段开关投入)当一路进线失电时,另一路进线电源同时供二段 35(10)kV 母线运行(即 35(10)kV 分段开关投入)。

变电站的辅助用电:直流蓄电池组应处于恒压浮充状态;蓄电池充电电压、直流系统对泄漏监视板上的选择开关应分别放在“正常”位置。站用交流电手动投入运行后,应将手动/自动选择开关置于自动投切位置。

2. 变压器的运行规定

在城市轨道交通运行中,变电站的变压器主要有油浸式与干式两种。

(1)油浸式变压器运行规定

1)油浸式变压器运行电压变动允许范围:变压器运行电压允许在其额定电压±5%范围内变动,其额定容量不变。不论电压分接头在任何位置,如果所加一次电压不超过其相应额定值的±5%,则变压器的二次侧可带额定电流。按照运行情况,如有必要加在变压器一次侧的电压超过该分接头额定电压 5%以上时,需经专门试验或征得制造厂同意,并经分管电力设施设备的领导批准。

2)油浸式变压器允许温度与温升:油浸式变压器上层油温升不得超过 55 ℃,上层油温最高不得超过 95 ℃。为了防止变压器油劣化过速,不宜经常超过 85 ℃。

3)对油浸式变压器室送排风机开停的规定:变压器室的室温达到 35 ℃,或者变压器上层油温达到 70 ℃时开启通风冷却风机。当变压器上层油温低于 60 ℃时停冷却风机。

4)油浸式变压器瓦斯保护运行规定:变压器在运行状态下打开放气或放油阀门,检查呼吸器工作,必须将重瓦斯保护由“跳闸”改“报警”,以防瓦斯保护误动作跳闸。而在运行中的变压器上进行注油、滤油更换矽胶,开、闭瓦斯继电器联通管道的阀门等工作(不包括取气体、油样)均应当采用相应措施,以防止空气大量进入,并应先将瓦斯保护由“跳闸”改投“报警”。待上述检修工作或运行操作结束后,带负荷运行 24 h 无瓦斯信号报警时,再改投“跳闸”。变压器停电检修油系统或调换瓦斯继电器工作结束后,应由检修人员采取措施将空气抽尽。新安装变压器试运行,由申请试运行单位提出要求。当瓦斯保护动作时,无论跳闸与否(即使很可能是空气)均应当尽快查明原因。检修人员立即使用所备器具,抽取气体,记录瓦斯保护动作时间和产生气量,同样还应当抽取油样,迅速交专门机构进行成分分析和色谱分析,以确定故障性质。在运行中的变压器上抽取瓦斯气体时,必须注意安全距离，禁止将瓦斯保护由“跳闸”改投“报警”。运行中的变压器大量漏油而使油位迅速下降时，不得将瓦斯继电器改投“报警”，应当迅速通知设备维护单位采取制止漏油的措施并加油。

5)油浸式变压器过负荷运行规定：一般不使用正常过负荷方式运行。必要时，油浸式变压器允许在正常过负荷及事故过负荷的情况下运行，但要得到分管电力设施设备的领导及电力调度的同意。变压器在过负荷运行时，应开全部送、排风机。变压器存在较大缺陷(如送、排风系统不正常，严重漏油，色谱分析异常等时)，不准过负荷运行。变压器过负荷运行时，应加强对变压器进行全面检查，详细记录过负荷大小与持续时间。油浸式变压器事故过负荷的允许运行时间不得超过下表(3.11)规定(h：min)：

表 3.11 油浸式变压器事故过负荷的允许时间表

允许环境温度(℃) 运行时间(h：min) 过负荷倍数	0	10	20	30	40
1.1	24:00	24:00	24:00	19:00	7:00
1.2	24:00	24:00	13:00	5:50	2:45
1.3	23:00	10:00	5:30	3:00	1:30
1.4	8:30	5:10	3:10	1:45	0:50
1.5	4:45	3:10	2:00	1:10	0:35
1.6	3:00	2:05	1:20	0:45	0:18
1.7	2:05	1:25	0:55	0:25	0:09
1.8	1:30	1:00	0:30	0:13	0:06
1.9	1:00	0:35	0:18	0:09	0:05

6)新装、大修和电试后的投运：油浸式变压器投运前外观检查变压器各部件是否完好，无损伤或位移，检查各部分紧固螺栓，特别注意分接头位置的螺栓是否拧紧，若发现松动应仔细拧紧螺栓，用2 500 V摇表测量高压线圈绝缘电阻，1 000 V摇表测量低压线圈绝缘电阻开关、电缆、闸刀及继电保护按规程检查完毕，受潮变压器必须干燥，拆除安全措施，恢复常设遮拦，并进行全面检查，确定变压器在完好状态。工作结束后，设备维护单位应出据试验报告，变电站值班员应收回所有工作票才可投入变压器试运行。新安装投入运行的变压器应在额定电压下，进行冲击合闸5次，大修后的变压器投入运行时，应在额定电压下，进行冲击合闸3次，之后每2 h检查一次，并在24 h后每班检查一次，以后按正常规定进行检查。变电站值班员应当根据表计指示经常监视变压器运行情况，并按照规定定时抄录有关表计，如变压器在过负荷情况下运行，更应严格监视变压器负荷及上层油温，并每

0.5 h 抄录表计一次。

7)巡视检查项目:变压器油枕(包括有载分接头油枕)、油位、油色,正常无漏油;套管应当清洁,无破损裂纹,无放电痕迹及其他异常现象;变压器音响正常,本体无渗油、漏油,吸湿器应完好,硅胶是否变色;变压器油温正常,油系统阀门开闭正确;引线接头、电缆、小母线无发热现象;瓦斯继电器内无气体,继电器与油枕间阀门开启;呼吸器的矽胶不潮湿(蓝色为正常。当大多数矽胶变成粉红色时,则更换矽胶。);变压器室的门应完整无损,房屋应无漏水、渗水,照明和通风系统良好。值班人员每周进行一次夜间关灯检查,观察套管有无火花及放电声。并在运行日志做好记录。瓦斯、差动、压力释放、温度等保护动作后,应当立即进行检查、汇报电力调度、分管电力设施设备的领导,要求专门机构对油中溶解气体按照GB 7252—2001—T做气体色谱分析;变压器在过负荷运行时或送排风系统有缺陷时,应监视负荷,油温和油位的变化,接头接触应良好,示温蜡片无熔化现象,还应加强运行检查次数;雷雨大雾天气,应监视瓷套管有无放电闪络、打火现象。监视避雷器的放电记录器记录动作情况。

(2)干式变压器运行规定

1)干式变压器运行电压变动允许范围:变压器在额定使用条件下,全年可按额定容量运行。变压器运行允许在其额定电压±5%范围内变动,在此范围内则二次侧可带额定电流。按照运行情况如有必要加在变压器一次侧的电压超过该分接头额定电压5%以上时,需经专门试验或征得制造厂同意,并经分管电力设施设备的领导批准。变压器运行电压变动允许范围:变压器运行电压允许在其额定电压±5%范围内变动,其额定容量不变。不论电压分接头在任何位置,如果所加一次电压不超过其相应额定值的±5%,则变压器的二次侧可带额定电流。

2)干式变压器允许温度与温升:干式变压器各部分温升不超过表3.12的规定:

表3.12　干式变压器各部分温升限值表

变压器的部件		温升限值(℃)	测量方法
高压线圈	B级绝缘	80 ℃	电阻法
低压线圈	F级绝缘	100 ℃	
铁芯表面及结构零件		最大不得超过绝缘材料的允许温升	温度计法

各站信号变,高低压线圈:(B级绝缘)允许温升80 ℃。运行中,变压器的线圈温度不得超过115 ℃。对干式变压器风扇开停规定:

当温度升到80 ℃以上时,风机应能自动开起。当温度降到60 ℃以下时,风机应能自动关闭。若风扇不能自动开起,应手动起动。若不能起动,则汇报电力调度员。设法减轻变压器的负荷或停役变压器。

3)干式变压器允许的过负荷运行方式:环氧浇注干式变压器在正常情况下不允许过负荷运行;干式变压器如在事故情况下过负荷运行,过负荷倍数与时间不得超过表3.13所示。

表3.13 过负荷倍数与时间表

过负荷倍数	时间(min)
1.2	60
1.3	45
1.4	32
1.5	18
1.6	5

变压器在事故情况下过负荷运行,在加强对变压器的全面检查之后,应将变压器过负荷大小和持续时间详细记入运行日志和变压器的技术档案内。

4)新装、大修和电试后的投运:变压器投运前,应检查变压器外观各部件是否完好,无损伤或位移,特别注意环氧树脂是否有碰损现象。拆除安全措施,检查各部分紧固螺栓,特别注意分接头位置的螺栓是否拧紧,若发现松动应仔细拧紧螺栓,并注意线圈压紧垫块是否松动,如发现松动的应及时压紧,用1 000 V摇表检查铁轭穿心螺杆的绝缘情况,用2 500 V摇表测量高压线圈绝缘电阻,1 000 V摇表测量低压线圈绝缘电阻,受潮变压器必须经干燥处理,不允许螺杆与铁芯或夹件有通路现象,检查变压器顶部无杂物及遗留工具,分接头位置应当正确,并且三相一致,恢复常设遮拦,并进行全面检查,确定变压器在完好状态。变压器外壳接地线良好,各种标示牌和相色应当清楚明显,开关、电缆、闸刀及继电保护按规程检查完毕。工作结束后,设备维护单位应出具试验报告,变电站值班员在收回所有工作票后变压器才可投入试运行。新安装投入运行的变压器和大修后的干式变压器,投入运行时,应在额定电压下,进行冲击合闸3次;变压器运行后每2 h检查一次,并在24 h后每班检查一次,以后按正常规定进行检查。值班人员应根据表计指示经常监视变压器运行情况,每4 h抄表一次,如变压器在过负荷下运行,更应严密监视变压器负荷,并每0.5 h抄录表计一次。变压器在新投入运行一年内,每2 h抄表一次。

5)巡视检查项目:外部检查各部件完好无损;变压器接头、引线、电缆、母线应无发热现象;线圈温度在正常范围内;变压器内部音响正常,振动、噪声不超过正常情况;套管外部应清洁,无破损裂纹,无放电痕迹及其他异常现象;检查浇注型绕组和相间连接线有无尘埃附着,有无龟裂、变色放电现象;检查铁芯风道有无灰尘异物堵塞,有无生锈或腐蚀现象;调压分接头有无过热变色,接触不良或锈蚀现象,绕组压紧装置有否松动;温度计和保护装置动作是否正常;有冷却风机者,电动机、风扇轴承是否运转良好,声响是否正常;变压器室的门、窗应完整,房屋应无漏水、渗水,成套变电站的变压器柜门应完好无损,保持良好的通风条件,防小动物设施必须完好。值班人员每周进行一次夜间关灯检查，并在运行日志做好记录。

(3)变压器的停复役规定

装有断路器的变压器的投入，断开电源及切换操作，必须使用断路器。信号变压器的拉、合操作必须在断开低压侧开关后进行，严禁带负荷拉、推手车，允许用隔离手车投运和停运空载的信号变压器。变压器充电应由有保护装置开关的电源侧进行。各站的 2 台变压器，不允许并列运行(特殊情况除外)。

(4)整流变压器运行规定

整流变压器运行规定：整流变压器为无载调压，整流变压器的电源电压允许在其额定电压的±5%范围内变动，超过时应改变其分接头连接片位置。(两台整流变压器分接头连接片位置必须相同)其余的按干式变压器的相关规定执行。

(5)接地变压器运行规定

接地变压器运行规定：按油浸式变压器的相关规定执行。

(6)消弧线圈运行规定

消弧线圈运行规定：当零流、零压超过整定值，零流、零压指示灯应亮，应按接地事故处理，并寻找接地点。在系统发生接地故障的情况下，不得停用消弧线圈。由于寻找故障及其他原因，使消弧线圈带负荷运行时，应对消弧线圈上层油温加强监视，使上层油温最高不得超过 95 ℃，并监视消弧线圈带负荷运行时间不超过铭牌规定的允许时间，消弧线圈出现内部有异响及放电声，套管严重破损，瓦斯保护动作等异常现象时，首先将接地的线路停电，然后将消弧线圈停用，进行检查、试验。消弧线圈动作或发生异常现象时，应记录动作时间，中性点电压，电流，三相对地电压等，并及时报告电力调度员。

消弧线圈在新装和电试后的投运与油浸式变压器相同。

消弧线圈正常巡视检查项目有：上层油温应正常；套管应清洁，无破损和裂纹；引线接触应牢固，接地装置应完好；油面应正常合格；应无渗，漏油现象；吸潮剂不应潮解；运行中无杂音；表计指示确。

3.2.3 配电装置的运行规定

1. 开关

(1)GIS 的运行规定

GIS(Gas Insulated Substation)是气体绝缘全封闭组合电器的英文简称。GIS 由断路器、隔离开关、接地开关、互感器、避雷器、母线、连接件和出线终端等组成，这些设备或部件全部封闭在金属接地的外壳中，在其内部充有一定压力的 SF6 绝缘气体，故也称 SF6 全封闭组合电器。

由于 GIS 是将开关、隔离开关、闸刀、电流、电压互感器等组合在密闭的 SF6

气室中，故不具备充分的散热条件，所以正常情况下，不允许设备过负荷运行。当SF6气体压力不足时，GIS开关应能报警，严重不足时，应能自动闭锁，禁止将气体压力不足的开关投入运行。正常运行和操作时，各个开关和闸刀的位置指示器应能正确指示运行的位置。正常运行和操作时，不允许随意解除闭锁和保护。

新装、电试后的投运安装或检修工作结束后，施工检修人员出据试验报告，办理工作票终结手续。检查面板上各指示器、指示灯。SF6气体压力在绿色区域。

(2)110 kV GIS设备的运行检查

开关、隔离开关、接地闸刀、高速接地闸刀的位置指示器是否正常；开关、隔离开关、接地闸刀、高速接地闸刀的闭锁位置是否正常；开关的储能机构应在储能位置，工作应正常，各种指示信号灯的指示是否正常；SF6压力表(或密度计)指示值是否正常，SF6气压或密度正常值应当在绿色区域范围内，即600～670 kPa当接近600 kPa时，应当联系充气；二次端子有否发热现象，熔断器是否正常；在GIS设备附近有无异味、异声；GIS设备有否漏气、漏油现象；有关阀门开、闭位置是否正常，金属支架有无锈蚀、发热现象；可见的绝缘件，有无老化、剥落、裂纹现象，接地端子有无发热现象；所有照明、通风、放火器具是否完好；所有设备是否清洁，齐整，标志完善。

临时性检查项目：新投运的GIS设备在运行3～6个月内要检查SF6气体的含水量、含酸性是否与试运行时有明显的改变，其增加的速度是否合理，如发现含量不合理，应当及时检查其原因。当断路器达到规定的开断次数，或累计其开断电流达到规定的数值时，应当检查设备情况。GIS设备有异常情况时，对有异常可能的元件进行检查。

(3)35 kV SF6开关(带"五防"闭锁)运行规定

防闭锁就是为了防止误操作而设计的。主要是：防止误拉、合断路器；防止带负荷拉、合隔离开关；防止带电挂接地线或合接地闸刀；防止带地线合闸；防止误入带电间隔。

35 kVSF6开关气压正常值应在60～68 kPa，当接近60 kPa时应联系充气；当环境相对湿度大于70%时，应当启用柜内的加热器，当环境相对湿度小于65%时，应当停用柜内的加热器；SF6开关柜必须自然通风良好，冷热空气顺利地在柜内运行对流，否则会形成冷凝物，并降低开关柜的性能；开关柜内的SF6气体压力在允许范围内(压力表的绿色区域内)，年泄漏率小于1%；严禁将拒绝跳闸的开关投入运行；在一般的情况下，使用电动分合闸。如有故障，应立即汇报电力调度及分公司调度。开关必须使用手动分合闸时，应先确认开关操作机构的完好，方可进行；开关在事故跳闸后，应进行详细的检查，并汇报调度；对开关内的SF6气体的含水量由检修车间安排计划进行检测；SF6开关柜面板指示仪表、信号灯必须正确、完好；35 kVSF6 开关正常操作时禁止退出“五防”闭锁；开关的储能机构应在储能位置，工作应正常。

新装、电试和大修后的投运：SF6 开关在检修后，应进行继电保护和自动装置的整组传动试验，以保证分、合良好，信号正确，方可投运；开关的检修工作结束后，检修人员应出据试验报告，办理现场终结手续；检查所有的固定螺丝和线路，用清洁剂彻底清洗开关柜和手车，机械活动部分涂导电脂，一次隔离触头和接地端涂导电脂；SF6 气体压力指示在绿色区域内，变电站值班员应收回所有工作票后设备投入试运行。

巡视检查项目：电气连接部分(引线、二次接线)应连接牢固，接触良好，无过热松动现象；设备音响应正常，无异味；设备外壳应无严重锈蚀，接地良好，支架基础应无严重破损和剥落；断路器的负荷电流，一般应不超过其额定值；检查仪表指示灯是否有工作不正常；每隔 4 h 记录电流表读数；巡视开关时，还应注意以下几点：防爆口膜片平整，无变形、无异状(注意：在防爆口不宜停留太久)；分合闸位置指示器，应与实际状态相符合；储能弹簧应处在储能位置；对开关要建立专门的纪录，逐台统计其分闸、合闸及故障跳闸的次数。

(4)33 kV 真空开关(带三位置闸刀、有 SF6 气室)运行规定

33 kVSF6 开关及 33 kV 母线室 SF6 气压正常应当在 30～90 kPa，当接近 30 kPa时，应当联系充气；当环境相对湿度大于 70%时，应当启用柜内的加热器，当环境相对湿度小于 65%时，应当停用柜内的加热器；SF6 开关柜必须自然通风良好，冷热空气顺利地在柜内运行对流，否则会形成冷凝物，并降低开关柜的性能；开关柜内的 SF6 气体压力在允许范围内(压力表的绿色区域内)，年泄漏率小于 1%；严禁将拒绝跳闸的开关投入运行；在一般的情况下，使用电动分合闸。如有故障，应立即汇报电力调度及分公司调度。开关必须使用手动分合闸时，应先确认开关操作机构的完好，方可进行；开关在事故跳闸后，应进行详细的检查，并汇报调度；对开关内的 SF6 气体的含水量由检修车间安排计划进行检测；SF6 开关柜面板指示仪表、信号灯必须正确、完好。开关的储能机构应在储能位置，工作应正常。

新装、电试和大修后的投运：SF6 开关在检修后，应进行继电保护和自动装置的整组传动试验，以保证分、合良好，信号正确，方可投运；开关的检修工作结束后，检修人员应出据据试验报告，办理现场终结手续；检查所有的固定螺丝和线路，用清洁剂彻底清洗开关柜和手车，机械活动部分涂导电脂，一次隔离触头和接地涂导电脂；SF6 气体压力指示在绿色区域内，变电站值班员应收回所有工作票后设备投入试运行。

巡视检查项目：巡视 33 kV 三位置闸刀时，应注意 33 kV 三位置闸刀的位置指示器与实际状态相符合。闸刀位置应正确；电气连接部分(引线、二次接线)应连

接牢固，接触良好，无过热松动现象；设备音响应正常，无异味；设备外壳应无严重锈蚀，接地良好，支架基础应无严重破损和剥落；断路器的负荷电流，一般应不超过其额定值；检查仪表指示灯是否有工作不正常；每隔 4 h 记录电流表读数。巡视开关时，还应注意以下几点：防爆口膜片平整，无变形、无异状（注意：在防爆口不宜停留太久）；分合闸位置指示器，应与实际状态相符合；储能弹簧应处在储能位置；对开关要建立专门的纪录，逐台统计其跳闸的次数。

(5)10 kV 真空断路器运行规定

开关柜必须自然通风良好，冷热空气顺利地在柜内运行对流，否则会形成冷凝物，并降低开关柜性能；在相对湿度≥70℃的环境里，必须接通柜内的加热器；严禁将拒绝跳闸的开关投入运行；在带电的情况下应使用电动合闸。电动合不上的开关一般不准投入使用，但紧急情况下必须使用时，应先确认操作机构完好，方可手动合闸。开关在事故跳闸后，应进行详细的检查。开关的储能机构应在储能位置，工作应正常。

新装、电试和大修后的投运：开关的检修工作结束后，设备维护单位检修人员应出据试验报告。办理现场终结手续；检查所有的固定螺栓和线路，用清洁剂彻底清洗开关柜和手车，机械活动部分涂润滑脂，一次隔离触头和接地触头涂导电脂；操作机构动作灵活，位置指示正确。

巡视检查项目：检查开关的负荷情况是否正常；检查柜内是否有不正常的放电声；检查仪表指示灯是否工作正常。

2. 整流器组

(1)整流器组的负载等级

整流器组的负载等级为标准 IEC146—Ⅵ级；额定负载连续运行，150%过载时运行 2 h，300%过载时运行 1 min。负荷高峰期间，应严格监视，遵守规定。

整流器组输入、输出电压允许变动范围：整流变压器为无载调压，整流器变压器的电源电压允许在其额定电压的±5%范围内变动，超过时应改变其分接头连接片位置（两台整流变压器分接头连接片位置必须相同）；整流器的直流输出电压不允许经常超过 1 800 V，经常超过时，应向电力调度及分管电力设施设备的领导汇报，要求车辆部门检查过压吸收装置是否正常等。

(2)巡视检查项目

值班人员对整流器组要加强巡视，每班除交接班巡视外应再增加一次，在高温、雷雨季节要增加巡视的次数，整流变压器每周必须熄灯巡视一次，并记载在运行日志中，投运后的整流变压器的电源电压应当与分接头档相符合；整流变压器的电磁响声应正常，并无异味；电缆接线柱无松动、发热现象；33 kV 整流变开关的位置指示器，应与实际运行状态相符合；二极管保护熔丝上的微动开关无明显卡住现象,线头无松动脱落;交流侧过电压吸收装置及直流输出处压敏电阻,应处于正常工作状态;正、负极出线电缆无松动发热现象。

3. 400 VM 和 ME 开关

(1)运行规定

严禁将拒绝跳闸的开关投入运行;在带电的情况下应使用电动合闸,电动合不上的开关一般不准投入使用,但紧急情况下必须使用时,应先确认操作机构完好,方可手动合闸;开关在事故跳闸后,应进行详细的检查;开关的储能机构应在储能位置,工作正常。

(2)新装、电试和大修后投运规定

安装或检修后要用 1 000 V 兆欧表检查开关的绝缘电阻,在周围温度为20±5 ℃和相对湿度为 50%～70%时其绝缘电阻不应小于 10 MΩ,否则应进行处理,待绝缘电阻达到要求后方可使用;工作结束后,检修人员应出具试验报告;检查开关在闭合和断开过程中,其可动部分与灭弧室的零件应无卡住和碰擦现象,并且指示牌能正确的指示开关的工作状态;检查脱扣器和操作回路应正常工作;开关投运前,应在试验位置试验开关运行分、合闸开关运行时,仪表、指示灯应正常;ME 开关运行时,不允许随意拨动自动/手动转换开关。变电站值班员应收回所有工作票后设备投入试运行。

(3)巡视检查项目

开关的负荷是否正常;柜内是否有不正常的放电声,有无异味。仪表、指示灯是否工作正常。

4. 1 500 kV 直流馈线开关

(1)运行规定

直流馈线开关合闸过程中,指示灯应亮,即开关对线路的判别功能是完好;直流馈线开关跳闸,计数器能正确计数,故障灯应亮。直流馈线开关工作状况正常时,严禁使用直接合闸按钮;直流馈线开关检测机构故障而必须要合直流馈线开关时,必须将开关的联跳功能投用,并要求此开关对应的邻近站直流馈线开关在合上位置,才可使用直接合闸按钮。

(2)新装、电试和大修后投运规定

如果开关在检修时,要对此开关进行分、合试验,必须在试验位置上,才可使用直接合闸按钮,上述非正常运行情况必须经电力调度明确下令,并有监护人员到场时,才可进行项操作;操作机构动作灵活,位置指示正确;开关投运前,应在试验位置试验开关运行分、合闸;开关运行时,仪表、指示灯应正常;新装、电试和大修后的投运开关的检修工作结束后,设备维护单位检修人员应出据试验报告,办理现场终结手续,变电站值班员应收回所有工作票后设备投入试运行。

(3)巡视检查项目

面板表计指示应正常;开关的位置指示器与实际状态相符合;面板上的信号无异常;开关的 di/dt 脱扣装置电源指示应正常;用试验按钮检查面板上的信号灯应正常。

5. 隔离开关

(1)运行规定

开关柜的隔离手车,具有闸刀的功能,降压站的隔离手车与相应的开关有联锁作用,当相关的开关在分闸位置,隔离手车才能拉出(用钥匙开关联锁);各高压闸刀只供有电压而无负载时的分合电路之用,严禁带负荷拉合闸刀;拉合隔离手车时必须迅速果断,操作后应检查位置正确,信号指示正常;接触应良好,触头应无裂纹污损;错合隔离开关时,不准将隔离开关再拉开;错拉隔离开关时,在刀片刚离开固定触头,便发生电弧,这时应立即合上隔离开关,可以消灭电弧,避免事故。但如隔离开关已全部拉开,则不准将错拉的隔离开关再合上;如果是单极隔离开关,操作一相后发现错拉,对其他两相则不应继续操作;停电时先拉线路侧隔离开关,送电时先合母线侧隔离开关。

(2)新装、电试和大修后的投运

检修后,应进行拉合试验,以确保拉合良好,接触可靠;工作结束后,检修人员应出据试验报告,办理现场终结手续;检查所有固定螺丝、机械活动部分,一次隔离触头和接地端涂导电脂。变电站值班员应收回所有工作票后设备投入试运行。

(3)巡视检查项目

隔离开关的电流不得超过额定值;长期运行温度不得超过允许值 70 ℃,若超过 80 ℃应停运;绝缘子是否完整无裂纹,无电晕和放电现象;机械部分是否正常;闭锁装置是否正常;触头接触是否良好;刀片和刀嘴应无脏污、无烧伤痕迹,弹簧片、弹簧及铜辫子无断股、折断现象;接地闸刀应接地良好。

6. 母线

(1)运行规定

母线工作电压不得超过额定电压 15%;在通过短路电流后,母线不应发生弯曲变形和损伤;正常运行时母线的电流均不得超过额定值运行;运行中母排的接触部分过热时,必须立即设法减少其负荷,并应当尽可能停止使用;110 kV 母线室 SF6 气压正常应当在绿色区域范围内,即 600～670 kPa,当接近 600 kPa 时,应当联系充气;33 kV 母线室 SF6 气压正常应当在 30～90 kPa,当接近 30 kPa 时,应当联系充气;各降压站采用封闭式母线。

(2)新装和电试后的投运

母线新装检修或预防性试验完成后检查各母线接头的螺丝、螺母、伸缩接头等,检修人员应出据试验报告,办理现场终结手续,变电站值班员应收回所有工作票后设备投入试运行。在正式带负荷运行之前,应进行不少于 12 h 的预充电,确认无任何问题,方可正式带负荷运行。在 SF6 气室中的母线应检查气体压力,压力达不到标准的严禁投入运行。

(3)巡视检查项目

运行时,应检查母线是否有震动声,当发现有震动声,及时汇报电调、段调,听候处理。还应检查母线的接头是否发热,示温蜡片是否有熔化现象。应检查各连接点接触应良好,没有松动、发热变形现象。检查母线所有的支持绝缘子应完整,无裂纹,无闪络放电和严重积灰现象。在 SF6 气室中的母线应检查气体压力,接近红色区域,应联系加气。

7. 电力电缆

(1)运行规定

110 kV 充油电缆不允许过负荷运行。35(33)kV 电缆原则上不允许过负荷运行。紧急事故时 10 kV 电缆只允许连续 2 h 过负荷 15%运行。直流 1 500 kV 电缆不允许过负荷运行。对于间歇过负荷(紧急情况),必须在前一次过负荷 10～12 h以后,才允许再过负荷。除事故情况外,只有在紧急情况下(如转移负荷等),并取得领导许可后,才可使电缆过负荷运行。凡停止运行一个星期以上但不超过一个月的电缆线路,重新投入运行前,应摇测绝缘电阻,10 kV 电缆应使用2 500 V 摇表,1 kV 以下者可使用 1 000 V 摇表,其绝缘电阻应不低于上次测试值的 30%。进行电缆的直流耐压试验,按有关预防性试验的规定由检修车间专职人员进行。当电缆的容许电流大于所接设备的额定电流时,应按所接设备的额定电流进行监视。

(2)新装和电试后的投运

电缆终端头应用明显的与供电系统相位相符合的相色。电缆终端头处应安装铭牌(记载电缆电压、截面、长度、地点名称或号数,由何处到何处的说明、日期等)。核对相位应连结正确,对于多根电缆并联使用时,核对相位的工作应在并联接头拆开情况下进行。(此项工作由检修人员进行)。摇测电缆的绝缘及吸收比,当发生下列情况之一者,即应报告上级,研究分析原因,必要时再加做其他绝缘试验,然后确定是否允许投入运行:绝缘电阻相对不平衡大于 2.5 倍;与过去同类电缆在相近的环境温度下的绝缘数值比较降低 1/3～1/5;吸收比小于 1.2。工作结束后,设备维护单位检修人员应出据试验报告,办理工作票终结手续。变电站值班员应收回所有工作票后设备投入试运行。

(3)巡视检查项目

巡视电缆室电缆支架是否结实;注意电缆表面温度是否正常,电缆是否有鼓胀现象；检查电缆通道、隧道内的电缆支架应牢固，无松动或锈烂现象；电缆终端头绝缘子应完整清洁，充油电缆终端头应无漏油痕迹，引出线联接应保持紧固，无发热、放电现象。电缆终端头接地必须良好，无松动、断股和锈蚀现象；查看电缆沟盖板应完整，敷设在地下的电缆线路，查看路面应正常，无挖掘痕迹，路线标桩应完整无缺；电缆线路上不应堆置笨重物体；发现有人在挖掘电缆线路或在电缆线路附近掘土时，若未得到电气运行人员的同意应停止其工作；电缆终端头应固定，并有良好的接地线；进入房屋的电缆沟口处不得有渗水现象。电缆遂道及电缆沟内不应积水或堆积杂物和易燃品，不许向隧道或沟内排水；电缆隧道及电缆沟内支架必须牢固，无松动或锈蚀现象，接地应良好；户外电缆头每三个月巡视1次，户内电缆头的巡视与检查可与其他设备同时进行。当电缆与其他设备连在一起测绝缘时，还应根据所接设备情况一起进行分析。

8. 电流互感器和电压互感器

(1)电流互感器

1)电流互感器运行规定

电流互感器应按铭牌规定值运行：运行中流变(C、T)二次回路不准开路，二次侧必须可靠接地，以防铁芯过饱和产生高电压，威胁电气设备及工作人员的安全。当保护和仪表共用一套电流互感器，表计有工作时，必须在表计本身端子上短接，注意不能使电流互感器开路和不能把保护短路。现在一般电流互感器二次先接到保护，后接至表计，所以表计有工作，在表计本身端子上短接后，不影响保护。电流互感器不允许长时间过负荷运行。110 kV电流互感器室的SF6气压正常，应当在绿色区域范围内，即610～670 kPa当接近610 kPa时，应当联系充气。33 kV电流互感器室的SF6气压正常应当在30～90 kPa，当接近30 kPa时，应当联系充气。

2)新装和电试后的投运

检查接线端子及与之相关的继保设备联接线路。在SF6气室里的电流互感器应检查气体压力是否在绿色区域内。工作结束后，设备维护单位检修人员应出据试验报告，办理现场终结手续。变电站值班员应收回所有工作票后设备投入试运行。

3)巡视检查项目

检查接头有无过热，有无声响，有无异味；瓷绝缘件是否清洁完整有无破损和放电现象；注油电流互感器的油面是否正常，有无漏油现象；SF6气体压力是否在绿色区域内。

(2)电压互感器

1)电压互感器运行规定

运行中压变(P、T)二次回路不准短路,以防烧坏二次线圈,压变的二次接地,运行中压变高、低压各级熔丝应完好配合。停用压变或取下二次熔丝时应考虑压变所接的继电保护装置是否会发生误动作,两组电压互感器二次侧之间不能有电的联系,以防压变倒送电。运行中要检查有关表计工作是否正常,互感器有没有强烈的振动声和放电爆裂声,检查瓷瓶表面不应有裂纹,放电等不正常情况。110 kV电压互感器室 SF6 气压正常应当在绿色区域范围内,即 610～670 kPa 当接近 610 kPa 时,应当联系充气。33 kV 电压互感器室 SF6 气压正常应当在30～90 kPa,当接近 30 kPa 时,应当联系充气。

2)新装和电试后的投运

检查接线端子及与之相关的继保设备连接线路。在 SF6 气室里的电压互感器应检查气体压力是否在绿色区域内。工作结束后,设备维护单位检修人员应出据试验报告,办理现场终结手续。变电站值班员应收回所有工作票后设备投入试运行。

3)巡视检查项目

瓷套管应清洁,无裂纹,缺损及放电现象;电压互感器油面正常,无严重渗油,漏油现象;当线路接地时,监视接地的互感器声音应正常,无异味。

9. 避雷器

(1)运行规定

避雷器的瓷套、法兰应无裂纹,密封良好,无破损及放电现象,预防性试验合格。避雷器接地引下线与被保护设备的金属外壳应可靠接地与接地网连接。线路上单组避雷器,其接地装置的接地电阻不大于 5 Ω。避雷针应接地良好,接地电阻小于 10 Ω。避雷器的动作记数器在运行时应能准确记数。每个牵引站 1 500 V 直流母排上装有避雷器,避雷器应全年运行。110 kV 避雷器室的 SF6 气压正常应当在绿色区域范围内,即 610～670 kPa 当接近 610 kPa 时,应当联系充气。

(2)新装和电试后的投运

新装和电试工作结束后,检查避雷器各连接处,应牢固。瓷套表面,无污秽,110 kV 避雷器室的 SF6 气体压力正常,设备安装或维护单位工作人员必须提供合格的试验数据,办理现场终结手续,变电站值班员应收回所有工作票后设备投入试运行。

(3)巡视检查项目

雷雨后应当检查 110 kV 及 35 kV 避雷器的记录器是否动作,并做好记录;避雷器内部应无声响放电;避雷器的引线及接地下引线有无烧伤和断股现象;避雷器上端引线处密封是否良好;绝缘瓷体应清洁完整,无破损放电声和火花声;运行中,检查瓷套管有无裂纹,破损及闪络痕迹;雷雨时严禁接近防雷设备。有机会时,注意检查阀型避雷器上法兰泄水孔是否畅通。

10. 直流系统

(1)运行规定

直流系统充电装置采用两路 AC 380 V 输入。Ⅰ回路常用、Ⅱ回路备用,Ⅰ回路有优先权。蓄电池采用浮充电方式(恒流恒压法)。充电机面板转换开关在自动位置。蓄电池柜、直流屏室应当保持清洁干燥,并保持良好的通风。严禁金属物落入蓄电池柜内,蓄电池严禁短路。变电站运行期间,严禁将蓄电池退出运行。直流系统正常工作时,应调节浮充的充电电压,110 V 系统电压在 133～136 V 之间。220 V 系统电压在 240～245 V 之间。其母线电压分别是保持在(110±5)V 和(220±5)V 范围内。当浮充机故障时,主充电机应自动投入。

(2)巡视检查项目

直流屏蓄电池的容量测试及均充应当按照生产计划并按照蓄电池性能要求进行维护保养工作。直流系统和蓄电池的日常检查、维护、测量、试验工作由变电站值班人员负责。应定期清扫直流屏和蓄电池,清扫工作中严禁将水洒入电池。清扫时要使用绝缘工具。直流屏室严禁烟火,尤其在充电状态中。

直流屏日常检查项目:每班运行人员应当对直流系统绝缘测量一次,对闪光装置、灯光音响报警装置校验一次;并在运行日志上记录;检查各小开关位置是否正确,信号灯是否完好并指示正确,各表计指示是否正确且指示数值是否符合运行要求;各接点(包括蓄电池连接处)连接牢固,接头无松动发热现象;闸刀、开关接触良好,无发热;每 4 h 抄录直流系统电压一次(新投入设备和检查后的设备在一个月内每 2 h 抄录一次)。当恒流充电时(均充电),则需要适当增加检查次数;值班人员在巡视时应当对浮充电压及浮充电流进行检查,如过高或过低应当及时调整。

11. 蓄电池

(1)运行规定

蓄电池在大修后第一次充电,必须严格按照规定的充电率进行,充电过程中,应注意电解液的液位。蓄电池的周围温度应低于 35 ℃。不允许明火接近充电的蓄电池,周围应保持有良好的通风。运行中,应对蓄电池的充电电压、电流进行记录。在变电站正常运行期间,严禁将蓄电池退出运行。运行中的蓄电池充电电压应保持在正常范围。若 110 V 系统电压低于 132 V 需进行快速充电。若 220 V 系统电压低于 237 V 需进行快速充电。

(2)巡视检查项目

镉镍蓄电池巡视检查项目:蓄电池组无短路现象,电流指示无异常;蓄电池的电解液应在规定的范围内;蓄电池极板无膨胀弯曲现象,连接片应清洁无腐蚀现象;镉镍蓄电池外部无破裂,液面正常位置在最高液面线与最低液面线之间;镍隔电池组浮充电压过高或过低指示灯亮、报警时,应立即报告电力调度及分公司调度，并要求设备维护单位派专职人员处理。直流系统正极或负极对地漏电指示灯亮时，应及时查找原因，必要时进行蓄电池表面清洁工作。镉镍蓄电池浮充电使用时，浮充电流为 3～5 mA/Ah。每节蓄电池浮充电压应当控制在 1.36～1.45 V。浮充电压与环境温度成反比。温度升高 1 ℃，电压下降 2～3 mV，一般在 20 ℃时，每节浮充电压 1.37～1.38 V 为好。均衡充电是由于长期处于浮充电下使用蓄电池，会使蓄电池容量不足，特别是各电池之间容量不均，每半年进行均充，每个蓄电池电压为 1.38～1.45 V，充电时间为 4～8 h。

全密封铅酸蓄电池巡视检查项目：免维护铅酸蓄电池壳体无鼓胀；蓄电池组无短路现象，电流指示无异常；电池组浮充电压过高或过低指示灯亮、报警时，应立即报告电力调度及分公司调度，并要求设备维护单位派专职人员处理。直流系统正极或负极对地漏电指示灯亮时，应及时查找原因，必要时进行蓄电池表面清洁工作。浮充电压一般在 13.38～13.68 V/每节；电池充电电流一般不应大于额定充电容量。充电必须使用 0.1C 恒流充电，充电终止电压最大应当严格控制在 14.1 V/每节，不能过充。

12. 继电保护装置的运行规定

(1)继电保护的一般规定

继电保护在执行过程中如遇设备变动、整定书更换，而运行规程尚未修改时，则按整定书执行。继电保护装置停役时，变电站值班人员应当根据继电保护班所填写工作票的要求及现场情况，做好必要的隔绝安全措施，并向设备维护单位继电保护工作人员交代清楚邻近带电运行设备的情况。继电保护工作结束工作票终结时，变电站值班人员应向继电保护工作人员问清变动情况(包括索取变动报告)，并及时拆除有关二次回路的安全措施。继电保护人员应当将工作内容、发现缺陷及处理情况、存在问题、结论等，记入继电保护记录簿。继电保护盘上的继电器和端子排等，应当有明显的标志，不得残缺或破损。为防止继电保护误动作，对运行中的继电保护盘面，或在其附近进行钻孔打洞以及其他可能导致盘身振动的工作应当取得分管电力设施设备的领导同意，并配合继电保护班做好必要的安全措施。任何情况下，设备不允许无保护运行，只准在电力调度员同意的情况下，短时停用其中一部分保护。

当发现运行中的继电保护装置有缺陷，威胁设备安全运行时，应当立即汇报电力调度员采取措施。运行中的继电保护装置在更改整定值后应当记入继电保护记录簿及运行日志中。并由修改整定值的设备维护单位检修人员签字确认保留在站内。

(2)继电保护装置整定值的规定

继电保护装置的整定值以继电保护整定书为准。继电保护装置在更改整定值前，设备维护单位检修人员需向当值的变电站值班人员出示有设备技术主管部门批准的整定值修改单(盖章有效)。

(3)继电保护装置的运行和检查

继电保护装置检修后投入运行前,应当进行仔细的外部检查,其中包括核对整定值,检查各压板及切换开关的位置状态,应当符合继电保护记录簿记载的情况。在接线或定值有变更时,应当要求检修人员修改继电保护接线图及整定书,并在继电保护记录簿内作详细记录。当继电保护频繁动作时,应向电力调度汇报,采取措施,任何人不准随意改变继电保护的整定值。严禁使用兆欧表对24 V以下二次线路进行绝缘测试。备用或运行中的继电保护自动装置,应当由电气运行人员进行外部检查或经常监视,外部检查每班至少一次,其中应当包括下列项目:在表盘上的监视灯、位置、信号及有关应经常监视的表计;检查继电保护器应无脱轴,接点应无烧毛或抖动,线圈无过热现象;检查继电保护自动装置的压板、切换开关的位置是否符合规定;检查各种继电保护自动装置回路和电源的监视灯应当明亮;检查继电器外壳是否完整,玻璃有无破损;当系统及站内设备发生事故后,值班人员应当正确地记录各继电保护装置的动作情况,经电力调度允许后方能复归。若发现有不正确动作或拒绝动作的异常情况应当立即汇报电力调度,采取措施;具有低电压保护装置,当发出"压变断相"或"断线""熔断器熔断"信号时,变电站值班人员应当加强监视,并立即检查处理,及时汇报电力调度员和设备维护单位;值班人员应当定期校验有关灯光、音响信号,发现缺陷应当及时设法消除。

(4)继电保护装置的操作规定

在任何情况下,设备不允许无保护运行。只准在电力调度员同意的情况下,停用一部分保护。在继电保护装置回路上的工作,只允许继电保护专业人员进行。在紧急事故情况下,变电站值班人员在得到电力调度员许可后,可以进行一些必要的工作,但必须按图进行,事后通知设备维护单位。当有关继电保护工作完毕后,应当由设备维护单位的继电保护班的检修人员在继电保护记录簿上记录工作情况、整定值变更,并修改站内的继电保护原理图,当值的值班人员应当复查并签字认可。值班人员一般情况下不允许更改继电保护整定值,但在必要情况下,值班人员可以根据电力调度员的命令,调整整定值,事后通知继电保护班,并做好变动原因和变动情况记录。继电保护盘盘面应当由值班人员每天负责清扫。清扫必须谨慎地进行,不要碰撞继电器,造成误动作。继电保护盘上的继电器、压板和端子排等均应当有明显的标志,投入运行前,应当由继电保护检修人员负责写好。

(5)继电保护的配备

110 kV/35(33) kV主变压器的继电保护配置基本上是大同小异,现在以上海轨道交通1号线主变压器的保护、信号装置及动作情况为例进行说明,见表3.14。

表 3.14 轨道交通 1 号线主变压器的保护、信号装置及动作情况

动作情况	信号灯（翻牌式）				跳 10 kV 主变开关		跳 33 kV 主变开关				跳 110 kV 主变开关	
保护名称 \ 主变号	1	2	3	4	3	4	1	2	3	4	1	2
温　度	√	√	√	√	√	√	√	√	√	√	√	√
轻瓦斯	√	√	√	√								
重瓦斯	√	√	√	√	√	√	√	√	√	√	√	√
110 kV 零压	√	√										
110 kV 过流	√	√									√	√
33 kV 过流	√	√					√	√	√	√		
33 kV 零流	√	√					√	√			√	√
33 kV 欠压	√	√					√	√				
差　动	√	√	√	√	√	√	√	√	√	√	√	√
油压力释放	√	√	√	√	√	√	√	√	√	√	√	√
10 kV 欠压			√	√	√	√						
10 kV 过流			√	√	√	√						

注：有“√”者为“信号”或“跳闸”动作。

(6)其他保护的配备

以上海轨道交通 1 号线变电站为例：33 kV 零压保护仅作用于 33 kV Ⅰ段或Ⅱ段系统接地信号；10 kV、33 kV、10 kV 分段有过流保护；33 kV 出线有过流及纵差保护；接地变压器有过流保护；10 kV 出线有过流保护；站用变压器采取熔丝保护。详见表 3.15。

表 3.15 牵引变电站继电保护的配备设备表

保护设备		动作对象：报　警	进线开关	整流变开关	直流馈线开关
交流部分	差　动	√	√		
	零　压	√			
	SF6 欠压	√			
	压变小开关	√			
	过　流	√	√	√	
整流器组	整流变超温	√		√	
	过压保护故障	√		√	
	元件故障	√		√	
	整流器母线超温	√		√	
	元件散热器超温	√		√	

续上表

保护设备		动作对象			
		报警	进线开关	整流变开关	直流馈线开关
直流部分	过流				√
	di/dt 脱扣装置				√
	直流开关室故障	√			
	直流框架故障	√		√	√

降压变电站 10 kV 电力变压器采用下列保护：电流速断(a、c 相)：防御变压器线圈和引出线的相间短路、保护动作跳闸、信号掉牌发信；过电流保护(a、c 相)：防御外部相间短路引起的过电流、保护动作延时跳闸、信号掉牌发信。是速断保护的后备保护；10 kV 母线分段开关继电保护：电流速断保护。母线电压互感器断相(或熔断器熔断)监视装置：动作于发信号；信号变压器，采用熔丝保护；整定值以保护整定书为准。

13. 牵引变电站的框架保护动作的检查与复位

进入无人值班的牵引变电站后，应当将站内信号投入(信号屏上站内信号开关切至投入位置)。信号屏上 A11-8 信号灯亮，显示框架保护动作信号。打开信号屏 NM11 柜门，查看框架输出模块 D13 上的第一、第三路信号灯，确定保护动作类型是电流型还是电压型。检查直流开关柜、正极闸刀柜、整流器柜、负极闸刀柜的外观，有否异味、异常现象。按信号屏上框架保护复位按钮，将信号复位，并将检查情况汇报电力调度员。将设备检查情况记录在运行日志内，如有问题立即汇报设备维护单位。离站前，将站内信号停用(无人值班站内将站内信号开关切至停用位置)。

14. 车站短路器(NK11)的检查与复位

为保护地铁乘客安全，设置自复式过电压保护装置(车站短路器 NK11)，通过阻抗连接器(Bond)接在走行轨与接地网之间。该装置安装在牵引或降压变电站内。每天记录 NK11 动作计数值。每半月用测试开关分别测试 STEP1、STEP2 动作是否正常、如不正常立即报设备维护单位要求检修。

以上海轨道交通 1 号线对车站短路器(NK11)检查及复位要求为例：当 90 V≤电压≤150 V 时，短路器动作合闸，STEP1 灯应当亮起，短路器应当自动分闸；当电压≥150 V 时，短路器动作合闸，STEP2 灯应当亮起，值班人员必须用复位按钮(RESET)进行复位；当 STEP1 灯亮后较长时间不能自动分闸时，值班人员应当对其复位；当电压>100 V 时，短路器动作不能合闸时，值班人员应当使用测试开关 STEP2 或使用合闸按钮令其动作合闸，以保护地铁乘客的安全。同时报设备维护单位申请检修。

3.2.4 变电站倒闸操作

1. 倒闸操作的一般原则

倒闸操作是一项复杂的工作,同时也是变电站内的一件必须做的重要工作,因此倒闸操作人员应该是变电站值班员或变电站巡检员以及变电站变配电设备维修人员,这些人员应该接受过专业技术培训并持证上岗。为了不在操作中发生错误,倒闸操作人员必须充分了解当时有关电气设备相互之间的连接、当时的运行情况以及保护的整定值等。执行倒闸操作的值班人员必须集中注意力,严格遵守电气设备倒闸操作的规定。停电拉闸操作必须按照开关、负荷侧闸刀、母线侧闸刀的顺序依次操作,送电合闸的顺序与此相反。严防带负荷拉合闸刀。

值班人员进行倒闸操作,必须按照电力调度员的命令或得到其同意后进行。电力调度员使用电话发布命令前,应当先和受令人互报姓名。只有在紧急情况下(如发生火灾、自然灾害、人身事故等)事故处理时才允许不经同意,先行操作,但事后仍应当设法尽速将操作经过报告电力调度员、电力设备主管领导。

倒闸操作必须根据电力调度命令,受令人复诵无误后执行。倒闸操作必须由两人执行操作,并应当严格执行操作监护制度,一人操作,一人监护。

为了避免误操作,一般倒闸操作不得在交接班时进行,并应当尽可能选择负荷最小时进行。

值班人员在值班期间进行的一切接线改变及拆除、安装接地线等,必须于操作完成后立即在模拟图上标明。

进行倒闸操作必须按照规定的格式认真填写操作票。操作票应当填写设备的双重名称(即名称和编号)。操作票由操作人填写,每张操作票只能填写一个操作任务。

操作票由操作人按照电力调度发布的命令或任务填写,填写时应当参阅典型操作票和操作规程,核对模拟图逐项填写操作项目。

操作票在执行时必须符合操作人员和监护人员根据模拟图核对所填写的操作项目。

对操作票有疑问或执行操作票不利于安全时,应当立即停止操作,并向电力调度报告,弄清问题后再进行操作。不允许擅自更改操作票,不允许随意解除闭锁装置。

在正常操作过程中,发生异常情况或错误操作时,应当立即停止操作,报告设备调度、主管领导。

变电所倒闸操作主要范围包括下列各项:开关、闸刀及熔丝的合上或拉开;交直流操作回路的送上或退出;继电保护装置的使用或停用,继电保护整定值的改变;临时接地线的拆除或挂上(包括验电、放电)。

2. 倒闸操作步骤

变电站在正常情况下进行倒闸操作,操作人员进行操作时必须严格遵守下列步骤:模拟图上核对性模拟预演;安全措施;立正就位;核对设备名称、编号和位置;高声唱票;高声复票;允许正式操作;实际操作;逐项勾票;检查设备;汇报完成,记录时间。

3. 倒闸操作注意事项

倒闸操作注意事项:常用的调度操作术语参照电力调度规程,操作手车要带绝缘手套,穿绝缘鞋,在绝缘垫上进行。(雷电时,禁止倒闸操作);操作手车时必须动作迅速,平稳;关必须用电动机构操作,当电动控制失灵时,可改为手动拉闸,禁止手动合闸;开关检修时,必须切断其直流操作电源;P、T手车在进入柜内前要放上P、T初级熔断器;投入或退出信号变手车,进线、出线隔离手车时,严禁带负荷操作;禁止使用手车操作故障的压变;变压器投运时,应当先合上闸刀,然后用电源侧开关对变压器充电,再合负荷侧开关。停电时操作顺序相反,严禁带负荷拉合闸刀;分段开关操作前必须将相关的分段隔离手车推进,严禁带负荷拉合闸刀(手车)。

4. 特殊情况的倒闸操作

特殊情况下如下列各项情况或工作可以不使用操作票:事故处理;拉合开关的单一操作。主变压器分、合开关前,均应当先合上其中性点接地闸刀。送电完毕后,再将其断开。在任何情况下误合闸刀(如将闸刀合向短路或有故障的回路或带负荷合闸刀),均不允许将已合上的闸刀再次拉开,以防止事故的扩大。只有用开关将这一回路断开以后才允许将误合的闸刀拉开。避雷器发生下列故障时需要使用开关来切断回路(1. 避雷器爆炸、冒火、冒烟;2. 避雷器套管破裂并有严重放电。消弧线圈的电压过高光字牌亮时,禁止使用闸刀断开消弧线圈。110 kV、35 kV、(33) kV 开关室的 SF6 气压低于最低标准时严禁操作。

5. 主变压器分接头的操作

主变压器有载调压分接头,可在额定容量范围内带负荷调节,但不能连续调两档以上。主变压器无载调压分接头,不允许在带有电压时进行调节(应当在冷备用后调压,并测量直流接触电阻)。主变压器有载调压分接头新投运或经吊悬检修投运前,至少应当进行一轮升、降循环操作,正常后方可正式投入运行。

6. 开关的操作

(1)开关操作的注意事项

开关正常操作时严禁随意将闭锁条件和各种保护退出(用解锁压板实现解锁操作除外)。开关操作应使用远动操作或近控电动操作。若必须使用手动合闸时,应先确认开关操作机构的完好,方可进行。SF6 气体压力低于绿色区域时严禁操作(详见开关的故障处理)。

(2)开关停电操作后、送电前的检查项目

停电后的检查项目:红灯应熄灭,绿灯应亮;操动机构的分合闸指示器应在分闸位置;电压、电流表指示为零。

送电操作后的检查项目:红灯应亮,绿灯应灭;向变压器,线路充电时电流表应有指示,向母线充电时母线电压应正常。电动合时注意直流电流表指示应返回,防止烧毁合闸线圈;开关合上后,检查机械分合指示器,应正常指示,内部无异音。

7. 整流器组的操作

整流器组停电隔离操作,必须按照35(33) kV 整流变开关,整流器正极闸刀、负极闸刀顺序依次操作。送电合闸的顺序与此相反。严禁带负荷拉、合正、负极闸刀。整流器组的正、负极闸刀隔离操作应在无负荷且直流母排停电情况下进行(检修隔离操作例外)。当直流馈线电缆故障或检修作业时,必须拉出手车式直流馈线开关,拉出、推入直流馈线开关须平稳、无冲击。

8. 整流变压器分接头连接片的操作

调整整流变压器分接头的操作,必须经电力调度同意,在整流器组的检修状态下进行。整流器组停役后,必须在整流变压器分别验电、放电接地,再合上 33 kV 整流变开关接地后,方可进行操作。

3.2.5 变电站的工作票制度

为加强变电所安全生产管理,保证设备安全运行,在变电站内施工必须使用工作票。工作票是允许在变配电设备上工作的书面命令,根据工作的安全条件分别使用第一种工作票或第二种工作票。不属于使用工作票的工作,可使用口头或电话命令。

1. 填用第一种工作票

填用第一种工作票的工作为:

(1)高压设备上工作需要全部停电或部分停电者;

(2)高压室内的二次接线和照明等回路上的工作,需要将高压设备停电或做安全措施者;

(3)已投用的编配电站的基建扩充工作,需要停电做安全措施或安全距离不足需装设绝缘罩(板),或一经合闸就送电到工作地点设备上的工作。

2. 填用第二种工作票

填用第二种工作票的工作为:

(1)带电作业和在带电设备外壳上的工作无需将高压设备停电者;

(2)控制盘和低压配电盘、配电箱、电源干线上的工作无需将高压设备停电者;

(3)二次接线回路上的工作,无需将高压设备停电者;

(4)转动中的发电机、同期调相机的励磁回路或卷板机高压电动机转子电阻回路上的工作,无需将高压设备停电者;

(5)非当值值班人员用绝缘棒和电压互感器定相或用钳形电流表测量高压回路电流。

3. 口头命令

其他工作用口头或电话命令。口头或电话命令,必须正确清楚,值班员应将发令人、负责人及工作任务详细记入操作记录本中(尽可能录音),并向发令人复诵核对一遍。

3.2.6 供电设备的事故处理

1. 事故处理的一般原则

发生事故时,运行人员应根据下列原则进行处理:迅速限制事故的发展,消除事故发生的根源并解除对人身和设备的危险;迅速隔离故障设备,用一切方法保持运行设备的继续运行;尽快调整供电运行方式,对已停电的线路或设备恢复供电;确保重要设备正常工作;发生事故时,本站值班人员应迅速向电力调度员报告概况,报告内容包括事故发生时间、现象、跳闸开关名称、继电保护及自动装置动作情况、母线电压、设备过载等异常情况。听从电调的命令处理事故,在处理事故的整个过程中,应与电调保持密切的联系,迅速执行命令,作好记录。待事故处理完毕后将事故发生和处理情况以书面形式向分公司主管领导报告,并将事故报告留存站内;处理事故应保持镇静,并迅速、正确、果断地消除故障,不应慌乱;根据表计,信号的指示,保护装置动作及设备的异常现象,综合故障全面情况,做出正确判断;坚守岗位、集中精力、全力以赴,在电力调度员的指挥和正确指导下处理好事故;对解救触电人员,挽救重要设备,值班人员有权先处理,然后再报告电调及有关领导部门;对无故障现象,属于保护装置误动作或限时后备保护越级动作的设备进行强行送电,在情况紧急时,可在保护检查后,先行进行强送电。

为了迅速处理事故和防止事故扩大,下列二项紧急操作可不经电力调度员命令,由变电站值班人员(或巡检员)自行执行,然后立即汇报电力调度员:直接危急人身安全及严重损坏设备时,拉开电源开关;当母线事故失电后,断开该母线上的所有开关。

事故处理时,一般可不使用操作票,但必须执行发令复诵、汇报和录音制度,必须使用统一操作术语和调度术语。

发生事故时,凡不参加事故处理人员均应退出事故现场。但主管领导及有关技术负责人例外。

2. 事故处理时的领导关系

电力调度员是处理事故的指挥人，当系统发生事故时，变电站值班人员，应设法使本站保持正常运行，当本站发生事故时，值班人员应即报告电力调度员。值班负责人应迅速而正确地执行电力调度的一切调度命令。如发现调度员命令有错误时，应予指出。如果调度的命令直接威胁人身或设备的安全时，则无论在任何情况下均不得执行，但应把拒绝执行命令的理由立即报告有关主管领导，并记载在值班运行日志中。主管领导如果认为值班人员不能胜任事故处理时，则有权自行领导处理事故或临时指定其他人员来处理事故。更换上述人员时，要通知电力调度员并记在值班运行日志中。在事故处理过程中，应由变电站正值班员负责，变电站付值班员协同处理。交班发生故障时，应由交班的正值班员负责处理，接班的正值班员协同处理，处理告一段落后继续交班。但交班时应口头讲清楚事故原因及处理结果。

3. 变压器的故障处理

变电站值班人员在变压器运行中发现有任何异常现象时(如漏油、油位过高或过低、温度异常、声响异常及冷却系统不正常等)应用一切方法加以处理，并报告电力调度员、相关主管部门领导、技术人员，同时将经过情况记录在值班运行日志内。变压器负荷超过允许的负荷值时，值班人员应汇报电调，听候处理。若发现的异常现象非停用变压器不可，否则不能消除异常，且有威胁整体安全的可能性时，应立即报告电力调度，申请停役，隔离后交检修处理，并尽快恢复断电负荷的供电，向设备维护单位汇报。如信号变压器发生异常，应要求电力调度将进线电源拉开，在10 kV 母线无电的情况下，才可将信号变熔断器手车拉出，严禁直接用手车隔离故障变压器。

变压器发生下列情况之一时，应立即断开电源：变压器内部音响很大，很不均匀，有爆裂声；在正常负荷和冷却条件下，变压器温度不正常，并不断上升；严重漏油致使油面降落，无法从油位计瓦斯继电器上判断油位者；油色变化过甚；变压器冒烟着火；套管绝缘瓷瓶有严重损坏和放电现象。

变压器发生下列现象之一时，允许联系后处理事故：噪声比平时大，内部音响异常；在正常冷却条件下，负荷也在允许范围时，变压器温度过高；油箱和外部设备有渗、漏油致使油面下降；轻瓦斯动作；变压器顶盖上方有渗、漏水。

变压器发生下列现象之一时，一定要查清原因再送电：重瓦斯保护动作跳闸；变压器差动保护动作跳闸。

变压器温度升高，超过限额时：值班人员应判断原因，核对温度(表计)是否指示正确。采取办法使其降低；检查变压器的通风情况，风口是否有堵塞现象；检查变压器的负荷和环境温度，并与同一负荷，环境温度下变压器温度比较，若为负荷过高引起的温度升高，则降低变压器负荷，使温度不超限，之后再汇报有关领导；若变压器线圈温度不断上升，而检查结果证明通风良好，温度表计指示正确，则认为变压器已发生内部故障（如铁芯严重短路，绕组匝间短路等），而变压器的保护装置因故障不起作用，在这种情况下，立即将变压器停役待修，并汇报电力调度员及设备维护单位。

4. 变压器保护自动跳闸事故处理

变压器自动跳闸时，应立即查明变压器跳闸原因，如检查结果证明变压器跳闸不是由于内部引起，而是由于过负荷、外部短路或保护装置二次回路故障所造成，则变压器可重新投入运行，否则须进行检查、试验，以查明变压器跳闸原因。

变压器过流保护动作，如果需要，只允许强送电一次，但变压器速断保护动作跳闸后，不许强送。若变压器有内部故障的现象时，应进行内部检查。

整流变压器的事故处理参见整流器组的事故处理。

5. 互感器的故障处理

当发现电流互感器二次侧开路应立即采取措施，切断一次侧电流，向电力调度和段调汇报，并做好安全措施。

电压互感器次级熔丝熔断在未发现明显的故障情况下，允许试送一次，试送不成功即应查明短路故障点，必要时通知检修人员来检修。

运行中电压互感器高压熔丝熔断后，运行人员应予停用，未查明原因前不允许放上高压熔丝投运，对故障的电压互感器必须由高压试验人员经过耐压、测量直流电阻等试验正常后，才允许投入运行。

电压互感器小开关跳闸报警时，应对电压互感器进行全面检查，查无明显故障并检查二次回路正常后，可重合互感器小开关一次。

发现电压互感器有下列现象之一时，应立即停止运行：高压熔断器连续断二次；内部有劈啪声或异常噪声，火花放电声；从内部发出焦味或冒烟。此时禁止直接拉出故障压变手车，而必须汇报电力调度，用隔离电源的方法予以停用。

6. 避雷器的故障处理

当发现避雷器瓷套管有裂纹时，如天气正常，应停电更换不合格的避雷器。在雷雨时，因瓷套管裂纹而造成闪络，但未引起系统永久性接地，在可能的条件下，应将避雷器停用。在运行中突然爆炸，但尚未造成系统永久性接地或危及安全运行时，可在雷雨过后，拉开隔离开关（手车），更换不合格避雷器，若已引起系统永久性接地时，禁止用隔离开关（手车）停用避雷器。发现由于其内部有异常音响或瓷套管由炸裂引起系统接地故障时，工作人员应避免靠近，此时可用断路器断开故障。在运行中发现瓷套管有裂纹，若退出运行又无备用更换时，应根据故障情况严重程度进行处理，如果在此时间内不致威胁安全运行时，为了防止受潮可将其裂纹深处涂漆和环氧树脂，随后再安排调换成合格的避雷器。

7. 母线的故障处理

母线电压消失判别：母线电压消失的依据是同时出现下列现象(排除电压互感器二次回路断线因素)：该母线电压等级下与该母线有关开关进、出线所有的电压表、电流表指示为零；该母线的各出线及变压器负荷消失，而其开关均未跳闸；该母线所供的站用电失电。

母线电压消失的处理：母线电压消失时，值班人员应当按仪表指示、信号掉牌、继电保护动作情况以及失电时外部的迹象，判明母线电压消失的故障原因和故障性质。

若变电所内部故障，则处理时应当立即拉开和该母线连接的所有开关，并汇报电力调度。

由母线短路或由母线到开关的引线段发生短路而引起母线电压消失时，除表计反映短路现象(如仪表指针剧烈摆动、光字牌亮等)，在故障地点还会有爆炸声、冒烟、起火等现象，并可使连接在故障母线上的主变压器的开关及线路开关跳闸，以及出现闪光、喇叭等信号。此时应当切除故障母线，汇报电力调度等候处理。同时报主管领导及相关部门。

在处理母线电压消失故障时，应当注意对母线本身的检查，严防因母线本身故障未被发现而对故障母线再次充电。

若变电所内无故障，母线电压消失是由线路故障、开关拒动而引起上级跳闸所造成的，则应当将故障线路手动切除后，恢复向其他线路送电运行。

若无法判明故障线路，经电力调度同意后，则可在拉开所有开关后合上母线进线开关，对母线进行充电，然后逐条线路进行试送。若送至某条线路时又使开关跳闸，则说明该线路即为故障线路。手动切除该线路后，再合上母线进线开关，随后逐条线路恢复送电。

400 V 站用母线Ⅰ段或Ⅱ段失电，应当查明原因后再送电。

当 33 kV 及 35 kV 母线失电后，应立即汇报电力调度，拉开整流变开关。

按继电保护动作情况及失电时母线上各开关的状态，分别作如下处理：进线电缆差动保护引起进线开关动作时，应报告电力调度改用另一路进线；进线开关与整流变开关同时跳闸时，应立即报告电力调度，查明原因后再送电；整流变开关未跳，进线开关越级跳闸时，应报告电调，查明原因再送电。

8. 10 kV 系统和消弧线圈的故障处理

10 kV 系统接地故障：当 10 kV 系统有接地电流流过消弧线圈时，消弧线圈油面温升不超过 5 ℃时可继续单相接地运行，但每隔 15 min 需要记录一次油温。同时应寻找接地点，尽快将线路故障排除。当消弧线圈油面温升超过 55 ℃时应当立即将故障线路隔离，停止单相接地运行。

消弧线圈的事故处理：在接地、断线及三相严重不平衡或补偿度不合适时，消弧线圈动作：若单相接地时，未接地的两相电压升高至线电压，值班人员应当首先将接地相别、接地性质（永久性、瞬时性、间歇性）、仪表指示值、继电保护和信号装置及消弧线圈动作情况向电力调度及分公司调度汇报。然后继续观察各种仪表指示情况，并作好详细记录；巡视母线、设备与消弧线圈连接的变压器，检查消弧线圈的运行状态。若接地故障持续 15 min 仍未消除，应当检查消弧线圈本体。监视消弧线圈上层油温是否正常（一般为 95 ℃）；有无冒烟、喷油现象，套管是否有放电迹象。上述项目检查 1 次/20 min，当上层油温超过正常值（95 ℃），持续运行时间超过规定值（2 h），应当向电力调度汇报，要求停用 10 kV 母线及消弧线圈，同时报告相关部门。此期间应当采取措施，查出故障点并及时处理。在消弧线圈动作时间内，不得对其隔离开关进行任何操作；若消弧线圈本体发生故障，应当先断开连接消弧线圈的变压器，然后拉开消弧线圈隔离开关。

9. 线路电力电缆故障处理

线路故障变电站进出线均系电缆线路，因此线路故障跳闸后，不允许强送。汇报电力调度员和设备维护单位，听候处理。

电力电缆故障处理：发生下列情况之一者，必须立即拉开电源：电缆绝缘击穿发生接地放电；电缆外皮破裂或过热有冒烟现象；三相电缆相间放电。发生下列情况之一者，允许经联系后停电处理：电缆或电缆头漏油较严重者；电缆终端头处接地线脱落；电缆铅皮鼓起或凹入。

10. 直流系统的故障处理

当直流柜某一路交流电源故障跳闸，另一路电源未投入时“交流失电”光字牌亮，这时应手动切换，迅速恢复直流系统的电源。当“直流母线电压过高”或“过低”光字牌亮时，应立即检查直流母线电压值，调整充电器的输出，使母线电压在正常范围内运行。当“直流系统接地故障”光字牌亮时，应测量母线绝缘情况，查明何极接地，采用试拉直流回路的方法寻找故障点，在试拉过程中应先拉次要线路和备用设备。在处理直流接地故障时，应迅速进行，不得延迟，并停止直流回路上所有其他工作，以免造成两点接地或短路等异常情况。禁止采用未接地的一极人为接地来烧焦接地处，以寻找接地点。当设备直流电源消失时，值班人员必须迅速检查原因，并设法排除故障，若故障无法消除时，立即通知设备维护单位检修人员来现场检修，同时通知电力调度和设备主管部门，并记录在运行日志及缺陷簿中。绝缘监察装置发生接地信号时，应当迅速判别接地性质，然后进行接地选择，在进行接地选择前，必须征得电力调度同意。

11. 开关的故障处理

当发现负荷开关严重发热变色时，应要求停电检修，如不允许停电时，应设法减少负荷开关电流或采取风冷降温措施并加强监视，等允许停电后立即检修。当发现负荷开关拉不出时，首先应分析原因，找出阻碍操作处，如果阻碍发生在负荷开关的接触部分，则不应强行拉开，否则支持绝缘子可能破坏而引起严重事故，此时应停电检修。

SF6 开关运行中，开关合不上时，应进行以下检查，然后报告电力调度处理：检查合闸接触器是否卡住不能动作；检查操作机构是否灵活，有无卡住现象；合闸电压是否过低；按钮是否接触良好。

110 kV 开关，35(33) kV 开关的 SF6 气体密度指针进入红色区域时，应报告电力调度，经同意后，将开关停役。通知检修人员进行补气，待压力恢复后，开关方可复役。

开关的弹簧未能储能，应报告电力调度，等待处理。在无储能的情况下，确需送电时，应用手动储能，将开关复役。

开关切断故障后，应对该开关进行检查，再进行送电。

运行中发生放电声响，应立即停止运行，检查触头接触情况，并摇测相间及对地绝缘是否合格。

用试拉、合开关方法寻找单相接地线路操作应检查项目：试拉、合开关操作时，应同时监视电压表，根据表计指示变化判断该线路是否接地。用试拉按钮试拉装有重合闸的线路时，先检查重合闸应正常，操作按钮时间不应过长，应在开关跳闸后立即抬起，防止时间过长不动作。

直流馈线开关的故障处理：馈线开关自动脱扣后，自动判别器封锁时，应报告电力调度令触网组巡查触网情况，等电力调度通知方可解除封锁，如果判别再封锁，允许电力调度下令强送电一次。双边供电的馈线开关自动脱扣后，开关的远、近处短路计数器均无动作时，应迅速报告电调，待令处理。联跳控制电缆故障时，应停止双边供电，改为单边供电。当馈线开关的 di/dt 脱扣装置故障或馈线开关的短路判别器失效(包括判别接触器不动作、判别回路熔丝熔断及数字模块故障等)，应向电力调度员汇报，紧急转移负荷，停止使用该开关。馈线开关 5 min 内连续自动脱扣三次时，应立即拉开该开关，并报告电力调度员，待查明脱扣原因后再恢复送电。开关触头超温，冷却风扇拒动时，应降低负荷使用。发现直流电流表指示异常时，应检查分流器接线有无松动脱落现象。

开关出现下列异常情况须停电处理：支持绝缘子断裂或套管炸裂或绝缘子严重放电；连接处因过热变色或烧红；SF6 开关气体压力，液压机构的压力，气动机构的气压等低于闭锁值，弹簧机构的弹簧闭锁信号不能复归等。

开关跳闸，越级跳闸应检查项目：保互动作而开关拒绝跳闸造成越级跳闸时，拉开拒跳开关和两侧隔离开关，然后向其他非故障线路送电；保互拒动造成越级跳闸时，将各线路开关断开，合上越级跳闸开关后，在逐条线路试送电，查出故障线路并将其停电，拉开其开关两侧隔离开关，再向其他非故障线路送电。

12. 隔离手车及隔离开关故障的处理

由于部件松动，刀口合得不严，隔离开关严重发热变色或刀口熔焊时，应要求停电检修，如不允许停电时，应设法减少隔离开关负荷，通知用户限制负荷或拉开部分变压器，或采取风冷降温措施，并加强监视，等允许停电后立即检修。

当发现隔离开关拉不出时，首先应分析原因，找出阻碍操作处，如果阻碍发生在隔离开关的接触部分，则不应强行拉开，否则支持绝缘子可能破坏而引起严重事故，此时应停电检修。

当弹簧失灵、触头折断时应停电检修。隔离开关不严重的放电痕迹，表面龟裂掉釉等，可暂不停电，经过正式申请停电手续，再行处理。

绝缘子外伤严重、绝缘子掉盖、对地击穿、绝缘子爆炸、刀口熔焊等，应力即停电或带电作业处理。

13. 整流器组故障的处理

35(33) kV 整流变开关自动跳闸，有以下几个信号之一时，应查明原因消除故障后，方可恢复供电：整流变压器温度超限；整流器组过流；整流器组过载；整流器母排温度超限(90 ℃)，二极管散热器温度超限(150 ℃)；整流器过电压吸收装置的熔丝熔断；一台整流器整流元件损坏 2 个或 2 个以上。

当整流器柜内发生元件故障需要检修时，必须经电力调度同意并发令。先将相对应的整流器组改至检修状态，并拉开相关的二次线路小开关。经过验电确认无电压，挂接短接线、拆除整流器安全遮板。其中必须注意：在整流变压器断电后，并不表明线路上无直流电压，因为通过直流开关的线路会有反馈。

当值班人员在运行中，发现整流变压器内部音响很大，且很不均匀，有时有放电声或引出线与环氧绝缘间产生电弧时，应立即拉开 33 kV 整流变压器开关，报告电力调度，等待处理。

遇到下列情况时，应报告电力调度进行减荷或停止供电：整流变压器上方有渗漏水、雨、雪飘入；整流变压器声响异常；

整流变压器线圈及铁芯、整流器母排、整流元件散热器超温报警；整流器中的一只整流元件损坏，此时，只允许使用 85%的额定负载，不允许使用 150%的过负载；整流变压器引出线端子有发热现象，发现整流变开关与直流正、负极闸刀联锁不正常时，应报告电力调度，通知检修人员处理。

整流变压器故障处理注意事项：在整流变压器故障处理中，需测试绕组的绝缘电阻时，严禁用 1 000 V 以上的兆欧表在变压器低压侧至整流器的回路上进行测试。当确需用 1 000 V 以上兆欧表测绝缘电阻时，应断开变压器低压侧的出线电缆后才能进行；在整流变压器检修、维修前，必须将变压器进出线开关断开，所有终端必须短路并加以接地。

14. 继电保护的故障处理

(1)继电保护发生异常及动作

电压互感器次级小开关跳闸或回路断线的现象有：电压表、有功表、电度表等指示失常；配电柜上电压互感器次级小开关可能跳闸、“翻牌”；中央信号屏上可能有光字牌亮。

电流互感器二次回路开路现象：电压表、有功表、电度表等指示失常；严重时电流互感器有嗡嗡声，冒烟及焦味，甚至引起一次回路故障。

(2)继电保护动作后的处理

发生事故时应当注意检查保护装置动作情况并作好记录，而后将信号复位(对故障设备送电前，还应当先将掉牌复置)。事故处理过程中应当将继电保护动作与掉牌情况及时地、正确地汇报电力调度，在事故处理告一段落后对继电保护动作情况应当作详细记录。

信号系统报警时，应按故障信号性质迅速处理，处理完毕后，才能将信号灯复位。

直流框架保护动作、33 kV 整流变开关和直流馈线开关同时跳闸，有可能存在接触网、车辆或相邻牵引变电站出现故障等。值班人员应查明是电流保护动作还是电压保护动作，并向电力调度报告，听候处理。

(3)主变压器差动保护的处理

主变压器差动保护动作原因：主变压器及其套管引出线故障；保护二次线故障；电流互感器开路或短路；主变压器内部故障。

主变压器差动保护检查判断：当差动保护动作后，首先根椐主变压器及其套管和引出线有无故障痕迹和现象进行判断。如无上述现象，可回忆是否有不稳定接地之隐患，或曾带接地运行。如果有，可再看一下差动保护动作后继电器触点是否打开。如果触点均已打开，这时可用万用表直流电压档检查出口中间继电器线圈两端是否有电压。如有电压，就是直流系统两点双重接地引起的误动；如本站直流系统绝缘很好，而出口中间继电器线圈两端有电压，同时差动保护触点均已返回，则为差动保护跳闸回路和二次线短路造成差动保护误动；另外，主变压器高、低压两侧电流互感器开路或端子接触不良也能造成差动保护误动，可详细检查；如经上述检查，电流互感器没有开路，出口中间继电器线圈两端没有电压，变压器外部也没有发现故障痕迹，则可初步判断为主变压器内部故障，再经高压试验、油的化验后可以确定。

主变压器差动保护动作后的处理：

① 故障明显可见：变压器故障，停止运行；引出线故障，应及时更换；

② 故障不明显，按上边检查出口中间继电器线圈两端也没有电压，可能为变压器内部故障，停运待试；

③ 如为直流两点双重接地造成误动，应及时消除接地点；如保护二次线短路造成误动，应及时消除短路点。

15. 直流及辅助用电系统故障

当降压站低压开关柜一路或两路失电时（包括主变电站低压屏一路或两路失电时）当值的值班人员应当及时向电力调度和分公司调度汇报。无人值班的牵引变电站应当由同一车站的降压变电站值班人员到牵引变电站注意观察直流屏工作情况，有问题必须查明原因并尽快恢复供电。主变电站和牵引变电站同一的，由主变电站值班人员按上述要求进行处理。一路失电，备用电源自投装置失效时，应当改用手动投入，恢复供电。

镍隔电池组浮充电压过高或过低指示灯亮、报警时，应立即报告电力调度及分公司调度，并要求检修车间派专职人员处理。直流系统正极或负极对地漏电指示灯亮时，应及时查找原因，必要时进行蓄电池表面清洁工作。

16. 强送电的一般规定

强送电是指将失去电源的设备不经检查原因，无论设备有无故障，即行送电，以达到迅速恢复供电的目的。由于主保护而动作跳闸的设备，不可进行强送电。强送电时，设备必须有完善的保护，以减轻对设备、系统所受的影响。

对母线进行强送电时，必须将母线上的所有出线开关拉开，并确知设备无人，方可进行。强送电一般只允许一次，如果强送不成，必须查明原因，方可继续送电。强送电后，无论情况如何，均应对已合闸的开关进行一次外部检查。

3.3　城市轨道交通供电设备检修规定

城市轨道交通供电设备检修规定是对供电设备检修工艺、修理方法、质量标准、竣工验收等作出规定的技术性文件。供电设备检修规程的内容有：检修前设备技术状态的调查，包括缺陷、故障、事故、隐患及功能失常等情况；检修前预检测试记录，包括各项性能、精度参数和噪声、振动、泄露、泄漏、磨损、灵活、老化、失效等的程度；设备修理所需的修复件、更换件及工、检、研具明细表；设备修复件及设备修理的程序和工艺；设备的修理质量标准和有关要求；设备修理后的测试、试运行等的规定。对复杂的关键设备，还应绘制设备修理工程流程图、拆卸过程做摄影、录像记录整个修理过程等等。由于供电设备的特殊性，供电设备的维修检修人员必须是持有国家级安监部门所颁发的上岗证。电力调度只参与400 V母线开关以上的倒闸操作，不直接参与设备的检修操作工作。

3.3.1 电工安全操作规定

1. 电气操作人员应思想集中，电气线路在未经测电笔确定无电前，应一律视为“有电”，不可用手触摸，不可绝对相信绝缘体，应认为有电操作。

2. 工作前应详细检查自己所用工具是否安全可靠，穿戴好必须的防护用品，以防工作时发生意外。

3. 维修线路要采取必要的措施，在开关手把上或线路上悬挂“有人工作、禁止合闸”的警告牌，防止他人中途送电。

4. 使用测电笔时要注意测试电压范围，禁止超出范围使用，电工人员一般使用的电笔，只许在500 V以下电压使用。

5. 工作中所有拆除的电线要处理好，带电线头包好，以防发生触电。

6. 所用导线及保险丝，其容量大小必须合乎规定标准，选择开关时必须大于所控制设备的总容量。

7. 工作完毕后，必须拆除临时地线，并检查是否有工具等物漏忘电杆上。

8. 检查完工后，送电前必须认真检查，看是否合乎要求并和有关人员联系好，方能送电。

9. 发生火警时，应立即切断电源，用四氯化碳粉质灭火器或黄砂扑救，严禁用水扑救。

10. 工作结束后，工作人员必须全部撤离工作地段，拆除警告牌，所有材料、工具、仪表等随之撤离，原有防护装置随时安装好。

11. 操作地段清理后，操作人员要亲自检查，如要送电试验一定要和有关人员联系好，以免发生意外。

3.3.2 变配电设备安全检修规定

1. 电工人员接到停电通知后，拉下有关刀闸开关，收下熔断器。并在操作把手上加锁，同时挂警告牌，对尚无停电的设备周围加放保护遮拦。

2. 高、低压断电后，在工作前必须首先进行验电。

3. 高压验电时，应使用相应高压等级的验电器，验电时，必须穿戴试验合格的高压绝缘手套，先在带电设备上试验，确实好用后，方能用其进行验电。

4. 验电工作应在施工设备进出线两侧进行，规定室外配电设备的验电工作，应在干燥天气进行。

5. 在验明确实无电后，将施工设备接地并将三相短路是防止突然来电、保护工作人员的基本可靠的安全措施。

6. 应在施工设备各可能送电的方面皆装接地线，对于双回路供电单位，在检修某一母线刀闸或隔离开关、负荷开关时，不但同时将两母线刀闸拉开，而且应该在施工刀闸两端都同时挂接地线。

7. 装设接地线应先行接地，后挂接地线，拆接地线时其顺序与此相反。

8. 接地线应挂在工作人员随时可见的地方，并在接地线处挂"有人工作"警告牌，工作监护人应经常巡查接地线是否保持完好。

9. 应特别强调的是，必须把施工设备各方面的开关完全断开，必须拉开刀闸或隔离开关，使各方面至少有一个明显的断开点，禁止在只经断开油开关的设备上工作，同时必须注意由低压侧经过变压器高压侧反送电的可能。所以必须把与施工设备有关的变压器从高压两侧同时断开。

10. 工作中如遇中间停顿后再复工时，应重新检查所有安全措施，一切正常后，方可重新开始工作。全部离开现场时，室内应上锁，室外应派人看守。

第4章 电力调度

此章首先介绍城市轨道交通供电系统电的运行组织，其中包括电力系统的管辖范围的划分、电力设备运行管理规定、电力设备故障的报修及日常试验等，再就介绍了电力设备施工的相关组织方法，最后介绍了电力系统投入运营的相关规定。

4.1 电力设备运行组织

4.1.1 城市轨道交通供电系统网络

城市轨道交通供电系统为城市轨道交通运营提供了所需的电能，主要为城市轨道交通电动列车提供牵引用电，以及为城市轨道交通运营服务的照明、通风、空调、给排水、通信、信号、防灾报警、自动扶梯等其他设施提供电能。因此，安全、可靠、经济合理的电力供给是城市轨道交通正常运营的重要保证和前提。

城市轨道交通供电电源取自城市电网，通过城市轨道交通供电系统实现输送及变换，以适当的电压等级供给城市轨道交通各类用电设备。一般有集中供电方式、分散供电方式和混合供电方式这几种供电方式。城市轨道交通供电系统一般包括外部电源、主变电所、牵引供电系统、动力照明供电系统、电力监控系统等。其中，牵引供电系统包括牵引变电所和牵引网，动力照明供电系统包括降压变电所和动力照明配电系统。

轨道交通供电网络主要为集中供电方式，其组成形式为：在线路的适中站位，根据线路运行总容量需求设置几座主变电所，由城市电网区域变电所以 110 kV 的高压线路向主变电所供电，经降压后在沿线设置牵引变电所、降压变电所形成 35 kV、33 kV 或 10 kV 中压环网，环网中的牵引变电所经降压整流后，向电动列车提供 1 500 V 直流电源；而环网中的降压变电所经降压后，向站内动力、照明等系统提供 380 V、220 V 交流电源。

电力系统是指由发电厂、变电所、输配电线路和用户的电气装置连接而成的一个系统整体，又称为电网。电网将各电压等级的输电线路和各种类型的变电所连接而形成网络。主要包括发电机、变压器、断路器、母线、架空线、电缆、配电装置、授电装置等设施，以及为保证这些设施正常运行所需的继电保护和安全自动装置、计量装置、电力通信设施、电网调度自动化设施等。

4.1.2 城市轨道交通电力系统管辖范围划分(管辖范围)

采用城市轨道交通电力系统采用集中式供电方式,存在系统运行管理职责的划分,其划分原则主要如下:

在确保轨道交通电网安全运行的原则下,充分考虑电力系统结构的特点和管理体制,使电网调度机构有效地指挥电力系统的运行、操作及事故处理,有利于电力系统整体性和调度管理责任义务的一致性。

轨道交通电力调度管辖的设备,其运行方式的改变对上级电网安全有影响者,均应为上级电网电力调度许可范围。主变电站的调度范围变更和调整应以上级电网调度机构的正式发文为准。

一般而言,城市轨道交通 110 kV 主变电站内的主设备,即 110 kV 线路、开关、线路闸刀和线路接地闸刀、母线、联络线及其线路电压互感器,以及相应的继电保护均按照调度协议纳入上级电网调度管辖。110 kV 主变压器及其两侧开关、中性点接地闸刀、相应的继电保护属上级电网调度许可、轨道交通电力调度管辖。主变电所内的消弧线圈、接地电阻、电抗器等设备均属轨道交通电力调度管辖。

轨道交通调度管辖设备范围具体划分如下:

➢主变电站 110 kV 线路、进线开关、接地闸刀和线路电压互感器属上级调度管辖,其余 110 kV 设备归上级调度许可。上级调度管辖及许可范围以正式调度协议上划分范围为准。

➢除上级调度管辖范围之外,凡属轨道交通供电系统内 110 kV 系统、33/35 kV系统、33/35 kV 压变/避雷器、400 V 进线开关及分段开关、1 500 V 直流系统设备均应纳入轨道交通电力调度管辖范围。

➢主变电站内的站用变 400 V 开关、电容器、变电站中央信号屏、交/直流屏、车站短路器(NK11)设备为设备主管单位管辖,轨道交通电力调度许可。

➢电网内 400 V 系统,除了降压站内 400 V 进线开关、分段开关及闸刀属轨道交通电力调度管辖以外,其余低压供电设备均由相关设备管理单位管辖。

➢ 1 500 V 接触网:正线、存车线、折返线、渡线等接触网及其接触网闸刀均由轨道交通电力调度管辖。停车场或车辆段内的接触网、车辆段变电所馈出线隔离开关及越区隔离开关均为轨道交通电力调度管辖,其余均由车场(段)内相关管理部门自行管辖。

4.1.3 城市轨道交通电力设备运行管理

1. 电力设备运行模式

城市轨道交通电力系统内变电所主要由主变电所、牵引变电所、降压变电所及其跟随所、牵引降压混合变电所及其跟随所组成。根据中压环网的电压等级分类主要有二级供电和三级供电方式。

二级供电系统变电所组成：主变电所（110 kV/35 kV 或 33 kV）、牵引降压混合变电所及其跟随所（35 kV 或 33 kV/400 V、35 kV 或 33 kV/DC1 500 V）

三级供电系统变电所组成：主变电所（110 kV/35 kV 或 33 kV）、牵引变电所（35 kV 或 33 kV/DC1 500 V）、降压变电所及其跟随所（35 kV 或 33 kV/400 V）

为了能够提高系统运行经济性，在部分新建线路中采用了资源共享（转供电、共用电）的供电模式。其定义如下：

转供电：轨道交通供电系统中隶属本线路所辖供电系统中的变电站电源（受电端），由另一线路所辖的变电站进行供电（电源端）。

共用电：轨道交通供电系统中隶属本线路所辖的变电站，同时供本线路及另一线路用电。

对于转供电和共用电系统的调度管理模式为：电源端和受电端电力调度员为上、下级调度关系。电源端调度员在值班期间为调度管辖范围内系统运行、操作和事故处理的指挥人。受电端调度员应接受电源端调度员的调度指令。

调度管辖范围划分原则：受电端变电站进线线路及压变、线路接地闸刀属电源端调度管辖，受电端变电站进线开关及闸刀、分段开关及闸刀均属受电端调度管辖，电源端调度许可。受电端管辖设备构成环网运行时必须应经电源端调度许可。变电站施工需要相关控制中心配合停电的，由受理施工的控制中心向相关配合的控制中心申请配合施工计划，关联的控制中心均应掌握施工的范围、内容及工作进程。变电站的停役检修施工应在关联控制中心书面备案。遇到重大施工时由总调度所运营技术管理部负责牵头制定重大施工处理意见。共用电变电站由电源接入线路的控制中心负责管理（含施工检修计划的审批、日常操作、事故处理、故障报修）。

2. 电力系统运行方式调整

(1)城市轨道交通电力系统主要运行方式一般按照设计院提供的正常运行方式运行，即：

1)主变电所两路 110 kV 电源及 35(33)/10 kV 电源侧两段单母线分列运行，主变电所分段开关热备用（自切投入）；

2)牵引变电所、降压变电所、电源开闭所（开关站）、牵引降压混合变电所均由两路 35(33) kV 或 10 kV 电源供电，分段开关热备用（自切投入）；

3)无论采用何种供电方式，各电压等级的环网联络开关均为冷备用（自切停用），两座主变电所分开供电；

4)每座变电所的两台电力（动力）变压器分列运行，共同承担供电区域内动力照明负荷，每座牵引变电站的两套整流机组并列运行，经由接触网向电动列车提供所需直流电源；

5)正常运行时，正线接触网应采用相邻牵引变电所构成的双边供电方式，部分线路由于特殊原因末端接触网(折返线)采用单边供电方式；

6)停车场、车辆段的接触网、动力负荷全部由站内混合变电所供电。

(2)城市轨道交通供电系统运行调整原则：

1)当一座主变电站全部解列时，33/35 kV 母线正常时，采用切除全线三类负荷，由相邻主变电站采用支援供电的调整方式，以保证列车的正常行驶。

2)当变电站一路电源或主变电站一台主变压器退出运行时，另一路进线电源(主变电站另一台主变压器)应承担该变电站内供电范围内的一、二级用电负荷，即采用合环操作。当此运行时间超过 48 h 时，可采用另一主变电站进行单台主变支援供电的方式运行。

3)牵引变电站内一台整流机组退出运行时，另一台整流机组可在允许过负荷的条件下继续运行。当牵引变电站整流机组的负荷超过 150%时，调度员应及时调整负荷。

4)正常情况下，变电站的两台配电变压器分列运行，每台变压器的负载率不大于 60%；故障情况下调度员应调整运行方式，使变压器的负载率应控制在 100%以下。

5)正常运行时，正线接触网应采用相邻牵引变电站所构成的双边供电方式，除线路末端牵引变电站，某中间牵引变电站退出运行时，应由相邻牵引站单边供电方式或通过大双边供电方式(合上接触网联络闸刀)越区向接触网供电。

6)正常情况下，停车场(或车辆段)内的牵引站负责向停车场(或车辆段)接触网供电。当停车场(或车辆段)牵引站两台整流机组全部退出运行时，由正线相邻的牵引站向停车场(或车辆段)接触网供电，并更改相应的继电保护配置。

7)电力设备应按供电设备管理主体出具的相关继电保护整定书要求设置保护定值。当电力设备的保护配置和功能不符合整定书要求时，该设备不能投入运行。

(3)遇有供电设备停役检修时，应按以下原则调整供电运行方式：

1)当变电所一路电源或主变电所一台主变压器退出运行时，应由另一路进线电源(主变电所另一台主变压器)承担该变电所供电范围内的用电负荷，即单电源供电方式。

2)主变电所(含开关站)配合停役检修造成的单电源供电，其运行周期必须控制在 20:00 至次日 7:00 之内，即不涉及列车运营高峰时段。单电源运行期间，运管中心总调度所做好失电事故应急恢复及列车运行调整预案，维保供电对无人值守牵引混合站恢复有人值守，维保通号及相关运营公司做好信号、通信、AFC 等重要设备自切电源的状态检查及保驾任务。

3)其他形式的主变电所(含开关站)停役检修,则一律采用由相邻主变电所(含开关站)支援供电的运行方式,并适当调整符合分配,以保证电动列车及重要负荷的正常运行。

3. 电力设备继电保护调整

属电力调度管辖的供电系统设备继电保护、自动装置及设备参数的更改,须由继电保护技术归口管理单位向调度主管部门提供相应的书面资料(包括整定值、整定说明、运行规定、资料图纸等)。属上级调度管辖的一次设备的保护,由上级调度负责整定并正式下发相关调度部门。

关于保护装置投/停和调整整定值的规定:

(1)因运行方式、保护装置等或其他原因,调度管辖的保护装置需投/停或调整定值时,必须由电力调度员发布操作指令。

(2)任何单位和个人在未征得调度的同意下,不得私自进行保护装置的投/停和整定值的调整。

(3)继电保护装置动作或异常情况,变电站值班员应该详细检查和做好记录,并报电力调度,必要时恢复有人值守。

(4)电力调度通过远动遥控更改继电保护整定组后,必须经现场变电站值班员的确认。

4.1.4 电力系统倒闸操作及操作票管理

1. 电力系统运行操作人员一般操作范围包括下列各项:

(1)开关、闸刀及熔丝的合上或拉开;

(2)交直流回路的合上或拉开;

(3)继电保护、自动装置的投入或停用,继电保护的临时更改;

(4)临时接地线的拆除或挂上(包括验电、放电);

(5)有载调压变压器分接头的调整;

(6)消弧线圈分接头的调整;

(7)核相、校相序及摇测绝缘。

2. 倒闸操作规程

(1)高压双电源用户,作倒闸操作,必须事先与设备调度联系,取得同意或通知后,按规定时间进行,不得私自随意倒闸。

(2)倒闸操作必须先送合空闲的一路,再停止原来一路,以免用户受影响。

(3)发生故障未查明原因,不得进行倒闸操作。

(4)两个倒闸开关,在每次操作后均应立即上锁,同时挂警告字牌。

(5)倒闸操作必须由二人进行(一人操作、一人监护)。

3. 停送电操作顺序

(1)高压隔离开关操作顺序

1)断电操作顺序:

① 断开低压各分路空气开关、隔离开关。

② 断开低压总开关。

③ 断开高压油开关。

④ 断开高压隔离开关。

2)送电操作顺序和断电顺序相反。

(2)低压开关操作顺序

1)断电操作顺序:

① 断开低压各分路空气开关、隔离开关。

② 断开低压总开关。

2)送电顺序与断电相反。

4. 调度员发布操作指令有以下3种

(1)操作任务指令:调度员向值班员发布的一个操作任务的调度指令,其具体的逐项操作步骤、内容和安全措施均由值班人员自行按照站内规程拟订。

(2)单项或逐项操作指令:调度员向值班员发布的操作指令,有具体的步骤和内容,要求值班员逐项按照执行。

(3)口头操作指令:上级调度或调度员在事故处理或异常情况时,不经拟写操作票而发布的调度指令。但事后应及时详细的记录在日志中。

倒闸操作必须根据电力调度的倒闸操作指令,受令人复诵无误后执行。正常情况下,操作人必须填写倒闸操作票,并按倒闸操作票进行操作,发令人必须按倒闸操作票进行发令,操作人进行操作。

为了保证倒闸操作的正确性,防止误调度、误操作,在倒闸操作时,必须执行操作票制度和操作监护制度。要"严字当头,一丝不苟"。并在任何情况下,严禁"约时"停送电、"约时"挂拆接地线、"约时"拉合接地闸刀和"约时"开始或结束检修工作。

操作票一般由副值及以上电力调度拟票、正值审核无误后并进行确认。计划中的设备停、复役操作票,应由上一班为下一班拟写操作票,并共同审核签名。填写倒闸操作票时,应使用统一的调度术语、操作术语、设备标准名称。填写时应认真思考,按操作顺序逐项填写,字迹要清楚,不可潦草,不允许涂改,填写时应使用钢笔或圆珠笔,颜色用蓝色或黑色。

执行操作票的电力调度如发现本班或上一班移交的操作票有错误或需更改不

能使用时，不得在原操作票上更改或增加操作任务项。调度作废的票应加盖“作废”章，在作废票上注明作废时间、作废原因和姓名并重新拟写。作废票的保存期限为二年。

倒闸操作时必须由两名及以上调度员一起执行，正值以上调度员进行监护。电力调度、倒闸操作人员通话时应互报姓名、地点。在进行倒闸操作时应遵守发令、复诵、记录、录音、汇报等制度。

5. 电力调度操作票填记说明(表 4.1 为上海轨道交通电力调度倒闸操作票)

表 4.1　某城市轨道交通电力调度倒闸操作票

轨道交通(　)号线电力调度倒闸操作票　　　　编号：

发令人＿＿＿＿＿＿＿＿　　监护人＿＿＿＿＿＿＿＿

操作目的、任务：							
地　点	命令号	顺序	操　作　项　目	命令时间	汇报时间	受令人	备　注

拟定：　　　　审核：　　　　填写日期：　　年　　月　　日

(1)“发令人”填记：是指执行本张操作票的当班调度员姓名。姓名要求写全称，不得写简称。

(2)“监护人”填记：是指对发令人起监护作用的设备调度员姓名。姓名要求写全称，不得写简称。

(3)“操作目的、任务”填记：是指电气倒闸操作的具体目的。要求具体操作地点写全称，不能写简称。如：人民广场主变 1 号主变由运行改冷备用、上海南站—上海火车站上下行触网停电。

(4)“地点”填记：是指执行操作任务的具体变电站名称，要求写变电站全称，不能写简称。在同一地点的操作，操作票换页后在地点栏内需重写地点。如：人民广场主变、人民广场牵、人民广场降、东宝兴路中心变。

(5)“命令号”填记：是指调度员向现场操作人员执行具体操作任务的命令号码。命令号由三位数组成：“001～999”中依次循环。在当班期间，号码不得重复。如果操作任务是由调度员通过中央 SCADA 操作的，命令号可以不填。

(6)“顺序”填记：是指操作具体任务的步骤顺序，号码从 1 开始依次编写。变更命令号、变更地点后必须从 1 开始。

(7)“操作项目”填记：是指具体的操作步骤，每一空行只能填写一条指令，书写时靠左，不得留空，不准用“同上”等符号。

(8)“命令时间”填记：是指调度员向现场操作人员发布操作指令时的时间或 SCADA 操作开始时间，要求使用 24 小时制。如：23:59、0:00。如果操作任务为连续性执行，只需记下第一命令时间即可，否则必须写明具体操作时间。

(9)“汇报时间”填记：是指现场操作人员执行完毕具体的操作指令并汇报给调度员的时间或 SCADA 操作结束时间，要求使用 24 小时制。如：23:59、0:00。如果操作任务为连续性执行，只需记下最后汇报时间即可，否则必须写明具体汇报或操作结束时间。

(10)“受令人”填记：是指现场接令人员的姓名，要求写全名，不能写简称。如果操作任务是由调度员通过中央 SCADA 操作的，受令人栏内注明操作调度员姓名。

(11)“备注”填记：是指其他需要说明的事项。操作任务为 SCADA 遥控操作的，该栏内写“遥”。

(12)“拟定”填记：是指拟写本张操作票的当班调度员姓名，由调度员本人亲自签名，要求写全名，不能写简称。

(13)“审核”填记：是指审核本张操作票的当班调度员姓名，由调度员本人亲自签名，要求写全名，不能写简称。

(14)“填写日期”填记：是指拟定人填写本张操作票的具体时间。时间要求写全，如：2011 年 1 月 18 日。

(15)操作票执行完毕无误后，在操作项目最后一项的下一行盖“已执行”章，即告本张操作票操作已全部执行结束。

(16)操作票有错误或需更改时，一个操作任务需重新填写，在操作项目最后一项的下一行盖“作废”章，并在“作废”章下面注明作废原因。

(17)操作票由于某种原因一个操作任务不执行时，在操作项目最后一项的下一行盖“作废”章，并在“作废”章下面注明未执行原因。

(18)部分操作项目无需执行时，允许在不执行操作项目对应的命令时间栏内填写“未执行”,并在备注栏内注明原因。

(19)一张操作票只能填写一个操作任务。按照调度标准操作术语和设备标准名称进行填记。

(20)倒闸操作票应票面清晰、正楷填记,不得涂改,应使用钢笔或水笔,颜色用蓝色或黑色。

(21)主变电站倒闸操作拟定必须根据电压等级分别拟定倒闸操作票,不同电压等级的操作应拟定不同任务操作票。

4.1.5 发布调度命令的规定

1. 日常检修作业调度命令

(1)电力调度发令及操作人员接令的方式规定为:

1)电力调度发令:“发布操作指令、命令号是×××、操作内容是1.…,2.…,

2)操作人员复诵:“接受操作指令、命令号是×××、操作内容是1.…,2.电力调度复核无误后即发出“对,执行;指令时间是×时×分”。

(2)操作完成后,操作人员向电力调度汇报的方式规定为:

1)操作人员汇报:“命令号是×××、操作内容是1.…,2.…,3.…,操作完毕、结束时间”。

2)电力调度复诵:“命令号是×××、操作内容是1.…,2.…,3.…结束时间”。

2. 事故情况下的调度命令

事故处理过程中,必须遵守调度命令发布规定,紧急情况下可先发布命令,在事故处理告一段落后,补写相应操作票。

4.1.6 电力设备故障报修

电力调度日常运行管理中发现的对运营造成影响的设备设施故障,当班调度采用录音电话形式将故障向设备维护单位报修,录入故障报修平台,填写设备故障/缺陷登记追踪表。待维修结束后,在上述表格中由接报闭环信息的电力调度员负责故障信息闭环,由夜班调度员负责当天的故障信息整理确认工作。

4.1.7 电力设备日常试验(遥控)

在电力系统日常运行过程中,需要设备调度定期采用遥控方式进行的电力设备功能测试。主要为接触网联络闸刀遥控测试,一般以一个季度为一个试验周期,在一个季度内完成单条线路的接触网联络闸刀遥控功能试验,试验结果详细记录。如在实验过程中发现设备故障的,在做好详细记录后,按设备故障报修流程进行报修，并按设备缺陷做好运营期间事故预想，确保轨道交通供电系统正常运行。

4.2　电力设备施工组织

4.2.1　电力设备施工类型

1. 计划施工

电力设备的计划检修是指系统设备的定期检修、维修、试验和继电保护及安全自动装置、电力调度通信、自动化设施的定期维护、试验等。计划施工申请由调度所负责施工管理的主管进行批复。

2. 抢修施工

电力设备的抢修施工是指非计划内威胁到系统安全运行、存在重大安全隐患或威胁列车运营的施工，必须向调度所提出申请，并给予批复后才可实施。由当值电力调度配合调度长根据实际情况予以批复。

4.2.2　电力系统设备的检修管理

1. 计划申请

属轨道交通设备调度管辖或上级调度许可的设备停役，均应填写设备停役检修申请书，由设备所属单位填写，并报有关调度。如该设备又属上级调度许可或管辖，则需提前1个月转报上级调度。申请书内容：申请单位、施工内容、停役设备地点、停役时间（包括用户停役时间）、申请人姓名及联系方式和其他要求。应正确清楚填写，不得任意涂改。设备检修后接线有变更的，必须在电力系统设备停役申请书时附“施工前后系统接线图”。

2. 批复

凡经调度所批准的重大检修施工或影响电力系统安全运行的施工，须由供电专业部门评估影响范围，在施工前提交详细的施工方案至调度主管部门备案。调度主管部门制定相应的运营方案和事故预案，并提交相关部门审批。设备停役正式批复以调度主管部门下达的指令为准，供电设备主管单位通知相关设备停役影响的用户。

3. 执行流程

计划检修如因故不能按批准的时间如期开工或取消该项施工的，应在施工当日16:00之前通知电力调度员。设备检修提前完工，应及时向调度员报告工作完毕。设备检修不能按时完工的，应在原批准的结束时间前半小时报电力调度员，调度根据实际情况有权许可延时或暂停该项施工，延时施工的必须办理相关延期手续。

设备主管单位将所有计划按《施工检修作业管理办法》申报至调度主管部门。得到调度主管部门批复的施工申请，由当班电力调度予以执行。在组织检修施工作业前，应将所有的停电作业申请进行综合安排，审查作业内容和安全措施，确定停电范围。各变电站内设备停电检修由现场操作人员得到电力调度许可命令后，办理作业的安全措施，方可进行检修作业。

检修工作结束后，变电站内的检修由现场工作负责人向变电站操作人员办理工作终结手续，变电站操作人员向电力调度申请消令。

现场工作结束后，工作负责人必须迅速向电力调度汇报如下内容：

➢工作地点装设的接地线等安全措施是否全部拆除；

➢施工人员是否已全部安全撤离到安全区域；

➢设备线路是否有变更；

➢设备是否存在缺陷；

➢相位是否变动；

➢试验结果是否合格；

➢设备、线路是否已具备送电条件。

电力调度员只有在接到同一停电范围的所有作业均已结束，具备送电条件时，方可发令合闸送电。严禁约时送电，接触网送电前须得到运营调度送电申请后方可执行。凡在检修中的设备由于系统运行需要，电力调度有权发布调度命令要求检修、试验人员立即停止工作，并尽快将已停役的设备恢复到具备送电条件状态。施工检修期间，无人值守变电站必须改为有人值守，并全程跟踪施工进程，且记录在案。

4.3 新系统新设备投入运营的规定

4.3.1 新设备启动

1. 启动前的相关准备工作

(1)轨道交通供电系统内新建和扩建变、配电工程，电力调度对工程设计、运行方式可以提出意见，在投入运行前，应向电力调度拟送如下资料：

1)主要设备规范及参数；

2)电气设备一次接线图，包括调度协议、设备铭牌等；

3)输电线路路径走向图，包括线路或电缆长度、型号、载流量及主要负荷名称；

4)继电保护原理图、继电保护整定书；

5)设备启动方案，包括新设备名称、编号、投产日期、启动范围及程序、操作步骤及现场指挥人和操作人等；

6)有关设备使用说明书和试验报告(含中央 SCADA 系统的操作手册及点表)；

7)现场运行规程、现场事故处理规程及典型操作票；

8)调度通信方式及电话号码；

9)批准的运行人员名单及通信电话号码；

10)预计投入运行的日期和原有设备的关系，以及采用的正常运行方式。

(2)调度主管部门收到工程建设单位的设计图纸和有关资料以后，在启动准备会后 5 个工作日颁布启动有关调度业务关系及相关规定，包括：

1)调度管辖范围及许可范围的划分；

2)新设备投入运行后的运行方式及注意事项；

3)变压器分接头位置的放置；

4)有关继电保护及安全自动装置的整定；

5)对调度自动化及通信的要求及注意事项。

(3)启动前新设备必须具备的条件：

1)设备(含继电保护、通信、自动化设备等)验收合格结束，质量符合安全运行要求，已具备启动条件；

2)资料已全部移交至调度主管部门；

3)现场准备工作已经就绪(包括运行人员的培训、现场图纸、规程、制度、典型操作票、日志等等)；

4)调度通信、自动化设备完好，调度终端显示系统(SCADA 或 PSCADA)正常，且准确无误。

(4)新设备投入运行前，电力调度应做好下列工作：

1)校验电力监控系统中的一次接线图及设备命名；

2)修改其他相关运行规程或细则；

3)新设备投入运行前，电力调度要熟悉现场设备，熟悉现场运行规程及运行方式；

4)未经上级设备管理部门审核及值班调度员同意，严禁自行将新设备投入系统运行；

5)新装设备投入运行前必须明确调度管辖范围；

6)凡新加入系统运行的设备，自投入运行时起即须遵守本规程。

在新设备启动前 15 个工作日，调度主管部门应及时提交启动方案，并由主管部门召开启动准备会，对启动方案进行讨论，一致通过后发送各相关部门。

2. 新设备启动规定(变压器、线路)

(1)变压器

新安装投入运行的油浸式变压器，应在额定电压下，进行冲击合闸五次，间隔 5 min。更换线圈后的变压器，投入运行时应在额定电压下冲击合闸三次，间隔五分钟，均空载 72 h 无异常后带负荷运行。

35/0.4 kV 干式变压器冲击三次，间隔 5 min，空载 72 h 无异常后带负荷运行。

(2)线路

新安装或检修后的电缆投入运行前应冲击送电三次，间隔 5 min。

对于新安装或检修后的电缆，要检查下列项目：

1)电缆终端头应有明显的与供电系统相位相符合的相色。

2)电缆终端头处应安装铭牌(记载电缆电压、截面、长度、地点名称或号数，由何处到何处的说明、日期等)。

3. 主变电站启动过程

(1)由上级调度部门提供主变电站的命名、两路电源命名，由地名办提供各车站的命名，提供各变电站系统图(包括二次回路图)，由建设主管单位将以上三样资料提供至调度所，由调度所启动小组成员对供电设备进行命名。

调度所启动小组对所命名设备进行现场勘察无误后将设备命名申请向上级电力调度及上级主管职能部门申请，审批同意后回执调度所，由上级主管职能部门转发至设备主管单位进行现场铭牌的核对及粘贴制作工作。

施工方或建设主管单位安排电力调度及现场值班员针对现场设备进行培训及中央设备操作培训并提供关于主变所需资料。

由建设主管单位牵头召开主变受电启动协调会议，会议上调度所启动小组向建设主管单位提出接管尚需满足的事项。

(2)启动会议上确认以下条件满足后方可进行主变电站启动工作。

◆通信：主变要具备电调热线电话、内线电话各一部，中央有外线电话、内线电话各一部、上级调度热线一部，上述电话均需带录音功能；

◆调度协议：确定设备调度管辖范围，确定停电施工申请流程；

◆由设计院提供主变继电保护整定通知单最终版(非调试版)；

◆中央 SCADA 系统：受电前由建设主管单位提供临时电力调度监控系统，该系统需满足供电设备有手动置位功能，且具备操作记录；

◆确定受电时间、启动方案、启动小组名单及主要负责人；

◆确定资料、试验报告是否已收到位，若未提供，则落实提供资料的时间节点；

◆设备主管单位提供的变电站值班员名单。

(3)调度所启动小组根据调度协议及启动方案(110 kV 由上级调度或建设主管单位盖章提供),制定 35 kV 系统设备启动方案,经建设主管单位盖章确认后上报上级主管职能部门审核,待审核通过后制定启动操作票,报上级审核通过后执行;

(4)调度所启动小组经现场查看具备送电条件,中央通信、SCADA 临监系统均具备启动条件后,主变可配合送电,72 h 主变无异常后可接管。

4. 牵引降压混合变电站启动过程

启动前准备工作及启动会议满足条件同主变启动过程中的(1)、(2)部分。

(1)根据信号系统命名来确定本线路“上下行”,据此再根据设备命名原则进行直流开关及触网闸刀的命名;

(2)调度所启动小组根据建设主管单位提供的送电方案拟写变电站启动操作票,报上级主管单位审核认定;经现场查看具备送电条件,中央通信、中央 SCADA 临监系统均具备启动条件后,可配合送电,24 h 运行无异常后可接管。

5. 接触网启动过程(含正线、停车场、车辆段)

原则上行车管理权接管与触网送电为同一天,行车管理权接管先于触网送电。

(1)首先确认以下信息

1)设备专业

① 正线接触网及停车场接触网送电范围;

② 正线接触网及停车场接触网示意图需经建设主管单位盖章认定;

③ 根据停车场接触网示意图所示,验证 SCADA 系统(或临时监控系统)中是否有图示,没有则要求建设主管单位添加;

④ 停车场变电站接管同正线变电站接管流程相同。

2)运营专业

① 调度热线、无线、公务电话、无线开通,具备录音功能;

② 收到正式线路图纸,应包含信号机编号、道岔编号,并经现场踏看核实;

③ 确认收到新线施工及动车管理办法;

④ 收到运营主管单位转发的交接备忘录及各专业单位对设备的确认书,主要内容有:线路、限界、触网、道岔、限速、信号。

(2)满足上述条件后,启动工作开始,启动过程的方案及操作票审核过程与牵引降压混合变电站启动过程相同。

(3)启动过程中应注意以下几点:

① 必须明确触网绝缘分段(或绝缘锚段、绝缘关节)的确切位置(距站台端头或站中心距离);

② 必须明确触网联络闸刀(或绝缘锚段、绝缘关节)的确切位置(距站台端头或站中心距离);

③ 接触网上下行联络闸刀、停车场内触网闸刀命名需按照命名原则确定,注意预留延伸线的编号命名;

④ 接触网需经过冷滑试验合格后才可送电;

⑤ 停车场接触网需现场确认各触网联络闸刀的供电范围和绝缘分段实际位置。

4.3.2 新设备命名规定

1. 标准术语

(1)常用变电站名称

主变电站、开关站、牵引站、混合变电站、降压站(东、西降)和跟随变电站。

(2)常用标准设备名称

主变、所用变、整流变、电力变、接地变、开关、闸刀、母线、线路、压变、流变、电缆、避雷器、电容器和消弧线圈等。

2. 电压等级的表示:数字+单位名称

单位名称:应为大写国际标准单位名称如“ kV、V”。不得使用中文单位如“千伏、伏”。例如:110 kV、33 kV、35 kV、10 kV、1 500 V、400 V 等。

3. 母线命名:电压等级+X 段母线

X 为中文数字简写“一、二、三、四”等,不得使用其他字母,例如:罗马字母“Ⅰ、Ⅱ”。例:35 kV 一段母线、10 kV 二段母线。

注:(1)若为单母线的则直接用电压等级+母线即可。

例:1 号线上海火车站牵引站:33 kV 母线。

(2)若遇站内有多段母线的,则依次使用中文数字进行命名。

(3)若要同时表示两段母线的,则在两段母线数字当中使用“/”隔开。

例:9 号线虹梅主变:35 kV 一/三段母线分段开关、35 kV 二/四段母线分段开关。

4. 电缆线路命名:电压等级+汉字+数字编号

(1)110 kV 输电电缆规定:由上级电力调度制订。

(2)35/33/10 kV 联络电缆命名原则上用 3 个字:

第一个字:用送电端变电站站名中的一字,原则上使用第一个字。

第二个字:用受电端变电站站名中的一字,原则上使用第一个字。

第三个字:如单独送至纯牵引站的电缆线,则在二字后面加一个“牵”字。如送至降压站或混合变电站母线的电缆线,送至一段母线加“一”、送至二段母线则加

“二”。(不得使用其他符号)

例:上海轨道交通1号线灵石路主变至火车站牵引站电缆:33 kV灵火牵。

上海轨道交通9号线佘山主变至松江新城混合变电站电缆:35 kV佘松一。

5. 变压器及辅助设备命名

(1)主变电站:例如“1号主变、2号主变”。

(2)牵引站整流变:例如“1号整流变、2号整流变”。

(3)降压站电力变:

降压站内为:例如“1号电力变”、“2号电力变”。

跟随站内为:例如“3号电力变”、“4号电力变”。

车辆段内或特殊变电站内:所送特殊地点的名字后加上变压器的编号。

例如:“列检1号电力变、跟随1号电力变”。

辅助设备如压变、避雷器等的命名,应加上电压等级,有多条母线的还应加所属母线名称,线路压变应加所属线路的名称。

例:35 kV一段母线、10 kV一段母线压变、35 kV中央牵线路压变。

注:站内有多台相同变压器时,应用阿拉伯数字加以区分,且不得使用“#”代替“号”对变压器进行命名。

6. 110 kV设备命名与编号规定

(1)设备命名:不动产名称+电压等级+常用标准设备名称。

注:不动产名称在前,电压等级在中,常用标准设备名称在后。

例:1号主变110 kV开关、2号主变110 kV变压器闸刀,具体命名要求举例如下:

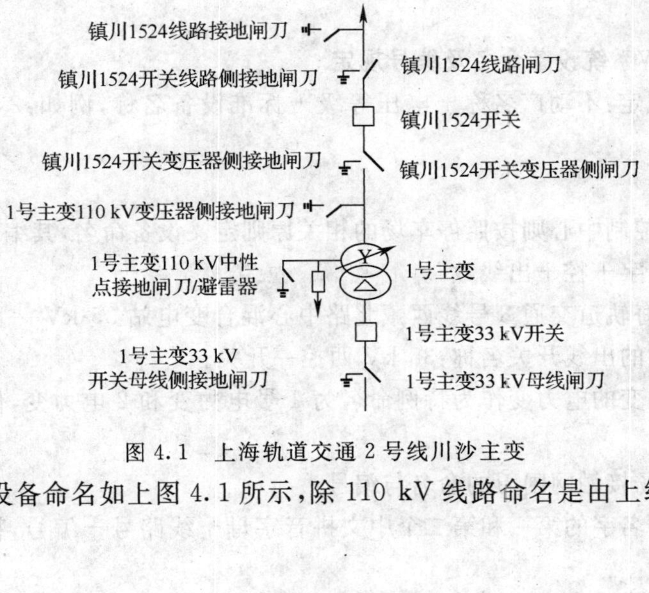

图4.1　上海轨道交通2号线川沙主变

110 kV设备命名如上图4.1所示,除110 kV线路命名是由上级调度制定以外，其余 110 kV 设备命名由运管中心总调度所制定后报上级调度审批，具体命名可根据实际情况协商而定。

7. 35 kV设备命名与柜号规定

(1)设备命名：不动产名称＋电压等级＋标准设备名称。

例：1 号整流变 35 kV 开关、1 号电力变 10 kV 开关。

(2)根据现场情况和设计图纸的内容来制定柜号。

例：上海轨道交通 1、2 号线沿用原来规定：变电站代码＋电压等级英文缩写＋开关柜号，如 29H01、19H02。

8. 牵引站直流 1 500 V 系统设备命名及编号规定

(1)正极闸刀编号为 NC11、NC12。

(2)负极闸刀编号为 NB11、NB12。

(3)直流开关编号：211－21X，X 为 1～9 的阿拉伯数字。

(4)触网闸刀：21XX，XX：由相邻两把上网闸刀编号最后一位数字组成，大的数字放在前面。

例如：2131 为 2111 与 2113 之间的联络闸刀；2142 为 2112 与 2114 之间的联络闸刀。

注：对特殊情况下的触网闸刀可做特殊命名。

上海轨道交通一二号线沿用原来规定：直流开关：NC21、NC22、NC23、NC24 等；上网闸刀：变电站代码＋数字，例：211、212、213、214。

9. 10 kV系统设备命名及编号规定

设备命名规定：不动产名称＋电压等级＋标准设备名称，例如：1 号电力变 10 kV开关。

10. 400 V系统设备命名及编号规定

备命名规定：不动产名称＋电压等级＋标准设备名称，例如：2 号电力变 400 开关。

11. 特例

(1)线路控制中心则按照停车场的相关原则定义设备命名，其编号格式为："地名第一个中文字＋控＋出线数"。

例如：上海轨道交通 8 号线西藏北路中心混合变电站 35 kV 一段母线上供控制中心降压站的出线开关名称：35 kV 西控一开关。

控制中心变的电力变作为特例命名为 1 号电力变和 2 电力变，但必须在此之前加上地点。

(2)停车场接触网闸刀的命名与编号：

由停车场名字的第一和第二个中文拼音字母＋线路号＋编号，特殊情况做特殊命名。

例如:上海轨道交通10号线吴中路停车场闸刀命名为:WZ01、WZ02,…

(3)存车线联络闸刀用大写英文字母“C”开头,折返线联络闸刀用大写英文字母“L”开头,例如:上海轨道交通8号线济阳路站折返现联络闸刀:L01、L02;上海轨道交通11号线南翔站存车线联络闸刀:C04、C05。

第5章　地铁车站机电设备

地铁车站机电设施设备(简称机电设备)包括火灾自动报警系统(FAS)、环境与设备监控系统(BAS)、环控系统、给排水系统(包括自动灭火和高压细水雾等系统)、车站低压配电系统、屏蔽门系统、电梯系统、门禁系统、周界报警设备、自动售检票系统(AFC)、服务中心支持系统等信息化设备、乘客自助查询系统、车站出入口动态指示屏等设施设备与环控调度工作有密切关系的有火灾自动报警系统(FAS)、环境与设备监控系统(BAS)、环控系统、给排水系统(包括自动灭火和高压细水雾等系统)、车站低压配电系统、屏蔽门系统等,以下作适当介绍。

5.1　地铁火灾自动报警系统

5.1.1　地铁火灾自动报警系统概述

1. 地铁火灾自动报警系统的作用及目标

地铁火灾自动报警系统的作用是在地铁涉及的空间范围能自动捕捉火灾监测区域内火灾发生时的烟雾或热量,并能发出声光报警,通过输出接点,控制自动灭火系统、事故照明、事故广播、消防给水和排烟等系统,实施对地铁空间的救灾工作,实现监测,报警和灭火的自动化控制。而火灾自动报警系统又是整个地铁所有设施中的一个子系统,但其又在完全脱离其他系统或网络的情况下独立运行和操作,完成自身所具有的防灾和灭火的功能,具有绝对的优先权。

在现代地铁系统中设置火灾自动报警系统的目的,是将地铁火灾消灭在萌芽状态,最大限度地减少火灾损失,满足地铁防火安全职能的要求,一旦地铁发生火灾,其火灾自动报警系统就能及时探测、鉴别、判定其信号,并能自动启动消防设施,自动关闭不必要的电力系统,启动防排烟系统、并与车站自动控制系统配合,实现火灾工况联动,同时,又能将火警信息实现联网通信。

地铁火灾自动报警系统从控制方式来说有两种

方式:一种为“自动报警,人工消防”方式,一种为“自动报警,自动灭火”方式,采取不同的控制方式,在火灾前期处置中所能实现的功能各不相同。系统采用“自动报警,人工消防”方式时,当其所保护的区域发生火灾时,火灾自动报警系统安置在监测区域内的火灾报警器上会发出报警信号,在消防中心的主控制器就会显示发生火灾区域的代码，消防人员或现场工作人员就会根据报警信息情况，到现场采取必要的消防措施，对火灾进行前期扑救。系统采用“自动报警，自动灭火”方式时，当其所保护的区域发生火灾时，火灾自动报警系统安置在监测区域内的火灾报警器上会发出报警信号，在消防中心的主控制器会显示发生火灾区域的代码，并在主控制器的作用下，自动启动灭火系统或灭火设备，对发生火灾部位自动喷洒气体或液体灭火剂进行消防灭火，在消防中心的指挥平台上附设有直接通往消防专业单位的电话，主控制器在接到报警信号时，立即发出疏散通知，开启紧急广播系统、消防泵、自动灭火系统等，切断三类负荷电源、以及停用相关电梯等，对火灾进行自动扑救。

2. 地铁火灾自动报警系统的组成

地铁火灾自动报警系统是一个以微型计算机为基础的智能系统，其基本结构及原理如图 5.1 所示。系统中火灾探测器、消防控制设备与微处理器间的联接必须通过输入输出接口来实现。

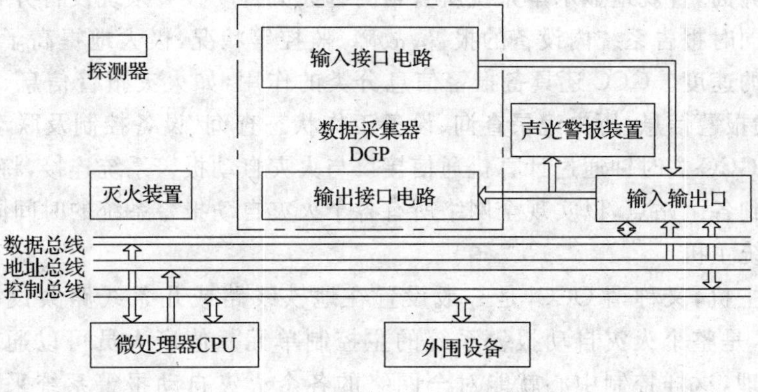

(a)

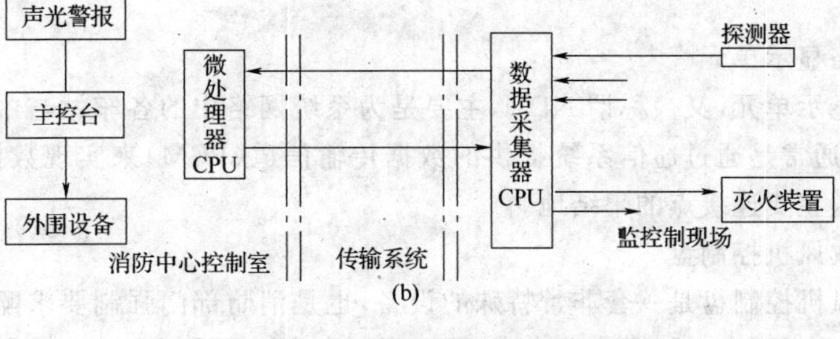

(b)

图 5.1 火灾自动报警系统基本结构及原理图

从图 5.1 中所示，数据采集器一般与微处理器集成于一体，作为主机单元。它一方面接受探测器来的信息，经变换后，通过传输系统送进微处理器进行运算处理，另一方面，它又接收微处理器发来的指令信号，经转换后向现场有关的控制装置传送。显然,数据采集器和微处理器是报警系统与现场监控点进行交换的重要设备,也是系统输入输出接口电路部件。

一套完整的地铁火灾自动报警系统一般由中央级设备和车站级设备通过网络形式连接而成。地铁的火灾自动报警系统中央级设备一般安装在控制中心,而车站级设备一般安装各车站的车站控制室。早期的网络媒介是电缆线,而目前大都采用光纤电缆。

(1)中央级设备

中央级设备由图形命令中心、系统主机、网络显示单元、事故风机控制盘、打印机等设备组成,能实现对地铁线路火灾情况的监控和时钟同步功能。

1)中央级图形命令中心

中央级图形命令中心,又称谓 GCC,是一台工业用的计算机,一般带有 LCD 液晶显示单元,作为火灾自动报警系统的监控终端。它既可以接入火灾自动报警系统网络,也可以脱离网络独立与火灾自动报警主机连接。主要作用是能提供良好的人机界面,直观地显示本系统所管辖的各火灾自动报警系统设备分布状态,与系统主机同时报告系统内设备的报警、故障、监控等状况,极大地提高了值班人员处理事故的速度。GCC 还具备报警信息分类的作用,如火灾报警信息、故障报警信息、反馈报警信息,历史记录查询、设备工作状态查询、设备控制及联动等功能。中央级的 GCC 主时钟通过计算机通信接口与火灾自动报警系统连接,将时钟同步信号传送到各个站点,以实现全网络所有各个火灾自动报警系统的时间同步。

2)系统主机

系统主机,又称谓 OCC,是一般设置在地铁线路或几条线路共设的控制中心大厅内,是整个火灾自动报警系统的主控制单元。值班人员可以通过它来实现两级管理,这样控制中心就能对全网络的各个火灾自动报警系统采取集中监控管理。

3)网络显示单元

网络显示单元,又被称谓 NDU,主要是为系统网络中的各车站与中央级网络实现联接,通常是通过通信系统提供的数据传输信道(PCM)来实现数据交换,也是数据传送主要连接点的集结地。

4)事故风机控制盘

事故风机控制盘是一套非常特殊的设备,也是消防部门强制要求配置的应急设备,主要是当列车在隧道内着火时,可以通过它来远程启动相应区间的隧道事故风机,对事故区间进行送排风,起到紧急排烟作用,延缓乘客吸入有毒烟雾,给医疗救灾争取时间。

5)系统网络

火灾自动报警系统一般采用较为灵活的网络结构，既可通过光纤将中央级与车站级设备连成对等令排环网，又能当网络传输线路上的某一点出现断开或其他故障无法通信时，系统能自动将环形网络降级到总线制网络运行。这时，中央系统仍然可以监视到所有的站点，当网络传输线路上出现两点或多点断开时，系统网络会重新组合成两个或多个各自独立的小网，此时中央级 GCC 仅可以监视与其相连的小网上的站点。地铁一般采用的网络联网方式如图 5.2 所示。

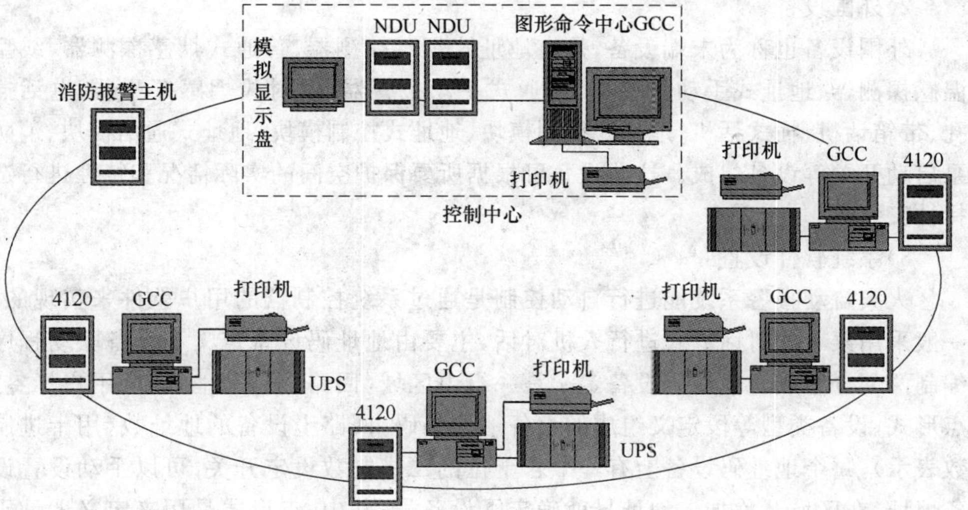

图 5.2　地铁火灾自动报警系统联网方式示意图

(2)车站级设备

1)火灾自动报警主机

火灾自动报警主机的系统结构一般由系统主机单元、通信接口单元、网络通信单元、数据传输紧急电话通信单元、检测回路单元、音频单元以及消防电话环网等部件组成，通常由一块 CPU 与几块芯片集成在一块，采用计算机微处理器，能根据实际现场情况进行软件程序编制与调试的一种智能型模块，是整个系统的核心部件。它与设备内部各功能模块之间相互通信，接收和发射信息，进行数据交换，一般系统会预设最大可控点容量，是根据系统配置内存容积而定的，系统可任意设定地址点，探测点和控制点，可根据所要保护空间的实际需要和特性进行自由分配的。

通信接口单元实现现场实时打印、与 GCC 进行连接，实现根据传输介质的不同选择相应的通信接口，当通信接口不匹配时，还可以选择另一种转换接口，而实现网络的连接；网络通信单元与中央的 NDU 建立数据通信，而且通过数据传输紧急电话通信卡单元实现与外线回路上的消防紧急电话和系统内的消防电话通话；

检测回路单元实现了主机与外部设备相连接，一个回路单元可以接多个地址(二进制编码)设备，具体的数量取决于检测回路单元自带的存储器容量大小，随着科技的不断进步，这个数量级会越来越大；音频单元以及消防电话环网通过音频总线实现消防广播，通常我们可以将事先录制好的语言固化在存储器里，发生火灾等紧急情况时就可进行自动播放，也可根据现场实际情况对特定区域进行人工麦克风广播。

2)外围设备

外围设备也称为末端设备，是由地址式烟感探测器、普通式烟感探测器、线型温感探测器、地址式手动报警器、普通式手动报警器、对射式烟感探测器、电话插孔、带箱话机、插式话机、地址式探测模块、地址式控制模块、地址式通信模块、消防泵启动开关等设备组成。这些设备可根据所要保护空间的实际情况和特性进行选择性安装。

3)系统软件设置

火灾自动报警系统能进行自动控制是通过系统控制器的用户软件来实现的，一般采用菜单式对话方式进行人机对话，主要由地址码设备定义和设备联动程序编制两部分组成。地址码设备定义是一组由区域(回路)名称、地址号、用户标签、点形式、设备类型等段定义组成的设备地址编码，回路上设备的地址数(用十进制数表示)，每个地址码设备上有一个若干位的二进制数设定开关，可以手动设置设备地址，在区域名称加上地址号就确定了设备号；其中，点形式是用来定义地址码设备的作用的，分为感烟探测器报警点、感温探测器报警点、手动报警器报警点、设备监视点、设备控制点、紧急通话点等。设备类型用以定义地址码设备种类，如地址式火灾探测器、地址式探测模块、地址式手动报警器、地址式控制模块、地址式信号模块等。而设备联动程序编制是用来实现火灾自动报警系统与之相关消防设备的联动控制的，联动程序依据环控系统提出的火灾状态联动工况进行编制。凡需联动控制程序的设备都有地址式控制模块和地址式反馈模块与之相联，因此联动程序是根据地址码编写的，将火灾工况控制的要求用地址码写成逻辑关系，再编入用户软件的“条件输入”栏和“结果输出”栏中，且在“条件输入”栏内注明条件的组合关系，在火灾自动报警系统的软件编程中，会将整个网络的动作，设置成各种预置的逻辑控制方式；实现系统的两级管理逻辑，系统设置为以控制中心主机与各车站主机直接形成环网的专用独立系统，具有网络的高可靠性；控制中心级控制逻辑实现对全网络的火灾自动报警系统的集中监控管理，各车站、车库火灾报警控制盘的程序逻辑是能对其所管辖范围内的火灾事故实行独立的火灾监控管理功能。

5.1.2 地铁火灾自动报警系统的运行

地铁设置在各车站的火灾自动报警系统如果已经投入使用了，必须24 h处于不间断开机工作状态，其运行方式分为正常运行方式和非正常运行方式2种，这2种运行方式均可采用手动和自动两种控制模式。在火灾发生时或火灾初期由火灾自动报警主机与车站机电设备自动控制系统联合完成系统所设计的对火灾工况各种联动动作，并可通过设置在主控制器上的手动控制盘对触摸按钮开关或双连开关实现对系统的手动/自动控制转换。一般要求触摸按钮开关或双连开关设置在自动控制位。

1. 正常运行方式

地铁运营制度中明确规定已投用的地铁车站，地铁车站内火灾自动报警系统必须处于自动控制状态，即为正常运行方式。此时，火灾自动报警控制器必须由UPS专用电源供电，对车站内的机电设备实施实时监控。火灾自动报警系统监控对象包括手动报警器、烟感探测器、温感探测器、警铃、电话、广播、排烟阀、防火卷帘门、消防泵、喷淋泵、电梯、非消防电源控制柜等设备。当系统在自动控制模式运行下，车站内有火灾报警情况发生时，车站的消防设施会按预置的火灾工况自动进入联动运行。

2. 非正常运行方式(交流供电失电等情况)

地铁火灾自动报警主机处于手动控制时，地铁的运营制度一般规定为非正常运行方式，此时当有火灾报警情况发生时，主控制器能接受到探测设备的报警，并能及时发出报警信息，但不对联动设备发出下一步执行指令，其实是系统等待人工操作，以便做出下一步动作的判断，此时工作人员需手动对联动设备进行单点操作，火灾自动报警系统才能执行下一步动作。在手动控制模式下，系统控制方式采用单地址点式控制，监控范围包括有信号连接的各种设备反馈信号、报警信号及故障信号等。

5.2 地铁车站机电设备自动控制系统

5.2.1 地铁车站机电设备自动控制系统概述

地铁机电设备自动控制系统是将地铁车站(特别是地下车站)的区间和相关建筑内的环控、低压配电、照明系统、给排水等系统，通过中央监控和采用科学的管理手段搭建的综合自动化系统。

该系统通过对环境进行集中监控，并实行实时监测和优化控制。通过现代化自动控制技术与网络技术，对地下车站机电设备运行状况实行实时集中控制，监视和报警，减少设备操作复杂性及操作难度，协调设备动作，并以经济运行为目的，对车站环境进行监测，根据采集的数据控制车站环控设备高效运行，提高车站环境质量，为乘客提供最佳乘车环境。

另外，通过计算机程序化管理实现能源和车站机电设备管理现代化、科技化，降低运行成本。

同时，可由消防报警系统提供火灾报警信息，相关的机电设备转向火灾工况模式，实现地铁发生火灾时机电设备联动自动化，将火灾的影响程度降低到最低，保证地铁设备和乘客的安全。

5.2.2 地铁车站机电设备自动控制系统的组成及主要功能

地下车站机电设备自动控制系统通常由中央、车站、现场三级实现对环控、给排水、冷水机组、热泵机组的监视和控制。

该系统的系统软件一般都选用国际上先进、成熟的实时多任务、多用户网络操作系统，控制软件具备人机界面友好的交互式图控软件，一般基于 WINDOWS 平台上的全汉化模式，并具有以下特点：具有集成、开放的控制平台和友好的全汉化的人机交互界面，形象生动，操作简便清晰；能动态显示报警点和设备动作的平面位置、地址编码，能以图标点动方式逐层访问查询，能显示所有与被监控设备有关动作的实时状况及数据，能支持本地及远程的多个高性能工作站，具备功能完备的报警管理系统，能提供大量的历史数据和趋势图，能内置多种标准格式报表，并且提供用户自定义报表格式的功能，具有强大的应用开发工具，支持基于工业标准网络的本地及远端多客户机/服务器体系，能与安保数据与人力资源软件系统的无缝集成，并具有热冗余功能。

系统监控软件的数据通信和操作还应具备以下特点：系统通信负荷小、数据传输、通信效率高，界面显示、操作应不影响与现场控制器的通信，能快速反映和显示所有控制点的近期详细数据，能快速显示实时报警数据，并且提供实时的查询，能保存实时数据和报警信息应不小于 5 天，大于 5 天的数据应该能保存到大型关系数据库中已备将来查询；系统能提供开放数据。提供灵活的数据查询方式，即操作员能设置查询条件来查找所需数据，能按不同的操作权限，设置相应的操作口令和密码，以限定可访问范围及操作的项目。

1. 中央级设备

系统中央级设于控制中心的中央控制室，主要由计算机主机、显示器、打印机、网络 TAP、隧道火灾通风控制盘、中央控制器等组成。中央级具备远程控制功能，通过操作工作站，值班人员可根据实时运行状态向有关车站发出控制指令，实现远程控制。

系统建立在开放、高可靠性的冗余局域网上，中央局域网采用开放协议，具有客户/服务器结构，通信速率为10/100 Mbit/s。中央监控系统由中央局域网络构成。网络内包括中央监控系统服务器、监控工作站、后台管理及系统维护工作站、实时事件打印机、制表打印机、大屏幕投影仪接口设备。控制中心的FAS系统、信号系统亦可联入该计算机局域网，实现资源共享、信息互通。中央监控EMCS的系统服务器配置2套网络接口。一套向下联入全线车站设备监控系统(EMCS)专用以太通信网；1套向上联入中央监控EMCS计算机局域网。

数据采集与处理功能是通过通信系统提供的主干网络与车站级传递信息，对车站级上传的数据进行记录、计算、统计、分析等功能。对全线车站及区间内的设备进行实时运行状态巡检并对车站设备的实时状态信息汇总处理，并在此基础上建立设备管理历史数据库，保存一定时段的监控信息，根据需要生成各种统计报表，打印带时间标签的事件记录，记录各车站主要设备的运行状态，统计设备累计运行时间，实现设备运行时间的均衡，根据运营人员的要求，实现维修及检修的预告警。为将来的节能控制储备历史资料。

具备远程控制功能是通过操作工作站，值班人员可根据实时运行状态向有关车站发出控制指令，实现远程控制。相关技术人员还可以通过工作站，对故障设备进行诊断和故障处理；如有软件丢失，可自动下载程序，保证系统的运行可靠。

系统同时具有彩色动态显示和多级显示功能，具有车站综合显示、车站系统显示、分类画面显示和环控模式显示等。

中央级设备主要用于负责监视地铁线路车站环控设备的状态和地下车站的环境状况，并向各地下车站下达控制命令；监视地下各车站通风空调、冷水机组系统、隧道通风系统等设备的运行状态；监视地下各车站及区间隧道给排水设备的运行状态；显示各地下车站各测试点的温、湿度；显示并记录各地下车站通风空调、冷水机组系统、隧道通风系统操作状态；根据列车在区间发生火灾的位置，通过隧道火灾通风模拟控制盘下达区间火灾模式命令；根据列车在区间发生阻塞的位置下达区间阻塞模式命令；在OCC的监控站上，对于所有的报警信息具有各种类型的报警功能和方式，对于不同级别的报警有不同的显示状态，同时要求有确认的功能；并有数据、时间、确认和处理的记录。对各类报警具有声光报警、报警画面弹出的功能，提醒操作员；对操作信息、报警信息进行实时记录、历史记录；可以进行故障查询和分析，同时可以自行编辑报表，也可自动生成日、周、月的报表；进行档案资料的记录和存储；具有信息打印功能，能打印各类数据统计报表、操作和报警信息；将车站被控设备运行状态、报警信号及测试点数据及时送至OCC。

2. 车站级设备

车站级设备设于车站控制室内，其主要由计算机主机、显示器、打印机、网络TAP、控制器接口、消防报警接口(HLI)等组成车站工作站。控制器接口通过车站监控系统通信网络与车站监控工作站及控制中心通信，接收控制中心指令并控制现场控制器，同时，将设备运行状态和参数送到车站监控工作站及控制中心。车站控制系统通过网络接口设备向上与中央监控 EMCS 系统连接。网络接口设备在本车站负责连接车站的监控工作站、控制器及打印机等设备，同时，还要保证车站网络与中央监控系统在不依赖监控工作站的情况下，实现网络通信，在监控工作站出现故障的情况下，应自动将车站设备的工作状态直接向控制中心传递，保证控制中心能对本车站设备进行有效监视。

车站级设备主要监视和控制地下地铁线路车站通风空调设备的运行；监视车站给排水设备运行状态；控制和监视所辖区间隧道给排水设备运行状态；按照节能优化要求，确定本车站环控设备最佳运行模式并执行；按照通风与空调系统环控工艺要求对车站通风空调设备和区间隧道通风设备进行正常及灾害模式控制运行；实时显示车站机电设备故障；显示车站监视和记录车站根据环控系统的工艺要求测试典型区域测试点的温度、湿度等环境参数。显示记录机电设备的操作状况，产生报警信息和累积运行时间；具有信息打印功能，能打印各类数据统计报表、操作和报警信息；对操作信息、报警信息进行实时记录并形成历史记录；进行故障查询和分析，同时可以自行编辑报表，也可自动生成日、周、月的报表；进行档案资料的记录和存储。；具有彩色动态显示和多级显示功能，车站综合显示、车站系统的显示、分类画面的显示、环控模式等显示；通过接口设备(PLC 或 HLI)接受车站消防报警系统发送的火灾信息，并根据火警信息内容自动执行相应火灾通风模式，控制环控设备按照火灾工况运行；将车站被控设备运行状态、报警信号及测试点数据及时送至 OCC，并接受中央级的各种监控指令和运行模式。

3. 现场级设备

现场级设备是由现场控制器相对集中安装于环控电控室，部分分散设置于现场被监控设备的附近。地下车站机电设备自动控制系统的现场控制设备一般采用 PLC 系统，现场控制器具备软件联锁保护设置，控制被控对象设备顺序动作；系统各种运行参数的采集及存储通过一定的计算，来实现环境和设备优化控制；对中央级、车站级下达的控制指令和控制模式、设定值的更改和其他关联参数的修正，由现场控制器处理后执行。接收安装于各测试点内的传感器、检测器的信息，按内部预先设置的参数和执行程序自动实施对相应机电设备的监控，或随时接收监控工作站及中央系统发来的指令信息，调整参数或有关执行程序，改变对相应机电设备的监控要求。

4. 地铁机电设备自动控制系统监控设备内容和基本控制方式

目前，地下车站机电设备自动控制系统现场控制器控制设备的物理形式为继电器接点的断开与闭合，输出点以数字量输出（DO），作用是控制风机、空调机、水泵等设备的启动和停止，控制电动风阀、卷帘门的开启和闭合。另一种模拟量输出（AO）作用是对冷水二通阀、电动风阀进行调节控制，对照明设备程式控制。现场控制器接收反馈信号以数字量输入（DI）、数字量报警输入（DA）、模拟量输入（AI）三种形式接收。数字量输入（DI）主要是监视风机、空调机、水泵、风阀和卷帘门的运行状态；数字量报警输入（DA）主要是监视重要设备的故障状态，水池的超高水位报警；模拟量输入（AI）主要是接收温、湿度传感器的温度及湿度参数的输入，对所监视设备电压、电流进行监控。这三种输入的物理形式均为电压电流的大小。

（1）车站大系统

对于空调箱机组的基本配置：开、关控制（DO）；开、关状态显示（DI）；过载报警（DA）；过滤网状态显示及报警（DA）。对于回排风机的基本配置：开、关控制（DO）；开、关状态显示（DI）；故障报警（DA）。

对于电动风阀的基本配置：开、关控制（DO）；开、关状态显示（DI）或调节控制（AO）；对于新风机的基本配置：开、关控制（DO）；开、关状态显示（DI）；故障报警（DA）；对于排热风机的基本配置：开、关控制（DO）；开、关状态显示（DI）；故障报警（DA）；对于控制要求：车站通风空调系统运行分通风运行、空调运行。

（2）车站小系统

对于变风量空调箱的基本配置：开、关控制（DO）；开、关状态显示（DI）；对于风阀的基本配置（电动风阀、电动防火阀）：A. 电动风阀：开关控制（DO：开、关）；开关状态（DI：开到位、关到位）；B. 电动防火阀：开关控制（DO：开、关）；开关状态（DI：开到位、关到位）；对于送风机的基本配置：启停控制（DO：启、停），启停状态（DI），故障报警（DA）；对于回/排风机的基本配置：低速启停控制（DO），低速启停状态（DI），高速启停控制（DO），高速启停状态（DI），故障报警（DA）；对于控制要求要以车站级监控为主，能对车站内设备用房及管理用房的空调、通风、防排烟系统的监控；对于设备管理用房的环控设备设就地控制和车站级控制，车站内发生火灾时，车站监控系统能接受FAS系统的模式控制指令，并转入火灾模式运行。

（3）隧道通风系统

对于隧道通风系统的基本配置：事故风机、推力风机的启停控制（DO），正反转控制（DO）；事故风机、推力风机状态的显示（DI），过载报警（DA）；对于电动风阀监控点的基本配置：开、关的控制（DO），风阀开、关状态的显示（DI）；对于迂回卷帘门监控点的基本配置：开、关的控制（DO），风阀开、关状态的显示（DI）；对于控制要求要能对隧道通风系统运行分正常运行、阻塞、火灾事故的运行控制；正常运行能以车站监控系统为主，并要求阻塞、区间火灾事故等运行控制以中央系统操控为主。

对于区间隧道通风系统做到区间火灾工况联动控制，区间列车阻塞工况联动控制，顺序启停和大功率设备延时启动等。

(4)给排水系统

给排水监控点的基本配置：集水泵、污水泵、废水泵开、关控制(DO)状态的显示(DI)，危险水位的报警(DA)；区间排水泵开、关控制，状态的显示(DI)，危险水位的报警(DA)；水泵运行时间统计。

(5)冷水系统

对于冷水机组监控点的基本配置；冷水机组开、关控制(DO)，冷水机组开关运行状态显示(DI)，冷水机组过载报警(DA)冷冻水进出口温度(AI)；对于冷冻水系统监控点的基本配置：冷冻泵开关控制(DO)，冷冻泵运行状态显示(DI)，故障报警(DA)；对于冷却水系统监控点的基本配置：冷却泵开关控制(DO)，冷却泵运行状态显示(DI)，冷却塔开关控制(DO)，冷却塔运行状态显示(DI)，冷却塔过载报警(DA)；对于冷却塔的基本配置：启停控制(DO：启动、停止)、启停状态(DI：启动、停止)、故障状态(DI：故障报警)、温度检测(AI)、水位报警(DI)、膨胀水箱(DI)、二通调节阀的监控点：控制输出(AO：阀门开度)、状态反馈(AI：阀位置)、传感器的监控点、测量信号(AI：压力、流量、温度等)；对于蝶阀的监控点：开关控制(DO：开、关)、开关状态(DI：开到位、关到位)、就地/远控状态(DI)、环控/车控状态(DI)、对于流量开关的监控点：测量信号(DI：流量)；对于电磁阀的监控点：开关控制(DO：开、关)、开关状态(DI：开到位、关到位)、就地/远控状态(DI)、环控/车控状态(DI)。

对于冷水系统能做到环控工艺模式控制，顺序启停等；对冷水机组做到台数控制；对冷水系统做到群控、水路联锁保护等，故障时能停机；对于大功率设备能做到延时启停，主备设备运行时间平衡，能对运行时间、故障停机、启机、故障次数等统计，对冷水系统参数进行测量和调节。

对于监控要求应能对通风运行、空调(1)运行、空调(2)运行以及火灾运行等模式进行分立控制。能使用空调通风系统的基本控制方式，能对环控工艺模式进行控制，顺序启停等；并对消防排烟模式进行联动控制，做到风路连锁保护，大功率设备延时启动和对车站公共区、重要设备房温度调节。

环境监控点基本配置：公共区站厅、站台温度(AI)；风井/风道温、湿度(AI)。

(6)照明系统

对于照明系统的监控主要是对车站公共区域、设备和管理用房、广告、出入口、区间照明和应急照明电源进行监控。还要做到对各车站公共区照明、广告照明、出入口照明应按运营时间的指定运行时间表自动控制开关，并能以车站监控系统控制为主；做到根据消防要求切换照明。

对于照明系统监控点的配置为：各类照明就地、远程转换（DI），开、关控制（DO），开关状态（DI），程式控制（AO）。

(7)低压配电系统

对于低压配电系统开关状态的监视主要是对低压进线电流、电压、频率的监视。相关监视点的配置为：低压进线开关状态（DI）、低压进线故障状态（DI）、低压进线电流监视（DI）、低压进线电压监视（AI）、低压进线频率监视（AI）。

(8)电梯系统

对于电梯系统一般是对自动扶梯和直升电梯的运行状态进行监控，主要是监控电梯的正常停止、上行、下行、欠速、扶手带速度偏差、运行状态、维修状态、乘客报警以及故障报警等信息。

对于电梯的监控要做到：监控工作站上图形能实时显示自动扶梯、直升电梯的运行状态；在车站火灾时，将自动扶梯的状态信号输送给 FAS 系统。

对于监控点的配置为：自动扶梯、直升电梯的上、下行运行状态（DI），故障报警（DI）。

5. 与其他专业信息交换口

地铁车站机电设备自动控制系统在功能上同消防报警、冷水机组等系统进行数据交换，实现设备联动，其中，机电设备自动控制系统在车站级设置为高级接口，接收消防报警系统按防火分区传输并经消防报警主机确认的火灾信息，根据火灾报警内容联动火灾工况模式；机电设备自动控制系统高级接口与消防报警主机接口采用可编程通信口和控制模块继电器输出方式连接，信息报警有火灾分区报警、恢复、火警位置、报警时间、通道检测信息、消防报警接口故障信息、校验信息、信息恢复等。

5.3 地铁环控系统

5.3.1 地铁环控系统概述

1. 环控系统的作用及目标

地铁环控系统的作用就是控制车站环境。由于地铁车站是地下建筑，而且进出车站的客流量较大，高峰每小时可达 5.6 万人次左右。大客流量乘客的进出，对地铁车站的环境提出了较高的要求。同时，由于是地下建筑，人体呼出的二氧化碳及人体、设备散发的热量需要排放至地面，并要及时补充新鲜空气，仅依靠车站出入口的自然通风是不能满足上述要求的。必须对地铁车站建立环控系统，利用机械送排风及中央空调的方法，来改善车站的环境，满足乘客、工作人员及设备对温度、湿度、空气含氧量的需求。

车站环境系统的目标是提供给乘客一个相对舒适、安全的乘车环境，从技术指标要求来说，一年四季要求尽量保持地铁地下车站的站厅温度 30 ℃以下，相对湿度保持在 60%左右，地下站台的温度要低于 29 ℃，一般要略低于站厅层，相对湿度也最好保持在 45～60%左右，这样才能基本满足地下车站乘客对乘车环境的要求，除此之外，地铁会对地下区间隧道环境控制有明确的要求，不然会对车站和列车设备以及乘客造成很大的影响，地下隧道要尽量保持温度越低越好，但随着地铁运营时间的延长，隧道温度也会逐年上升，但也要控制夏季最热月日平均温度在 35 ℃以下，到冬季最低温保持在 5 ℃以上，如果列车在运营时间发生故障，阻塞在区间隧道内时，也要通过通风设备尽量保持列车周围空气温度小于 40 ℃，以免温度过高对列车设备造成影响；地下车站还要时刻保持车站内有足够的新鲜空气，为此也要通过环控系统进行按比例进行送排风，一般要求 1 h 内对站内空气交换 5 次以上，同时地铁的乘客候车环境对车站设备发出的噪声也有明确控噪要求，一般车站公共区要求噪声控制在 70 dB 以下，机房内噪声控制在 90 dB 以下。

2. 环控系统的组成

(1)区间隧道通风系统

地铁地下区间隧道设置专用的隧道通风系统，目前可分为 2 种制式，开式系统及闭式系统。开式系统是一种地铁车站内空气与区间隧道通过屏蔽门不相连通，区间隧道与室外大气相连通的通风方式。目前上海地铁大部分线路都采用开式系统。闭式系统是一种地铁车站内空气与室外空气基本不相连通的方式，即空调季节地铁车站内所有与室外连通的通风井，通风阀门均处于关闭状态，车站内采用中央空调，仅通过新风机从室外向车站提供所需最小新风量。区间隧道借助于列车行驶时的活塞效应将车站空调风送入区间隧道的通风方式。现在上海地铁仅二号线采用闭式系统。

(2)站厅、站台通风及空调系统

地铁地下车站一般分为两层结构，上层为站厅层，由若干出入口与地面相通。供乘客进出车站及售检票。下层为站台层，供乘客候车。站厅、站台层的通风按季节分为通风系统及空调系统。

1)通风系统

在每年的十月至次年五月左右，地铁地下车站通过车站配置的通风系统向站厅、站台输送新风。空气进入车站的流向是：通过布置在车站两端环控机房内的全新风机从新风井向空调机组送风，再通过空调机组向站厅、站台送新风。空气排出车站的流向是:新风在站厅、站台循环后,由布置在车站两端环控机房内的回排风机排向排风井。

2)空调系统

在每年的六月至十月左右,地铁地下车站由空调系统向站厅、站台输送冷风。此时启用冷水机组向空调机组输送冷冻水(7～12 ℃),空气进入车站的流向是:通过布置在车站两端环控机房内的空调新风机、回排风机,向空调机组输送新风及回风,新风及回风混合后经空调机组冷却后,送向站厅和站台。

车站通风与空调系统组成示意及空气流向如图 5.3 所示。

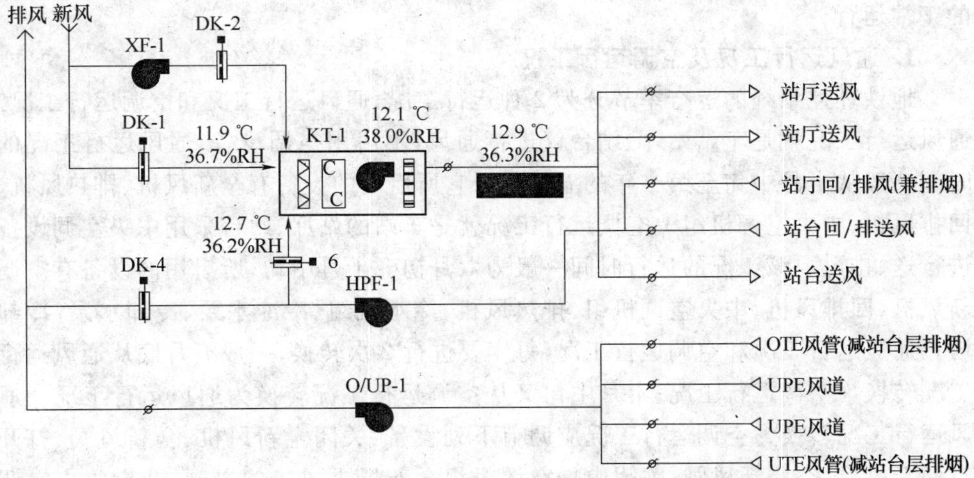

图 5.3　车站通风与空调系统组成示意及空气流向图

(3)设备用房、管理用房通风系统

地铁地下车站除站厅、站台需要机械通风外,还有降压变电站、牵引变电站、主变电站、环控机房、车控室、环控电控室、信号机械室、通信机械室、电源机械室及管理用房等也需要进行机械通风。上述设备用房、管理用房除需要进行通风外,有的用房还需要采用空调进行降温。通常在需要降温的用房,安装空调机进行降温。

1)设备用房通风系统

设备用房通过在环控机房内布置送风机及排风机进行机械通风。在安装有各类气体灭火系统(如 1301、442R 烟烙尽或 FM200 等)的用房内,在送风管及排风管上还装有防火阀。遇到火灾时,在消防报警系统的控制下,如果报警主机设定在自动状态时,防火阀会自动关闭,设定在手动状态时,则应手动关闭。在设备对环境温度有要求的用房内,还装有多联体空调等,以控制用房内的温度。

2)管理用房通风系统

管理用房通过在环控机房内布置的送风机及排风机进行机械通风。部分用房采用百叶窗自然进风，机械排风。在送风管及排风管上还装有防火阀，便于对风量进行控制及在发生火灾时，可以关闭送风防火阀，停止送风。排风阀处于开启状态，排风机处于运行状态，排除用房内的烟雾。

5.3.2 环控系统的运行

地铁环控系统涉及的设备较多，这些设备运行状况是否良好，将直接影响到地铁车站的环境。地铁环控系统的运行，是环控系统的中心环节。环控系统围绕“运行”这一中心，而为此制定的各类运行、操作、维护等规程，就是为了保证环控系统的正常运行。

1. 通风运行工况及空调运行工况

地铁环控系统的运行季节分为2种运行工况，通风运行工况和空调运行工况。通风运行工况就是车站站厅、站台仅进行通风，不启用空调设备，通风运行工况的时间一般从十月中旬至第二年的五月底。它所启用的设备有全新风机、排热风机、回排风机、中央空调机组。空调运行工况就是车站的站厅、站台采用中央空调设备进行送、排风。该工况的运行时间一般为六月初～十月中旬，所启用的设备有空调新风机、回排风机、中央空调机组、排热风机、冷水机组、冷冻水泵、冷却水泵、冷却塔。通风运行工况和空调运行工况，每年要进行2次转换，一般五月底从通风运行工况转换为空调运行工况；十月中旬又从空调运行工况转换为通风运行工况。通风运行工况转换为空调运行工况应调节下列设备：关闭全新风机、全新风阀、打开空调新风机、空调新风阀；关闭中央空调机组全新风进风口的风阀，开启中央空调机组空调新风口的风阀；调节回风阀，使回风量控制在80%～85%之间，调节排风阀，使排风量控制在15%～20%之间；打开中央空调机组的进出口水阀，保证冷冻水循环畅通；冷水机组、冷冻水泵、冷却水泵、冷却塔投入正常运行。空调运行工况转换为通风运行工况应调节下列设备：关闭空调新风机、空调新风阀、开全新风机、全新风阀；关闭中央空调机组空调新风口的风阀，开启中央空调机组全新风口的风阀；关闭回风阀、开足排风阀、停止冲水机组、冷冻水泵、冷却水泵、冷却塔的运行。

2. 地铁区间隧道通风

地铁地下区间隧道是相邻两车站的两条运行地铁列车的隧道，分上行线隧道和下行线隧道。为了保证地铁列车及乘客的安全运行，必须对区间隧道进行通风。地铁区间隧道通风共有4种方式：

(1)列车运行时区间隧道的活塞风系统

地铁列车正常运行时，区间隧道的通风方式是采用列车运行时的活塞效应进行通风的。地铁列车在隧道中相当于一个活塞，当列车运行时，在列车的前部，列车对气体做功，将气体推向前方，在列车的尾部，形成负压，后面的气体在负压的吸引下向前流动，形成活塞风系统。列车正常运行，应打开车站两端环控机房内的活塞风阀、活塞/机械风阀，以保证活塞风的正常运行。

(2)列车在区间隧道阻塞时的机械通风

当地铁列车由于种种原因而阻塞在区间隧道时，必须在同一隧道内开启相邻两车站的事故冷却风机对隧道输送新风，一车站的事故冷却风机送风，另一车站的事故冷却风机从隧道向外排风，以确保列车通风系统的正常运行，并保持乘客能呼吸到新鲜空气。

(3)列车在区间隧道内发生火灾时的机械通风

当地铁列车在区间隧道内发生火灾时，且列车已经迫停于区间隧道内，此时，必须通过机械通风方式向隧道输送新风。向隧道内输送新风的原则是使乘客面迎新风方向流散。乘客是从列车头部疏散，还是从列车尾部疏散，必须视火灾发生在列车上的部位而定，疏散乘客是首要任务，机械通风要一直持续到乘客全部疏散完毕为止。

地铁列车在区间隧道内发生火灾时，开启事故冷却风机一般通过控制中心环控调度的调度指令执行，根据调度员输入的条件，系统通过既定的程序启动事故风机联动工况，对出事隧道进行强制排烟。执行事故风机联动工况时，不管通过系统指令还是口头命令，当班环控调度必须明确4项内容：1. 事发站名和关联车站；2. 上行线或下行线；3. 所处列车部位(头部还是尾部)；4. 对该段区间实行送风或排风。

目前，确定实行送排风方向有2种方式，一种为消防报警系统或自动化控制系统既定，还有一种是需要调度员根据当时的条件作研判后决定；我们在事故应急预案中明确，如果列车上发生火灾，但列车还能行驶的情况下，列车司机要在列车调度的指挥下，尽最大努力将列车开往前方车站，这是最有利于乘客疏散的方法。

(4)隧道温度在35 ℃以上时的冷却通风

随着列车运行时间的增加，隧道温度将逐步提高，当隧道温度超过35 ℃时，必须在列车夜间停运期间，对隧道进行冷却通风。冷却通风的原则是在同一隧道内，相邻两车站的事故冷却风机一台向隧道送风，另一车站的事故冷却风机从隧道排风，第二天送风的改为排风，排风的改为送风。

3. 站厅、站台通风及空调运行

地铁车站的站厅、站台设有通风及空调系统，按不同的季节，采用通风系统或空调系统。通风系统运行时称为通风运行工况，中央空调运行时称为空调运行工况。通风系统和中央空调系统合用一套风管系统，但是两种运行工况所启用的设备各不相同。

(1)站厅、站台的通风系统

站厅、站台的通风系统由新风井、排风井、全新风机、回排风机、排热风机、中央空调机组、风管及风阀所组成。

站厅层一般设置为2路送风管，布置在站厅的两侧，沿途设有若干个送风口，均匀地向站厅送风。站厅层设置一路排风管，布置在站厅的中间，沿风管设有若干个排风口，均匀地从站厅排风。

站台层一般设置为2路送风管，分别布置在站台的两侧，沿风管设有若干个送风口，均匀地向站台送风。站台层排风属于集中排风，在车站的两端设有几个排风口，集中从站台排风。

在站厅、站台的送风、排风管路上还设有防火阀，当站厅或站台发生火灾时，可以通过消防报警系统、机电设备自动控制系统对运行工况进行调节。

通风系统运行时，启用全新风机、回排风机、排热风机、中央空调机组，对站厅、站台进行通风。在站台层的行车道的上下，还设有上排热风管及下排热风管，以排走列车在停站期间散发的热量。在上排热风管及下排热风道上，还设有防火阀或电动调节阀，以使列车在停站期间发生火灾时，可以对上行线或下行线的排烟进行调节。

通风系统即通风运行工况的投运时间一般为十月中旬至第二年的五月底。

(2)站厅、站台的中央空调系统

站厅、站台的中央空调系统由新风井、排风井、空调新风机、回排风机、排热风机、中央空调机组、风管、风阀、冷水机组、冷冻水泵、冷却水泵、冷却塔及风幕机所组成。

站厅、站台中央空调系统的风管与通风系统的风管布置是相同的，即合用同一管网。站厅、站台部分的防火阀或电动调节阀也相同，但是在中央空调运行时的回风阀、排风阀调节状态与通风系统运行时不同。排热系统的运行与调节与通风系统运行时也不相同。

中央空调系统运行时，启用空调新风机、回排风机、排热风机、中央空调机组、风幕机、冷水机组、冷冻水泵、冷却水泵、冷却塔。

中央空调系统即空调运行工况的投运时间一般为六月初至十月中旬。

4. 设备用房、管理用房的通风运行

地铁车站的设备用房主要是环控机房、环控电控室、照明配电室、降压变电站、牵引变电站、主变电站、通信机房、信号机房、电源设备室等。管理用房是车控室、站长室、休息室等。所有这些用房，必须进行机械送风、机械排风。

(1)降压站、牵引站、主变电站的通风运行

由于降压站、牵引站、主变电站中的变压器等设备在运行中会产生热量，而这些设备对环境又有一定的要求。通常要求环境温度在40 ℃以下。设备在运行中

产生的热量，要求通风系统能及时的排走，以免热量的积累而使环境温度升高。根据设备容量的大小，散热、发热等要求，选择足够的送风量及排风量。以保证在夏季高温季节，环境温度满足设备的需求。

(2)通信机房、信号机房的通风运行

通信机房、信号机房是地铁运行的重要场所，对环境温度要求较高，一般要求在25 ℃以下。这些房间除了要求通风系统运行外，通常还设置有房间空调机，以降低房间的环境温度，满足设备的运行要求。

(3)环控机房、环控电控室的通风运行

环控机房对环境的温度要求不高，而且通常环控机房面积较大，设备散热量不高，一般的机械送、排风能满足要求。但是环控电控室由于是环控设备的集中控制场所，电气元件较为集中，散热量较多，对通风的要求较高。送、排风量要足够大，以保证设备的散热要求。在日常通风运行中，如果能降低环控电控室的环境温度，则能提高电气元件的可靠性。

5.3.3 火灾工况下环控系统的运行调节

地铁车站通常是地下车站，设有通风系统及中央空调系统。为了保证车站站厅、站厅、设备用房、管理用房的安全，在通风系统及中央空调系统中设置了一定量的防火阀，这些防火阀与车站消防报警主机及自动灭火系统相连接，一旦车站内的某些部位发生火灾，环控系统必须按照一定的要求，对运行工况进行调节、以确保乘客及车站设备的安全。

1. 站厅、站台火灾工况下环控系统的运行调节

(1)通风运行工况站厅、站台发生火灾时的运行调节

在通风运行工况下，如果站厅或站台发生火灾，必须对运行工况进行调节。运行工况调节的原则是：压差原理，即如果站厅发生火灾，必须关闭站厅的送风，关闭站台的排风，通风系统的设备仍然运行，仅关闭站厅送风管上的防火阀和关闭站台回排风管上的防火阀，关闭空调回风防火阀，通风系统向站台送风，回排风系统仅从站厅排烟，以达到站厅和站台形成气压压差的调节目的。如果系统运行正常，这些调节是自动进行，否则需人工调节。

(2)空调运行工况站厅或站台发生火灾时的运行调节

在空调运行工况下，站厅或站台发生火灾，必须对运行工况进行调节，运行工况调节的原则是：压差原理。如果站台发生火灾，则站台送风防火阀关闭，站厅回排风防火阀关闭，回风防火阀关闭。排风防火阀或电动调节阀开足(空调运行工况，在正常运行时，回风防火阀是开的，排风防火阀或电动调节阀是处于近似关闭状态，仅开一点)；同时关冷水机组，如果消防报警系统运行正常，除排风防火阀或

电动调节阀、冷水机组外，其余调节是自动进行的，否则需要人工调节。

2. 设备用房、管理用房发生火灾时的运行调节

(1)当安装有气体自动灭火系统的用房发生火灾时，气体自动灭火系统会自动关闭送风机、排风机或送排风阀，使房间形成密封空间，喷洒灭火气体灭火，在确认火被扑灭后，再手动打开排烟、排毒防火阀或排风机，排走房间内的烟、毒气体，然后逐步恢复设备运行。

(2)当没有安装气体自动灭火系统的用房发生火灾时，工作人员就应立即手动关闭送风机防火阀，采用手提灭火器进行灭火，同时排风机或排风防火阀应处于开启状态，及时排走因火灾而产生的烟、毒气体。确认火被扑灭后才能逐步恢复设备运行。

3. 列车在停站期间发生火灾时的运行调节

当列车在停站期间发生火灾，应对排热系统进行调节。如果是上行侧发生火灾，则应关闭下行侧的上下排热风阀(防火阀或电动调节阀)，使排热风机集中排出火灾发生侧的烟气和有毒气体。如果下行侧发生火灾，那么上行侧的上下排热风阀(防火阀或电动调节阀)应关闭。

5.4 地铁给排水系统

5.4.1 地铁给排水系统概述

1. 地铁给排水系统的作用和目标

地铁给排水(包括水消防)系统设备主要的作用是：(1)提供地铁运营所必须的生产、生活、消防等用水；(2)收集排出生产、生活、消防等产生的的废水、污水及地下结构渗漏水、雨水等；(3)提供完整的水消防系统，保证地铁的安全、正常运营。

地铁的生产、生活以及消防水源都取自城市自来水供水管网。消防用水规定采用2路供水方式。地铁地下车站内一般不设消防贮水池，采用消防增压水泵直接从供水管道抽水加压供消防使用。车站所使用的生活、生产用水都采用单路供水方式。

2. 地铁给排水系统的组成

地铁给排水系统其实分为两大块，一部分为车站供水系统，一部分为车站排水系统。车站供水系统根据其供水方式的不同可分为4个独立系统：车站生产、生活供水系统；消火栓供水系统；水喷淋供水系统和空调冷却冷冻循环水系统等。

车站排水系统根据车站所产生废水种类有地下结构渗漏水、冲洗水、消防废水、雨水等等，而车站污水又特指为厕所污水，所以车站排水系统根据其排水方式不同也分为4个独立系统:(1)地下车站废水由设有站厅、站台的地漏,将废水排入车站轨道两侧明沟和站台板下排水沟,经汇集至车站端头废水池内由排水泵提升,排入市政排水管道;(2)污水由厕所的下水管道汇集至污水池,然后由排水泵提升排入城市污水管道或地面化粪池;(3)出入口雨水汇集至出入口的集水池后,由排水泵提升排入市政排水管道;(4)地下结构渗漏水汇集于就近的集水池,由排水泵提升排出车站。

地铁的地下车站一般设计为高位站台,所以两个车站之间的区间隧道中点地势最低,在此设有区间泵排水。隧道内的结构渗漏水或消防废水等沿列车轨道两侧明沟汇集至区间集水池,然后由排水泵提升排入车站废水池或直接排出车站。此外,在区间隧道的洞口出入处和地下折返段端头同样设有排水泵站。

5.4.2 地铁给排水系统的运行

地铁的给水系统和其他建筑一样一般通过管道及辅助设备,按照地下车站、地面或高架车站对生产、生活的需要,系统地输送到各站点。系统通过水泵、管道、各种管件、阀门和水嘴来调节、分配水量、关断或改变水流方向等。

地铁的排水系统因为大部分是在地下车站,必须通过管道及辅助设备把相关车站内的建筑雨水、生活和生产过程所产生的污水以及废水及时地排放到城市的污水管道网络中去。同样涉及许多水泵、管道以及管道与设备连接用的各种零件。

地铁车站给排水系统的各类设备可分为正常运行方式和非正常运行方式两种。

1. 正常运行方式

各类给、排水泵平时均按自控状态运行,并且应保持良好的工作状态,随时可以按设计或设定的方式(有自动控制系统的按自动控制系统,无自动控制系统的按手动控制系统)运行,并且各类给排水设备,包括阀门、水泵等可操作设备应配有指示标牌,表示目前该设备所处的状态。

2. 非正常运行方式

如果给排水管道发生严重漏水时,车站工作人员立即关闭漏水处管道阀门,并及时维修漏水处,必要时要采取一些应急的防范措施,并要及时通知相关部门进行抢修;如果给排水系统的水泵发生故障时,应立即将水泵控制状态置于手动或检修档,并切断水泵电源,马上维修,如有备用泵的,应立即将备用泵投入可使用状态或使备用泵投入自动状态。

如果是其他给排水系统的附件故障,可视影响范围的大小,将设备置于正常方式或非正常方式运行。设备故障时,各类水泵、阀门应标识相关故障指示标牌,表示该类设备停用、故障或禁止使用。

5.4.3 地铁消防给水系统简介

由于地铁一旦发生火灾将是非常危险的，并能引起群死群伤事件，所以地铁的消防给水系统布置的比较全面，在不同的区域和环境，根据保护对象的不同，地铁系统会配备不同的消防给水系统，来应对各种可能发生的初期火灾事故；目前，用于地铁地面、地下、高架的消防给水设施有以水为介质的消火栓灭火系统、自动喷淋灭火系统和水喷雾灭火系统，以及管网气体自动灭火系统。其中，消防泵和喷淋泵分别是消火栓灭火系统、自动喷淋灭火系统的主要供水设备，气体自动灭火控制盘、管网和电磁阀为气体灭火系统的主要设备。火灾监控系统具备对消火栓灭火系统、自动喷淋灭火系统等的联动控制功能，其联动控制逻辑与要求一般按照工程需要来确定，并且在火灾报警确认后自动或手动联动控制功能。

1. 消火栓灭火系统

消火栓在地铁地面、地下和高架都是主要的消防灭火设备，除气体灭火外，消火栓以水作为一种灭火介质，是一种既及时又有效的灭火工具。系统由消防给水设备即消火栓部分(包括给水管网、加压泵、水枪、水带等)和电控部分(包括启泵按钮、防灾报警器启泵装置及消防控制柜等)组成。为保证喷水枪在灭火时具有足够的水压，需要采用加压设备。常用的加压设备有两种：消防水泵和稳压给水装置。一般采用消防泵，在每个消火栓内设置消防泵启动按钮，灭火时，用小锤击碎按钮上的玻璃小窗，按钮弹出，通过控制电路启动消防泵，达到灭火效果。消火栓灭火系统中消防泵的启动和控制方式的选择，与建筑物的规模和水系统设计有关，为确保安全，控制电路设计应简单合理。

(1)消防泵电气控制原理

车站消防栓系统一般有 2 台消防泵，安装在车站的消防泵房内，在日常运行时，其中一台设置于自动位置，另一台设置在备用位置。通过房内的消防控制双切电源箱来实现消防泵的启、停功能，如图 5.4 所示。

如 1 号泵为工作泵，那么 2 号泵就是备用泵，如将 QS4、QS5 合上，转换开关 SA 转至左位，检修开关 QS3 放在右位，电源开关 QS2 合上，便为启动做好了准备。

如出现火情，用小锤将消防按钮玻璃击碎，其内部按钮因不受压而断开，使中间继电器 KA1 线圈失电，时间继电器 KT3 线圈通电，经延时 KT3 常开触头闭合，使中间继电器 KA2 线圈通电，接触器 KM1 线圈通电，1 号消防泵电机 M1 启动运转，进行灭火。若 1 号故障，2 号自动投入。当出现火情时，设 KM1 机械卡住，其触头不动作，使时间继电器 KT1 触头闭合，使接触器 KM2 线圈通电，2 号泵电机 M2 启动运转。

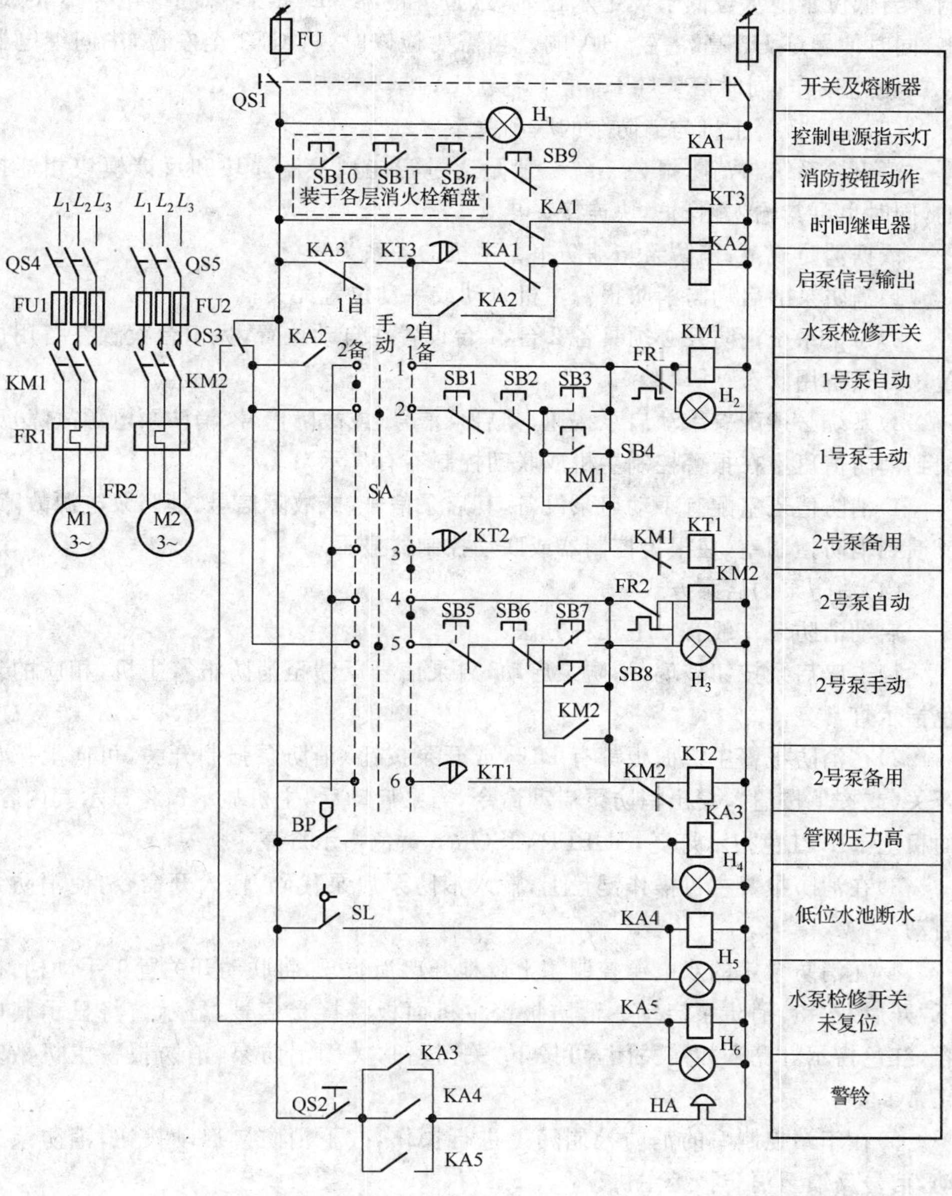

图 5.4　消防泵电气控制原理

(2)在其他状态下的工作情况

如需手动强制报警时，将 SA 转至手动位置，按下 SB3(SB4)，KM1 通电动作，1 号泵电机就会运转。如需 2 号泵运转时，按 SB7(SB8)即可。当管网压力过高时，压力继电器 BP 闭合，使中间继电器 KA3 通电动作，信号灯 H4 亮，警铃 HA

响。当低位水池水位低于设定水位时，水位继电器 SL 闭合，中间继电器 KA4 通电，同时信号灯 H5 亮，警铃 HA 响。当需要检修时，将 QS3 至左位，中间继电器 KA5 通电动作，同时信号灯 H6 亮，警铃 HA 响。

(3)消防报警主机与消防泵的联动关系

消火栓系统与消防报警系统一般是通过智能型控制模块和反馈模块相连接的，同时也可与输入输出模块连接。

依据消防规范，消防泵与消防报警主机的关系为：

1)消防泵的启动与消防报警主机自动或手动位置无关；

2)每个系统消防泵必须具备 2 台，1 台设置在自动位置，另 1 台设置在备用位置。即热备用状态；

3)系统必须配有手动启泵按钮，其启泵信号(或故障信号、消防泵电源故障)反馈到消防值班室在报警控制主机或联动控制器有显示)；

4)消防值班室配有手动启泵设备，其启泵信号(或故障信号、消防泵电源故障)反馈到消防控制室(在报警控制器或联动控制器显示)。

(4)消防泵的启泵方式

启动消防泵一般有如下几种方法：

1)击碎启泵按钮玻璃，消防泵启动，启泵信号反馈至消防报警主机，相应的红色指示灯常亮。

2)在消防报警主机面板都有 DIP(或开泵按钮)消防泵强制开关，可向上拨动开关(或按下按钮)，发出消防泵启动命令，当泵启动后，主机显示窗将显示其内容，面板上 DIP 红色指示灯亮；SUPERVISORY 黄色指示灯亮。

3)在消防报警主机操作键盘上，输入消防泵启泵代码，输入开命令，使消防泵启动。

4)在消防泵房的双电源控制箱上就地开启消防泵，将联动开关置于手动档，按下“开启”按钮，消防泵启动。消防报警主机面板将接受信号，显示窗将显示其内容，红色指示灯亮。如需关闭，可按下“关”按钮，关闭消防泵，消防报警主机恢复正常。

5)在车站控制室的消防控制箱上进行操作，按下消防泵启动按钮，消防泵启动，信号反馈至消防报警主机。

(5)消防泵启动后的复位

1)消防泵启动按钮开启消防泵，应先到消防泵房室的电气操作箱上将手/自动转换开关转置手动位置，然后按下停止按钮，再到现场更换被击碎的玻璃，使系统复位。系统复位后再将手/自动转换开关转置自动位置。

2)如在消防主机上通过 DIP(按钮)消防泵强制开关打开的，先将 DIP 开关向下拨，将命令撤消，然后到消防泵房室的电气操作箱上将手/自动转换开关转置手动位置，然后按下停止按钮，使系统复位。系统复位后再将手/自动转换开关转置自动位置。

3)如是在消防报警主机操作键盘上，输入消防泵启泵代码，使消防泵启动的，则需输入原代码，再输入撤消命令，然后到消防泵房室的电气操作箱上将手/自动转换开关转置手动位置，按下停止按钮，使系统复位。系统复位后再将手/自动转换开关转置自动位置。

4)如在消防泵房的双电源控制箱上就地开启消防泵的，则需按下停泵按钮，使系统复位。系统复位后再将手/自动转换开关转置自动位置。

5)如在车站控制室的消防控制箱上启动消防泵的，先按下停泵按钮(或合闸按钮)不放，由其他人员到消防泵房室的电气操作箱上将手/自动转换开关转置手动位置，然后按下停止按钮，使系统复位，这时再离开启泵按钮，系统复位后，再将手/自动转换开关转置自动位置。

值得注意的是在打开消火栓增压泵之前必须做到水龙带已经接在消火栓上，并且装上水枪；打开消火栓阀，使消防水从水枪内喷出；还有无论何种方式开启消防泵，其复位必须到消防泵房就地手动关闭。

2. 自动喷水灭火系统

自动喷水灭火系统是目前世界上应用最广泛的一种固定消防设备。从19世纪中叶至今已有100多年的历史，其最大的特点是价格低廉，灭火效率高。据美国、澳大利亚等国家统计，其灭火成功率在96%以上。自动喷水灭火系统的可靠工作，关键在于系统的自动控制要符合国家规范的要求，做到安全可靠。适用于温度不低于4 ℃(低于4 ℃受冻)和不高于70 ℃(高于70 ℃失控，误动作造成水灾)的场所。

(1)湿式喷水灭火系统的构成

车站湿式喷水灭火系统是由喷淋泵、湿式阀、喷头、报警止回阀、延时器、水力警铃、压力开关(安在干管上)、水流指示器、管道系统、供水设施、报警装置及控制盘等组成。喷淋泵和湿式阀安装在车站的消防泵房内，每个站设有2台喷淋泵，在日常运行管理中，其中1台设置在自动位置，而另1台设置于备用位置，电源供给由双切电源箱控制。湿式喷水灭火系统的构成如图5.5所示：

1)湿式喷水系统附件

① 水流指示器

水流指示器的作用是把水的流动转换成电信号报警的部件。其电接点即可直接启动消防水泵，也可接通电警铃。在保护面积小的场所可以用水流指示器代替湿式报警阀，但应仍置止回阀于主管道底部，一是可防止水污染，二是可配合设置水泵接合器的需要。

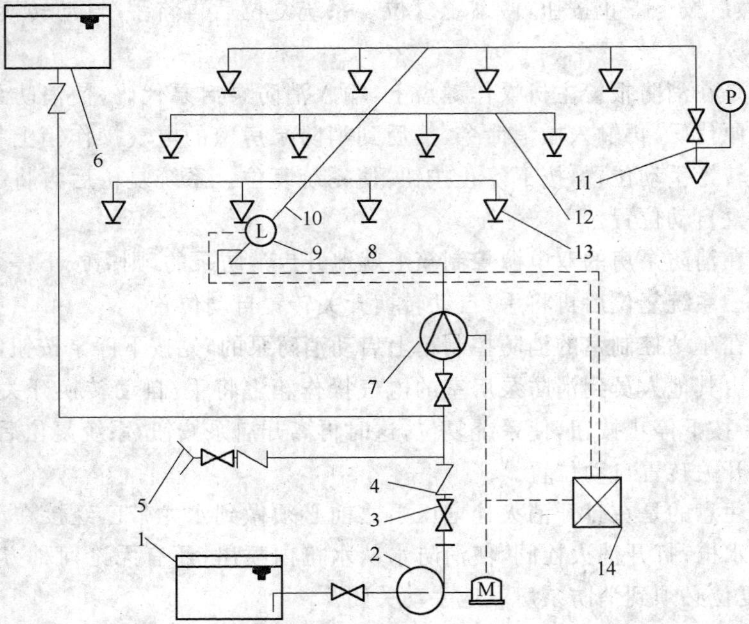

图 5-5　湿式自动喷水灭火系统组成示意

图注：1—消防水池；2—消防泵；3—闸阀；4—止回阀；5—水泵接合器；6—高位水箱；7—湿式报警阀组；8—配水干管；9—水流指示器；10—配水管；11—末端试水装置；12—配水支管；13—闭式洒水喷头；14—报警控制器；P—压力表；M—驱动电机；L—水流指示器

② 洒水喷头

喷头可分为开启式和封闭式两种。它是喷水系统的重要组成部分，因此其性质、质量和安装的优劣会直接影响到火灾初期灭火的成功率，可见选择时必须注意。封闭式喷头可以分为易熔合金式、双金属片式和玻璃球式三种。应用最多的是玻璃球式喷头，喷头布置在顶棚下边，与支管相连。在正常情况下，喷头处于封闭状态。火灾时，开启喷水是由温感部件（充液玻璃球）控制，当装有热敏液体的玻璃球达到动作温度（57 ℃、68 ℃、79 ℃、93 ℃、114 ℃、182 ℃、227 ℃、260 ℃）时，球内液体膨胀，使内压力增大，玻璃球炸裂，密封垫脱开，喷出压力水，喷水后，由于压力降低，开关动作，将水压信号经压力开关变为电信号向喷淋泵控制装置发出启动喷淋泵信号，保证喷头有水喷出。同时，流动的消防水使主管道分支处的水流指示器电接点动作，接通延时电路（延时 20～30 s）通过继电器触电，发出声光信号给控制室，以识别火灾区域。

综上所说，喷头具有探测火情、启动水流指示器、扑灭早期火灾的作用。其特点是：结构新颖、耐腐蚀性强、动作灵敏、性能稳定。

③ 压力开关

当湿式报警阀阀瓣开启后，其触点动作，发出电信号至报警控制箱，从而启动消防泵。报警管路上如装有延迟器，则压力开关应装在延迟器之后。压力开关都有一对常闭触点，作自动报警控制使用。压力开关的工作压力一般在 0.07～1 MPa之间可调；适用于空气、水介质；并可用交直流电，工作电压为：AC220 V、380 V；DC24 V、36 V、48 V；触点所能承受的电容量：AC220 V，5 A；DC24 V，3 A，压力开关的接线：压力开关用在系统中需经模块与报警总线连接。

④ 湿式报警阀

湿式报警阀在湿式喷水系统中是非常关键的。安装在供水干道上，连接供水设备和配水管网。它必须非常灵活，当管网中即使有一个喷头喷水，破坏了阀门上下的静止平衡压力，就必须立即开启，任何迟延都会耽误报警的发生。平时阀芯前后水压相等，水通过导向杆中的水压平衡小孔保持阀板前后水压平衡，由于阀芯的自重和阀芯前后所受水的总压力不同，阀芯处于关闭状态（阀芯上的总压力大于阀芯下面的总压力）。发生火灾时，闭式喷头喷水，由于水压平衡小孔来不及补水，报警阀上面的水压下降，此时阀下水压大于阀上水压，于是阀板开启，向洒水管网及洒水喷头供水，同时水沿着报警阀的环行槽进入延时器、压力继电器及水力警铃等设施，发出火警信号并启动消防水泵等设施。

⑤ 末端试水装置

喷水管网的末端设置有末端试水装置，与水流指示器一一对应。当要对系统进行定期检查时要打开末端试水装置，用以测试压力开关、湿式报警阀等管网系统，以确定系统是否正常。

(2)湿式自动喷水原理

当发生火灾时，温度升高，喷头开启喷水，管网压力下降，报警阀后压力下降使阀板开启，接通管网和水源以供水灭火。管网中设置的水流指示器感应到水流动时，发出电信号。管网中的压力开关因管网压力下降到一定值时，也发出电信号，启动水泵供水，消防主机同时接开泵信号。

(3)喷淋泵控制电路

如图 5.6 所示的工作过程是：若设某层发生火灾并在温度达到一定值时，该层所有喷头便自动爆裂并喷出水流。平时将开关 QS1、QS2、QS3 合上，转换开关 SA 至左位（1 自、2 备）。当发生火灾喷头喷水时，由于喷水后压力降低，压力开关 Bn 动作，（同时管道里有消防水流动时，水流指示器触头闭合），因而中间继电器 KA(n+1)通电，时间继电器 KT2 通电，经延时其触头闭合，中间继电器 KA 通电，使接触器 KM1 闭合，1 号消防加压水泵电动机 M1 启动运转（同时警铃响，信号灯亮)，向管网补充压力水。

当1号泵故障时，2号泵的自动投入过程是，若KM1机械卡住不动时，由于KT1通电，经延时后，备用中间继电器KA1线圈通电动作，使接触器KM2线圈通电，2号消防水泵电机M2启动运转，向管网补充压力水。如将开关SA拨向手动位置，也可按下SB2或SB4使SB4使KM1或KM2通电，使1号泵或2号泵电动机启动运转。

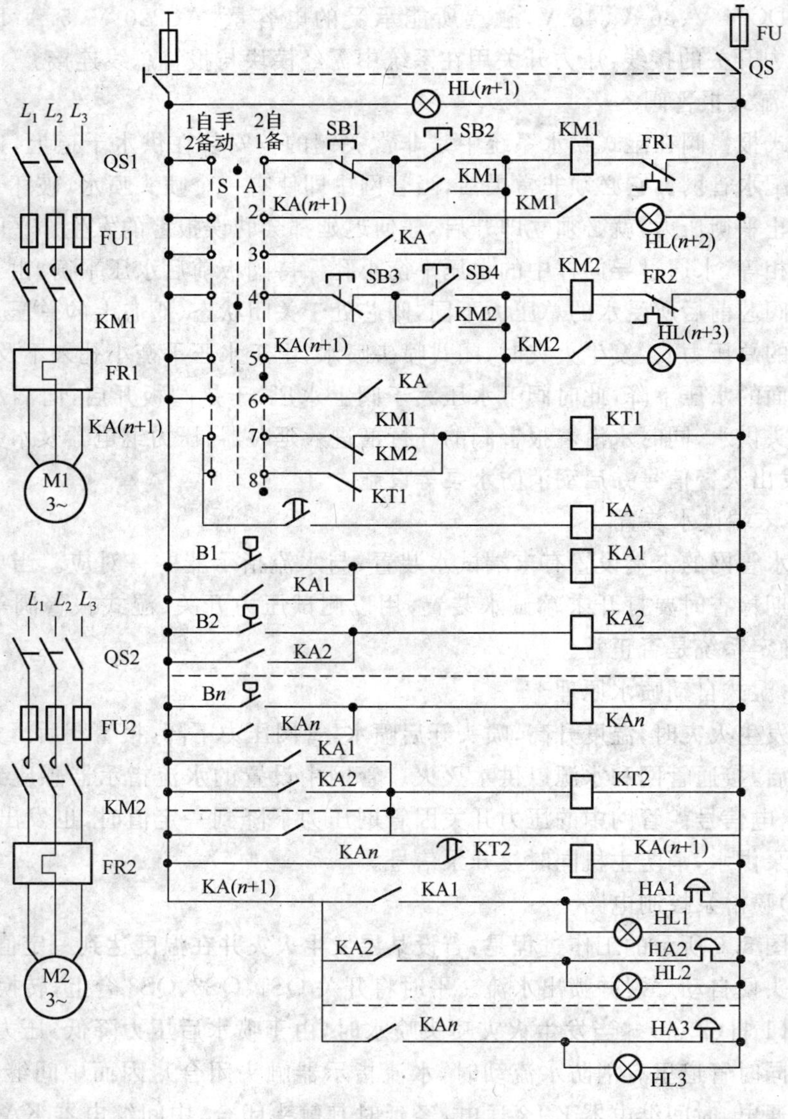

图5.6 喷淋泵控制电路示意图

(4)消防报警主机与自动喷水灭火系统的联动关系

根据工作需要,自动喷水灭火系统以及水喷雾灭火系统在消防主机上应有自动喷水系统的控制、显示功能。

消火栓系统与消防报警系统一般通过智能型控制模块和反馈模块连接,也可与输入输出模块连接,依据消防规范,水喷淋灭火系统与消防报警主机关系为:

1)控制系统的启停应在报警主机上显示;

2)报警主机应显示消防水泵的工作、故障状态;

3)报警主机应显示水流指示器、压力开关的工作状态;

4)压力开关动作信号,反馈到车站控制室报警控制器或联动控制器显示。

(5)喷淋泵启动方式

1)在消防报警主机面板有喷淋泵 DIP 强制开关(或开泵按钮),可拨动(向上)开关(或按下开泵按钮),发出喷淋泵启动命令,当泵启动后,响应的 SUPERVISORY 黄色指示灯常亮,主机显示窗将显示其内容,面板上 DIP 红色指示灯常亮,相应的压力开关红色指示灯常亮。

2)在消防报警主机操作键盘上,输入喷淋泵启泵代码,输入"开"命令,使喷淋泵启动。

3)在喷淋泵房的双电源控制箱上就地开启喷淋泵,将联动开关置于手动档,按下"开启"按钮,喷淋泵启动。消防报警主机面板将接受反馈信号,显示窗将显示其内容,监控黄色指示灯亮,与之相应的喷淋泵开关,红色指示灯亮。如需关闭,可按下"关"开关,关闭消防泵,消防报警主机恢复正常。

4)在车站控制室的消防控制箱上进行操作,按下喷淋泵启动按钮,喷淋泵启动,信号反馈至消防报警主机。

5)末端放水:消防报警主机在自动档,打开喷淋系统管网的末端放水龙头,使水流指示器报警,湿式阀打开,压力开关动作,引起喷淋泵动作。

6)喷头爆裂:火灾时,当装有热敏液体的玻璃球达到动作温度(57 ℃、68 ℃、79 ℃、93 ℃、114 ℃、182 ℃、227 ℃、260 ℃)时,球内液体膨胀,使内压力增大,玻璃球炸裂,密封垫脱开,喷出压力水。

(6)喷淋泵复位

1)如在消防报警主机上由 DIP 开关开启消防泵主机的,则要将 DIP 开关向下拨,撤消命令,然后到喷淋泵房的电气操作箱上的手/自动转换开关转至手动位置,按停止按钮,停泵后,再将开关放置自动位置。

2)如在 4120 上输入喷淋泵代码,然后输入开启命令的,则需再次输入喷淋泵代码,撤消命令,再到喷淋泵房的电气操作箱上的手/自动转换开关转至手动位置,按停止按钮,停泵后,再将开关放置自动位置。

3)如是在喷淋泵房的电气操作箱上开启喷淋泵的，则需将手/自动转换开关转至手动位置，按停止按钮，停泵后，再将开关放置自动位置。

4)如是在车站控制室的消防控制箱上进行操作，开启喷淋泵的，则需按下喷淋泵停泵(分闸)按钮不放，由其他人员到喷淋泵房，将电气操作箱上的手/自动转换开关转至手动位置，按停止按钮，停泵后，再将开关放置自动位置。这时，才可将停泵按钮松开。

5)如是由末端放水引起的，则需关闭放水龙头，再到喷淋泵房，在电气操作箱上的手/自动转换开关转至手动位置，按停止按钮，停泵后，再将开关放置自动位置。系统复位。

6)如是喷头爆裂引起泵启动：应先将电气操作箱上的手/自动转换开关转至手动位置，按停止按钮，然后更换喷头，再将开关放置自动位置，系统复位。

注意：消防泵和喷淋泵的复位，都必须到就地手动操作。

3. 气体自动灭火系统

(1)系统介绍

气体自动灭火系统是固定灭火系统一种灭火形式。地铁的消防系统都是由自动报警系统和自动消防系统两部分组成。前者是对火灾初期的探知和报警，后者是对火灾的及时扑灭和有效的防护。二者紧密配合，组成一个功能完备的地铁消防系统；而气体自动灭火系统又是消防系统的重要组成部分，一般安装在车站的重要设备用房，如车站的通信机械室、信号机械室、降压站、牵引变电所、电器设备室等场所。地铁常用的气体灭火系统有：卤代烷 1301 气体灭火系统；烟络尽 442R 气体灭火系统；FM200 气体灭火系统和 1211 灭火系统构成，由于这些气体具有灭火快、用量省、久储不变质、洁净、低毒或无毒、不导电、无水迹、易气化、空间分布与淹没性能良好等的化学特性，无论何种灭火气体，它们的灭火原理基本相同。

一旦火情发生后，一般首先火灾探测器报警(感烟、感温探测器)，信号到达控制盘，经 CPU 处理分析后，输出延时信号与 DC24 V 动作信号，关闭放火阀，启动瓶头阀。

(2)系统电源

每一种气体自动灭火系统其供电方式基本相同，而系统的工作电压均为 24 V ±5 V，属弱电系统。控制器主机其电源均有两路 220 V，50 Hz 交流电源供电，来自车站一端的降变电所 400 伏 Ⅰ、Ⅱ 母线上的抽屉开关专门供给，为消防一类负荷。每一个保护区域均有一个双切电源箱，保证在有一路断电的情况下，另一路可继续供电。控制主机还配有备用 24 V、33 Ah 蓄电池。

(3)系统运行方式

气体自动灭火系统主机必须处于 24 h 不间断正常工作状态,所有的设备均处于正常运行状态。控制主机必须放在自动位置,当保护区域内有一路探测器报火警时,值班员应到现场检查探测器状况,目测探头上红色显示灯常亮(正常时闪亮),如误报,应将手/自动转换开关转置手动位置。并按面板上"RESET"键,等设备恢复正常后,再将系统恢复正常。图 5.7 是气体自动灭火系统工作程序方框图。

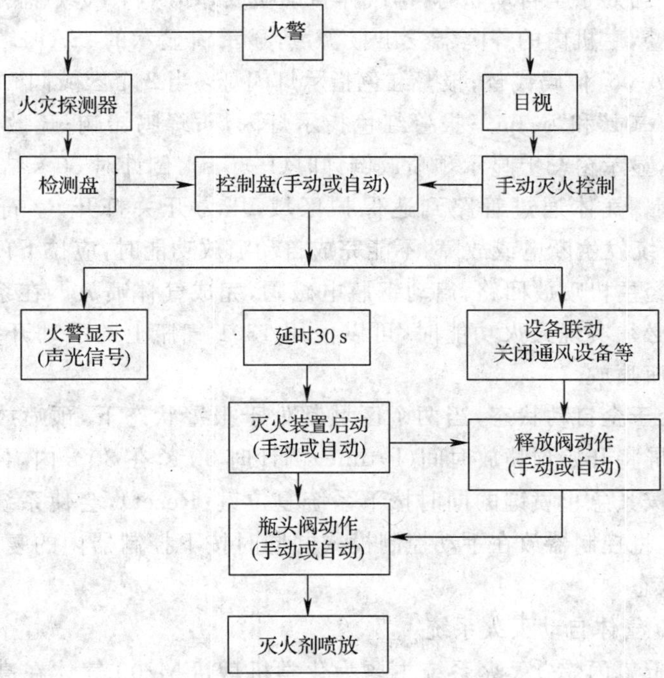

图 5.7 气体自动灭火系统工作程序框图

(4)几种地铁最常见的气体系统灭火系统介绍

1)卤代烷 1301 气体自动系统

卤代烷气体灭火系统有两种,一种是 1301(三氟 一溴甲烷),化学符号 CH_2BrF_3)灭火系统,也称为"哈龙气体"。另一种是 1211(二氟一氯一溴甲烷),化学符号是 CH_2BrClF)灭火系统。卤代烷气体灭火系统气化性能好,(1301 沸点为 −57.8 ℃,1211 沸点为−4 ℃),自喷嘴喷出后,即可气化。使保护区域灭火气体均匀分布,不留残液,但卤代烷气体具有低毒且破坏臭氧层,对人类的大气环境造成极大的破坏,目前,世界各国一致禁止使用(包括中国)。由于某些地铁线路建设的比较早,故采用了 1301 灭火气体,系统的核心部件是控制器主机,是由信号回路与控制回路组成,信号回路接受来自探测监控设备的信息如手动报警器、感烟、感温探测器及辅助设备,信息经处理后,由控制回路发出命令,使喷放系统动作。

烟感、温感报警信号通过主机板 USP 处理器“与”、“或”门逻辑关系到达预喷放时间(止喷开关经程序处理可控制预喷放时间),打开电磁阀,同时也可直接打开电磁阀;另一回路经“或”门电路,控制报警消音键和指示灯。另外设备的所有故障信号经“或”门电路,显示故障内容、指示灯颜色和蜂鸣器声响。

1301 系统功能由三部分组成,全自动状态功能、电气半自动状态功能、手动紧急状态功能。当处于全自动状态(即气体自动喷放)时,单个区域(感烟探测器或感温探测器)报警,主机内的蜂鸣器发出报警声,显示窗显示的“SAFE” 字样被显示窗“A-04”或“A-06”代码代替;报警红色指示灯闪烁,当 2 个区域同时报警,显示窗则交替显示“A-04”和“A-06”;报警红色指示灯闪烁;蜂鸣器响;疏散灯闪亮;防火阀关闭;这时,显示窗马上显示预喷放倒计时(P-30 s),倒计时 30 s 结束后,启动气体喷放电磁阀,气体通过管路到达保护区域,压力开关打开,字符显示屏显示“rchg”。当系统发生断电或故障,不能完成自动喷放功能时,应拉下门外紧急喷放开关,使信号经主机喷放回路,启动钢瓶电磁阀,完成气体喷放。在系统不能执行灭火程序,但必须实现灭火功能时,可以使用 1301 气瓶上的手动开关,先拔出插销,再打开气瓶喷放。

系统如处于全自动状态,当两个区域都处于报警状态下,预喷放定时器被启动,字符显示屏将开始预喷放时间(P-time)倒计时 30 s,在 30 s 内,目测确认无火灾或已扑灭,按紧急止喷键的同时按下系统复位键(Reset),会使系统回到正常状态。或用钥匙将控制器放在手动控制模式并同时按下控制器内的复位键,使系统回转到正常状态。

2)FM200 气体自动灭火系统

FM200(七氟丙烷)灭火系统主要为化学机理,FM200 气体在高温下分离出氟离子与火灾自由基结合,也就是说氟替代了氧离子,氟的化学活性比氧高,阻断了火灾的继续发展。FM200 灭火系统是一个独立的区域报警自动灭火控制系统。它的灭火原理与其他气体灭火系统原理一样,具有自动喷放、手动喷放和检控等功能,该系统主机采用上海科艺公司 S1700 型设备,气体钢瓶释放阀为撞针式电磁阀,S1700 由五个不同单元组成:报警单元、电源供应单元、灭火控制单元、继电器输出单元和辅助设备等。

报警单元提供“报警”与“故障”输出,即面板指示灯显示、警铃驱动输出,并监控各种故障状态。同时,与区域单元(即回路报警接口卡)连接,对外部探测器或手动报警器按钮等设备作出响应,每区域有独立的输出,可以用来驱动消防系统,分段鸣响单元或任何其他外部设备。电源供应单元及蓄电池为系统的正常运行提供所需要的能源,该单元监测蓄电池的充电电压及输出工作电压为 DC 28 V。灭火控制单元(包括显示部分)可以完成气体灭火系统的全部完整控制,输入命令信号来自控制器内的区域单元,并控制一个独立的手动(Manual)自动(Auto)释放设备,气体喷放(Gas Released)、禁止(Disable)等设备,继电器控制单元有四个重负荷继电器,通过转换触点组,可以分断或闭合5 A电流,分别在DC 30 V或AC 250 V的电压下工作,如防火阀等设备。该系统的辅助设备有T525:手/自动切换控制及状态显示;T526:紧急停止按钮(电控);和T527:手动启动按钮(电控)。

S1700面板控制主机由报警区域指示A区、辅助设备动作指示B区、按钮开关C区等三部分构成。气体灭火系统设自动/手动控制和机械应急操作,自动和手动控制转换装置安装在防护区和防护区疏散出口处,机械应急操作装置安装在气瓶储藏室。当某个保护区发生火灾时,烟、温两路探测器在火警信号经检测盘鉴定确定火灾后,将火警信号传至气体灭火控制盘及消防控制室,声光自动报警按照预定模式自动延时,启动电磁阀等,使FM-200储气钢瓶喷放气体至发生火灾的保护区。当目视发生火灾或断电等紧急情况下,也可以手动控制放气或进行机械紧急启动。

系统灭火功能分为自动灭火、电气半自动和机械手动喷放等3种。自动灭火功能为当感烟探测器报警时,控制器主机S1700面板上B区域的一个红色指示灯亮,A区域的公共火警指示灯亮,防护区的警铃报警;当烟感、温感同时报警时,B区域的二个红色指示灯亮,所保护区域房间防火阀关闭。则防护区的警铃、警笛和闪灯同时报警,进入预喷放30 s倒计时。同时,在经过30 s延时后,控制器打开电磁阀启动相应区域气体钢瓶释放阀的撞针电磁启动器,使FM200气体通过管道和喷头进入防护区域,门外放气指示灯亮,喷放指示灯亮;FM200气体喷放时,除消防电源外,其他电源均自动切断,所保护区域房间防火阀关闭,形成封闭区域。气体释放完毕后,压力开关的反馈模块将信号发送至控制器和控制中心。电气半自动功能为当保护区探头报警后,控制主机发生故障,不能进行自动喷放时,应按下疏散按钮,同时卸下控制盘右下方的黄色盖板,按下紧急启动按钮,立即执行灭火程序。信号经主机喷放回路,启动气瓶电磁阀进行喷放,这时,保护区内警笛响,红色喷放指示灯亮。机械手动喷放功能为当保护区探头报警后,又因意外原因自动、电气半自动都不能喷放时,应先关闭保护区门窗、防火阀等,按下疏散按钮,并立即到气瓶间,拔出主动瓶上插销,打开相应火警区域选择阀手动启动器,气体立即喷放。

如果将报警灭火执行盘上转换开关设在手动档,面板上"ABORT"就会显示红灯,此时,保护区的探头报警后,则不会自动执行灭火程序。

3)烟络尽气体灭火系统

烟络尽气体灭火系统是由世界著名的灭火系统设备专业生产厂美国ANSUL公司开发的全新气体灭火系统,并被美国NFPA2001标准(即洁净药剂气体灭火系统标准)所认可。“烟络尽”INERGEN,是由读音直译而来、由惰性(INERT)和氮气(NITROGEN)两个英文名字缩写而成。作为灭火药剂的烟络尽气体,是由52%的氮气、40%的氩气和8%的二氧化碳这3种自然存在于大气中的惰性气体组成。当烟络尽气体依规定的设计灭火浓度喷放于需要保护的区域中,可以在1 min之内将区域内的氧气浓度迅速降至12.5%,而使燃烧无法继续进行。同时,在这样低的氧气浓度下,由于保护区域的二氧化碳浓度已从自然状态下的低于1%提高到4%,促使人的呼吸速率比平时加快,应该在单位时间内吸入更多的氧气以维持正常的生命所需。

烟络尽气体是由自然存在于大气中的三种惰性气体组成的,在灭火后它们又自然地回归于大气层中,不存在温室效应,不对臭氧层破坏,是一种真正意义上的“零”污染。在规定的设计灭火浓度下(37.5%至43%),烟络尽气体对人体完全无害。不产生任何化学分解物,对设备无腐蚀、伤害。目前地铁气体灭火系统主要采用该产品。

烟络尽气体灭火系统由控制器主机442R、辅助设备、电源系统、管网系统等组成。报警控制主机442R由控制盘及外围辅助设备组成。控制盘是带有CPU的小型微处理器,与外围设备一起实现系统的探测报警、自动喷气、手动喷放、手/自动转换等功能。整个系统为一个独立保护区域,系统分为机械部分和电控部分。

控制面板分布安装在每个保护区域外侧墙面上,对于系统控制盘AUTOPULSE 442R(内有蓄电池),其面板共由3部分组成:系统状态指示灯、控制开关、区域状态指示灯,在保护区域的每一个出入口的外侧,都有1个蜂鸣器及闪灯,是一种同时具有声光报警功能的装置,用于保护区域中双回路触发报警时,发布火灾信息。由于它同时具有声、光报警功能,很容易区分预火警的报警信息,并提示保护区域内外的人员:烟络尽气体灭火系统即将启动,有关人员应尽快撤离或严禁再次进入保护区域。每一个出入口的内侧有警铃,警铃是一种声报警功能的装置,用于保护区域中的单回路触发报警时,发布火灾信息。系统报警,首先动作的是警铃。

在保护区域的主要出入口的外侧,还设置1个紧急停止按钮(又称止喷开关)。在两区域同时报警而30 s倒计时内按下此按钮。如需操作紧急停止时,须用手按住紧急停止开关不放,否则将无效。紧急停止开关操作到位,蜂鸣器(高频振荡器)响,其韵律为“嘟”…“嘟”…“嘟”…,声响短促,说明预喷放30 s倒计时暂停。并用钥匙将系统置于“手动”档(LOCK OUT系统锁定),此时手才可以离开操作紧急停止开关。

若值班员认为火灾已经发生,情况紧急,可用钥匙将系统置于“自动”档,即可恢复倒计时的进行,或者直接拉下电气式烟络尽气体手动释放启动器,释放灭火剂进行灭火。

若值班员确认系统误动作或无需释放灭火剂，按下控制盘上的系统复位开关，即可使系统恢复正常。

该系统同样也有自动喷放、电气半自动控制和机械手动等3种控制功能，当系统处于自动喷放功能时，设置在每个保护区域内的感烟探测器、感温探测器和手动报警器都分别被设置为3个独立的报警回路。当发生火灾时，其中某一回路先报警(ZONE1或2，红色指示灯亮)，该保护区域内的警铃响，防火阀关闭，而当2个回路(ZONE1，2红色指示灯亮)同时报警，倒计时30 s开始，设在该保护区域外的报警警铃响闪灯闪亮，蜂鸣器(高频振荡器)响，其韵律为"嘟"……"嘟"……"嘟"……，在经过30 s延时后，控制盘将输出DC24 V电压，烟络尽气体钢瓶组上的主动瓶电磁阀和对应的区域选择阀同时被启动，带动钢瓶组一起喷放，使烟络尽气体沿管道和喷头输送到对应保护区域灭火。烟络尽气体释放后，设在管道上的压力开关就会动作，将灭火剂已经释放的信号送至控制盘，RELEASE红色灯亮。保护区域外的蜂鸣器及闪灯，在灭火期间将一直工作，警告所有人员不能进入保护区域，直至确认火灾已经扑灭，按下复位键，使系统复位。当系统处于电气半自动控制时，实际上是控制主机发生故障，无法自动喷放，只能通过电气方式的手动控制来操作，操作人员可在门外启动手拉启动器，系统将不经延时，直接通过DC24 V电压输出，将钢瓶组上的主动瓶电磁阀和对应的区域选择阀同时启动，带动钢瓶组一起喷放。控制盘则不呈现报警状态。"SYSTEM ALARM"(系统报警)红色发光二极管不亮，而"MANUAL RELEASE"(手动释放)红色发光二极管将亮，"RELEASE"(释放)红色发光二极管亮，蜂鸣器持续报警，报警警铃响，闪灯亮，蜂鸣器(高频振荡器)响，"嘟"……，长鸣到底，说明烟烙尽气体开始喷放。机械手动也叫应急操作，实际上是通过机械方式操作，只有当自动控制和手动控制均失灵时，才需要采用应急操作。此时应将气瓶间选择阀上的插销拔出，往上推手柄，然后将钢瓶组上的主动瓶插销拔出，往上推手柄，这时，整个气瓶组的气体将会喷出。烟烙尽气体钢瓶中的气体是高压气态，喷放时瞬间压力大，对输气管路等有冲击，每个保护区域根据空间大小，灭火气体需配置的有效浓度在设计上是不同的，输气管路、部件的选配及安装也就不同。在实际操作中要注意，必须要仔细核对手动启动器上的标牌，准确无误后方可操作。

系统的管网部分是由气体钢瓶及CV98瓶头阀，不锈钢启动软管、电磁阀、高压软管、集流管、放气管、单向阀、减压装置、选择阀、压力开关、喷嘴和气体输送管道组成。

以上3种灭火系统，当气体喷放后，门外放气指示灯都会亮起，此时工作人员不可轻易进入防护区域，气体释放30 min后，工作人员应戴好防毒面具，在保证屋外有人留守时，方可进入室内查看火情，在室内滞留时间不得超过3 min。

4. 高压细水雾系统

高压细水雾灭火系统是利用纯水作为灭火介质，采用特殊的喷头在特定的压力工作下(通常为 10 MPa)将水流直接或采用氮气等雾化介质将水分解成细水雾或分解成细小水滴进行灭火或防护冷却的一种固定式灭火系统，适用于扑救 A 类、B 类及电气火灾。可用于图书馆、档案馆、机械设备间、电器设备间、高低压配电间、电力变压器室、室外变压器、计算机及通信机房、柴油发电机房及储油间、燃油燃气锅炉房、电缆夹层、电缆隧道、地铁控制中心、地下隧道等场所。

该系统由水源、供水设备、管道、控水阀组、过滤器、高压细水雾泵组(图 5.8 所示)、补水增压装置(如图 5.9 所示)、高压细水雾喷头以及火灾报警联动系统等组成。高压细水雾泵组包括高压主泵、高压备泵、稳压泵、进水电磁阀、进水过滤器、泵组控制柜、调节水箱等；补水增压装置包括增压泵、供水管网、区域控制阀组(如图 5.10 所示)，向保护对象喷射细水雾，用于灭火、抑火和控火的灭火系统。

图 5.8 高压细水雾泵组

图 5.9 补水增压泵

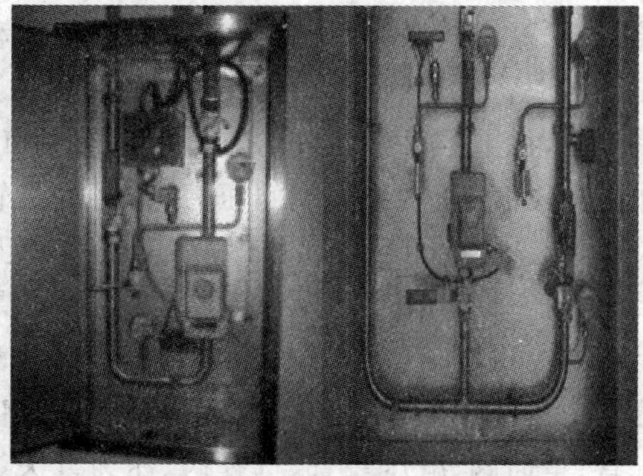

开式阀组　　闭式阀组

图 5.10 区域控制阀组

该系统对喷头的要求相当高，一般采用开式、闭式喷头及微型喷嘴 3 种，如图 5.11 所示。在喷头最小工作压力下，喷头轴线向下 1.0 m 处的平面上，测得雾滴直径 Dv0.99 小于 1 000 μm 或 Dv0.55 小于 300 μm 的水雾，称为细水雾。

开式喷头

闭式喷头

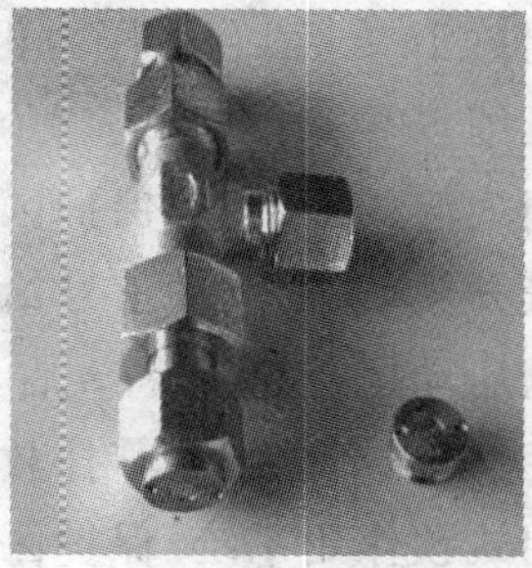

微型喷嘴

图 5.11　高压细水雾喷头

Dv0.99 表明喷雾液体总体积中，1%是直径大于该数值的液滴，另 99%是直径小于等于该数值的液滴。Dv0.55 为体积中位数直径，表明喷雾液体总体积中，50%是直径大于该数值的液滴，另 50%是直径小于等于该数值的液滴。

其工作原理是在准工作状况下，细水雾系统从泵组出口至区域阀前的管网内(闭式是从泵组出口至喷头的管网)维持一定压力，当压力低于稳压泵的设定启动压力 10 bar (1 bar=100 kPa)时，稳压泵启动，使系统管网维持稳定压力(10～12)×100 kPa，稳压泵运行超过 10 s 后压力仍达不到 1 200 kPa 时，主泵启动，稳压泵停止。水箱进水口处接有补水电磁阀，水源经过过滤器和补水电磁阀后进入水箱；水箱配有液位控制器，实现对水箱水位的自动控制，补水电磁阀在水箱低水位时打开，高水位时关闭。可以通过泵组控制盘来实现高压细水雾灭火系统的启动、停止及系统运行状况监视。

当火灾自动报警系统探测到并确认火灾后，该系统延时(0～30 s)后联动开启相应区域的电动阀，管网内压力迅速下降，高压泵组启动。为了保证系统可靠运行，区域电动阀启动还可以通过手动、电动或远程直线启动实现；高压泵组还可以手动、联动或远程直线启动。

高压细水雾系统灭火机理主要为表面冷却、室息、冲击乳化和稀释。从水雾喷头喷出的雾状水滴，粒径细小，表面积很大，遇火后迅速汽化，带走大量的热量，使燃烧表面温度迅速降到燃点以下，使燃烧体达到冷却目的。高压细水雾系统按动作方式可分为高压细水雾开式系统、高压细水雾闭式湿式系统、高压细水雾闭式预作用系统 3 种。

高压细水雾系统具有自动启动、手动电动启动(远程或就地)、机械应急操作 3 种启动方式。

开式系统：当保护区内发生火灾时，火灾探测器发出信号至火灾报警控制器，火灾报警控制器根据其地址确认发生火灾的区域，然后发出联动启动灭火系统的控制信号,打开相应的区域阀组,区域阀组打开后管网压力下降,稳压泵自动启动运行超过 10 s 后,管网压力仍达不到 1.2 MPa 则高压主泵自动依次启动,喷头喷出高压细水雾扑救火灾。

闭式湿式系统:当保护区内发生火灾时,细水雾喷头玻璃泡破裂,管网液体流动流量开关动作,反馈信号给火灾报警控制器,反映灭火区域管网压力下降,稳压泵自动启动运行超过 10 s 后,管网压力仍达不到 1.2 MPa 则高压主泵自动依次启动,喷头喷出高压细水雾扑救火灾。

闭式预作用系统:保护区域内喷头到区域控制阀之间的管道平时为空管,当发生火灾时,火灾探测器发出信号至火灾报警控制器,火灾报警控制器根据其地址确认发生火灾的区域,然后发出联动启动灭火系统的控制信号,打开相应的区域阀组,区域阀组打开后管网压力下降,稳压泵自动启动运行超过 10 s 后,管网压力仍达不到 1.2 MPa 则高压主泵自动依次启动,破碎的闭式喷头喷出高压细水雾扑救火灾。

当人员发现火灾发生时,在火灾探测器尚未动作的情况下,可以通过远程消防控制中心启动相应区域的区域阀组按钮或就地打开区域阀组,管网压力下降,稳压泵自动启动运行超过 10 s 后,管网压力仍达不到 1.2 MPa 则高压水泵自动启动供水灭火。

在手打开动区域控制阀后,系统在 10 s 后高压泵仍未启动,再开启高压细水雾泵组按钮。现场人员发现火灾时,可就地按下区域阀组控制按钮,打开区域阀组进行灭火。

在火灾报警系统失灵情况下,切断阀组电源后,再手动操作区域阀组上的手柄,打开区域阀组进行灭火。

5.5 地铁车站低压配电系统

5.5.1 地铁车站低压配电系统概述

1. 地铁车站低压配电系统的作用和目标

地铁车站动力配电系统采用 AC 400 V 三相五线制、AC 220 V 单相三线制方式供电,它为车站站台、站厅和设备用房的机电设备、售检票设备及通信、信号系统等设备提供电源。

地铁工作人员通过该系统对车站低压电器及照明系统各设备进行有效操作和管理,时刻保障设备处于安全受控、优质、高效的运行工况,给地铁车站正常运营提供必要的基础条件。

2. 地铁车站低压配电系统的组成

地铁的车站低压配电系统根据车站内用电设备的不同用途和重要性，由三类负荷组成：一类负荷包括车站通信系统、车站信号系统、火灾报警系统、气体灭火系统、机电设备监视系统、屏蔽门系统、水消防系统、废水泵、车站控制室设备和事故风机等一些保障地铁运营安全的重要设备；二类负荷包括车站环控系统用的各种送排风机及风阀、车站污水泵、集水泵、自动扶梯、残疾人电梯、升降平台等设备；三类负荷是指冷水机组、冷却水系统、冷冻水系统、车站生活设施等。

地铁车站的照明系统是一个非常独特的系统，它采用 AC 400 V 三相五线制、AC 220 V单相三线制方式供电，分为公共区域一般照明、设备管理用房照明、事故照明、诱导照明、安全照明、标志照明和广告照明等。

5.5.2 地铁车站低压配电系统的运行

地铁车站低压配电系统根据设备用电的重要性可分为车站降压站直接供电和由环控电控室供配电两种方式运行。

由降压站直接供电的一类负荷设备，采用由降压站低压配电柜两段母线各馈出一路电源到设备电源切换箱，经电源切换箱实现双电源末端切换后，再馈出到用电设备，两路电源正常时，一路工作、一路备用，当一路失电后，另一路自动合上，互为备用。

由降压站直接供电的二类负荷设备，如自动扶梯、残疾人电梯、污水泵等设备，采用由降压站低压配电柜的一段母线馈出一路电源至设备电源配电箱，经电源切换再送设备，当降压站该段母线失电后，母线分段开关自动合上，保证母线继续供电。

由降压站直接供电的三类负荷设备，如冷水机组等设备，采用由车站降压站低压柜其中一段母线馈出一路电源至设备附近的电源箱后再馈出给用电设备，当降压站任何一段母线失电或故障时，均联跳降压站直接供电的三类负荷设备。

车站的另一些用电设备，如区间事故冷却风机、车站环控风机、防火阀、冷却水泵、冷冻水泵、气体灭火装置等设备，由车站环控电控室直接控配电；车站设南、北两个环控电控室，环控电控室低压一、二段负荷母线，由车站降压站两段母线（非三类母线排）各引一路电源到环控电控室电源进线柜，电源进线柜设有自切连锁装置，当降压站一段母线失电时，另一路自动投入，并且保证在任何情况总有一个进线柜在合闸状态。

对环控电控室直接供、配电的环控三类负荷母线由车站降压站三类负荷配电抽屉引一路电源供电。当降压站处于单台变压器对双母线供电状态或紧急情况时，此配电抽屉断路器自动断开。

地铁车站照明系统因存在车站类型不同，选用的照明方式也不同。地下车站照明供电分节电照明、一般照明、事故照明，并且事故照明保持 24 h 常开；高架车站照明供电无节电照明，只有一般照明和事故照明，并且事故照明平时处于关闭状态，只有在事故状态下，事故照明才打开。

5.6 地铁屏蔽门系统

5.6.1 地铁屏蔽门系统概述

1. 地铁屏蔽门系统的作用和目标

地铁屏蔽门系统是安装于地铁车站站台边缘，用以提高运营安全系数、改善乘客候车环境、节约运营成本的一套机电一体化的机电设备系统。

它作为站台公共区域与轨道列车之间的可控通道，其作用是当列车进站时配合列车车门动作打开或关闭活动门，为乘客提供上下列车的通道。屏蔽门系统的使用，隔断了站台侧公共区域与轨道侧空间，避免了人员跌落轨道的安全隐患以及列车司机驾车进站时的心理恐慌问题；隔离了列车运行时所产生的噪声、活塞风以及粉层，保证了站内乘客良好的候车环境，并避免了活塞风所造成的站内空调冷量的损失，节省了运营成本，同时还可减少设备容量及数量、减少土建工程量等投资建设成本。

2. 地铁屏蔽门系统组成和功能

从目前国内外地铁设置的屏蔽门系统来看，主要有两种类型：

第一类屏蔽门是一道自上而下的玻璃隔墙和活动门，沿着车站站台边缘和两端头设置，把站台乘客候车区与列车进站停靠区域分隔开（见图 5.12），属于全封闭型。这种形式的屏蔽门一般是地下车站所采用的。这种屏蔽门系统的主要功能是增加车站站台的安全性、节约能耗以及加强环境保护。

图 5.12　第一类屏蔽门

第二类屏蔽门系统是一道上不封顶的玻璃隔墙和活动门，属于半封闭型（见图5.13），其安装位置与第一种方式基本相同，造价比第一种要低，一般用于地面和高架车站。上海地铁部分车站采用此类屏蔽门。这种类型的屏蔽门系统比第一种类型屏蔽门相对简单，高度比第一种屏蔽门低矮，空气可以通过屏蔽门上部流通。因新技术应用此它相对第一种屏蔽门来说，主要起了一种隔离作用，提高了站台候车乘客的安全，从此意义上说可以称其为"安全门"。

图5.13　第二类屏蔽门

地铁屏蔽门系统由机械和电气两部分构成；机械部分包括门体结构和门机系统，电气部分包括电源系统和控制系统。

机械部分的门体结构由钢架、顶盒、门体组合、下部支撑结构等组成。

钢架主要由联接螺栓、高度调节装置、绝缘衬垫、横梁、立柱、支柱等组成；钢架作为整个屏蔽门的支撑骨架，以承受门体的全部质量和外力，在土建结构允许的变形范围内，确保屏蔽门的安全。

顶盒主要由联结件、安装框架、前后盖板等组成，内置门驱装置、门控单元、配电端子箱、活动门导轨、闭锁机构，顶盒的功能是作为固定门支柱的上支点和活动门的吊点，用以承受活动门的质量和负载条件下的外力作用，此外对其内置的各种设备提供也一定的密封保护，在站台侧的顶盒前盖板上安装有列车运行方向和站名等内容的指示牌，兼作站台边缘的光带反射板，前盖板(站台侧)可上翻至足够的开度，并设支撑装置，方便门驱系统的安装调试和维护检修。

门体组合由固定门、活动门、端头门、应急门、手动开锁机构、气密材料等组成。门体的材料一般采用不锈钢和满足安全强度等要求的钢化安全玻璃，门体玻璃周边有 40mm 以上宽的彩釉边。门体密封材料需具有良好的气密性能，且阻燃、低烟、无毒、耐老化。固定门用以隔断站台和轨道；端头门主要用于车站工作人员在站台和轨道之间的进出，同时兼顾紧急情况下疏散乘客的要求，端头门有门锁装置，并在列车活塞风作用下不会开启；活动门为中分双开式门，关闭时隔断站台和轨道、开启时供乘客上下列车，在非正常运行模式和紧急运行模式下，也可作为乘客的疏散通道；活动门设手动开锁机构，并与置于顶盒内的闭锁机构联动，在活动门关闭后，闭锁机构可防止外力作用将门打开，在活动门开启并处于正常运营模式时，活动门的门锁可自动解锁；但在非正常运营模式和紧急运营模式时，站台工作人员或乘客可手动打开活动门，实现解锁，即每樘活动门在轨道侧均可用把手、在站台侧均可用“通用”钥匙对门进行开/闭操作；端头门配有极安全的通用门锁，即在轨道侧均可用把手、在站台侧均可用钥匙进行开/闭操作；应急门在正常情况下不开启，在紧急情况下列车停车位置与活动门不对应时，可通过应急门疏散乘客，应急门即将某一固定门改成可开启的应急门，应急门设有锁紧装置，且开启方便；密封材料采用中空橡胶密封和尼龙毛刷相结合的方式，用以隔离噪声和阻止站台与轨道之间空气及热量的对流，提高环控效率。下部支撑结构由踏步板、固定支座、调节装置、绝缘衬垫等组成；下部支撑结构一则作为活动门的底部导向装置(地坎)，二则作为乘客通过的踏面，能够承受乘客荷载，同时具备屏蔽门门体与站台砼结构之间的可靠绝缘。

门机系统主要由驱动装置、传动装置、锁紧装置、门机控制器等组成。门机系统的功能主要是满足正常运行模式、非正常运行模式和紧急运行模式下开、关、锁定活动门；驱动装置一般采用高性能直流电机；传动装置安装于每樘门上，传动装置必须由单电机驱动，可以是同步齿形带传动，也可以是滚珠螺杆传动；如果是同步齿形带传动，一般采用重载型齿皮带，选用的材料应为阻燃、低烟、无毒材料；所有皮带夹紧装置和皮带轮，都选用与齿形带的齿形相匹配的，且传动装置有皮带张紧力的调节和预张力功能，用以消除皮带打滑的隐患；对于同步齿形带传动中的滚动轴承,要求实际使用寿命一定要足够长,一般不低于30年,对于滚珠螺杆传动中的滚动轴承,要求能够承受双向轴向力和径向力,实际使用寿命也不低于30年。

电气控制系统主要由主控机(含接口部件)、站台端头控制盒、门机控制器、声光告警装置、就地控制盒、屏蔽门操作指示盘、系统接口等组成。该系统其实是一个对地铁屏蔽门进行实时监控管理的计算机网络系统,是以两侧站台屏蔽门为控制对象,构成一个完整的控制系统,并能确保任一侧屏蔽门的故障不应影响另一侧屏蔽门的正常运行;单侧某一樘门的故障不影响其他门的正常运行。该系统与信号专业的接口采用硬线连接的方式,并与综合监控系统采用串行通信连接。

电气控制系统故障时系统具有降级使用功能,即ATC不能正常运行时,可由站台端头控制盒控制屏蔽门的开/关,站台端头控制盒故障时,也不能影响屏蔽门的就地操作;还有应对各种控制方式具有优先级处理功能,做到手动操作控制优先于站台级控制,站台级控制优先于系统级控制。

地铁的信号系统和站台屏蔽门之间的接口还需符合"故障安全"原则,除了响应有效的"开门"命令外,任何部件的故障都不会导致开门。当信号解锁后,任何部件的故障都不会妨碍用手动打开任何一个门。屏蔽门提供给信号系统的门已关好并锁闭的信息必须是"故障导向安全"的。

正常情况下,列车正确定位或列车停站时间到,经列车司机确认按开/关列车门按钮,经车—地通信,将信息传送至信号系统,信号系统以继电器触点方式向屏蔽门系统发出开/关屏蔽门命令。当列车自动控制系统不能够自动控制本系统时,列车司机可操作站台前端头的控制盒旁路列车自动控制系统,直接控制屏蔽门的开/关。

主控机的设计符合故障隔离的原则,用以保证任何一挡屏蔽门或任何一侧屏蔽门的故障,不应影响该侧其他屏蔽门或另一侧屏蔽门的正常运行;当主控机发生故障时,硬件也能保证屏蔽门系统正常关闭和打开。另外,主控机还具有对屏蔽门系统故障及操作情况进行显示记录和打印、对系统进行编程、监控管理等功能。

当发生紧急情况(如火灾等)需开/关屏蔽门时,车站值班员在车控室可操作屏蔽门操作指示盘按钮控制屏蔽门的开/关,或经授权后通过电话和广播系统通知站台值班员操作站台端头控制盒对屏蔽门进行开/关控制。

5.6.2　地铁屏蔽门系统的运行

地铁屏蔽门系统的控制模式一般有系统级、站台级、人工操作(或称手动操作)3种正常控制模式。系统级控制即是执行信号系统命令的控制模式;站台级控制即是执行站台端头控制盒操作盘发出的命令模式;人工操作即是站台工作人员在站台侧用专用钥匙解锁或由乘客在轨道侧使用解锁装置打开活动门。此外,屏蔽门系统还设置有火灾控制模式，即在相应的火灾模式下，车站值班人员在车站控制室的消防联动盘操作屏蔽门紧急控制开关，配合打开活动门，疏散乘客和配合环控系统排烟。上述模式的控制优先级从高到低依次是人工操作、火灾控制模式、站台级控制模式、系统级控制模式。

屏蔽门同时还具有障碍物检测功能，即活动门关闭时检测到障碍物时会后退到作短暂停止以释放夹到的障碍物，然后再关闭，以免夹伤乘客。如果第二次关门时依然检测到障碍物存在，屏蔽门会重复上次操作(会后退作短暂停止以释放夹到的障碍物，然后再关闭)，一般重复 3 次，若 3 次关门障碍物依然存在，则屏蔽门全开并报警。此时须由站台工作人员作应急处理，解决问题。

屏蔽门系统与车站机电设备监控系统(EMCS)之间或主控系统(MCS)之间设有通信接口，用于传送屏蔽门系统运行状态、故障诊断信息，便于车站控制室人员、维修人员监视屏蔽门状态。

屏蔽门系统在站台设有应急门、端头门。应急门一般当作固定门使用，在列车进站无法停靠在允许的误差范围位置时，必有一道车门对准应急门，此时若需要由应急门紧急疏散时，可由乘客在轨道侧列车上打开相对应的列车门后推动应急门的解锁装置或由站台工作人员在站台侧用专用钥匙打开应急门进行紧急疏散。应急门使用后必须确保关闭与锁紧。端头门是车站工作人员通道，可在轨道侧推动端头门的推杆锁的解锁装置或由站台工作人员在站台侧用专用钥匙打开。

第6章 环 控 调 度

此章首先介绍环控设备管理界面，特别介绍了枢纽站管理界面和调度处置原则，调度工作方面主要介绍了故障报修及抢修流程、调度命令发布、设备试验、环控施工，最后介绍了环控系统正常和非正常运行方式，以及新设备接管的条件。

6.1 环控设备运行组织

6.1.1 枢纽站管理界面

1. 车站环控机电设施设备管理界面划分

车站环控机电设施设备包括火灾自动报警系统(FAS)、环境与设备监控系统(EMCS)、气体灭火系统、中央空调与通风系统、给排水系统、安全门及屏蔽门系统、高压细水雾系统等设施设备。轨道交通按建筑位置划分为车站、区间、控制中心大楼(本体)、车站外变电站(包括主变电站、区间中继变电站等)、基地，对其管辖界面可以分为：

(1)运营线路各车站、区间等区域机电设备的管理主体(以下简称：车站设备维护单位)负责所辖运营线路各车站、区间等区域车站机电设备的日常管理、操作、应急处置、故障报修、保养、联合测试、维修和应急抢修。

(2)运管线路各控制中心大楼(本体)、车站外变电站(包括主变电站、区间中继变电站等)、基地等区域机电设备的管理主体；机电设备联网使用的传输通道和信号控制接口设备的管理主体(以下简称：站外设备维护单位)负责以上区域机电设备的日常管理、操作、应急处置、故障报修、保养、联合测试、维修和应急抢修；负责机电设备联网使用传输通道和信号控制接口设备的日常管理、保养、联合测试、维修和应急抢修。

(3)基于以上划分原则，进一步细化机电设备各专业管理界面划分，明确责任单位的职责，其具体管理界面划分如下：

1)火灾自动报警系统(FAS)

① 车站设备维护单位是所辖运营线路FAS网络设备的管理主体。

负责所辖运营线路各车站、区间、控制中心中央主机及调度平台、控制中心大楼、基地、车站外变电站(包括主变电站、区间中继变电站)等并入一个网络中的

FAS设备（包括报警主机、线路、报警终端及软件等）的日常管理、保养、联合测试、维修和应急抢修等工作。

负责所辖运营线路各车站、区间的FAS设备（报警主机、线路、报警终端、软件等）的日常操作、应急处置、巡视及故障报修等工作。

② 站外设备维护单位负责各控制中心大楼、基地、车站外变电站（包括主变电站、区间中继变电站等）的FAS设备（报警主机、线路、报警终端、软件等）的日常操作、应急处置、巡视及故障报修等工作。

③ 调度所负责控制中心FAS中央主机及调度平台的日常操作、实时监控、应急处置、巡视及故障报修等工作。

④ 其他：个别区域设有FAS设备，但与运营线路整个FAS不形成联网，该区域管理单位是该区域FAS设备的管理主体，负责该区域FAS设备的日常管理、操作、应急处置、故障报修、保养、联合测试、维修和应急抢修等工作。

2)环境与设备监控系统（EMCS）

① 车站设备维护单位是所辖运营线路EMCS网络设备的管理主体。

负责所辖运营线路各车站、区间、控制中心中央主机及调度平台、控制中心大楼、基地、车站外变电站（包括主变电站、区间中继变电站等）等并入一个网络中的EMCS设备（包括EMCS主机、线路及软件等）的日常管理、保养、联合测试、维修和应急抢修等工作。

负责所辖运营线路各车站、区间的EMCS设备（EMCS主机、线路及软件等）的日常操作、应急处置、巡视及故障报修等工作。

② 站外设备维护单位负责各控制中心大楼、基地、站外变电站（包括主变电站、区间中继变电站等）的EMCS设备（包括EMCS主机、线路及软件等）的日常操作、应急处置、巡视及故障报修等工作。

③ 调度所负责控制中心EMCS中央主机及调度平台的日常操作、实时监控、应急处置、巡视及故障报修等工作。

④ 其他：个别区域设有EMCS设备，但与运营线路整个EMCS不形成联网，该区域管理单位是该区域EMCS设备的管理主体，负责该区域EMCS设备的日常管理、操作、应急处置、故障报修、保养、联合测试、维修和应急抢修等工作。

3)气体灭火系统

① 车站设备维护单位是所辖运营线路气体灭火系统设备（报警信号接入线路FAS网络）的管理主体。

负责所辖运营线路各车站、控制中心大楼、基地、站外变电站（包括主变电站、区间中继变电站）等区域，报警信号接入线路FAS网络的气体灭火系统设备的日常管理、保养、联合测试、维修和应急抢修等工作。

负责所辖运营线路各车站的气体灭火系统设备的日常操作、应急处置、巡视及故障报修等工作。

② 站外设备维护单位负责各控制中心大楼、基地、站外变电站(包括主变电站、区间中继变电站)等区域内气体灭火系统设备的日常操作、应急处置、巡视及故障报修等工作。

③ 调度所负责通过控制中心 FAS 中央主机及调度平台,对接入 FAS 网络气体灭火系统设备进行实时监控、应急处置及故障报修等工作。

④ 其他:个别区域设有气体灭火系统设备,报警信号未接入运营线路 FAS 网络,该区域管理单位是该区域气体灭火系统设备的管理主体,负责该区域气体灭火系统设备的日常管理、操作、应急处置、故障报修、保养、测试、维修和应急抢修等工作。

4)中央空调与通风系统

① 车站设备维护单位是所辖运营线路各车站、区间等区域中央空调与通风系统设备、VRV 等多联体空调机组的管理主体。

负责所辖运营线路各车站、区间等区域中央空调与通风系统设备、VRV 等多联体空调机组的日常管理、操作、应急处置、故障报修、保养、测试、维修和应急抢修等工作。

VRV 等多联体空调机组的日常管理应偏重设备需求,主控装置应尽量设置在设备区域。

② 站外设备维护单位是各控制中心大楼、车站外变电站(包括主变电站、区间中继变电站)、基地等区域的中央空调与通风系统设备、VRV 等多联体空调机组的管理主体。

负责各控制中心大楼、站外变电站(包括主变电站、区间中继变电站)、基地等区域的中央空调与通风系统设备、VRV 等多联体空调机组的日常管理、操作、应急处置、故障报修、保养、测试、维修和应急抢修等工作。

负责各站内牵引、降压变电站、通信机械室、信号机械室等维保中心设备用房等区域的中央空调与通风系统设备、VRV 等多联体空调机组的日常操作、应急处置、巡视及故障报修等工作。

③ 其他:因各类用房的功能发生变化或设计时未考虑以后设备扩容等问题,导致中央空调与通风系统设备、VRV 等多联体空调机组等冷量配置不足而由运营单位增设的分体式空调(单体),按“谁安装,谁管理”的原则落实管理职责;关于由项目公司在建设时期增设的分体式空调(单体)按“谁接管,谁管理”的原则落实管理职责。

5)给排水系统

① 车站设备维护单位是所辖运营线路给排水系统设备(包括车站供水、排水、冷却水、消防用水等管网系统,相关雨污水井、区间集水井、附属汇水暗管、窨井以及网罩等)的管理主体。

负责所辖运营线路各车站、区间等区域内给排水系统设备的日常管理、操作、应急处置、故障报修、保养、测试、维修、应急抢修、接口协调、水表抄表和支付水费等工作。

② 站外设备维护单位是各控制中心大楼、车站外变电站(包括主变电站、区间中继变电站)、基地等区域给排水系统设备的管理主体。

负责各控制中心大楼、车站外变电站(包括主变电站、区间中继变电站)、基地等区域给排水系统设备的日常管理、操作、应急处置、故障报修、保养、测试、维修、应急抢修、接口协调、水表抄表和支付水费等工作。

6)安全门及屏蔽门系统

① 车站设备维护单位是所辖运营线路各车站内安全门及屏蔽门系统和安全护栏等设备的管理主体。

负责所辖运营线路各车站内安全门及屏蔽门系统和安全护栏等设备(包括电源、主机、门体、线路、终端设备、与信号系统的接口连线及软件等)的日常管理、操作、应急处置、故障报修、保养、测试、维修和应急抢修等工作。

② 调度所负责各线路控制中心调度台安全门及屏蔽门系统信息终端的日常操作、实时监控、应急处置、巡视及故障报修等工作。

7)高压细水雾系统

① 车站设备维护单位是所辖运营线路各车站高压细水雾系统设备的管理主体。

负责所辖运营线路各车站高压细水雾系统设备的日常管理、操作、应急处置、故障报修、保养、测试、维修和应急抢修等工作。

② 站外设备维护单位是各控制中心大楼、站外变电站(包括主变电站、区间中继变电站)、基地等区域高压细水雾系统设备的管理主体。

负责各控制中心大楼、站外变电站(包括主变电站、区间中继变电站)、基地等区域高压细水雾系统设备的日常管理、操作、应急处置、故障报修、保养、测试、维修和应急抢修等工作。

负责各站内牵引、降压变电站、通信机械室、信号机械室等维保中心设备用房等区域高压细水雾系统设备的日常操作、应急处置、巡视及故障报修等工作。

③ 调度所负责各线路控制中心管辖区域高压细水雾系统设备的日常操作、应急处置、巡视及故障报修等工作。

2. 枢纽站设施设备管理界面划分原则

(1)随着新线的不断投运,轨道交通网络化形态不断完善,随之而来的是换乘枢纽站的不断增加,枢纽站根据不同线路可能分属于不同运营公司管辖的实际情况,为便于运营管理,按以下原则实施换乘枢纽站机电设备管理:

1)同一运营公司管理的不同线路之间的换乘站,由该运营公司实施对站内机电设备实施统一管理。

2)换乘枢纽站的不同线路由不同运营公司管理,并且线路之间采用通道换乘,按线路管辖权对各自管辖的车站机电设备进行分别管理,通道内机电设备随车站整体工程自然划属相应运营公司管理,并以换乘通道的卷帘门为界,此卷帘门根据供电管辖划属相应运营公司管理;通道内新增机电设备按照"谁建设、谁管理"的原则划分管理界面。

3)不同线路的交汇枢纽站(此站直接连接的不同线路由不同运营公司管理,并且车站站厅直接相连。)站内的机电设备原则上由一家运营公司统一管理。考虑相关线路设备的完整性和机电设备的专业特性,按以下 4 点要求划分:

① 该站机电设备管理界面分界线以站台屏蔽门(安全门或安全护栏)为界;站台屏蔽门(安全门或安全护栏)以内,包括站厅站台公共区域、设备管理用房区域全部归属枢纽站所属运营公司统一管理(包括该站轨行区高压细水雾系统);站台屏蔽门(安全门或安全护栏)以外停车道以及区间范围内的机电设备由线路所属运营公司管理。

② 该站屏蔽门(安全门或安全护栏)系统以及门体由线路所属运营公司管理;线路所属运营公司负责屏蔽门(安全门或安全护栏)系统的日常操作、巡检、维护和维修工作;枢纽站管理单位负责屏蔽门(安全门或安全护栏)系统的巡视、报修工作。在屏蔽门(安全门)非正常操作情况下,线路所属运营公司负责屏蔽门(安全门)系统的应急操作,枢纽站管理单位配合其做好相应辅助操作。

③ 该站内安装以线路为网络架构的如 FAS、EMCS、AFC 等机电设备,枢纽站管理单位负责对其车站级主机以及主机以下所有线路、设备的日常操作、巡视、报修、巡检、维护和维修工作;线路所属运营公司负责系统性软件修改、升级、网络运行安全调试以及检测等工作。

④ 资产实物台账归属相应线路接管运营公司,由线路接管方建立并提供一份台账给枢纽站管理方;站内机电设备发生大修或功能改造等情况,枢纽站管理方应及时更新相应台账,并提交一份变更清单给线路接管方,即设备归属方也作相应的台账变更。

(2)以上海轨道交通为例,目前换乘站已达到 33 个,换乘站设备管理界面如表 6.1 所示。

表 6.1 换乘站设备管理界面

换乘站(33站)				
换乘站名称	换乘线路	换乘关系	换乘方式	管理单位
莘庄	2	1、5	通道换乘	不同运营公司管理
上海南站	2	1、3	通道换乘	不同运营公司管理
上体馆	2	1、4	站厅付费区直接连通	不同运营公司管理
人民广场	3	1、2 1、8 2、8	站厅付费区直接连通	同一运营公司管理
上海火车站	3	1、3/4	通道换乘	不同运营公司管理
中山公园	3	2、3/4	通道换乘	不同运营公司管理
世纪大道	4	2、4 2、6 2、9 4、6 4、9 6、9	站厅付费区直接连通	同一运营公司管理
宜山路	3	3/4、9	通道换乘	不同运营公司管理
虹口足球场	2	3、8	出站换乘	不同运营公司管理
西藏南路	2	4、8	站厅付费区直接连通	同一运营公司管理
蓝村路	2	4、6	通道换乘	不同运营公司管理
镇坪路	3	7、3/4	地下转地面的换乘通道	同一运营公司管理
静安寺	2	7、2	通道换乘	不同运营公司管理
常熟路	2	7、1	通道换乘	不同运营公司管理
东安路	2	7、4	站厅付费区直接连通	同一运营公司管理
肇嘉浜路	2	7、9	站厅付费区直接连通	同一运营公司管理
龙阳路	2	7、2	地下转地面的换乘通道	不同运营公司管理
耀华路	2	7、8	站厅付费区直接连通	同一运营公司管理
高科西路	2	7、6	站厅付费区直接连通	同一运营公司管理
济阳路	2	6、8	站厅付费区直接连通	同一运营公司管理
曹杨路	3	11、3/4	地下转地面的换乘通道	不同运营公司管理
江苏路	2	2、11	通道换乘	同一运营公司管理

续上表

换乘站(33站)				
换乘站名称	换乘线路	换乘关系	换乘方式	管理单位
徐家汇	2	1、9	站厅付费区直接连通	同一运营公司管理
马当路	2	9、13	站厅付费区直接连通	同一运营公司管理
陆家浜路	2	9、8	站厅付费区直接连通	同一运营公司管理
虹桥2#航站楼	2	10、2	站厅付费区直接连通	同一运营公司管理
虹桥火车站	2	10、2	站厅付费区直接连通	同一运营公司管理
虹桥路站	3	10、3/4	地下转高架	不同运营公司管理
陕西南路	2	10、1	通道换乘	同一运营公司管理
老西门	2	10、8	站厅付费区直接连通	同一运营公司管理
南京东路	2	10、2	通道换乘	不同运营公司管理
海伦路	2	10、4	站厅付费区直接连通	同一运营公司管理
四平路	2	10、8	站厅付费区直接连通	同一运营公司管理
备注：	上海轨道交通3/4号线共线段8站(除虹桥路)及2号线广兰路站均未计入换乘站点范围			

1)人民广场车站FAS、EMCS既有设备介绍

目前，在人民广场车站区域内存在五套FAS/BAS系统；各系统在管理本区域同时又需向各线的控制中心实时发送状态信息，并接受各线控制中心动作指令。

1号线FAS采用了SIMPLEX 4120消防报警系统，BAS为加拿大DELTA产品；向1号线控制中心实时发送状态信息，并接受1号线控制中心动作指令。

2号线FAS采用了SIMPLEX 4120消防报警系统，BAS为美国CSI产品；向2号线控制中心实时发送状态信息，并接受2号线控制中心动作指令。

8号线FAS采用了Edwards EST3消防报警系统，BAS为法国施耐德PLC产品；向8号线控制中心实时发送状态信息，并接受8号线控制中心动作指令。

换乘大厅(大三角)采用了Edwards EST3消防报警系统，BAS为法国施耐德PLC产品；向8号线控制中心实时发送状态信息。

华盛街FAS采用了SIMPLEX 4120消防报警系统，为独立系统，无BAS系统。

上述5个区域的FAS系统仅采用硬接线方式互通火警信息。

2)世纪大道车站 FAS、BAS 既有设备介绍(图 6.1)

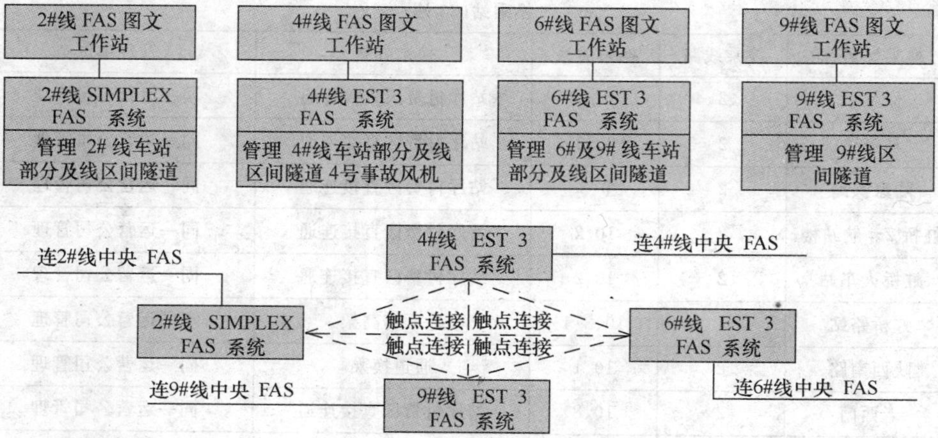

图 6.1 世纪大道车站 FAS、BAS 设备图

(3)调度员换乘枢纽站火警调度处置原则

1)按设备监控区域划分,可以分为独立系统、交叉系统。

① 独立系统是指火灾消防报警系统控制联动本线车站本体和区间设备。

以上海轨道交通上海体育馆车站为例:

1 号线和 4 号线消防报警系统主机的火灾探测和联动范围分别为 1 号线和 4 号线车站本体和区间设备,并分别向各自所在线路控制中心实时发送状态信息,并接受相应控制中心动作指令。

② 交叉系统是指火灾消防报警系统不仅控制联动本线车站本体和区间还控制其他线路车站本体。

以上海轨道交通肇嘉浜路车站为例:

7 号线消防报警系统的火灾探测和联动控制范围包括 7、9 号线车站本体和 7 号线区间,并分别向 7 号线控制中心实时发送状态信息,并接受 7 号线控制中心动作指令;

9 号线消防报警系统的火灾探测器和联动控制范围为 9 号线区间,并分别向 9 号线控制中心实时发送状态信息,并接受 9 号线控制中心动作指令。

以上海轨道交通世纪大道车站为例:

2 号线和 4 号线消防报警系统主机的火灾探测和联动范围分别为 2 号线和 4 号线车站本体部分和区间设备,并分别向 2 号线、4 号线控制中心实时发送状态信息,并接受相应控制中心动作指令;

6 号线消防报警系统的火灾探测和联动控制范围包括 6、9 号线车站本体部分和6号线区间，并分别向6号线控制中心实时发送状态信息，并接受6号线控制中心动作指令；

9号线消防报警系统的火灾探测器和联动控制范围为9号线区间，并分别向9号线控制中心实时发送状态信息，并接受9号线控制中心动作指令。

2)火警处置原则

① 各控制中心火警处置按照“谁主控、谁处置、谁主动”的原则，通过整个车站的防灾设备统一调度，列车运营网络运营监控和应急指挥中心统一指挥、线路控制中心共同管理，达到有效地利用既有的设备，快速地处置火警、合理地进行运营组织。

② 网络运营监控和应急指挥中心在突发事件发生时对整个地铁网络进行统筹管理和设备监控；换乘枢纽站应急指挥调度，向相关控制中心下达运营调整方案；协调公司内部资源组织先期处置，发布PIS信息；向上级相关部门汇报现场情况，请求抢险配合。

③ 控制中心行车组织工作遵循“属地管理”的原则，按线路分别由本线控制中心指挥，监控设备状态，指挥行车组织，突发事件时向网络运营监控和应急指挥中心提出运营调整方案，执行网络运营监控和应急指挥中心指令，执行运营调整方案(列车通过、线路停运、车站限流、车站封站)，枢纽站内各线对应车站值班员执行控制中心命令。

④ 控制中心火警处置指挥工作依照“设备状态显示详情”的原则，由火警处置主体控制中心环控调度员负责统一调度，关联控制中心协同配合，做到信息共享，处置有效。处置主体控制中心和关联控制中心为上下级调度关系。

控制中心按设备所辖范围监视所辖车站机电设备状态，火灾报警确认和处置；本线路区间隧道防排烟设备中央级操作；指挥本线对应车站值班员进行车站机电设备车站级、就地级操作。

处置主体控制中心还负责119报警、通知专业单位的协助配合；关联控制中心告知处置主体控制中心现场设备动作情况、火警影响范围。

独立系统按照各线管辖范围进行设计，具有独立的防火分区，火灾情况下可以采用防火卷帘门分隔形成各自独立的区域，各线路管辖控制中心为火灾处置主体，关联控制中心则做为配合处置。当烟雾、火灾影响到正常运营，由该防火卷帘门所辖线路控制中心环控调度员在得到运营调度同意后要求车站值班员将防火卷帘门一步下降到底，防止烟雾飘散。

交叉系统按照整个车站本体按一个系统进行设计，由该系统完成整个车站的火警设备联动，火警发生在车站内由显示设备详情的主体控制中心处理，指挥车站采取应急措施，协调消防设备的联动控制并告知关联控制中心以便采取协调措施。

涉及屏蔽门及区间隧道火灾由各线控制中心处理，以完成隧道区间风机的运行模式。

⑤ 电力设备所属控制中心应保证消防用电，严密监控变电站设备运行。

⑥ 变电站发生火警后，处置主体控制中心作为环控系统处置主体，变电站所属控制中心作为电力系统处置主体。

6.1.2 故障报修

1. 当所辖区域运行设备发生故障时

车站值班员必须立即向环控调度员上报故障信息，布置、落实安全措施或调整设备运行工况。车站值班员将设备故障发生时间、地点、设备类型及编号、故障登记号报修设备维护单位。

2. 故障修复闭环流程

当故障设备由设备维护单位修复并验收合格确认可以投入运行后，由车站值班员上报环控调度员，环控调度员通过中央监控系统进行确认，落实设备运行工况的调整，同时可以进行抽查试验。设备维护单位生产调度向环控调度员进行故障注销。

3. 故障报修、闭环流程图(图 6.2)

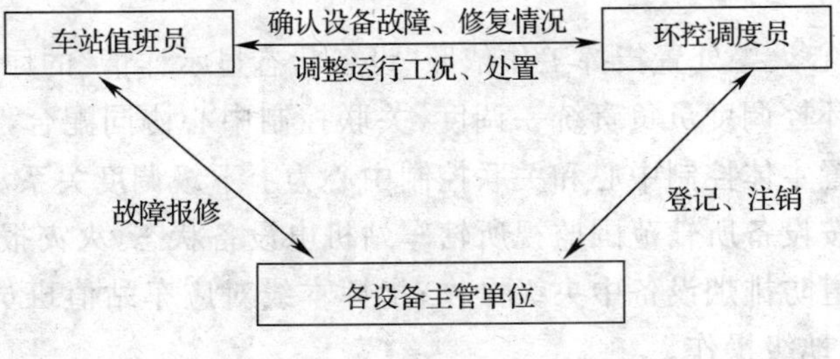

图 6.2 故障报修、闭环流程图

4. 涉及到枢纽站

设备管辖控制中心负责设备故障报修，枢纽站环控设备故障(含区间隧道内设备)需在相关控制中心备案，记录于日志和交接班中。

5. 当机电设备需要抢修时

(1)确认对管辖范围内的设施设备故障需要抢修时，环控调度员应立即向各设备维护单位生产调度发布抢修命令，各设备维护单位应及时响应。具体见抢修作业流程图 6.3；

(2)换乘枢纽站发生设备故障，环控调度员和车站值班员除将故障情况告知设备所属运营公司也需向线路所属运营公司报备。故障修复后应进行相应的闭环工作。

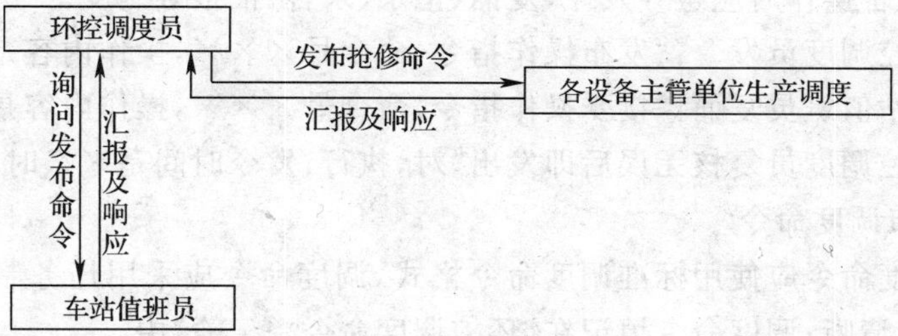

图 6.3　抢修作业流程图

(3)设备抢修期间，环控调度员应积极配合现场的运营调整，如需更改运行模式或工况要求等，调度命令应明确操作目的、时间、地点范围、设备名称等，现场抢修人员自接令起不得延时或拒绝操作，但有权拒绝直接危及到生命安全或设备危险的操作。

6.1.3　调度命令

1. 指挥环控、消防设备运行的调度命令只能由当值环控调度员发布，环控调度员发布命令前必须详细了解现场情况。接令人接环控调度员命令后必须立即执行，所有调度命令必须使用调度电话发布。

2. 在火灾情况下为了不影响救灾工作，环控调度员发布的口头命令或书面命令，发令和接令双方都必须作好记录。

3. 环控调度员与车站维修人员及车站值班员电话联络时均应使用标准调度用语和标准设备名称、编号。

4. 环控调度员发布调度命令前，应当了解清楚现场情况，明确所要达到的目的，调度员对调度命令的正确性负责，车站值班员对命令执行、操作的正确性负责。

5. 以下运行状态的改变等必须发布环控调度命令：

(1)消防报警系统(含报警主机)、水消防系统(含消防泵、喷淋泵)、气体灭火系统的"手/自动"转换；

(2)消防报警系统(含报警主机)、水消防系统(含消防泵、喷淋泵)、气体灭火系统的"投用/退出"；

(3)事故风机(含推力风机、射流风机)"就地/遥控"、"开启/关闭"、"排风/送风"；

(4)车站、区间消防管阀门的"开启/关闭"；

(5)非自动情况下，车站火灾模式(或火灾工况)的投用。

6. 标准化命令发布格式

环控调度员、车站值班员通话时应互报姓名、地点、并由接听人先报。在进行环控相关设备操作时应遵守发令、复诵、记录、录音、汇报等制度。

(1)环控调度员发令:“发布操作指令,命令号×××,操作内容是××××;

(2)车站值班员复诵:“接受操作指令,命令号×××,操作内容是××××;

(3)环控调度员复核无误后即发出“对,执行;发令时间是××时××分”。

7. 发布调度命令

(1)调度命令应使用标准调度命令格式,调度命令应采用任务制形式,内容应简短、准确、清晰;调度命令填记在《环控调度命令登记簿》中。

(2)调度员应掌握好发布调度命令的时机,为缩短抄写命令时间,可先发布调度命令内容,当发令条件具备时再发布命令号及发令时间、环控调度员姓名。

(3)同时向两个或以上车站发布调度命令时,由环控调度员指定一名车站值班员复诵,其他车站值班员核对,确保无误。

(4)各线路独立编制命令号,命令号自001~999号连续、循环使用,每一个循环期间不得漏号、跳号及重号使用;不同车站,不同操作任务不可使用同一命令号。

(5)受令人在接到调度命令后,必须立即执行;除会危及人身安全或造成设备损坏外,不得拒绝执行或延误执行;执行完毕后,应立即报告环控调度员执行情况。如与执行过程中发生异常,必须及时汇报环控调度员,以便环控调度员及时得到信息和做出应变措施。

6.1.4 设备试验

1. 车站、停车场、变电站、控制中心的消防联动试验,设备维护单位为计划实施的主体,环控调度员及车站值班员配合实施。消防联动试验应以不影响列车运行及乘客安全为原则,除隧道区间消防联动试验外,其余消防联动试验可安排在运营期间进行,否则必须在列车停运后进行。

2. 车站、停车场、控制中心、变电站消防试验为一个月一周期,中央事故冷却风机试验为三个月一周期。

3. 在运营期间进行设备测试、施工改造、软件升级等,若对运营及乘客安全产生影响的,环控调度员及有权要求立即停止测试及施工。

4. 涉及到枢纽站:事故冷却风机试验经各线路自行负责实施;属于独立系统的车站消防联动试验经各线路设备调度同意后即可实施,交叉系统的车站消防联动试验经各线路设备调度同意后须告知相关控制中心设备调度。

5. 中央事故冷却风机控制盘是环控调度员可以直接对指定的隧道区间进行远程送排风操作的控制装置。事故风机的中央级操作方式:中央事故风机控制盘和由 EMCS 中央监控工作站相应软件系统界面直接操作。

(1)操作方式分类

事故冷却风机采用中央级、车站级和就地级三种控制方式。

1)中央级控制设在控制中心,通过事故冷却风机控制盘和中央监控工作站相应软件系统界面直接对指定的隧道区间启动区间火灾/阻塞工况;

2)车站级控制设在车站车控室,通过车站消防报警系统主机、车站监控工作站和IBP盘对事故冷却风机进行操作和控制;

3)就地级控制设在车站的环控电控室和设备现场,具有对单台事故冷却风机就地控制功能,便于调试、检查、抢修和应急操作。

(2)中央级控制方式操作条件及要求

1)事故冷却风机具备中央级遥控开启条件,中央级操作为首选操作方式。

2)环控调度员经培训合格,设备维护单位提供操作手册后,方可在中央级操作事故冷却风机。

3)环控调度员在操作前通知相关车站值班员,确认设备状态正常并告知开启工况模式。

4)启动工况模式,现场联动设备处于联动状态。

5)启动完毕后,环控调度员通过工况图确认设备的运行状态,同时要求车站值班员对工况中风机的运行情况及相关风阀的状态进行确认,发现异常立即报告环控调度员。

6)操作完毕后,环控调度员应确认中央信号已复位,并向车站值班员确认:风机、风阀已恢复正常状态。

(3)车站、就地级控制方式操作条件及要求

1)不具备中央级开启条件,环控调度员应发令要求车站值班员进行车站级操作,若车站级操作不成功,再进行就地级操作。

2)发布调度命令前,环控调度员向车站值班员确认事故冷却风机无故障、具备开启条件、风机状态(运行/停止、送风/排风)、以及风阀情况(正常/故障、开启/关闭),并核对中央与车站消防报警系统显示状态。

3)发布调度命令,车站值班员执行操作。

4)得到车站值班员操作完毕的回复后,再次确认设备状态。

(4)调度命令要求

1)环控调度员、车站值班员通话时应互报姓名、地点、并由接听人先报。在进行设备操作时应遵守发令、复诵、记录、录音、汇报等制度。环控调度员发令及车站值班员接令的格式规定为:

环控调度员发令:"发布操作指令,命令号×××,操作内容是××××";

车站值班员复诵:"接受操作指令,命令号×××,操作内容是××××";

环控调度员复核无误后即发出"对,执行;发令时间是××时××分"。

2)操作事故冷却风机、射流风机、推力风机应发布调度命令。

3)区间火灾工况的操作内容是:开启/关闭、A——B区间上/下行、火灾(含车头和车尾)/阻塞工况。

例如:开启黄陂南路——人民广场区间上行车头火灾工况。

4)单台事故冷却风机、射流风机、推力风机的操作内容是:开启/关闭、风机名称、风机编号、送/排风模式。

例如:开启事故冷却风机SG1送风。

(5)事故冷却风机启动注意事项

1)同一车站事故冷却风机应错时启动。

2)同一事故冷却风机正、反转间隔应大于15 min。

(6)事故冷却风机试验

1)操作试验无特殊原因必须按既定日期进行试验,试验应安排在列车夜间停运期间进行,具体时段环控调度员可根据当班实际情况自定,无法按计划完成的必须写明情况及原因,另行安排时间进行试验。

2)试验开始前,环控调度员必须确认相关系统和设备处在正常工作状态,并无安全隐患。

3)试验结束,当班环控调度员填写事故冷却风机操作情况记录表,具体见表6.2。

表6.2　(　)号线事故冷却风机操作情况记录表

(　)号线事故冷却风机操作情况记录表

编号	日期	时段	区间	列车着火点	事故冷却风机联动工况	操作人员	开启缘由	动作结果	车站级	就地级	
										环控电控室	设备现场

(7)施工需要、区间降温、区间除湿时作业要求

1)启动事故冷却风机以配合施工、区间降温、区间除湿均应安排在列车夜间停运期间进行，环控调度员应明确开启目的、风机运行时间、风机编号、送/排风模式，并做好相关记录。

2)区间隧道作业需要启动事故冷却风机对隧道进行通风换气，施工检修单位应在施工检修申请单内提出配合要求。施工前，环控调度员根据施工检修人员提出的申请，中央遥控或发令启动事故冷却风机予以配合。

3)当需要对区间隧道降温时，通过中央遥控或发命方式进行冷却通风。冷却通风的原则是在同一隧道内，相邻两车站的事故冷却风机一台向隧道送风，另一车站的事故冷却风机从隧道排风，第二天送风的改为排风，排风的改为送风。

4)当区间隧道需要除湿时，环控调度员根据车站值班员提出申请，以发令方式配合实施。

《(　)号线事故冷却风机操作情况记录表》填记标准

《(　)号线事故冷却风机操作情况记录表》表式共分为11栏。

第1栏为“编号”栏，填写：按事故冷却风机操作的顺序用阿拉伯数字编号。

第2栏为“日期”栏，填写：事故冷却风机操作当天日期，格式为“年份—月份—日期”，用阿拉伯数字填写。

第3栏为“时段”栏，填写：事故冷却风机操作的具体时间；格式为“小时：分钟～小时：分钟”，用阿拉伯数字、24小时制填写。

第4栏为“区间”栏，填写：环控调度员确定的启动事故冷却风机操作的具体区段，格式为“站名～站名 上/下行”，站名必须用全名，区间相邻的站名必须是相邻站。

第5栏为“列车着火点”栏，填写：根据事故风机操作要求必须由调度员制定的模拟列车着火点位置，标明“头部”或“尾部”。

第6栏为“事故风机联动工况”栏，填写内容分三栏，每一栏内必须写明相关事故冷却风机的位置、名称及互相关联动作；例如：“黄上南 SG1 送”表示黄陂南路上行南端 SG1 事故风机送风模式。

第7栏为“操作人员”栏，填写：操作事故冷却风机的当班调度员姓名。

第8栏为“开启缘由”栏，填写：操作事故冷却风机中央联动的原因。

第9栏为“动作结果”栏，填写：事故冷却风机操作的具体结果，如动作的结果符合联动工况要求，填入“正常”；如动作的结果不符合联动工况要求，必须根据现场实际情况记录下故障情况，并将故障情况根据《环控、安全设施检修许可登记表》填记要求记录，同时报设备维护单位。

第10栏为“车站级”栏，填写：如中央联动操作事故风机动作结果符合联动工

况要求，此栏填入“/”。如动作的结果不符合联动工况要求，事故风机不能按要求启动的，环控调度员要求车站进行车站级操作，如操作正常，可填入“√”，如还是无法完成，即填入“×”。

第11栏为“就地级”栏，填写：如中央联动操作事故风机动作结果符合联动工况要求，此栏填入“/”；如第10栏填“√”，此栏填入“/”。如第10栏填“×”，环控调度员要求车站进行就地级操作，按照值班员操作地点环控电控室和设备现场依次填入，如操作正常，填入“√”，如还是无法完成，即填入“×”。

6.1.5 现场情况确认

1. 火警确认

(1)终端设备显示火灾报警后，车站值班员必须在1 min之内向环控调度员核对火警信息并了解是否有施工等外来影响因素，后续3 min之内调度员必须与现场值班员进行信息真实性的确认，每隔3 min进行后续现场事件发展和采取措施的确认。在2个3 min后环控调度员无法联系现场值班员，即报相关分公司调度请求后续支援。如果在相邻区域连续发生多点火警仍无法确认现场实际情况的，环控调度员可视情况报市消防指挥中心进行支援。

(2)发生火灾报警后，环控调度员应及时与电力调度员、运营调度员、值班调度长联系，并由值班调度长进行相关信息传递。

(3)车站值班员在确认火警过程中必须带好通信工具，将现场情况及已采取的措施告知环控调度员，若现场事态无法进一步控制时，应立即拨打119电话。

(4)设备维护单位在接到车站值班员或环控调度员的火警信息后，确认事态在进一步扩大时应立即派员以增加后续处置力量。

(5)火警确认后应做好相关信息记录，写明触发火灾报警的原因。正常报警包括火灾报警、调试检验、设备故障等造成的报警；其他报警包括抽烟报警、站外烟气吸入、蒸汽、不明原因等造成的报警。

(6)枢纽站火警处置操作流程

1)处置主体控制中心接到火警信息后1 min内进行火警确认。

2)处置主体控制中心接到火警信息后2 min内将信息告知关联控制中心，确认联动设备，关联控制中心接到火灾相关信息应第一时间告知处置主体控制中心。

3)相关控制中心环控调度员接到信息后，应立即告知本线路控制中心调度长、运营调度员。

4)确认为真实火情后，处置主体控制中心按预案立即执行和处置。

5)关联控制中心根据CCTV观察和本线路值班员的反馈信息，将所收集的现场情况及时告知处置主体控制中心。

6)控制中心信息情况告知内容包括：时间、车站、火灾发生区域、设备联动情况、影响范围、目前已采取措施、需要配合处置措施、已采取措施的效果，同时核对关联信息，保证信息的一致和对称。

7)若处置主体控制中心所需启动设备不属于其管辖范围，则要求关联控制中心配合、联动实施。

2. 车站/区间积水

(1)当车站发生积水情况，环控调度员应立即要求车站值班员确认：积水位置、积水程度、影响范围、水泵状态、目前已采取措施、需要配合处置措施、已采取措施的效果。

(2)当区间发生积水情况，环控调度员应要求运营调度员协助配合，运营调度员立即要求列车驾驶员确认：积水位置、积水程度、影响范围、列车是否能通过。要求车站值班员在BAS系统上确认区间水泵状态，视情况要求车站值班员带好相关工具进入区间处置。

(3)环控调度员应通过中央BAS和CCTV确认现场情况，对现场情况不断进行跟踪。

(4)车站值班员在确认积水过程中必须带好通信工具，将现场情况及已采取的措施告知环控调度员，若现场事态无法进一步控制时，应立即通知设备维护单位生产调度。

3. 气体灭火系统碰放

(1)调度员应确认以下情况：碰放地点、碰放时间，碰放原因、设备损坏程度、人员伤亡情况、碰放钢瓶数量、所涉及无灭火系统保护区域范围。

(2)发生气体灭火系统碰放情况后，调度员除通知车站值班员确认现场外，还应第一时间通知该设备用房所属的专业单位调度，要求其协同配合处置。

(3)气体灭火系统碰放以后，应要求车站值班员开启相应排风设备进行通风，对于无气体灭火系统保护区域应要求车站值班员对该区域增配灭火器材，并加强巡视。

(4)调度员应通过中央FAS和CCTV确认现场情况，对现场情况不断进行跟踪。

(5)车站值班员在确认碰放过程中必须带好通信工具，将现场情况及已采取的措施告知环控调度员，若现场事态无法进一步控制时，应立即通知运营公司调度。

6.1.6　环控系统运行

1. 正常状态运行方式

轨道交通环控系统运行工况按空调工况和通风工况进行编制，原则上每年6

月1日至10月初为空调工况，其他时间为通风工况。

车站环控系统根据系统功能分为：站厅、站台通风及空调系统（以下简称大系统），设备用房、管理用房通风系统（以下简称小系统）、隧道区间通风系统。

(1)公共区域正常状态运行方式

1)通风季节运行工况

① 条件

当外界空气温度小于空调箱送风温度，且站厅温度小于30 ℃、站台温度小于29 ℃时，应采用通风工况。

② 启用设备

空调箱、全新风机、回排风机、排热风机、进风混合室、送风静压室、全新风阀、排风阀、回排风阀、空调箱进、出风阀。公共区域站厅、站台由上述设备组成的通风系统进行送风和排风。

③ 通风工况各类设备运行要求见表6.3。

表6.3 通风工况各类设备运行要求表

工况	设备名称	时间		要求
		首班车	末班车	
通风工况	空调箱	开	关	首班车到开，末班车走关
	全新风机	开	关	同上
	回排风机	开	关	同上
	排热风机	开	关	视站内排风情况，灵活调整
	全新风阀	开		
	回排风阀	开		
	排热风阀	开		
	排风阀	开		
	回风阀	关		
	空调箱进、出风阀	常开		与运行的空调箱必须对应，停止运行的空调箱进、出风阀必须关闭

2)空调季节运行工况

① 条件

当室外空气温度大于或等于空调箱回风温度，且站厅温度大于或等于30 ℃、站台温度大于或等于29 ℃时，应采用空调工况。

日常运行亦可根据季节和气候的变化以及各车站内的温度、客流、设备状况等，由设备维护单位管理部门统一下达采用空调工况和各车站工况转换时间，以达到既满足环境要求又节省能源。

② 启用设备

冷水机组、冷却塔、冷冻水泵、冷却水泵、空调箱、空调新风机、回排风机、排热风机、进风混合室、送风静压室、空调新风阀、回排风阀、排风阀、回风阀、空调箱进、出风阀、风幕机及相关风阀。

③ 空调工况各类设备运行要求见表6.4。

表6.4　空调工况设备运行要求表

工　况	设备名称	时间		要　求
		首班车	末班车	
空调工况	冷水机组			按具体情况要求开、停时间
	冷却、冷冻泵			同上
	冷却塔			同上
	空调箱	开	关	
	空调新风机	开	关	
	回排风机	开	关	
	空调箱进、出风阀	常开		
	回排风阀	开		
	空调新风阀	开		
	排风阀	开		30%≥开度≥10%
	回风阀	开		70%≤开度≤90%

(2)设备和管理用房正常状态运行方式

1)通风季节运行工况

① 条件

只有排风系统的设备管理用房全年按通风工况运行。

共有或独立的送排风系统的设备管理用房应按通风工况运行，当送风温度小于15 ℃或大于30 ℃时，可只开排风机，关闭送风机，也可视设备管理用房的具体情况，在满足环境质量要求的前提下灵活调整。

采用各类小空调进行空气调节的设备管理用房，当室内温度小于26 ℃时，应将小空调机置于送风模式下运行，对有特殊要求的设备管理用房除外。

有独立送排风系统且有小空调进行空气调节或采用变风量空调箱进行集中送排风的设备管理用房，当外界温度大于等于15 ℃或小于26 ℃，应采用通风工况。当送风温度小于15 ℃时，可只开排风机，关闭送风机，也可视设备管理用房的具体情况，在满足环境质量要求的前提下灵活调整，对有特殊要求的设备管理用房除外。

2)空调季节运行工况

① 条件

当室外温度大于等于 26 ℃时，可采用空调工况。室内温度控制范围原则上设置在 25 ℃～27 ℃，特殊的设备管理用房根据要求可设置在 24 ℃～26 ℃。

特殊的设备管理用房，可根据具体要求全年在空调工况下运行，但需经各运营有限公司设备部或环控调度员同意方可执行。

② 启用设备

通风工况：各类小空调机、送风机、排风机、变风量空调箱及各类调节风阀。

空调工况：单冷空调机、热泵空调机、送风机、排风机、风冷单冷机组、风冷热泵机组、变风量空调箱及各类调节风阀。

③ 通风和空调工况各类设备运行要求见表 6.5。

表 6.5　通风和空调工况设备运行要求表

工　况	设备名称	时间		要　求
		首班车	末班车	
通风工况	各类小空调机			1　置于“通风”状态， 2　当回风温度低于 15 ℃时关机
	送风机	开	关	同上 2
	排风机	开	关	根据实际情况可调整
	变风量空调箱	开	关	
	各类风阀	常开或比例开		
空调工况	单冷空调机			按具体要求时间开、停。温度设定在 27 ℃～28 ℃或 25 ℃～27 ℃
	风冷单冷机组			同上
	热泵空调机			夏季同上，冬季 24 ℃±1 ℃
	风量热泵机组			同上
	送风机	开	关	
	排风机	开	关	根据实际情况可调整
	变风量空调箱	开	关	
	各类风阀	常开或比例开		

(3)区间隧道正常状态运行方式

区间隧道正常状态运行方式有二种方式，一是活塞风运行方式，二是夜间隧道冷却方式。

1)活塞风运行方式

区间隧道正常状态下的通风，是利用列车在区间隧道运行所产生的空气前压、后吸原理，并通过活塞风井引入和排出空气进行通风，称为活塞风运行方式。

2)夜间隧道冷却方式

当区间隧道由于各种因素(通常是夏季高温情况)导致区间隧道环境温度过高(高于 35 ℃时，该温度用十级温度计测量)需要在列车夜间停运后对区间隧道进行机械通风冷却。此时，根据环控调度员指令按夜间隧道冷却方式运行环控设备。

3)启用设备

活塞风方式：机械活塞风阀、机械风阀 、活塞风阀 、隔离风阀、迂回风阀。

夜间冷却方式：机械活塞风阀、机械风阀 、活塞风阀、隔离风阀 、迂回风阀。

前站或后站和本站 SG1(TVF)、SG2(TVF)、SG3(TVF)、SG4(TVF)。

4)区间隧道正常状态下各类设备运行要求(各车站以现场实际情况启用相关设备)见表 6.6。

表 6.6　区间隧道正常状态下设备运行要求表

<table>
<tr><th colspan="2">工　况</th><th>设备名称</th><th colspan="2">运行状态</th><th>要　求</th></tr>
<tr><td colspan="2" rowspan="5">活塞风工况</td><td>活塞风阀</td><td colspan="2">常开</td><td></td></tr>
<tr><td>机械活塞风阀</td><td colspan="2">常开</td><td></td></tr>
<tr><td>机械风阀</td><td colspan="2">关闭</td><td></td></tr>
<tr><td>隔离风阀</td><td colspan="2">关闭</td><td></td></tr>
<tr><td>迂回风阀</td><td colspan="2">常开</td><td></td></tr>
<tr><td rowspan="8">夜间冷却工况</td><td rowspan="7">单日</td><td>前站或后站 SG1(TVF)、SG2(TVF)、SG3(TVF)、SG4(TVF)</td><td colspan="2">夜间列车停运后开，区间温度，符合要求后关</td><td>开排风</td></tr>
<tr><td>本站 SG1(TVF)、SG2(TVF)、SG3(TVF)、SG4(TVF)</td><td colspan="2">同前站</td><td>开送风</td></tr>
<tr><td>活塞风阀</td><td>关</td><td>开</td><td>冷却时关闭，冷却完毕后打开</td></tr>
<tr><td>隔离风阀</td><td>关</td><td>开关</td><td></td></tr>
<tr><td>机械活塞风阀</td><td colspan="2">开</td><td></td></tr>
<tr><td>机械风阀</td><td>开</td><td>关</td><td>冷却时开，冷却完毕后关</td></tr>
<tr><td>迂回风阀</td><td colspan="2">关</td><td></td></tr>
<tr><td>双日</td><td>设备同上</td><td colspan="2">运行同上</td><td>前站或后站事故风机改为送风，本站改为排风</td></tr>
</table>

(4)地下车站环境运行参数

1)站厅相对湿度 45%～60%，站台公共区≤28 ℃，站厅公共区≤29 ℃。

2)区间隧道夏季最热月日平均温度≤35 ℃,冬季最低温度≥5 ℃。

3)室内新风要求:空调运行工况新风量按 12.6 m^3/h·人,通风运行工况按 30 m^3/h·人,车站换气次数大于 5 次/h。

4)站厅、站台噪声≤70dB(A),环控机房内噪声≤90 dB(A)。

2. 非正常状态运行方式

环控设备非正常运行方式是指发生下列情况:列车在区间隧道阻塞,列车在区间隧道内发生火灾、车站站厅发生火灾、车站站台层发生火灾、设备和管理用房发生火灾。当上述情况发生时(通风季节、空调季节相同),环控设备要根据相应的情况改变运行方式,对系统作出相应的调整,事故排除后,再恢复正常状态运行方式。

(1)列车阻塞在区间隧道的运行方式

当列车因故阻塞在区间隧道内时,必须对隧道内送入新风,送排风原则是沿着列车运行方向进行送排风。车站事故风机操作应根据调度所环控调度的指令,在明确了列车阻塞后的位置(上行线或下行线),打开阻塞区间前方车站的事故风机、后方车站的事故风机或推力风机以及相关风阀的开关。通过事故风机或推力风机给前方阻塞区间隧道送入新风,前方事故风机进行排风。车站内其他环控设备仍按通风季节或空调季节工况运行。故障排除后,根据调度所环控调度员的指令,恢复原状态运行。以上操作运行通常由环控调度员在调度所中央主机上进行操作,或根据环控调度员指令在车站控制主机上操作,也可在就地或环控电控室操作。就地操作具有最优先权。在执行环控调度员指令的过程中,如发生设备和执行过程异常,应立即向环控调度员汇报并等候指令。

(2)列车在区间隧道内发生火灾的运行方式

当列车在区间隧道内发生火灾时,必须对隧道内进行送风和排烟,送排风原则是使疏散旅客迎送风方向。车站事故风机的操作必须根据调度所环控调度的指令,在明确了列车所在的位置(上行线或下行线、就近车站)及火灾在列车上的位置后,按照指令关闭相应的活塞风阀、迂回风阀及非火灾区间的机械活塞风阀,打开机械风阀和隔离风阀,开启相应事故风机进行送、排风,以上操作运行通常由环控调度员在调度所中央主机上进行操作,或根据环控调度员指令在车站控制主机上操作,也可在环控电控室或就地操作,中央主机操作系统具有最优先权,送风或排风由调度所环控调度员决定。车站的其他环控设备按相应要求运行。

在执行环控调度员的指令过程中,如发生设备和执行过程异常,应立即向环控调度员汇报并等候指令。

(3)公共区域站厅、站台发生火灾的运行方式

地铁车站站厅、站台由车站两端的通风(空调)系统进行送风和排风。送排风原则是保护区域的气流为负压。

1)站厅发生火灾

当站厅层发生火灾时,环控系统根据相应站厅火灾工况运行。开启站厅排风防火阀和站台送风防火阀。关闭站厅层送风防火阀和站台层排风防火阀。空调箱回风阀关闭或回风防火阀关闭,排风阀打开。火灾扑灭后,再恢复原运行状态。(以上空调和通风工况相同)

2)站台发生火灾

当站台发生火灾时,环控系统根据相应站台火灾工况运行。开启站台排风防火阀和站厅送风防火阀,有事故风机则可同时开启。关闭站厅层排风防火阀,站台层送风防火阀。火灾扑灭后,再恢复原状态运行。(以上空调和通风工况相同)空调箱回风阀或回风防火阀关闭,排风阀打开。

3)启用的设备:新风机、空调箱、回排风机、事故风机(站台发生有火灾时)。

4)关闭的设备:冷水机组、冷冻泵、冷却泵、冷却塔。

(4)设备和管理用房发生火灾的运行方式

1)有化学灭火系统保护区的设备房,当火灾发生时,关闭该用房送风防火阀和排烟防火阀以及相应送风机、排风机和房门,喷洒化学灭火气体灭火(正常情况下化学灭火系统应自动执行,但当自动失灵时,应手动执行)。在确认火已经扑灭后,打开上述风阀,先开启排风机排除室内气体,再开送风机,气体排除后,恢复原状态运行。

2)没有化学灭火系统保护的设备或管理用房。当火灾发生时,(该用房排风机需处于运行状态)该用房的排风机或排烟机应打开,当有集中排烟系统时,应关闭非火灾房的排烟防火阀,进行集中排烟。有送风机的用房维持送风状态,当火灾排除后,恢复原状态运行。

(5)车站环控大系统出现故障时,环控调度员第一时间应通过调度现有的设备满足车站的通风要求,力求将对乘客的影响降到最低,同时组织维修人员尽快恢复。

6.1.7 给排水系统运行

各车站给排水系统的各类设备分为正常运行方式和非正常运行方式两种。

1. 正常运行方式

各类给、排水泵均按自控状态运行,给排水系统的设备均应保持良好的工作状态,随时可以按设计或设定的方式(有自动控制系统的按自动控制系统,无自动控制系统的按手动控制系统)运行,并且各类给排水设备,包括阀门、水泵等可操作设备应配有指示标牌,表示目前该设备所处状态。

线路供水管道均应保证不间断供水。任何人不得任意改变供水管道的阀门状态，保证轨道交通正常运营。车站值班员必须定时巡视设备，发现异常情况，及时汇报环控调度员。如有断水或施工等其他原因需要局部区域断水，环控调度员有告知各相关设备维护单位的义务，并根据运营线路的实际供水管网的情况，提出消防应急预案，以应对火灾等突发事件。

水消防设施包括：消防栓系统、水喷淋系统、高压细水雾灭火系统。这些设备日常必须处于良好的备用状态，必须定期进行功能测试，保持其功能正常。

环控调度员有义务督促车站值班员进行不定期的设备巡查工作。任何人不得随意改变消防供水管网的状态。全部消防供水管网的阀门均应处于开启，并开启至最大位置。车站操作人员应熟悉消防供水管道的阀门位置、管道走向以及设备现状。

在保证轨道交通正常运营的前提下设备维护单位应进行定期的消火栓系统设备的联动起泵检查和水喷淋系统、高压细水雾设备的联动启动检查，并做好设备检查记录。车站操作人员必须将故障设备情况及时汇报环控调度员，由环控调度员发令通知相关单位组织检修或抢修。

2. 非正常运行方式

(1)给、排水管道发生严重漏水时，应立即关闭漏水处管道阀门，并及时维修漏水处，必要时，做好相应的防范措施、通知相关部门等。

(2)给、排水水泵发生故障时，应将水泵控制状态置于手动或检修档，并切断该台水泵电源，及时维修。如有备泵的，应使备泵投入可使用状态或使备泵投入自动状态。

(3)其他给排水附件的故障，视影响范围的大小，可根据正常方式或非正常方式执行。

(4)故障状态时，各类水泵、阀门应有相关故障指示标牌，表示该类设备停用、故障或禁止使用。

车站值班员应通过车站 EMCS 系统注意观察水泵的运行情况，发现异常应立即到泵站现场进行检查。查明原因、确认故障情况，同时把故障情况汇报环控调度员，环控调度员根据情况发出抢修命令，并做好记录以便实施监督，由相关专业单位组织检修或抢修。

当汛期和暴雨前，环控调度员要求车站值班人员加强设备巡视工作。发现排水泵自控失灵，应立即组织人员抢修。积水时应立即采取手控操作排水，防止集水池溢出。

排水泵站设备的突发故障或暴雨等自然火害，将直接影响轨道交通列车安全，准点运行。车站值班人员、站长或列车驾驶员一旦发现影响行车的车站积水、区间积水、管道跑水等现象，应立即向运营调度和环控调度员汇报；运营调度组织行车作业，环控调度员组织各专业分公司进行抢修，车站在抢修人员未及赶到之前，必须采取有效措施，全力保证轨道交通正常运营。

当列车驾驶员发现区间有积水并将淹到道床，或调度/车站值班员从EMCS系统中观察到区间集水泵高水位报警以及水泵故障信号，应立即组织抢修。

区间水泵抢修注意事项：

① 必须在抢修程序规定时间内组织抢修人员到达预定车站。

② 必须确认清楚需要进入区间的抢险人员人数。

③ 须确认抢修人员带齐防护用品。

④ 出发前需要测试抢险人员的对讲设备。

⑤ 抢修人员进、出区间过程由运营调度员指挥，环控调度员应随时与检修人员保持联系。

⑥ 区间发生一台水泵故障或故障暂时不影响区间排水能力时，检修工作应安排在当天夜间运营结束后。

6.1.8 消防报警系统运行

1. FAS系统正常运行状态

(1)控制主机：Simplex4120、4002、4020、4100U；EST－3均处于不间断正常运行状态。

(2)Simplex4120、4002、4020、4100U；EST－3日常均处于自动位置；

(3)打印机处于不间断工作状态，走纸正常，打印字迹清晰；

(4)所有探测设备：烟感探测器、温感探测器、手动报警器等工作正常；

(5)所有消防联动设备：事故风机、消防泵、喷淋泵、防火阀、防火卷帘门、应急照明、消防广播、门禁、AFC、电梯等均处于正常热备用状态；

(6)全部报警设备：警铃、高频振鸣器、释放闪灯、电话插孔、紧急电话等，全部处于正常状态；

2. 若发现上述设备有不正常现象及时汇报环控调度员

当中央级FAS系统故障或中央与车站通信中断(含单体设备)，环控调度员应命令车站值班员接管本站控制权并加强对火灾报警的监控，组织相关人员进行维修，随时与车站保持联系，如有突发事件，及时启动相关预案。

一旦遇到火灾发生，若火灾工况模式自动运行失败，环控调度员应命令车站值班员立即手动执行相应的火灾工况模式和扑救工作，并确认相关设备是否联动。车站值班员也可应急手动执行相应的火灾工况模式和扑救工作，并能即时与环控调度员取得联系。

车站级 EMCS 系统与 FAS 系统有接口，能够直接接受 FAS 系统防火救灾指令，将相关系统工况转为模式指令。EMCS 车站级设备由车站值班员操作。

FAS、EMCS 各级主机正常情况下必须运行于“全自动”状态；如遇设备调试、检修、或其他施工影响系统正常运行的特殊原因，需将主机退出运行状态，必须由车站值班员通过调度电话征得环控调度员同意并由调度正式发令后方可执行。

当班环控调度员、车站值班员在 EMCS 系统发现有设备状态显示出现异常时，应立即对异常信息进行确认，车站值班员应立即至现场确认情况。

6.1.9 机电设备自控系统运行

1. 设备的正常运行方式

(1)系统的控制器，计算机和打印机每天 24 h 不间断工作。

(2)系统对空调系统、空调水系统、通风、给排水、照明、自动扶梯、屏蔽门、人防门等设备进行监视和控制，并对状态和故障进行报警。

(3)实时反映站厅、站台和设备管理用房的温、湿度、二氧化碳浓度等情况，绘制温、湿度、二氧化碳浓度等参数曲线。

(4)采集车站监控设备运行状态参数，向控制中心上传各类数据及报警信息，执行控制中心命令。

(5)报警时，系统上画面自动弹出报警信息，值班员必须确认和处理。系统有数据、时间、确认和处理等记录。

(6)火灾发生的情况下，系统接受消防报警信号，控制火灾模式启动。

(7)实时打印事件，并可按时间段有选择进行打印。

(8)自动记录车站主要设备运行状态，统计设备运行时间，实现维护及检修的预告警。

2. 设备的非正常运行方式

(1)系统一路交流失电时，切换到备用电源。保证系统正常供电。

(2)两路交流供电失电时，必须关掉各控制器、计算机和打印机电源，并通知环控调度员和设备维护单位生产调度，由专业人员进行处理。操作人员需到就地操作受控设备。

(3)系统发生局部故障而不影响其他部分正常运行时，不应关闭整个系统。

6.1.10 气体灭火系统运行

1. 气体灭火系统运行正常运行方式

(1)主机运行方式：气体灭火主机处于不间断正常运行状态。

(2)主机的控制方式：气体灭火主机日常处于自动位置。联动设备处在联动状态。

(3)计算机、打印机处于不间断工作状态。

(4)所有探测设备:感烟探测器、感温探测器、手动报警器、紧急电话和插孔应工作正常。

(5)UPS不间断电源、双电源自动切换装置应工作正常。

(6)报警设备:报警警铃、紧急电话处于正常状态。

(7)若发现气体灭火系统设备有不正常现象应及时汇报环控调度和设备维护单位生产调度。

2. 灭火系统的操作要求

(1)气体灭火系统的操作要求

1)气体灭火自动释放(气体灭火报警主机和气体灭火控制盘均应置于自动状态):

① 气体防护区内任意一个烟感或温感报警,气体灭火控制盘发出报警讯响信号,防护区内警铃鸣响,送、排风阀关闭,同时通过气体灭火控制盘反馈信号至气体灭火报警主机和FAS的消防报警主机,提醒相关人员到防护区进行巡检,并采取相关措施。

② 气体防护区内两个探测器(满足任意一个烟感和任意一个温感)发生报警,联动防护区内、外声光报警器。气体灭火控制盘延时30 s,联动选择阀、瓶头阀。气体储存瓶组内的灭火气体释放,通过气体管路输送到对应报警防护区喷放,进行全淹没气体灭火;气体喷放时,压力开关动作,喷放指示灯亮,同时通过气体灭火控制盘反馈喷放信号至气体灭火报警主机和FAS的消防报警主机。

③ 自动释放模式下的止喷操作:气体释放前,按下紧急停止按钮保持1 s,气体释放中止;若需再次启动气体灭火:A、按下灭火控制盘上紧急启动按钮并保持1 s或拉下独立安装的紧急启动按钮,系统按手动释放延时值重新开始延时,到时气体释放。B、若再次收到火警信号,系统从被中止时的时间值继续延时,到时气体释放。

④ 气体灭火控制盘手/自状态转换开关设置,自动状态时能接收气体灭火报警主机报警信号,气体灭火控制盘可实现自动释放模式或手动释放模式联动气体灭火;手动状态时不接收气体灭火报警主机报警信号,气体灭火控制盘处于独立工作状态,只能通过手动释放模式联动气体灭火。此开关状态必须在发生火警前预先设置好。

⑤ 注意事项:当拉下保护区出口处独立安装的紧急启动按钮,听到报警声后,必须立即对拉下的按钮进行复位,以便进行下一次操作。紧急中止按钮与气体灭火控制盘上紧急停止按钮功能相同。

2)气体灭火手动释放：

① 当气体防护区有人工作或值班时，根据现场火情需要及时喷放气体灭火时，手动按下灭火控制盘上紧急启动按钮并保持 1 s 或拉下独立安装的紧急启动按钮，警铃响，送、排风阀关闭，联动保护区内、外声光报警器，气体灭火控制盘延时 30 s，联动选择阀、瓶头阀。气体储存瓶组内的灭火气体释放，通过气体管路输送到对应报警防护区喷放，进行全淹没气体灭火；气体喷放时，压力开关动作，喷放指示灯亮，同时通过气体灭火控制盘反馈喷放信号至气体灭火报警主机和 FAS 的消防报警主机。

② 手动释放模式止喷操作：气体释放前，按下紧急停止按钮保持 1 s，气体释放中止；若需再次启动气体灭火：A、按下灭火控制盘上紧急启动按钮并保持 1 s 或拉下独立安装的紧急启动按钮，系统从被中止时的时间值继续延时，到时气体释放。B、若再次收到火警信号，系统按自动释放延时值重新开始延时，到时气体释放。

3)气体灭火机械应急手动释放：

① 当控制系统失灵不能执行灭火指令时，且现场火警需要喷放气体灭火时，可至钢瓶间通过手动操作选择阀和瓶头阀进行气体喷放灭火。应急手动释放时，必须提前关闭影响灭火效果的设备，通知并确认防护区内人员已全部撤离后方可进行。

② 机械应急手动释放不能进行灭火控制盘控制的其他联动设备。

③ 注意事项：操作时必须先打开对应保护区管网选择阀，再打开该保护区气瓶瓶头阀。

4)进入气体自动灭火系统所保护区域注意事项

正常情况下，气体自动灭火系统应工作于“自动”方式。特殊情况下有人员进入系统所保护的区域需改手动，应先到车站值班员处登记，再由车站值班员向环控调度员提出申请，环控调度员根据情况发令将系统的运行方式改为“手动”。工作人员离开该保护区域后，车站值班员将系统恢复至“自动”方式后向环控调度员汇报。环控调度员监视到气体灭火系统的火灾或故障报警时，须立即通知车站值班员加以确认，确认情况后需要立即组织相关人员进行处理。

5)高压细水雾灭火系统的操作要求

① 高压细水雾自动启动

开式系统：当保护区内发生火灾时，火灾探测器发出信号至火灾报警控制器，火灾报警控制器根据其地址确认发生火灾的区域，然后发出联动启动灭火系统的控制信号，打开相应的区域阀组，区域阀组打开后管网压力下降，稳压泵自动启动运行超过 10 s 后，管网压力仍达不到 1.2 MPa 则高压主泵自动依次启动，高压细水雾经喷头喷出扑救火灾。

闭式湿式系统：当保护区内发生火灾时，细水雾喷头玻璃泡破裂，管网液体流动流量开关动作，反馈信号给火灾报警控制器反映灭火区域，管网压力下降，稳压泵自动启动运行超过10 s后，管网压力仍达不到1.2 MPa则高压主泵自动依次启动，高压细水雾经喷头喷出扑救火灾。

闭式预作用系统：保护区域内喷头到区域控制阀之间的管道平时为空管，当发生火灾时，火灾探测器发出信号至火灾报警控制器，火灾报警控制器根据其地址确认发生火灾的区域，然后发出联动启动灭火系统的控制信号，打开相应的区域阀组，区域阀组打开后系统转为湿式管网压力下降，稳压泵自动启动运行超过10 s后，管网压力仍达不到1.2 MPa则高压主泵自动依次启动，高压细水雾经破碎的闭式喷头喷出扑救火灾。

② 高压细水雾手动、电气启动

当人员发现火灾发生时，在火灾探测器尚未动作的情况下，可以通过远程消防控制中心启动相应区域的区域阀组按钮或就地打开区域阀组，管网压力下降，稳压泵自动启动运行超过10 s后，管网压力仍达不到1.2 MPa则高压水泵自动启动供水灭火。

中控室操作：在手动打开区域控制阀后，系统在10 s后高压泵仍未启动，再开启高压细水雾泵组按钮：

在细水雾区域控制阀组操作：就地启动——现场人员发现火灾时，可就地打开区域阀组，按下区域阀组控制按钮，打开区域阀组进行灭火。

高压细水雾机械应急操作：在火灾报警系统失灵下，切断阀组电源后，再手动操作区域阀组上的手柄，打开区域阀组进行灭火。（电动阀的左侧有手摇开关，在远程控制失效的情况下，可以揭开电动阀左侧的盖子，插入手柄，按照电动阀上悬挂的说明书，通过手摇开关打开区域阀。）

轨行区高压细水雾系统的操作：

➢当进站列车发生火灾时，控制中心接到火灾信号或消息时可立即启动轨行区的高压细水雾系统，帮助车厢人员迅速疏散、逃生。

➢轨行区阀箱内设有手动启动按钮，当进站列车发生火灾时，也可手动开启轨行区的高压细水雾系统。

➢应急启动：当发现进站列车发生火灾时，控制中心和手动启动出现故障后可通过区域控制阀的手柄，打开控制阀启动系统喷放细水雾。

(2)水喷淋灭火系统的操作要求

1)试验前做好设备检查工作，FAS控制器面板以及消防泵就地控制箱处于水喷淋泵自动位置，湿式报警阀的压力一般在0.15 MPa～0.5 MPa。当供水压力小于 0.14 MPa 时(未配有稳压泵的系统,其湿式阀会发生不能动作现象),待水压高于 0.14 MPa 时再作试验,并做好供水压力过低记录。配有稳压泵的系统压力应大于 0.25 MPa。

2)打开末端水喷淋试验阀放水,水流指示器动作并报警,湿式报警阀自动打开,水力警铃报警声响,压力开关动作,水喷淋泵自动启泵,检查末端放水压力不应小于 0.01 MPa,并在车控室操作消防泵控制箱上按钮,进行车控室操控喷淋泵试验。

3)水泵自控、遥控联动试验后,即可在消防泵就地控制箱上手动停泵,关闭末端水喷淋试验放水阀。

4)试验后检查设备是否有故障或缺陷,应及时报修,检查湿式报警阀自动复位是否正常,使系统处于自动状态,以便再次使用。

5)水喷淋系统联动试验每月一次,信号蝶阀三个月开关一次。湿式阀旁的放水试验阀每三个月放水试验一次。

6.1.11 灾害天气调度工作要求

1. 遇低温、雨雪、冰冻等恶劣天气,应重点关注

(1)水管冻裂;

(2)地面、高架线路车站站台及车站出入口积雪、积水的情况;

(3)消防系统报警;

(4)关注消防水管情况,做好消防水管防冻、防寒、防爆的"三防"工作。

2. 遇暴雨、雷电、高温等恶劣天气,应重点关注

(1)线路积水情况;

(2)消防系统报警;

(3)变电站漏水、进水可能引发开关跳闸情况;

(4)环控调度员在接到暴雨预警后,应立即通知车站值班员,令其确认所管辖区间泵是否在正常状态,密切关注车站 BAS 或 EMCS 显示的水位变化,发现异常情况及时上报。

6.2 机电设备施工组织

6.2.1 环控施工组织原则

1. 车站屏蔽门以内(除隧道区间)、停车场、车辆段、控制中心等机电消防设备的日常检修巡检,由各设备管辖主体单位自行安排实施。

2. 重大改造、扩建、软件升级等施工，设备维护单位必须向调度部门进行备案，调度部门应积极配合实施。

6.2.2 环控施工组织流程

1. 设备维护单位必须经管理部门批准并随同附件(附件为：施工方案、安全保障方案、人员配备方案、应急预案、动火许可、施工安全责任人名单、设施设备更改目录、软件升级版本及具体内容、施工安全风险评估)向调度部门备案的施工有：

(1)对全线消防安全运行、或对行车安全造成影响的施工；

(2)消防设备一经停役，没有备用设施的施工；

(3)路网软件(含车站单点)改造、升级、更新的施工；

(4)车站、停车场、车辆段、控制中心、变电站等机电消防设备的重大检修、大修、改造、新设备投入施工；

(5)消防设施设备运行模式的改变，如手/自动转换、投用/停用、工况模式的转换等；

(6)FAS、EMCS、ISCS等中央系统退出运行或局部功能受到限制时；

(7)因施工造成系统非正常运行时间大于8 h。

2. 需配合的施工，由机电设备所属单位指定部门直接向调度部门提交施工计划工作联系单。需其他单位配合的施工，调度部门应确认其附有配合单位的意见与计划。

3. 进入车站设备用房、控制中心、停车场、车辆段、变电站的巡检施工，应由施工负责人向被巡检部门提交联系单并进行施工登记，待部门许可后才可进行巡检。巡检期间需进行设备状态或模式的改变、设备的拆装等，在不影响运营的前提下，部门应积极配合施工人员巡检。巡检施工之前，现场值班员必须向环控调度员许可，并说明巡检内容。

4. 动火施工必须配备相关部门出具的《动火许可证》，施工作业场所必须有专人进行监护，周围必须配备简易消防设备，消防报警设备必须完好。

5. 轨行区的施工必须按施工管理办法相关要求，按计划上报调度所进行审批，经安排同意后才可实施。施工中环控调度员如发现有危及设备或人身安全、影响运营的、有疑义的事件时有权停止或取消该项施工。

6.2.3 环控施工实施

1. 枢纽站

环控专业施工(区间隧道施工)线路控制中心负责审核和配合，对施工过程进行监控，无需在关联控制中心备案。

环控专业施工(区间隧道施工除外)处置主体控制中心负责审核和配合,对施工过程进行监控,并在关联控制中心备案,若为专项与大修作业施工相关控制中心应做好应急预案。

2. 控制中心

由于新建、扩建、改建工程等原因,须对中央环控监控设备有增减或变更时,由设备维护单位负责对其中央系统的人机界面、软件进行变更、修正等工作,设备维护单位对中央系统的人机界面、软件修改部分应向调度所出具相应变更说明。

3. 在FAS系统维修及改造后,需要对FAS系统相关的联动功能进行确认。

(1)火灾报警系统

1)检查系统报警功能、故障报警功能、火警优先报警功能是否正常。

2)检查打印机打印功能、火灾显示器和CRT的显示功能是否正常。

3)检查公共广播扩音设备能否强制转入火灾应急广播状态。

4)检查送风风机和排烟风机启动功能是否正常,信号反馈是否正确。

5)检查防烟风阀、排烟阀开启功能是否正常,信号反馈是否正确。

6)检查空调通风是否停止,电动防火阀关闭是否正常,信号反馈是否正确。

7)检查消防电梯迫降功能是否正确,信号反馈是否正确。

8)检查门禁系统、自动售检票系统(AFC系统)是否正常。

9)检查防火卷帘门升降功能是否正常,信号反馈是否正确。

10)检查防火门自动关闭功能是否正常,信号反馈是否正确。

11)检查消防专用电话的通话功能是否正常。

(2)水喷淋系统

检查模拟火灾状态下,系统各功能是否正常,信号反馈是否正确。

(3)气体自动灭火系统

用模拟试验法,检查手动、自动控制状态下声光报警、释放指示灯、延时功能等相关设备的功能是否正常,信号反馈是否正确。

(4)消火栓系统

1)系统自动状态下,开启消火栓,检查稳压泵启动是否正常。

2)触发远程启泵按钮,检查消防泵启动是否正常。

3)检查消防控制室远程启、停泵是否正常。

4)检查消防泵房间启、停泵是否正常。

(5)事故照明系统

检查事故状态下,应急照明自动启动功能是否正常。

6.3　新设备投入规定

各系统设备均由消防检验部门验收合格后，经设备使用部门功能测试满足要求后，可投入运行并使用。

6.3.1　气体灭火系统

1. 自动喷水灭火系统验收内容及要求见表6.7。

表6.7　自动喷水灭火系统验收表

设备	验收工作内容		验　收　要　求
自动喷水灭水系统	一、湿式报警阀组	1. 外观	组装正确、完整、无渗漏，配件功能完好
		2. 排水设施	排水管径≮试水管径2倍
		3. 水力警铃	
		(1)位置	主通道或值班室内
		(2)启动压力	≮0.05 MPa
		4. 供水总控制阀	
		(1)开、关状态	灵活可靠、标志明显
		(2)锁定设施	常开，锁定牢固
		5. 报警阀功能试验	
		(1)伺应状态	延迟器无出水
		(2)报警阀动作后相应功能	阀启动，5～90 s内开始连续报警，压力开关在消控中心报警，信号显示，泵自动启动
		(3)报警阀复位后的相应功能	警铃停，压力开关复位，延迟器自动排水，时间≯5 min
	二	1. 水流指示器外观	完整无缺损、标志明显、永久，方向指示正确
		2. 信号反馈	指示器动作后，消控中心按区报警，显示信号；信号阀开闭信号，消控中心按区显示(保持常开)
	三	1. 末端试水装置设置位置	每层或区最不利处
		2. 组件	有试水阀或测压仪表或流量表
		3. 排水设施	应符合要求
	四	1. 压力、流量	压力表读数：≮0.049 MPa 流量范围：0.94～1.5 L/s
		2. 联动功能试验	水流指示器动作后输出报警信号，水力警铃连续报警，压力开关在消防联动控制盘显示报警信号并启泵

2. 气体灭火系统验收内容及要求见表 6.8。

表 6.8 气体灭火系统验收表

设备	验收工作内容		验 收 要 求
气体灭火系统	一、储瓶间设备检查	1. 灭火剂储存容器	
		(1)外观质量	无变形、缺陷;手动操作装置有铅封
		(2)规格	同一系统规格要一致,高度差≯10 mm
		(3)储存容器上的压力表	符合图纸设计要求
		(4)管道颜色	外表面涂红色油漆
		(5)设备编号	标明设计规定的灭火剂名称和编号
		(6)储存容器的记录	永久,包括编号、充装量、充装压力、充装日期
		(7)充装压力	≮相应温度下的储存压力,≯该储存压力 5%
		2. 贮瓶间温度	卤代烷 1211:0 ℃～50 ℃;1301:－20 ℃～＋55 ℃;二氧化碳:0 ℃～49 ℃;烟烙烬:0 ℃～49 ℃
		3. 贮瓶间相对湿度	≯85%RH
		4. 贮瓶间照明灯光照度	≮150 Lx
		5. 集流管	
		(1)外观质量	焊接,内外镀锌;外表涂红漆
		(2)泄压装置	泄压口方向不得朝向操作面和人员通道
		6. 高压软管和单向阀	
		(1)外观质量	无缺损、碰撞损伤;标志齐全
		(2)安装方向	与灭火剂流动方向一致
		7. 选择阀	
		(1)外观质量	无碰撞变形及机械性损伤,有永久性标牌
		(2)防护区标志	阀上应有明显的防护区名称或编号的永久性标牌
		8. 气体驱动装置	
		(1)外观质量	无碰撞变形及机械性损伤,手启有完整铅封
		(2)名称与编号	标明驱动介质名称和对应防护区名称的编号
	二	1. 外观质量	平整光滑
		2. 涂漆	灭火剂输送管道外表面涂红色消防标志
	三、防护区检查	1. 防护区防火门	防火门材质符合要求
		2. 防护区防火阀	设置自动关闭及复位装置
		3. 泄压口设置	设在外墙上,距地面 2/3 以上
		4. 安全要求	保护区应有紧急止喷装置; 保护区内设警铃,门外设灯光报警和气体喷放指示标志灯
		5. 自动控制启动条件	接到两个独立火灾信号才能启动

续上表

设备	验收工作内容		验　收　要　求
气体灭火系统	四、系统功能试验	1. 启动方式	管网式:自动、手动和机械应急操作三种,无管网式自动和手动二种
		2. 感烟火灾探测器	功能正确
		3. 感温火灾探测器	功能正确
		4. 模拟自动喷气试验	功能正确
		5. 模拟手动喷气试验	功能正确
		6. 紧急启动试验	功能正确
		7. 紧急阻断功能	具备
		8. 延时启动量	30 s内
		9. 喷药指示、声、光报警	具备
		10. 选择阀试验	功能正确

3. 高压细水雾系统

(1)高压细水雾系统的验收应包括下列场所及设备

1)防护区和设备间;

2)系统设备和管道;

3)细水雾灭火系统联动的有关设备;

4)有关的安全设施。

(2)防护区与设备间的验收内容:

1)防护区的划分、用途、位置、开口、通风、几何尺寸、环境温度及可燃物的种类与数量应满足维修及改造前的要求,并应符合现行国家有关设计规范的规定。

2)防护区下列安全设施的设置应满足维修及改造前的要求,并应符合现行国家有关标准、规范的规定。

防护区的疏散通道、疏散指示标志和应急照明装置。

防护区内和入口处的声光报警装置、入口处的安全标志。

3)设备间的位置、通道、耐火等级、应急照明装置应符合维修及改造前的要求,并应满足现行国家有关标准、规范的规定。

(3)设备验收:

1)水容器和气容器的数量、型号、规格、安装位置、固定方式和标志,水的充装量和氮气(或压缩空气)储存压力,灭火装置安装质量应满足维修及改造前的要求。

2)选择阀的数量型号、规格、安装位置、固定和标志及其安装质量应满足维修及改造前的要求。

3)设备的手动操作处,应有标明对应保护区名称的耐久标志。手动操作装置应有加铅封的安全销或防护罩。

4)管道的布置与连接方式、支架和吊架的位置及间距、穿过建筑构件及其变形缝的处理、各管段和附件的型号规格以及防腐处理,应满足维修及改造前的要求。

5)喷头的数量、型号、规格、安装位置、喷孔方向、固定方法和标志,应满足维修及改造前的要求。

6)模拟系统动作试验时,应进行下列试验:

对于允许喷雾的防护区或被保护对象,应按防护区或被保护对象数量的20%,且不少于2个区,进行实际喷雾试验。

对于不允许喷雾的防护区或被保护对象,应采用系统动作试验装置进行模拟系统动作试验。

7)当模拟系统动作试验结果达不到有关规定时,功能检验为不合格,应在排除故障后对允许的全部防护区再次进行模拟系统动作试验。

6.3.2 FAS系统验收项目和标准见表6.9

表6.9 FAS系统验收表

验收项目		验收标准
一、火灾探测器	1. 外观质量	无腐蚀及明显机械损伤,标志、文字清晰
	2. 距端墙距离	≯探测器间距的一半
	3. 安装倾斜角	偏差≯30°
	4. 确认灯的安装位置	面向便于观察的主入口方向
	5. 确认灯的功能	报警,灯启动,巡检,灯闪动
	6. 报警功能	有火情,火警信号输出;短路或脱座,故障信号输出
二、报警按钮	1. 外观质量	组件完整,标志明显
	2. 牢固程度	牢固,不松,不斜
	3. 确认按钮功能	启动按钮,按钮处有发光指示
	4. 距防火分区最远距离	≯30 m
	5. 报警功能	启动按钮,火警信号输出
三、火灾报警控制器	1. 控制器外观质量	铭牌及标志明显,清晰
	2. 控制器接地	有工作接地线及RE线接地保护
	3. 控制器接地标志	明显,持久
	4. 控制器电源	应是消防专用电源、专用蓄电池供电;直连消防电源,严禁插头
	5. 报警音响	额定电压下,距器件中心1 m处,声压级应在85 dB～115 dB

续上表

	验收项目	验收标准
三、火灾报警控制器	6. 控制器基本功能	
	(1)报警功能	接到火灾信号，发出声光报警
	(2)二次报警	手动复位后，再接信号再报警
	(3)故障报警	100 s内，发出声、光故障信号
	(4)自检功能	可自检
	(5)火灾优先功能	与故障同时报警时，火警优先
	(6)记忆功能	显示或打印火警时间
	(7)消音、复位功能	火警状态时可手动消除信号并复位
	(8)电源转换功能	主电源切断，备用电源自动投入运行
	(9)电源指示功能	主、备电源转换，指示灯正常
	7. 备用电源自动充电功能	主电源恢复，备电自动切除，浮充、等待备用
四、消防通信、消防电梯、消防联动控制设备	1. 消防通信	
	(1)控制室与设备间的通话	功能正常，语音清楚
	(2)电话插孔通信试验	手动报警按钮处插孔通话，功能正常，语音清晰
	(3)与“119”台通话	消防控制室应设置向当地消防部门直接报警的外线电话
	2. 讯响器(声光报警器)	
	(1)牢固程度	牢固，平衡，不斜，不松动
	(2)音响	＞背景噪声15 dB
	(3)报警功能	及时报警
	3. 消防电梯	
	(1)联动功能	确认火灾后，可手动、自动迫降至首层
	(2)信号反馈功能	对电梯控制和联动时，信号能反馈至控制室
	4. 消防联动控制设备	
	(1)接地保护	具备，可靠
	(2)主要部件性能	应符合设计要求
五、火灾应急照明	1. 火灾应急照明灯	
	(1)外观质量	外表完整无损
	(2)短路保护及试验无锁按钮	具备但不应设其他开关
	(3)应急转换功能	正常电源切断，应急转换时间$\ngtr$5 s
	(4)设置状态指示灯	应设等待(红)、充电(绿)、故障(黄)
	(5)应急工作时间及充、放电功能	$\nless$20 min；放电终止电压$\nless$额定电压85%，并有防过充、放电保护

续上表

验收项目		验收标准
五、火灾应急照明	(6)应急照明照度	≮0.5 Lx 火灾时继续工作的房间应保证正常照明的照度
	2. 安全疏散指示灯	
	(1)外观质量	外表完整无损
	(2)疏散指示方向和图形	指向正确,图、文、尺寸规范
	(3)应急转换功能	应急转换时间≯5 s,可连续转换 10 次
	(4)疏散指示照度	≮1.0Lx

6.3.3 Bas 系统

1. 工作站计算机及外围设备

(1)计算机外围设备正常驱动。

(2)安装位置与车站设备系统施工图一致,管线、布线整齐牢固。

(3)设备系统网络中,各控制器的地址、通信速率、信息屏蔽设置正确。

(4)工作站计算机的中文视窗操作系统(Windows)与设备系统网络完全兼容。

(5)工作站计算机的数据库文件完整。

(6)实现车站环控系统设备的模式正确监控。

(7)正确接收车站、隧道火灾及列车阻塞的信号,实现灾害模式监控。

(8)正确统计设备参数数据和报警信息,生成报表。

2. 各级各类控制器

(1)正确与工作站的控制器网通信。

(2)正确计算并执行工作站发出的环控模式命令。

(3)不受工作站故障的影响,正确执行环控模式。

(4)正确接收手动操作的命令,控制相应环控设备。

(5)输入和输出 LED 指示灯能正确显示现场设备的输入和控制器的输出状态。

(6)正确接收输入/输出的各种信号。

3. IBP 综合后备盘

(1)对 IBP 盘进行相应的灯测试、钥匙按钮测试及按钮测试。

(2)IBP 盘上显示设备的状态同实际情况一致。

4. 设备数据接口

(1)安装位置与机电设备系统施工图一致,管线、布线整齐牢固。

(2)与通信模块正确通信。

(3)不受工作站故障的影响,正确接收防灾报警系统的报警信号或冷水机组、电梯、屏蔽门等设备的运行数据。

(4)相关设备的通信 LED 指示灯正确显示与通信模块通信的状态。

5. 二通流量调节阀

(1)安装位置与机电设备系统施工图一致,管线、布线整齐牢固。

(2)根据 CPU 的输出信号,改变阀体的开度,并产生阀体反馈信号。

(3)执行器实现自身的微调。

6. 温度传感器

(1)安装位置与机电设备系统施工图一致,管线、布线整齐牢固。

(2)感应车站典型温度点的温度,给控制器提供温度信号。

(3)产生对应的标准信号(误差范围:±5%)。

7. 湿度传感器

感应车站典型点的湿度,产生对应的标准信号,给控制器提供湿度信号。

8. 流量传感器

(1)安装位置与机电设备系统施工图一致,管线、布线整齐牢固。

(2)正确提供系统流量,产生对应的标准信号(误差范围:±5%)。

9. 水管温度传感器

(1)安装位置与机电设备系统施工图一致,管线、布线整齐牢固。

(2)感应水管典型温度点的温度,给控制器提供温度信号。

(3)产生对应的标准信号(误差范围:±5%)。

10. 压差传感器

(1)安装位置与机电设备系统施工图一致,管线、布线整齐牢固。

(2)压差传感器的感应端子应分别接到空调箱过滤网的两端。

(3)根据空调箱过滤网两端的压差产生对应的标准信号。

(4)压差报警器与 CPU 的通信和设备电源供应情况正常。

11. 模式试验

(1)运行符合环控控制要求。

(2)根据 BAS 系统收集的环境信息,正确计算所需执行的环控模式。

(3)控制设备实现对设备的正确连锁保护。

(4)根据时间表自动正确启动模式。

(5)根据防灾报警系统、ATS 和主时钟信息信号自动正确启动模式。

6.3.4 给排水系统验收内容及标准见表 6.10

表 6.10 给排水系统验收表

设备	序号	检查项	检验标准
给排水管道	1	外观	外观应无严重锈蚀，
	2	各类管道及管道附件、阀门伸缩接头等	管道、管道接头、阀门等不应漏水
	3	防腐	浅埋式金属管道必须做好防腐措施、保温措施
水泵	1	外观	外观应无严重锈蚀，水泵运行无异常振动噪声，IS泵填料处允许滴状漏水，LP泵填料处允许少量漏水，但不应大量飞溅四周，机封类水泵严禁有滴水现象
	2	油位	油室油位不应低于下油位线，全封闭类水泵以出场合格证为准
	3	联轴器	手转联轴器无卡阻现象，轴心差不大于0.05 mm
	4	排水情况	启动排水泵排水 2～5 min，观察集水池水位应有明显下降
	5	电机	电机正常工作状态下，电流不大于额定电流 10%

6.3.5 环控系统

1. 冷水机组验收标准

(1)冷水机组维修质量评定

1)离心式冷水机组质量评定。

① 二级质量评定，第一级是监护人对维修工作内容的评定，第二级是公司设施管理部门专业主管人员对维修质量评定。

② 离心冷水机组维修完成，经过试车、验车考核后，冷水机组必须完全符合相关生产厂运行标准。

➢轴承温度应在 150～175F(60～80 ℃)之间。

➢冷凝器出水温度在大部分应用情况下，应在 65F(18 ℃)以上。

➢排除器压力数值应在蒸发器和冷凝器压力的一半之处。

➢机组运行电流应在额定电流范围内(100～280 A)。绝缘电阻电机线圈对地大于 20 MΩ(用 500 V 摇表测量)。

③ 冷水机组外观必须整洁干净，无灰尘、油迹，场地做到工完、料尽、物清。

④ 冷水机组运行数据完全符合相关生产厂运行的标准，冷水机组维修合格，其中之一不能达到为不合格，必须返工。

⑤ 冷水机组维修完成，经过试车、验车考核后，其技术指标必须符合相关生产

厂的运行标准，主要技术指标见表 6.11。

表 6.11 离心式冷水机组运行技术指标表

项目＼型号	19XL	23XL
油　温	＞110F(43 ℃)	储油器油温高于冷凝器制冷剂温度 11 ℃～20 ℃
油　位	两只视窗中至少有一只能看到油位	油分离视镜能看到油位
油压差	15～30Psi(103～207 kPa)	20～120Psi (138～821 kPa)
轴承温度	60 ℃～74 ℃	
冷凝压力	100～210Psi(690～1 450 kPa)	100～210Psi(690～1 450 kPa)
蒸发压力	60～80Psi(410～550 kPa)	60～80Psi(410～550 kPa)
运行电流		
电机绝缘电阻(500 V 摇表)	对地＞50 MΩ(10 s 和 60 s)	对地＞50MΩ(10 s 和 60 s)
冷冻水出水温度范围	5 ℃～15 ℃	5 ℃～15 ℃
冷却水进水温度范围	15 ℃～33 ℃	15 ℃～33 ℃

2)螺杆式冷水机组质量评定

① 二级质量评定，第一级是监护人对维修工作内容的评定，第二级是公司设施管理部门专业主管人员对维修质量评定。

② 电机线圈绝缘电阻对地大于 20 MΩ(用 500 V 摇表测量)。

③ 冷水机组运行数据完全符合开启运行标准，冷水机组维修合格，其中之一不能达到为不合格，必须返工。

④ 冷水机组外观必须整洁干净，无灰尘，油迹、场地做到工完、料尽、物清。

⑤ 冷水机组维修完成，经过试车、验车考核后，其技术指标必须符合相关生产厂运行标准，主要技术指标见表 6.12、表 6.13。

表 6.12 螺杆式冷水机组运行技术指标

项目＼型号	WCFX	LSQLG
油　温	38 ℃≤T≤95 ℃)	38 ℃≤T≤95 ℃)
油　位	压缩机视镜＜1/4 处，一般运行看不到油位	压缩机视镜＜1/4 处，一般运行看不到油位
油压差	＞30Psi　(207 kPa)	
冷凝压力	＜250Psi　(1 725 kPa)	＜250Psi　(1 725 kPa)
蒸发压力	＞58Psi　(400 kPa)	＞58Psi　(400 kPa)

续上表

项目＼型号	WCFX	LSQLG
运行电流	186A(WCFX36Au) 125～155A(WCFX39Au) 125～155A(WCFX42Au) 155～186A(WCFX48Au)	(LSQLG～1090) (LSQLG～1160) (LSQLG～570)
电机绝缘电阻(500V 摇表)	对地＞100 MΩ	对地＞100 MΩ
冷冻水出水温度范围	5～15 ℃	6～15 ℃
冷却水进水温度范围	15～33 ℃	15～33 ℃

表 6.13　螺杆式冷水机组运行技术指标

项目＼型号	30HXC	YCWS
油　温	38 ℃≤T≤95 ℃	38 ℃≤T≤95 ℃
油　位	油分离器视镜＜1/4 处， 一般运行看不到油位	油分离器视镜＜1/4 处， 一般运行看不到油位
油压差	260 kPa＜P＜330 kPa	P＞300 kPa
冷凝压力	850 kPa＜P＜1 200 kPa	P＜1 800 kPa
蒸发压力	270 kPa＜P＜350 kPa	P＜450 kPa
运行电流	118 A(30HXC130A) 207 A(30HXC165A) 242 A(30HXC200A) 319 A(30HXC250A) 372 A(30HXC300A)	167 A(YCWS140SC50) 186 A(YCWS160SC50)
电机绝缘电阻(500V 摇表)	对地＞100 MΩ	对地＞100 MΩ
冷冻水进出水温度范围	7～12 ℃	7～12 ℃
冷却水进出水温度范围	32～37 ℃	16 ℃(32 ℃)～37 ℃

⑥ 单冷/热泵组维修完成后，经过试车、验车考核后，单冷/热泵机组必须符合各相关厂家运行标准，主要技术指标见表 6.14。

表 6.14　风冷/热泵冷水机组运行技术指标

项目＼机型	单冷机组	热泵机组
冷凝压力	1.2 MPa～2.2 MPa	1.2 MPa～2.2 MPa
蒸发压力	0.25 MPa～0.6 MPa	0.25 MPa～0.6 MPa
运行电流	各型机组标牌所示额定电流范围内	各型机组标牌所示额定电流范围内
冷、热水进出温差	＞4 ℃	＞4 ℃
电机绝缘电阻	对地＞10 MΩ	对地＞10 MΩ

2. 水泵验收标准

水泵的维修质量评定

(1)二级质量评定,第一级是监护人对维修工作内容的评定,第二级是公司设施管理部门专业主管人员对维修质量评定。

(2)水泵维修工作完成,经过运行考核后,必须达到各厂家规定标准。

(3)润滑油脂的规格、质量、数量应符合设备技术文件的规定。

(4)水泵运转应正常,压力、流量、温度和其他要求应符合设备技术文件。

(5)水泵运转中不应有不正常的声音。

(6)各静密封部位不应泄漏。

(7)各紧固连接部位不应松动。

(8)滚动轴承的温度不应高于 75 ℃。

(9)填料的温升应正常。在无特殊要求的情况下,普通软填料宜有少量的泄漏(每分钟不超过 10～20 滴),机械密封的泄漏量不宜大于 10 mL/h(约 3 滴/min)。

(10)电动机的电流不应超过额定值。

(11)泵的安全、保护装置应灵敏、可靠。

3. 冷却塔验收标准

冷却塔的维修质量评定

(1)二级质量评定,第一级是监护人对维修工作内容的评定,第二级是公司设施管理部门专业主管人员对维修质量评定。

(2)却塔维修工作完成,经过运行考核后,必须达到各厂家规定标准。

(3)布水器布水正确,旋转正常,水量正常,布水器出水口无堵塞。

(4)冷却风机转向正确,风机皮带松紧适宜,风机电流在规定范围内,电流值以产品标牌为准,电机绝缘线圈对地绝缘电阻大于 2 MΩ。(用 500 V 摇表测量),如低于 0.5 MΩ,必须进行绕组干燥处理。

(5)风机叶片端部与塔体四周的径向间隙应均匀。对于可高速角度的叶片,角度应一致。

(6)冷却塔的出水口及喷嘴的方向和位置应正确,积水盘应严密无渗漏,布水均匀。

(7)补水浮球工作正常,开关自如不漏水,补水量正常。

(8)冷却塔填料布置正确,运行无异常噪声。

(9)冷却塔外场地整洁干净。

(10)质量评定中内容与厂家规定标准完全符合,则冷却塔维修合格。如其中之一不符合,则冷却塔为不合格,必须返工。

4. 风机验收标准

风机的维修质量评定

(1)二级质量评定,第一级是监护人对维修工作内容的评定,第二级是公司设施管理部门专业主管人员对维修质量评定。

(2)风机维修工作完成经过运行考核后,必须达到各厂家规定标准。

(3)质量评定如达不到各厂家规定的主要技术标准其中之一,则为不合格,必须返工。

5. 组合式空调机组(变风量空气处理机组)**验收标准**

组合式空调机组(变风量空气处理机组)的维修质量评定

(1)二级质量评定,第一级是监护人对维修工作内容的评定,第二级是公司设施管理部门专业主管人员对维修质量评定。

(2)组合式空调机组(变风量空气处理机组)的维修工作完成,经过运行实验考核后必须达到以下要求:

1)组合式空调机组(变风量空气处理机组)运行时没有异常声音或震动。

2)风机电机运行电流在规定范围内。电流值以产品标牌为准,参考值见附表,电机绝缘线圈对地绝缘电阻大于 2 MΩ(用 500 V 摇表测量)。

3)组合式空调机组(变风量空气处理机组)运行时各通道门无损坏、漏风、关闭紧密。

4)传动皮带松紧适宜,无脱落、无损坏现象。

5)空调季节运行区间,表冷器进出水正常,冷凝水出水顺畅,过滤网翅片清洁,送、回风温差不低于 2 ℃(送、回风温度在 BAS 主机上检查)。

6)质量评定中内容与验收标准完全符合,则组合式空调箱维修为合格,如其之一不符合,必须返工。

6. 风阀验收标准

风阀的维修质量评定

(1)二级质量评定,第一级是监护人对维修工作内容的评定,第二级是公司设施管理部门专业主管人员对维修质量评定。

(2)风阀维修完成后,必须达到以下要求。

1)外观整洁。

2)风阀启闭正常。

3)手动单叶片或多叶片调节风阀的手轮或板手,应以顺时针方向转动为关闭,其调节范围及开启角度指示应与叶片开启角度相一致。

4)电动调节风阀的驱动装置,动作应可靠,在最大工作压力下工作正常。

5)防火阀和排烟阀(排烟口)必须符合有消防产品标准的规定,并具有相应的产品合格证明文件。

6)空调系统的风阀,其活动件、固定件以及紧固件均应采取镀锌或作其他防腐处理。

(3)手动单叶片或多叶片调节风阀应符合下列规定。

1)结构应牢固,启闭应灵活,法兰应与相应材质风管的相一致。

2)叶片的搭接应巾合一致,与阀体缝隙应小于2 mm。

(4)止回风阀应符合下列规定。

1)启闭灵活,关闭时应严密。

2)阀叶的转轴、铰链应采用不易锈蚀的材料制作,保证转动灵活、耐用。

3)阀片的强度应保证在最大负荷压力下不弯曲变形。

4)水平安装的止回风阀应有可靠的平衡调节机构。

(5)风阀启闭反馈信号到位正常。

(6)风阀吊架和支撑牢固。

(7)质量评定如达不到验收标准中规定要求,则为不合格,必须返工。

7. 消声器验收标准

消声器维修质量评定

(1)二级质量评定,第一级是监护人对维修工作内容的评定,第二级是公司设施管理部门专业主管人员对维修质量评定。

(2)消声器框架必须牢固,共振腔隔板尺寸正确,隔板与壁板结合处紧贴,外壳严密不漏。

(3)消声片单体安装,固定端必须牢固,片距均匀。

(4)消声器安装方向必须正确,并单独设置支吊架。

(5)消声材料的敷设应达到片状材料粘贴牢固,平整。散状材料填充均匀、无下沉。

(6)消声材料的覆盖面应顺气流方向拼接,拼接整齐,无损坏。穿孔板无毛刺,孔距排列均匀。

(7)消声器安装方向必须正确,与风管或管件的法兰连接应保证严密、牢固。

(8)当空调系统为恒温,要求较高时,消声器外壳与风管同样做保温。

第 7 章　设备调度管理

设备调度员是负责城市轨道交通供电系统和环控系统运行、检修、施工作业和事故处理等的专业指挥人员。

本章主要介绍了设备调度员所含电力专业及环控专业的工作，主要包含了：值班注意事项、交接班主要内容、上岗要求、下现场要求以及考试要求等内容。

7.1 电力调度

7.1.1 值班注意事项

电力调度员在值班期间是城市轨道交通供电系统调度、运行、操作和事故处理的指挥者，要树立安全第一的思想，指挥人员协调工作，使系统安全、经济地运行；电力调度员值班期间要严肃认真、集中精神，密切监视系统运行情况，做好事故预想，迅速、正确地处理事故，完成调度值班工作；电力调度员严格执行各种规章制度和贯彻上级指示，遵守保密和汇报制度；电力调度员根据值班表轮值，严格执行交接班制度，严守岗位，遵守劳动纪律。中央控制室应经常保持肃静、整齐、清洁。调度台上图纸、资料、文件放置整齐。当值期间不闲谈，不看与业务无关书刊，不喝酒，不做与当值调度工作无关之事；电力调度员值班期间应穿着制服，注意仪表整齐端庄。发布指令清楚、准确，语言文明，并耐心听取别人反映情况，搞好团结；电力调度员全面掌握电力系统运行情况，审核及执行施工计划、工作票，并根据系统现场情况决定运行方式，处理系统设备的异常及事故；电力调度员负责向上级汇报系统运行情况及存在问题；电力调度员记录《电力调度日志》，填写《电力调度交接班记录》；电力调度员必须按时交接班，交接班时严肃、认真，接班者提前 10 min 到调度大厅查阅各项记录，了解系统运行情况和施工情况。

7.1.2 交接班内容

电力设备检修、试验、投运、操作的进行情况；电力系统运行方式的变更及事故的发生与处理过程；电力继电保护、自动装置变动情况；各种运行日志、表格、报表、记录运行模拟图正确、清楚、齐全；上级的指示和文件；设备运行中有关的注意事项；电力调度员交接班以《电力调度日志》和各种记录为依据。因交班内容错漏而造成的后果，由交班者（签名后）负责；若已有记录，接班后遗漏处理而发生责任问题，则由接班者（签名后）负责；电力调度员在处理事故或进行复杂的操作时，不得进行交接班，待处理完毕或告一段落后，方可交接班。若在交接班过程中发生事故，应立即停止交接班，由交班调度员指挥处理，接班调度员主动协助。

7.1.3 上岗要求

1. 电力调度员应达到的专业技能标准

熟悉并能依据《电力调度规程》、《电力调度工作细则》和各种规章制度进行电力系统的倒闸操作；熟悉现场电力设备及中央监控设备的功能；熟悉相关各专业单位之间的业务流程及管理界面；掌握计划施工和临时抢修施工的审批方法及流转过程；掌握对各类突发事件的处置方案；熟悉电力调度员与其他专业的有关界面，以严肃认真、一丝不苟的态度，既搞好团结协助，又能确保电力系统的安全运行。

2. 电力调度员的选拔要求

电力调度员应从具有大专（含同等学历）以上文化程度、身体条件符合电力工作需要的应届毕业生或轨道交通设备维护单位电力值班员中选拔；新调入人员根据带教计划并结合实际情况进行集中理论培训或跟班学习，由所指定专人带教，在学习期间，不得独立操作和接听调度电话，需要实习操作时，须在带教者的监护下进行；调度所提供给新进人员系统业务学习、实际操作和下现场实习等机会，经六—十二个月学习，及每年 3 月和 9 月的升值考试合格，方可取得上岗资质。

7.1.4 培训要求及下现场学习要求

通过选拔培训程序正式进入调度所的电力调度员应该参加调度所安排的定期及不定期岗位培训，下现场了解新设备的功能和使用情况以及现场的工作实际情况，进行各项规章制度的学习，以保证有能力完成日益繁重的电力调度员工作，适应轨道交通不断发展的要求；参加岗位培训的人员在培训结束后应根据要求提交培训小结，总结培训中获得的工作经验和学习成果；除了参加调度所安排的定期及不定期岗位培训外，电力调度员还应自觉完成岗中日常培训和电力专业业务研讨会，确保对最新电力操作规定及设备的掌握及了解，突发事件的更深层次的剖析。通过培训，调度员可以参加相应的等级考核，取得相应的调度员等级资质。

7.1.5 考试要求

调度所在年中、年末各安排一次业务考核，考核成绩与电力调度员参加岗位培训的情况将作为年终能级考评的重要依据。

7.2 环控调度

环控调度员负责公司管辖范围内环控、消防等设备运行调度和管理工作，通过FAS、BAS中央级工作站监控设备监督路网内FAS、BAS、气体自动灭火系统、给排水系统、环控通风空调系统等的运行情况，指挥环控系统实现安全、高效、经济的运行，为乘客提供安全、舒适的乘车环境。在地铁区域内发生火灾时，环控调度员通过指挥环控设备执行相应的通风模式，协助、配合火灾扑救工作，确保乘客和工作人员的生命安全和国家财产安全。

地铁环控系统的运行、管理实行集中指挥、分级管理的运行体制，设立中央级环控调度员和车站级车站环控值班员或基地消防值班员，二级运行管理，部分地面车站和高架车站因环控设施设备少，车站环控值班员的工作由行车值班员兼任；地铁基地内的消防报警系统、固定灭火系统、防排烟系统等消防设施由基地消防值班员负责运行和管理。中央和车站是一个不可分割的完整系统，应密切配合，服从统一指挥，树立整体观念。加强管理、严格执行调度规程和设备操作手册，以确保整个系统正常运行和紧急状态下火灾扑救工作的顺利进行。

7.2.1 值班注意事项

环控调度员通过FAS、BAS中央级工作站监控车站机电设备，主要包括各车站消防报警设备、通风、空调、隧道通风设备和装置、气体自动灭火系统、给排水系统以及需要中央远程监控的相关安全设施；环控调度员负责监控所有车站环控系统按设定时间运行，确保车站环境温度及空气质量达标，及时发现系统中出现的故障，并及时通报设备维护单位进行维修或抢修；环控调度员负责监控所有车站的火灾报警情况，确保火警及时被确认和处置，及时发现故障，并及时通报设备维护单位进行维修或抢修；环控调度员负责监控所有车站给排水设施的运行状态，确保告警及时被确认和处置，及时发现故障，及时通报设备维护单位进行维修或抢修；环控调度员负责监控所有车站通风、空调、隧道通风设备和装置的运行状态，及时发现故障，及时通报设备维护单位进行维修或抢修，并负责在地铁灾害、大客流、列车阻塞等紧急情况下的环控系统的指挥及监控工作，确保相关设备在紧急情况下能够正常运行，协助抢修救灾工作；环控调度员负责对环控、FAS、BAS、气体自动灭火系统及给排水设施的故障处理、检修、施工等的配合工作，并对其施工过程进行监控，确保施工对运营的影响降到最低；中央级设备失控时，环控调度员负责指挥车站环控值班员进行就地级控制；环控调度员负责定期对运营线路的隧道防排烟设备和装置进行远动联动试验，定期、定时收集设备运行数据及信息，记录及跟踪设备故障；环控调度员负责将所辖设备的运行情况和资料、故障报告及作业信息进行汇总，填写各类当班报表，定期将运行统计、分析材料报运营技术部。

7.2.2　交接班内容

环控设备检修、试验、投运、操作的进行情况；环控系统运行方式的变更及事故的发生与处理过程；检查各种运行日志、表格、报表、记录运行模拟图正确、清楚、齐全；上级的指示和文件；环控系统运行中有关的注意事项；环控调度员交接班以《环控调度日志》和各种记录为依据。因交班内容错漏而造成的后果，由交班者（签名后）负责；若已有记录，接班后遗漏处理而发生责任问题，则由接班者（签名后）负责；环控调度员在处理事故或进行复杂的操作时，不得进行交接班，待处理完毕或告一段落后，方可交接班。若在交接班过程中发生事故，应立即停止交接班，由交班调度员指挥处理，接班调度员主动协助。

7.2.3　上岗要求

1. 环控调度员的选拔要求

环控调度员应从具有大专（含同等学历）以上文化程度、身体条件符合环控工作需要的应届毕业生或车站环控值班员中选拔；新调入人员根据带教计划并结合实际情况进行集中理论培训或跟班学习，由所指定专人带教，在学习期间，不准独立操作和接听调度电话，需要实习操作时，须在带教者的监护下进行；调度所提供给新进人员系统业务学习、实际操作和下现场实习等机会，经六—十二个月学习，及每年3月和9月的升值考试合格，方可取得上岗资质。

2. 环控调度员应达到的专业技能标准

熟悉并能依据《环控调度规程》、《环控调度工作细则》和各种规章制度进行环控系统的操作；熟悉现场环控设备及中央监控设备的功能；熟悉相关各专业单位之间的业务流程及管理界面；掌握计划施工和临时抢修施工的审批方法及流转过程；掌握对各类突发事件的处置方案；熟悉环控调度员与其他专业的有关界面，以严肃认真、一丝不苟的态度，既搞好团结协助，又能确保环控系统的安全运行。

7.2.4 培训要求及下现场学习要求

通过选拔培训程序正式进入调度所的环控调度员应该参加调度所安排的定期及不定期岗位培训，下现场了解新设备的功能和使用情况以及现场的工作实际情况，进行各项规章制度的学习，以保证有能力完成日益繁重的环控调度员工作，适应轨道交通不断发展的要求；参加岗位培训的人员在培训结束后应根据要求提交培训小结，总结培训中获得的工作经验和学习成果；除了参加调度所安排的定期及不定期岗位培训外，环控调度员还应自觉完成岗中日常培训和环控专业业务研讨会，确保对最新环控操作规定及设备的掌握及了解，突发事件的更深层次的剖析；通过培训，调度员可以参加相应的等级考核，取得相应的调度员等级资质。

7.2.5 考试要求

调度所在年中、年末各安排一次业务考核，考核成绩与环控调度员参加岗位培训的情况将作为年终能级考评的重要依据；

7.3 实习设备调度的强化培训

7.3.1 概　　述

实习设备调度的培训可采用专人带教和跟班实训，提高学员对专业理论知识的理解和实际应用能力，争取通过近一年的强化培训，使实习调度达到“副值设备调度员”的上岗要求。

7.3.2 实习设备调度跟班学习所需教材

《电力调度规程》、《电力调度工作细则》、《环控调度规程》、《环控调度工作细则》、《施工管理软件操作手册》、《SCADA 操作手册》、其他相关技术文件及设备操作手册等。

7.3.3 培训计划时间节点

1. 第一阶段：2 个月

• 培训内容

日常工作流程；本线路电力设备概况（包括电力系统一次接线图、触网图）；了解本线路消防、环控基础知识、设备特性；本线路电力、环控调度工作细则、设备专业技术通知。

• 培训目标

熟悉日常设备调度工作内容，设备故障报修、信息汇报等作业流程及要求；知晓所部及部门的管理规定，如请假制度、换班规定等；掌握电力系统一次接线图、触网图；熟悉本线路环控专业设备情况、操作方式、布局；掌握设备专业的技术通知。

2. 第二阶段:2 个月

• 培训内容

熟悉电力 SCADA 系统操作；熟悉电话系统、CCTV 以及施工管理软件操作；掌握控制中心中央事故风机联动操作；熟悉控制中心 FAS 主机、中央图形命令中心(GCC、CGP)、BAS 电脑操作、熟悉综合监控系统操作。

• 培训目标

熟悉掌握中央 SCADA 工作站的登录、退出，查看历史记录、人工置位、查看常用信息等；了解上级调度热线电话功能；掌握公务电话的使用范围；熟练掌握调度热线电话功能；熟练掌握通过电话会议与部分车站值班员/变电站值班员进行通话；熟练掌握选取××车站××站台/站厅的监控画面；能在带教师傅监护下进行中央事故风机联动操作；在监护下基本能够掌握中央图形命令中心(GCC、CGP)、FAS 主机、BAS 电脑的操作。

3. 第三阶段:2 个月

• 培训内容

环控施工、电力施工作业流程；电力/环控日志、交接班的填记；环控调度命令；抢修令的发布。

• 培训目标

了解夜间施工管理办法；能基本填写各类日志、交接班记录；环控调度命令发令对象、填记方法、发令范围；知道抢修令发布原则、发布对象、填记方法。

4. 第四阶段:2 个月

• 培训内容

倒闸操作票的拟定；电力施工、环控施工。

• 培训目标

掌握倒闸操作票拟定；熟知电力施工计划流程，能判断冲突计划；熟知环控施工计划流程、施工要点。

5. 第五阶段:2 个月

• 培训内容

电力系统新设备启动；事故处理基本原则；严重事件专报学习。

• 培训目标

了解新线接管条件；掌握电力系统新设备启动过程；知晓各类突发事件的处置

原则;掌握设备专业严重事件。

6. 第六阶段:1个月

• 培训内容

环控系统事故处置;电力系统一般事故处置;运营专业知识的基础知识。

• 培训目标

能够处理各类环控系统事故(火灾、毒气、爆炸、积水等);能够协助正值调度员处理电力系统事故;了解运营专业基本知识,如红光带、首末班车时间。

第8章　综合监控系统

8.1　综合系统概述

轨道交通综合监控系统（Integrated Supervision and Control System 简称ISCS)是一个功能强大的、开放的、模块化的、可扩展的分布式控制系统，集成和互联了多个子系统。综合监控系统的主要功能包括对机电设备的实时集中监控和各系统之间协调联动功能两大部分。一方面，通过综合监控系统，可实现对电力设备(PSCADA)、火灾报警及其设备（FAS)、车站环控设备及其环境参数(BAS)、屏蔽门设备(PSD)、门禁设备（ACS)、自动售检票设备（AFC)、广播设备(PA)、闭路电视设备(CCTV)、乘客信息显示系统(PIS)、车载综合监控（TISCS)、电扶梯设备、照明设备、通信设备等进行实时集中监视和控制的基本功能；另一方面，通过综合监控系统，还可实现晚间非运营情况下、日间正常运营情况下、紧急突发情况下和重要设备故障情况下各相关系统设备之间协调互动等功能。

集成子系统：表明综合监控系统与子系统之间存在紧密的耦合关系，子系统不需要提供操作界面，所有对子系统的操作完全通过综合监控系统的操作界面完成。正常情况下集成子系统依赖综合监控系统实现正常操作功能。

互连子系统：表明综合监控系统与子系统是采用松耦合的结构，子系统具有完整的操作界面和全套设备，可以脱离综合监控系统独立运行，完成正常和紧急操作。

目前，上海轨道交通 7 号线、上海轨道交通 10 号线均设置了综合监控系统，从系统设置及架构来看，10 号线综合监控比 7 号线综合监控更为全面，因此，所有介绍均以 10 号线与设备调度业务相关系统为例。

8.2　综合监控系统总体架构

综合监控系统由位于控制中心(OCC) 的控制中心系统、位于各车站的车站系统，以及后备控制中心系统（如设计有)、培训系统、设备维护系统（MSS)等组成。系统纵向分为中心和车站监控设备两层。

综合监控系统的网络由主干网、局域网、基础现场层设备通信网等 3 部分构成。

主干网:由通信专业完成,用于实现控制中心局域网与各车站、车辆段局域网的互连。网络形式为双路冗余的百兆以太网电接口。

局域层:即控制中心、各车站、后备中心、培训中心等局域网。各局域网采用冗余的交换式百兆网络。

基础现场层设备通信网:即各子系统执行层面上的网络,包括 PSCADA、BAS、FAS、ACS、PSD 等,一般采用工业控制网络或现场总线。

8.2.1 车站总体架构

车站级网络包括车站级的千兆网,车站级的百兆网,这些网络连接后接入该车站的主干网节点(详见图 8.1)。

车站级千兆网络均采用 2 台工业级三层路由交换机,布置在车站设备房。通过 1 000 Mbit/s 的光口连接主干层网络,通过 10/100 Mbit/s 电口连接车站的 ISCS 工作站、服务器、打印机等设备。

车站级百兆网络采用 6 对工业以太网交换机,每个提供均自适应电端口和多模或单模光端口,其中任意的两个端口可用于组成自愈环网。以 10 号线车站综合监控系统架构为例,6 对工业以太网交换机分别布置在:弱电综合用房、A 端环控电控室、B 端环控电控室、消防控制室、牵引降压混合变电所、客服中心。每个交换机的 2 个 100 Mbit/s 光口用于连接车站百兆同层工业以太网交换机,构成双光纤自愈环网,每个环网具备高速自愈功能;同一光纤环网的所有交换机,可通过光纤环实现全交换;弱电综合用房的每个交换机接入车站级千兆网络。由车站千兆交换机对冗余连接进行管理、监控及实时切换;其余电口用于接入其他子系统。

在车站,CCTV、PA、PIS 等均直接接入车站千兆网络交换机,其他子系统根据其特性接入车站级百兆网络或应用服务器的通信前置机(FEP)上,其中时钟系统接入车站百兆双环光纤网络,FAS 和 PSD 通过串口接入 FEP,AFC、UPS 和主变通过网口接入 FEP。对于车站,接入的 FAS、PSD、AFC 和 UPS 相关系统分别来源与不同的厂家,通过 FEP 接入来保证不同厂家的系统相互隔离,具有明显的物理接口(详见图 8.2)。

8.2.2 控制中心总体架构

控制中心千兆网络控制中心局域网,采用 2 台三层路由交换机,分别配备 1 000 Mbit/s的单模光纤接口、1 000 Mbit/s 的电口、10/100 Mbit/s 电口,布置在中心设备机房。通过 1 000 Mbit/s 的光口连接主干层网络,通过 10/100 Mbit/s 电口连接 OCC 的各种服务器、工作站、打印机、VCP 等(详见图 8.3 和图 8.4)。

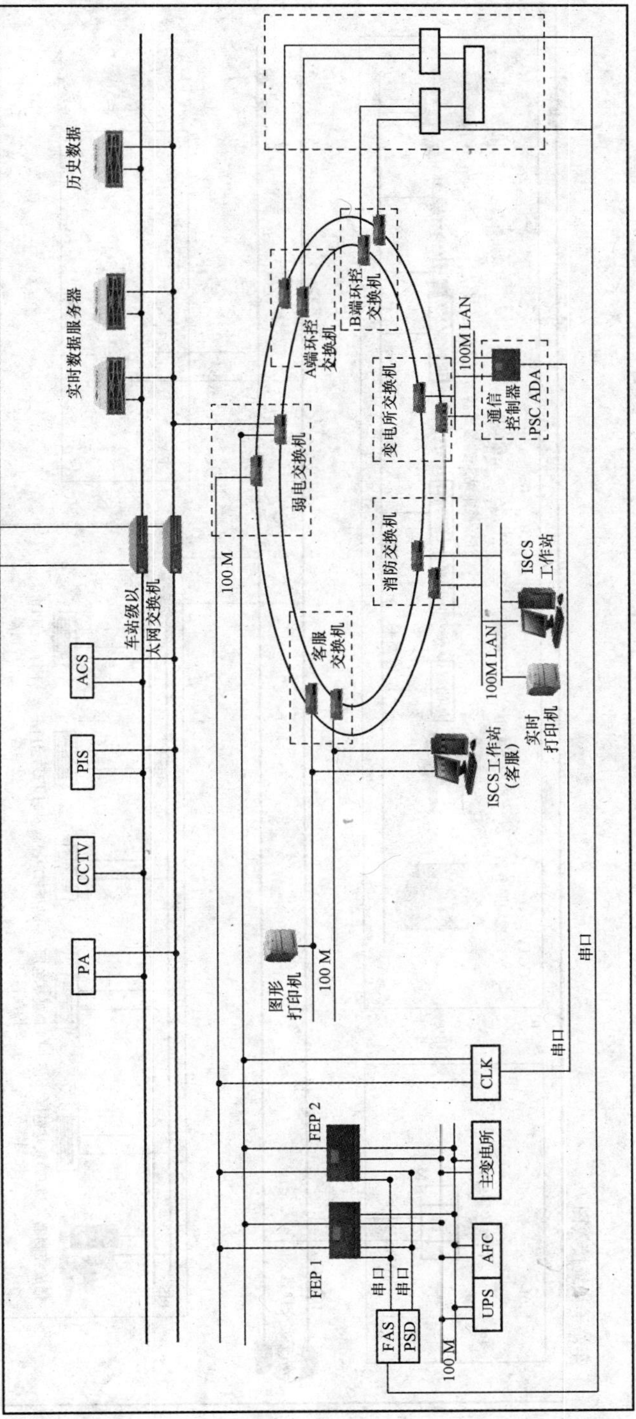
车站主干网
车站级以太网交换机
实时数据服务器
历史数据
PA
CCTV
PIS
ACS
弱电交换机
A端环控交换机
B端环控交换机
变电所交换机
消防交换机
客服交换机
100M LAN
通信控制器
PSC ADA
ISCS
工作站
100M LAN
实时打印机
ISCS工作站（客服）
图形打印机
100 M
100 M
CLK
串口
串口
FEP 1
FEP 2
串口
串口
FAS
PSD
UPS
AFC
主变电所
100 M

图 8.1　车站总体架构图

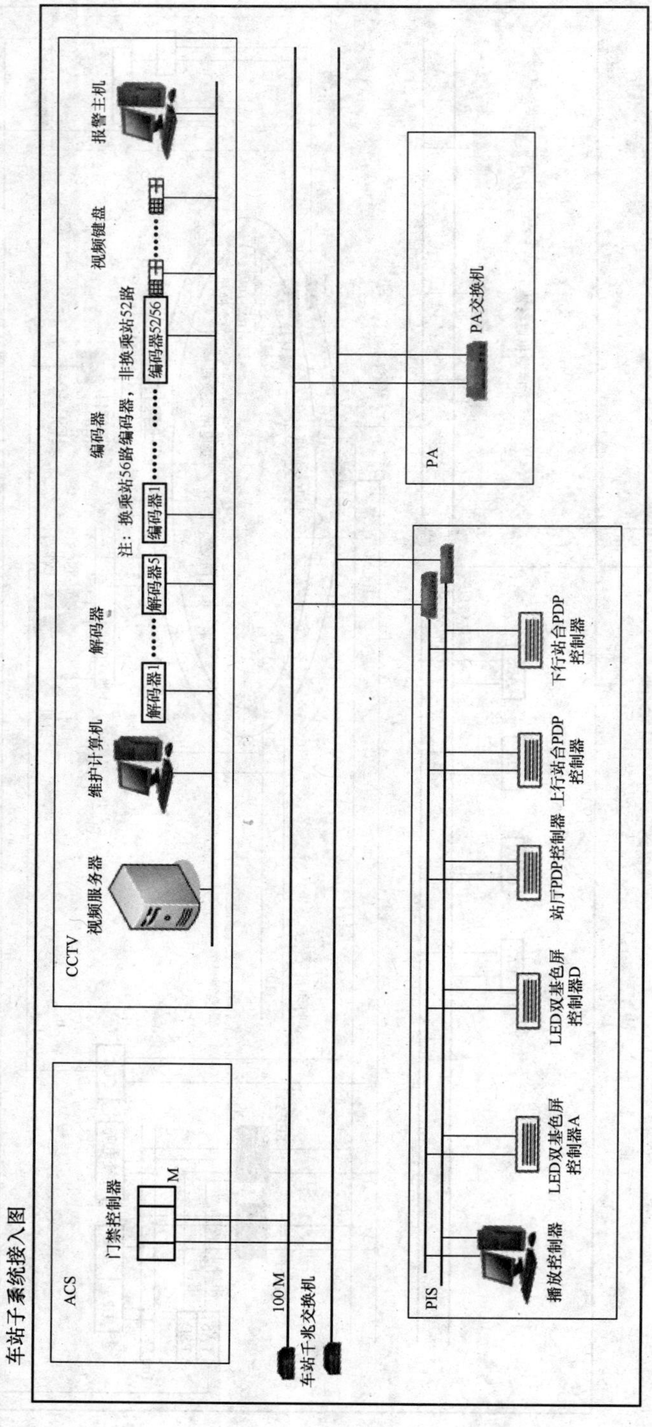

图 8.2 车站子系统接入图

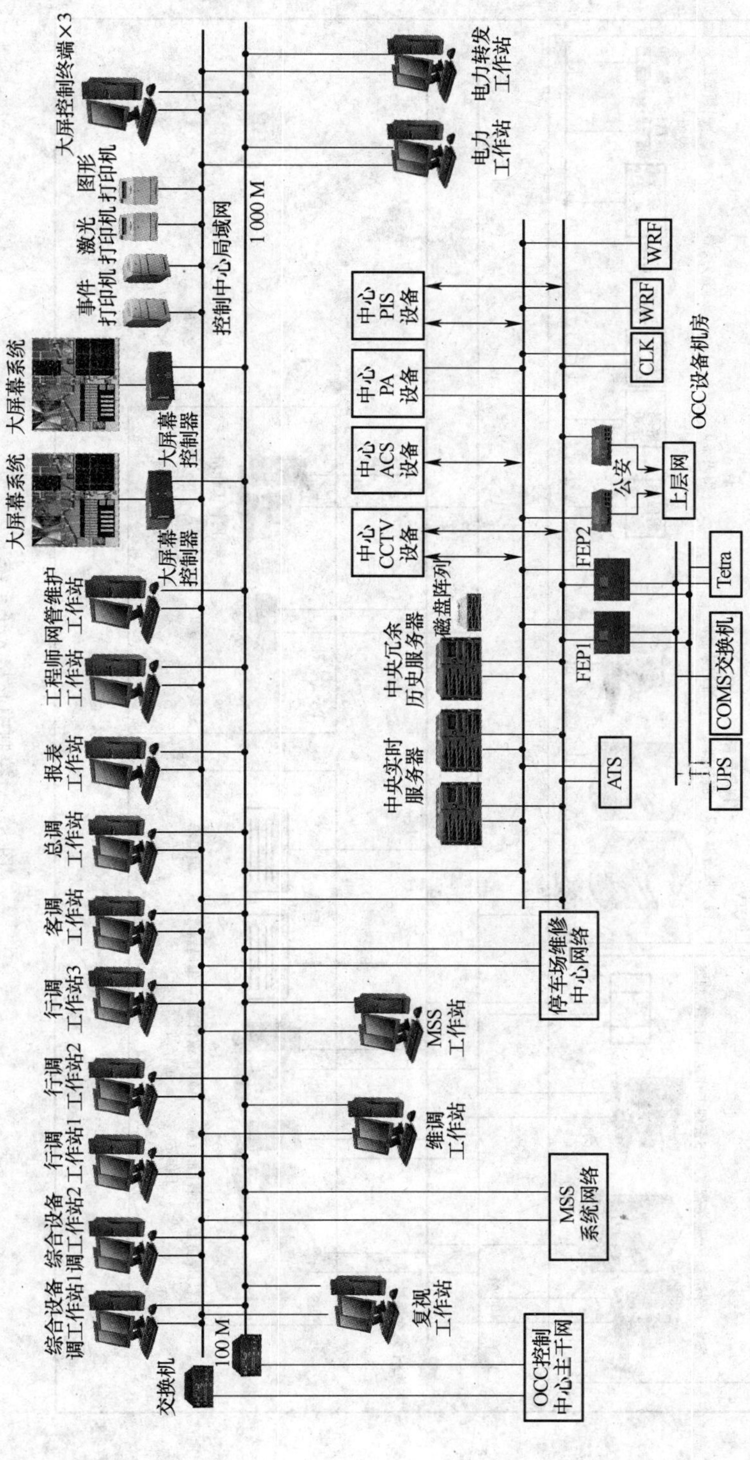

图 8.3　控制中心总体架构

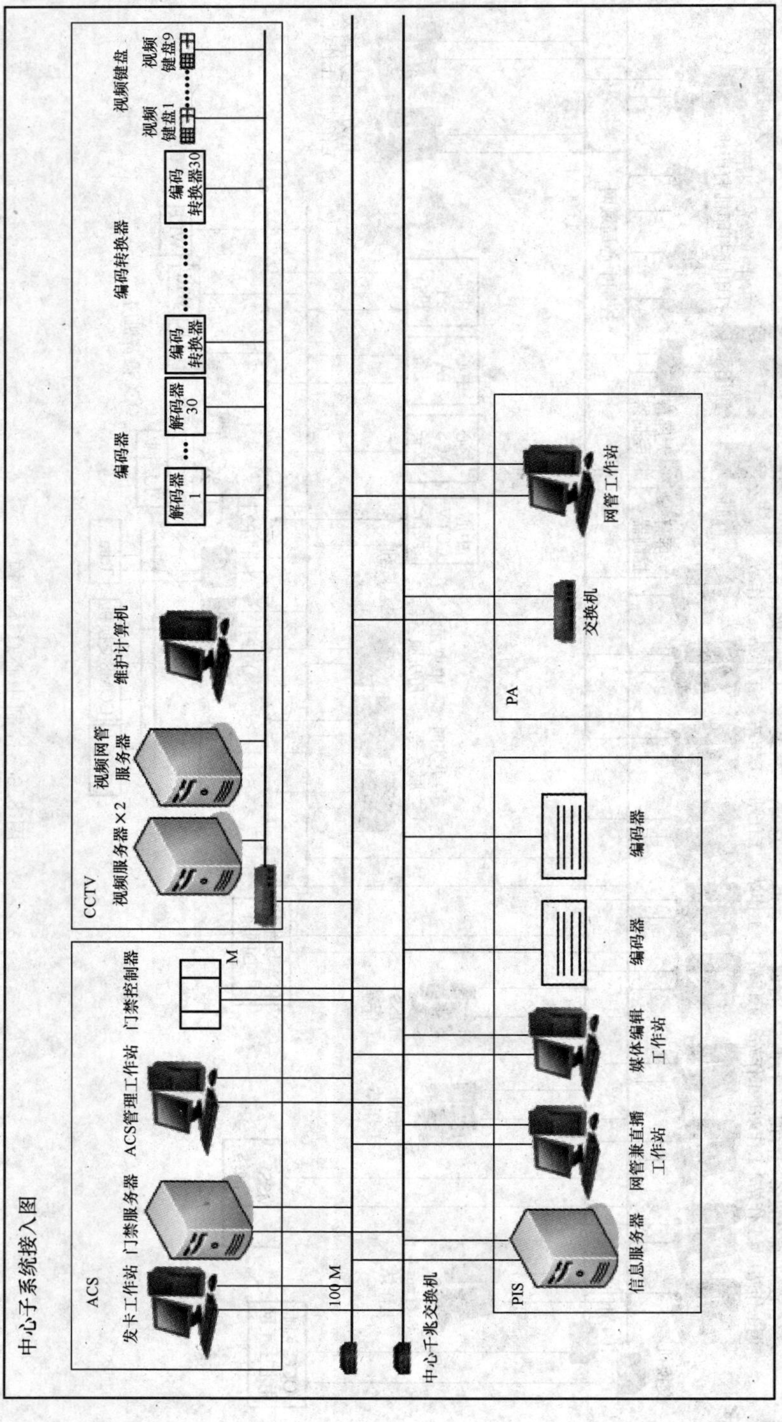

图 8.4 控制中心接入子系统

8.3 综合监控系统的硬件架构

8.3.1 综合监控系统硬件架构概述

综合监控系统的硬件构成与软件结构、系统功能、性能要求和调度模式都密切相关。

综合监控系统的硬件结构可分为四层：中央层、骨干网层、车站层和接口层。

中央层硬件主要包括中心级 ISCS 工作站、网管及维护工作站、报表工作站、工程师工作站、中央应用兼实时服务器(含电力监控、车站机电设备监控、维修、ACS、FAS 等应用服务)、中央历史数据库服务器及磁盘阵列、磁带库、中央视频服务器、网络设备、网络打印机、事件打印机等设备，其中中心级 ISCS 工作站包括：行车调度工作站、综合设备调度工作站、电力工作站(含信息转发)、乘客调度工作站、总调度工作站、维修调度工作站等，完成中央级综合监控系统的监控功能和联动功能。

骨干网层由通信传输系统提供透明的以太网接口，传输 ISCS 的数据。因为本系统的骨干网要传输视频，南瑞在详细设计过程中将进一步优化方案，保证整个综合监控系统的性能。

车站层主要包括车站级 ISCS 工作站、历史数据库服务器(兼信息服务)、I/O 应用兼实时服务器(含通信前置机设备)、视频控制器、PIS 媒体控制器、PA 控制单元、网络设备、网络打印机、事件打印机和紧急后备盘 IBP 等设备，完成车站级综合监控系统的监控功能和联动功能。

接口层是高可靠的基于嵌入式操作系统的多处理器单元 FEP，其任务是从各个相关系统收集数据并将不同的设备通信协议转换成综合监控系统统一的内部协议，同时 FEP 还起到隔离综合监控系统和相关系统的功能。FEP 是综合监控系统数据的入口和命令的出口。

本系统的硬件结构如图 8.5 所示。

8.3.2 车站硬件构成

综合监控车站级设备主要包括车站级 ISCS 工作站、历史数据库服务器(兼信息服务)、I/O 应用兼实时服务器(含通信前置机设备)、视频控制器、PIS 媒体控制器、PA 控制单元、网络设备、网络打印机、事件打印机等设备。

8.3.3 控制中心级硬件构成

综合监控控制中心级硬件主要包括中心级 ISCS 工作站、网管及维护工作站、

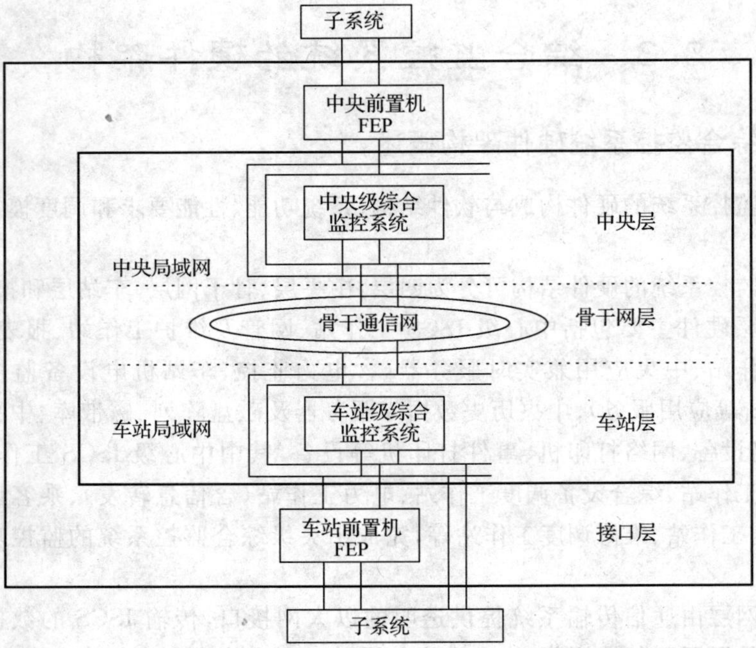

图 8.5 综合监控硬件结构

报表工作站、工程师工作站、中央应用兼实时服务器、中央历史数据库服务器及磁盘阵列、磁带库、中央视频服务器、中央信息/广播服务器、防火墙设备、网络设备、网络打印机、事件打印机等设备。其中中心级 ISCS 工作站包括：行车调度工作站、综合设备调度工作站、电力工作站（含信息转发）、乘客调度工作站、总调度工作站、维修调工作站等。

8.4 综合监控系统主要软件功能

8.4.1 综合监控系统通用功能

1. 通用功能

主要是综合监控系统各部分需完成的使用、管理等功能，包括数据库管理、输入数据处理、通用的人机界面（HMI）、监视、系统安全与权限管理、操作员工作站的角色分配、操作互斥和操作授权、遥控、报警、时间同步、数据点的禁止/ 允许、内部运算、状态概况、统计和报表、历史数据存档和查询、历史趋势记录、实时趋势记录、设备禁止、存档要求、组态维护、通道管理、打印、系统管理、在线帮助等功能。

2. 新型功能

(1) 网络管理系统功能:负责对全线综合系统进行功能维护和网络管理,在车站采用便携式维护计算机对车站网络进行维护。网络管理系统能进行网络管理、配置管理、网络监控、故障报告、事件记录、参数调整、创建、编辑和删除数据库等操作。

(2) 设备维护系统功能:用来保存 OCC、车站内各类基础设备(如风机、水泵、开关等)的电子版本的技术资料和维护历史记录,收集保存设备运行状态信息,统计设备运行时间和次数;主要包括设备资料输入、修改、删除、查询和设备台帐管理,设备运行状态监视,设备故障报警,预防性维修提示及生成检修工作票,设备统计报表,维护信息输入、修改和查询等功能。

(3) 培训管理系统功能:可对操作人员、运行维护人员进行上岗培训,使其掌握电力监控与环控集成系统的运行管理、操作,以及日常维护、故障排除等业务。

(4) 联动功能:为了提高运营效率,综合监控系统具有系统联动功能。例如隧道阻塞管理功能,可在隧道阻塞情况下,通过迅速启动 BAS 隧道通风模式进入事故状态。

综合监控系统汇集各个设备系统的信息,实现各系统之间与安全无关的信息互通和联动。与安全相关的信息仍依靠底层的系统之间的安全信息通道实现。系统联动分全自动、半自动和手动 3 种。

8.4.2 电力监控系统(PSCADA)

电力监控(PSCADA) 系统通过网络把各变电所综合自动化系统集成起来,构成全线完整的供电监控系统,完成控制中心监控功能。PSCADA 系统与各变电所内相对独立的综合自动化系统共同完成对全线主变电所、牵引降压混合变电所、降压变电所内的 35 kV 开关柜、1 500 V 开关柜、400 V 开关柜、牵引变压器、整流器、配电变压器、牵引网电动隔离开关、交直流电源屏等供电设备的实时监控管理;保证全线的安全可靠供电。PSCADA 系统主要有控制、数据采集处理、显示、报警、联动功能。PSCADA 系统实行中心级、变电所控制室和设备就地级三级控制。

8.4.3 环境与设备监控系统(BAS)

环境与设备监控系统(BAS),对暖通空调系统、给排水系统、电梯系统、低压配电与动力照明系统等车站设备进行全面、有效的自动化监控及管理;自动、实时、定时、现场就地监视设备运行状态,控制开启和关停、检测不境参数、调控环境舒适度及节能管理;采集、处理有关信息,进行历史资料档案和设备维修管理;确保设备处于安全、可靠、高效、节能的最佳运行状态,从而提供一个舒适的乘车环境;并能在列车阻塞事故状态下，更好地协调车站设备的运行，充分发挥各种设备应有的作用，保证乘客的安全和设备的正常运行。

8.4.4 闭路电视监控系统(CCTV)

综合监控系统与闭路电视(CCTV) 操作界面集成。根据地铁特点，CCTV 从使用上满足中心调度员和车站等的操作工作站对相应管辖区域进行监视。主要有固定摄像机和云台摄像机。分为中心级监控功能和车站级监控功能。

8.4.5 广播系统(PA)

综合监控系统与广播系统(PA)操作界面集成。地铁 PA 由车站广播、停车场广播两个相互独立的子系统组成；在地铁运营时对乘客发布信息，并在发生灾害时兼做防灾广播。地铁 PA 采用中心、车站二级广播组网。各车站作为一个独立的广播，而中心能够对每个车站进行播音，并具有控制优先权(根据权限)。

8.4.6 火灾自动报警系统(FAS)

综合监控系统与火灾自动报警系统(FAS) 互连。FAS 对车站、停车场、电缆通道等建筑设施的火警安全进行可靠监视管理，具有火灾探测和报警功能；并能在火灾时发出模式指令，使相关系统运行转入火灾模式，实现消防联动。FAS 实现中心级、车站级两级管理，中心级、车站级、就地级三级控制方式。中心级主要负责全线 FAS 集中监控与管理；车站级作为本站 FAS 控制，设置于各站车站客服中心和消防指挥室，主要负责车站级 FAS 的管理与联动控制。

第 9 章 设备突发事件的处置

本章节主要阐述城市轨道交通运营中设备调度员对突发事件的处置，主要分为电力系统故障情况下的应急处置和火灾、水患情况下的联动处置。我们通过累积的实践运营经验，将有关资料归纳汇总形成文字。

9.1 供电事故处置原则

9.1.1 供电设备故障的一般处理原则

在事故处理中必须牢固树立“安全第一”的思想，贯彻“高度集中，统一指挥，逐级负责”的原则，杜绝“多头指挥”和“无人指挥”。当值电力调度员是供电系统事故(故障)的指挥者，应以最快的速度处理，尽可能地保留送电范围。在事故处理时应做到：

1. 尽速限制事故发展、消除事故根源、并解除对人身和设备安全的威胁；

2. 迅速隔离故障设备，用一切可能的方法保持电动列车及各车站供电设备的继续运行；

3. 尽速对已停电的电力线路、电力设备恢复供电，确保重要设备正常工作；

4. 调整系统的运行方式、使其恢复供电。

9.1.2 电力调度员在供电设备故障处理中的基本职责

电力调度员负责指挥供电系统中设备故障时的事故处理，尽速将事故、设备故障、突发供电事件的影响告知运营调度员和环控调度员，并与其积极有效地配合。在确保人员和设备安全的前提下，采取有效排故处理措施，适当调整运行方式，尽快恢复供电。电力调度员在任何情况下，有权拒绝违章指挥。

9.2 供电设备常见事故处理

9.2.1 电缆线路事故处理

1. 纯电缆线路保护动作跳闸后不得强送，经检查无异常后可逐段试送。电缆线路上不允许过负荷。若过载 10%及以上电力调度应立即调整负荷，直至恢复到正常额定电流为止。

2. 发生下列情况之一者，现场人员必须立即拉开电源再做汇报：

(1)电缆绝缘击穿发生接地放电；

(2)电缆外皮破裂或过热，有冒烟现象；

(3)三相电缆相间放电。

3. 实例：主变电站 35 kV 出线电缆线路差动

(1)现象

主变电站侧 35 kV 线路开关和混合变电站侧 35 kV 线路开关同时跳闸，混合变电站的 35 kV 分段开关自切成功。主变电站和混合变电站开关面板上差动继电器显示：35 kV 线路差动保护灯亮起、中央 SCADA 显示：35 kV 线路差动保护出现，35 kV 分段开关自切动作，35 kV 分段开关合上。

(2)处理

① 电力调度员立即将上述情况及影响范围告知调度长、COCC，向维修调度发布抢修令，通知各设备维护单位生产调度、变电站供电值班员或值守点对故障设备进行检查；

② 电力调度员令主变电站、混合变电站的电力值班员查看一次侧设备动作情况及二次侧保护情况；

③ 发令将跳闸的 35 kV 线路改为冷备用隔离；

④ 配合检修人员处理，将故障线路改为开关线路检修；

⑤ 要求电力值班员加强对变电站的巡视，注意负荷控制；

⑥ 待具备送电条件后，应及时恢复线路供电，并做好运行方式调整工作；

⑦ 积极配合设备维护单位抢修工作，续报后续相关信息流程并详细记录事件过程。

9.2.2 开关故障处理

1. 运行中开关不能分合闸时的处置

电力调度员立即将下列情况及影响范围告知调度长、COCC，向维修调度发布抢修令，通知各设备维护单位生产调度、变电站供电值班员或值守点对故障设备进行检查；要求电力值班员对故障设备进行以下检查，尽快排除供电设备障碍：

(1)检查合闸接触器是否卡住不能动作；

(2)检查操作机构是否灵活，有无卡住现象；

(3)合闸电压是否过低；

(4)分合闸按钮是否接触良好；

(5)检查相关连线有无开路；

(6)综合继电保护装置是否完好。

积极配合设备维护单位抢修工作,续报后续相关信息流程并详细记录事件过程。

2. 运行中的 SF6 开关发生气体压力下降报警或闭锁时的处置

(1)用 SF6 气体作为绝缘、灭弧介质的开关,发生气体压力下降报警或闭锁时,开关应改为非自动,电力调度员调整运行方式后将故障开关停役,并提醒检修人员开关室内可能存在的泄漏的 SF6 气体,应开启相应的排风措施。待检修完毕,开关气室内 SF6 气体压力恢复后,开关方可复役。

(2)实例:SF6 开关气体泄漏故障

1)现象

以牵引站、混合变电站(以下简称变电站)为例,当变电站内出现 35 kV 进线开关气室、35 kV 出线开关气室、35 kV 整流变(电力变)开关气室、35 kV 母线气室出现 SF6 气体压力低报警,且有持续下降趋势时,事故处理原则是:先切除负荷及停用相关自切装置,后越极拉开“故障开关”的上级开关,最后再拉开故障开关。

2)处理

电力调度员应将下列事故处理带来的影响范围告知调度长、COCC,向维修调度发布抢修令,通知各设备维护单位生产调度、变电站供电值班员或值守点对故障设备进行检查:

➢变电站 35 kV 整流变(电力变)开关 SF6 气体压力下降,拉开 35 kV 进线开关,再拉开 35 kV 整流变开关隔离,然后按电力调度指令恢复正常部分或将该变电站退出运行,组织抢修。

➢变电站 35 kV 进线开关 SF6 气体压力下降,拉开上级变电站或主变电站对应的 35 kV 出线开关,再拉开该站 35 kV 进线开关。然后按电力调度指令恢复正常部分或将该变电站退出运行,组织抢修。

➢变电站 35 kV 母线 SF6 气体下降,拉开运行状态 35 kV 进线开关对应的主变电站 35 kV 出线开关,再拉开运行状态 35 kV 进线开关,该变电站退出运行,组织抢修。

➢变电站 35 kV 出线开关 SF6 气体压力下降,拉开该变电站 35 kV 进线开关,再拉开该站 35 kV 出线开关。然后按电力调度指令恢复正常部分或将该变电站退出运行,组织抢修。

积极配合设备维护单位抢修工作,续报后续相关信息流程并详细记录事件过程。

9.2.3 母线失电故障处理

1. 母线失电是指母线本身无故障而失去电源。一般是由于系统故障、继电保护误动或该母线上的出线、变压器等设备故障本身开关拒跳，而使该母线上的所有电源越级跳闸所致。判别母线失电的依据是同时出现下列现象：

(1)该母线的电压表指示消失；

(2)该母线的各出线及变压器负荷消失，而开关均未跳闸；

(3)该母线所供站用电失却。

2. 当一组母线失电而自切装置失灵未动作，供电人员在查明确系电源失压，而非本母线故障引起，应报告电力调度员，调度员可中央遥控进行试送电。

3. 当母线故障停电后，现场操作人员应立即报告电力调度员，并将故障母线上开关全部拉开。待检修人员到场后，根据电力调度员命令进行操作。

4 当母线故障停电后，电力调度员立即将上述情况及影响范围告知调度长、COCC，向维修调度发布抢修令，通知各设备维护单位生产调度、变电站供电值班员或值守点对故障设备进行检查；现场电力值班员应对停电的母线进行外部检查，并把检查情况报告电力调度员，调度员可按下列原则进行处理：

(1)隔离故障后对变电站运行方式进行调整。

(2)经过检查不能找到故障点时，应用本电源对故障母线进行试送，试送开关必须完好，并有完备的继电保护或主变压器后备保护应有足够的灵敏度，主变压器后备保护应降低整定值。

(3)严禁利用母线分段开关对故障母线的试送，以免扩大事故范围。

(4)对封闭式母线，故障停电后禁止试送电。

(5)积极配合设备维护单位抢修工作，续报后续相关信息流程并详细记录事件过程。

9.2.4 接触网线路常见故障形式、类型及事故处置要点

1. 接触网线路常见故障形式(图 9.1)

(1)A 站短电缆故障；

(2)B 站短电缆故障；

(3)T 型短电缆故障；(接于正线和停车场牵引站的 T 型短电缆)

(4)正线接触网故障；(接触线断线、承力索断线、定位装置故障、分段绝缘器故障、下锚补偿绳故障、线岔故障、接触网上网闸刀故障、绝缘子故障、刚性接触网绝缘子损坏等)

(5)接触网故障时开关拒跳复合故障。

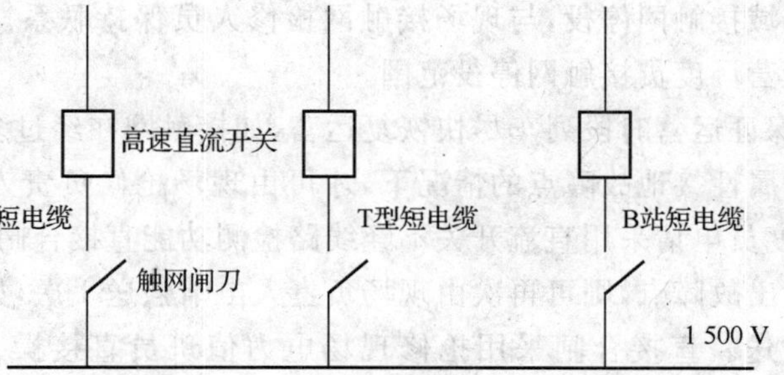

图 9.1　T 型接线触网示意图

当发生接触网故障跳闸以后，电力调度员应及时采用遥控方式操作接触网上网闸刀，依次隔离(1)～(3)短电缆故障类型后，利用直流开关的保护装置来检测是否合闸成功，来判断短电缆故障点存在的位置。

2. 接触网线路常见故障类型

接触网故障类型分为：永久性故障、瞬时间隙性故障两大类。

(1)永久性故障：故障点绝缘的损坏有彻底毁坏或不完全毁坏两种可能，但不能承受全电压。接触网直流开关跳闸后也有两种可能：前者自动检测线路有故障，检测数次后，重合闸装置自动退出。

(2)瞬时间隙性故障：由于故障点绝缘水平迅速恢复正常，接触网直流开关跳闸后，自动检测线路无故障，重合闸动作重合成功。此类故障发生于短电缆上可能性较大，而且故障点位置因固定不牢，受外力影响有抖动现象，造成绝缘损坏后导致故障发生，所以故障跳闸后，经检测重合闸能动作重合成功。因此，当直流开关发生数次这种跳闸现象，一方面查明与电动列车行进过程有否关系，另查明保护动作情况，区别主跳和联跳端及流经开关故障电流的大小，如排除与电动列车行进无关，则判断可能故障的短电缆，拉开两端直流开关，停用两端保护联跳装置，拉开可能有故障的短电缆接触网上网闸刀，再将两端检测后合上直流开关，使正线段接触网改为单边供电。

3. 接触网线路常见故障的事故处置要点

(1)接触网永久性故障后，电力调度员立即将上述情况及影响范围告知调度长、COCC，向维修调度发布抢修令，通知各设备维护单位生产调度、变电站供电值班员或值守点对故障设备进行检查；运营调度员接到电力调度员的报告后，应立即通知接触网故障区段内的列车驾驶员确认弓网是否有缠绕现象，如弓网情况正常，则要求立即降弓，并令列车驾驶员检查电动列车周围架空接触网是否有异常，同时通知其他电动列车不得进入故障接触网上受电，防止扩大故障范围。

(2)当明确停车场(车辆段)接触网断线、弓网缠绕等故障以后，电力调度员应立即将故障区域接触网停役，与现场接触网检修人员保持联系。并通知站场内运转调度员和运营调度员接触网停役范围。

(3)为了保证运营时段列车尽快恢复运营，如接触网在经过多次检查后确认无法精确定位金属性接地故障点的情况下，才可由现场抢修负责人用调度电话的形式，向电力调度员申请采用直流开关不经线路检测功能直接合闸1次查找故障点。如果仍未查找出故障点，则可再次由现场负责人申请强送1次，如再未查出故障点则不得再次强送。直接合闸采用抢修现场电力值班员直接操作，调度只许可不发令。

(4)积极配合设备维护单位抢修工作，续报后续相关信息流程并详细记录事件过程。

4. 实例：B站存车线接触网故障(图9.2)

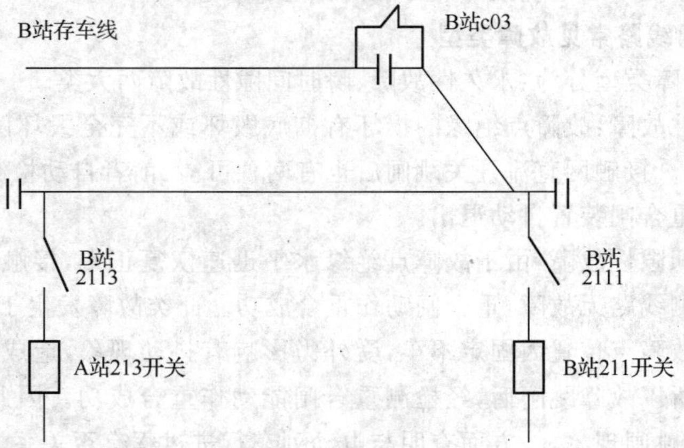

图9.2　B站存车线接触网故障示意图

(1)现象

SCADA显示B站牵211开关Imax跳闸，B站牵212、B站214、213开关DI/DT动作跳闸。B站牵211开关和A站213开关自动重合闸不成功，报持续短路闭锁，B站－A站下行接触网失电，其余跳闸的开关均自动重合闸成功。

(2)处理

➢电力调度员立即将上述情况及影响范围告知调度长、COCC，必要时向维修调度发布抢修令，通知设备维护单位生产调度、变电站供电值班员或值守点对故障设备进行检查；

➢通知B站现场确认。通知运营调度员B站－A站下行接触网失电，(含B站存车线失电)，并询问该区段车况。报COCC、维修调度。

➢要求电力值班员对故障信号复位，发布抢修令。通知运营调度员令该区段列车落弓。运营调度员告该区段列车车况均正常。

➢遥控拉开B站2111闸刀，并遥控合上211开关，合闸成功。拉开211开关。（排除开关、上网电缆故障）

➢合上A站213开关，合闸不成功，并报持续短路闭锁。要求电力值班员对故障信号复置。

➢遥控拉开A站2113闸刀，并遥控合上213开关，合闸成功。拉开213开关。（排除开关、上网电缆故障）

➢向运营调度员确认B站—A站下行区段列车已降弓。

➢遥控合上B站2111闸刀、合上211开关，合闸不成功。报持续短路闭锁。令B站值班员上线路就地拉开c03闸刀。

➢B站电力值班员告c03闸刀已拉开，电力调度员遥控合上B站211开关，合闸均成功。（排除主线接触网故障，确认存车线接触网故障）

➢遥控合上A站牵2113闸刀，合上213开关，合闸均成功。（恢复主线双边供电）

➢通知运营调度员B站—A站下行接触网恢复正常供电，B站存车线接触网故障。

➢积极配合设备维护单位抢修工作，续报后续相关信息流程并详细记录事件过程。

9.2.5　变电站故障处理

1. 主变电站故障处理

(1)主变电站主变压器故障处理

油浸式主变压器故障跳闸形式分为瓦斯、差动、压力释放、温度保护、接地变保护、零流一阶段、零流二阶段等保护。

1)变压器发生下列情况之一时，现场电力值班员可立即断开电源，再向电力调度员进行汇报：

① 变压器内部音响很大，很不均匀，有爆裂声；

② 在正常负荷和冷却条件下，变压器温度不正常，并不断上升；

③ 严重漏油致使油面降落，无法从油位计瓦斯继电器上判断油位者；

④ 油色变化过甚；

⑤ 变压器着火。

2)主变压器故障处理要点：

① 变压器主保护（重瓦斯和差动保护）同时动作跳闸，在未经查明原因和消除故障之前，不得进行强送电。

② 变压器差动保护动作跳闸，在检查变压器外部无明显故障或有明显故障但故障点已消除后，经检查瓦斯继电器的气体与油色谱分析均正常后可试送一次。

③ 变压器的重瓦斯保护动作跳闸(不论差动保护是否同时动作)不得试送电。在经检查瓦斯继电器的气体、油色谱分析、测量直流电阻、变比、检查线圈变形等情况后，确定变压器内部无故障并经设备主管单位领导同意，可以试送一次。

④ 变压器过流、零序或复合电压过流等后备保护动作跳闸，除应检查变压器、母线外，还应检查低压终端线路开关继电保护是否动作，如低压终端线路开关继电保护有动作而开关未跳闸，则应立即拉开该低压终端线路开关，然后试送变压器。如全部低压终端线路继电保护均未动作，则应即拉开全部低压终端线路开关，然后试送变压器，试送成功后，再逐路试送全部低压终端线路。

⑤ 变压器后备保护动作跳闸，系统有明显故障，经判断故障电流曾流经变压器，同时变压器出现瓦斯上浮子动作信号时，应检查变压器外部是否有故障的痕迹，并检查瓦斯继电器的气体，向供电设备主体管理部门汇报，再决定是否试送变压器。

3)案例处置:主变压器差动保护动作

① 现象

中央信号盘 110 kV、35 kV 变压器差动保护动作光字牌亮，电笛响报警 35 kV 信号盘，1 号主变 35 kV 开关跳闸，报警小红灯亮。1 号主变 110 kV 开关跳闸、35 kV开关跳闸。35 kV 分段开关合上，35 kV、400 V 均正常运行。

② 处理

➢检查主变压器保护动作情况，确认 110 kV 开关在分闸位置、1 号主变35 kV 开关分闸位置；(属于上级调度管辖、许可的设备应立即将设备动作情况汇报上级调度)；

➢电力调度员立即将上述情况及影响范围告知调度长、COCC，向维修调度发布抢修令，通知各设备维护单位生产调度、变电站供电值班员或值守点对故障设备进行检查；

➢电力调度员令主变电站值班员对 1 号主变差动保护范围内进行检查(二侧 CT 之内)，电力调度员令主变电站、混合变电站、降压变电站、开关站值班员查看设备动作情况及二次侧保护情况；

➢主变电站电力值班员报:检查发现 1 号主变 35 kV 侧出线电缆故障(汇报调度)；

➢发令将 1 号主变压器改为冷备用隔离；

➢配合检修人员处理，将故障变压器改为检修；

➢待具备送电条件后，及时做好主变压器受电启动工作，经过冲击合闸试验合格后，且具备带负荷能力后，做好运行方式调整工作。

➤积极配合设备维护单位抢修工作，续报后续相关信息流程并详细记录事件过程。

(2)外部电网故障

1)案例处置：上级电网有一路110 kV进线电源瞬间低电压失电故障

①现象

➤站内中央信号盘110 kV报警(110 kV保护动作光字牌亮、电笛报警)。

➤ 110 kV保护盘中1号主变压器110 kV低电压报警小红灯亮。

➤ 110 kV一段进线线路显示无电状态，1号主变压器失去电磁声(110 kV线路有功、无功电度表停止转动)。

➤ 1号主变压器35(33) kV开关跳闸，35(33) kV分段开关自动合上。

➤中央SCADA显示：主变电站1＃主变压器35(33) kV开关跳闸、110 kV、35(33)kV、10 kV、400 V一段母线无电压、失电的1号主变压器供电范围的变电站站失电。(由于直流开关无失压跳闸，整个接触网联为一体，接触网未失电，但网压偏低。)

② 处理

➤ 110 kV进线电源瞬间低电压失电故障，导致主变电站形成单电源供电，运行方式薄弱，存在全站失电的风险，应立即处置，及时调整至正常运行方式。电力调度员立即将上述情况及影响范围告知调度长、COCC，向维修调度发布抢修令，通知各设备维护单位生产调度、变电站供电值班员或值守点对故障设备进行检查。

➤令电力值班员必须立即进行检查(检查包括一/二次回路)，在确定失电原因非本站设备故障所引起母线失电者，这时必须保持本站设备的原始状态，不必改变。

➤运行方式调整操作应注意以下几方面：

• 立即告知运营调度电力设备动作情况，同时与上级调度联系，告知地铁电力设备保护动作情况，核实失压跳闸由上级电网波动引起。

• 与主变电站和相关变电站供电电力值班员核对现场设备状态是否与中央SCADA系统信息实际相符合。确认主变电站内无过流、零流信号、符合合环、解环操作条件。

• 在得到上级调度明确答复，其所辖线路已恢复正常供电方式后，可以带负荷。设备调度员应考虑调整措施，尽快将地铁电网恢复为正常运行方式。

• 在决定电力系统操作或发布指令前，应充分考虑对系统运行方式、电压、系统稳定、继电保护及安全自动装置、系统中性点接地方式、通信等各方面的影响。通知维修调度、设备维护单位生产调度，要求派员至具有重要负荷的车站、变电站进行值守保驾工作。

• 供电系统中的一切正常操作，应避免在值班人员在交接班时、行车高峰负荷时以及路网或电力系统发生异常情况或事故时进行。

• 满足上述条件后，在运营低谷时，进行主变电站 35(33)kV 分段开关合环、解环操作(需上级调度许可)。使主变电站恢复正常运行方式。

• 积极配合设备维护单位抢修工作，续报后续相关信息流程并详细记录事件过程。

• 恢复相关变电站正常运行方式，并令相关变电站负荷翻正常。翻负荷前必须向设备维护单位生产调度或变电站电力值班员确认已通知到用户后方可进行操作。

2)案例处置：上级电网二路 110 kV 进线电源同时失压故障(主变电站全站失电)

① 现象

➢站内中央信号盘 110 kV 报警(110 kV 保护动作光字牌亮、电笛报警)。

➢ 110 kV 保护盘中 1 号、2 号主变压器 110 kV 低电压报警小红灯亮。

➢ 110 kV 一、二段进线线路显示无电状态，1 号、2 号主变压器失去电磁声(110 kV 线路有功、无功电度表停止转动)。

➢ 1 号、2 号主变 35(33)kV 开关跳闸。

➢中央 SCADA 显示：主变电站 1 号、2 号主变 33 kV 开关跳闸、110 kV、35(33)kV、10 kV、400 V 一、二段母线无电压、失电的 1 号、2 号主变压器供电范围的变电站失电。(由于直流开关无失压跳闸，整个接触网联为一体，接触网未失电，但网压偏低。)

② 处理

➢电力调度员立即将上述情况及影响范围告知调度长、COCC，向维修调度发布抢修令，通知各设备维护单位生产调度、变电站供电值班员或值守点对故障设备进行检查。

➢令失电的主变电站值班员拉开 35 kV(33)、10 kV 分段一段、二段侧母线闸刀，停用 35 kV(33)、10 kV 分段自切。

➢遥控操作主变电站 35(33) kV 、10 kV 一、二段母线清排作业。

➢令失电的主变电站电力值班员解除相关开关闭锁，对低电压信号进行复位。

➢利用邻站主变电站电源经联络站开关及相关环网电缆，支援失电主变电站 35 kV(33) kV 一/二段或三/四母线供电，并恢复母线出线供电。

➢逐步对失电的 35(33)kV 一/二段或三/四母线、10 kV 、400 V 一/二段母线恢复供电。

➢令主变电站电力值班员合上1、2号主变压器110 kV中性点接地闸刀,并将1、2号主变压器改为冷备用。

➢令失电的1号、2号主变电站供电范围的变电站停用三类负荷。

➢电力调度员应灵活调整运行方式,平衡或转移负荷分配,也可考虑其他主变电站支援供电方式,以降低过流跳闸风险。

➢积极配合设备维护单位抢修工作,续报后续相关信息流程并详细记录事件过程。

(3)直流二次控制回路失压,致使2台主变压器35(33)kV失电故障

案例处置:直流控制总电源开关跳闸。

1)现象

中央信号盘报警,电笛响,35(33)kV,10 kV保护动作光字牌亮,35(33)kV、10 kV、400 V电压指示在零位(无电压)。交流照明灯全部熄灭,而事故照明指示灯亮。

2)处理

电力调度员立即将上述情况及影响范围告知调度长、COCC,向维修调度发布抢修令,通知设备维护单位生产调度、变电站供电值班员或值守点对故障设备进行检查;立即要求主变电站电力值班员查找失电原因,检查1号主变、2号主变仍有电磁声,这一步很重要,可以基本判明是属于本主变电站故障,判别有可能直流电源故障而引起。故要求主变电力值班员对35(33)kV直流电源检查,发现此直流电源开关在跳闸位置,调度许可将此直流电源开关合上,为恢复供电做准备。

① 对35(33)kV、10 kV、400 V母线上的所有出线进行清排(拉开所有出线开关),有35(33)kV接地变开关的可以保留合闸状态,不必操作。

② 停用35(33)kV、10 kV、400 V站用变分段自切功能。

③ 合上1号主变35(33)kV开关(充35(33)kV一段母线)。

④ 合上3号主变35(33)kV开关(充变压器)正常后,即合上3号主变10 kV开关(充10 kV一段母线)正常后,恢复10 kV一段上出线开关供电,恢复各变电站400 V负荷。

⑤ 合上1号所用变10 kV(充所用变)正常后,再对400母线充电正常后,将400 V一段上的所有开关合上,首先恢复本站照明,从而确保直流系统正常运行。

⑥ 恢复35(33)kV一段上出线开关供电。

⑦ 同样办法,恢复35(33)kV二段母排上的出线开关供电。

⑧ 最后,用上35(33)kV分段、10 kV分段、400 V站用变分段自切功能。

⑨ 要求检修人员进一步查找直流总开关跳闸原因。

⑩ 积极配合设备维护单位抢修工作,续报后续相关信息流程并详细记录事件

过程。

2. 牵引变电站内故障处理

(1)整流器组故障

1)牵引变电站内的整流器组全部故障退出运行时,为保证接触网正常供电,原则上采用相邻的牵引变电站通过该站的直流母排进行越区供电,形成大双边供电。也可采用拉开本站直流开关、合上该站联络闸刀形成大双边供电。严禁利用直流母排和该站联络闸刀同时运行的方式向接触网进行供电。牵引站当一台整流变或整流器组故障以后,在确保不过负荷的情况下,另一台整流变或整流器组可继续运行。

2)整流变压器有下列情况,调度员应作停电处理:

① 变压器内部响声很大,且很不均匀;

② 变压器绕组温度和铁芯温度不正常,且不断上升;

③ 由于温度保护动作跳闸;

④ 套管上有严重破损和放电;

⑤ 接头严重发热。

3)案例处置:一台整流变或整流器组故障

① 现象

➤1号整流器柜内一个二极管故障报警,两个二极管故障跳闸;

➤1号整流器柜内正负母排温度超过80 ℃报警,超过90 ℃跳闸;

➤1号整流器柜内散热器温度超过140 ℃报警,超过150 ℃跳闸;

➤1号整流器柜内衰减装置故障跳闸。跳35(33) kV整流变开关。

② 处理

➤电力调度员立即将上述情况及影响范围告知调度长、COCC,向维修调度发布抢修令,通知各设备维护单位生产调度、变电站供电值班员或值守点对故障设备进行检查。

➤通知运营调度员对运营暂时无影响。

➤令电力值班员对发生故障的整流器组改为冷备用。

➤要求电力值班员密切关注变电站内正常运行的整流器组、直流开关电流变化及左右邻站直流开关电流变化情况。

➤对该类故障一般不进行强送及试送作业,立即通知设备维护单位进行检修作业,根据现场情况可将故障整流器组改检修状态。要求检修人员快速查找原因,明确故障点。

➤积极配合设备维护单位抢修工作,续报后续相关信息流程并详细记录事件过程。

(2)直流开关故障

运行中的直流开关，一旦发生本体故障，会造成接触网单边供电，接触网供电运行可靠性降低，应当引起重视。

1)案例处置:机械故障(假合)

① 现象

混合变电站内电力值班员报直流213开关面板上电流表指针长时间为"0"，无摆动变化。属同一接触网供电区段的另一变电站电力值班员报直流211开关电流偏大。

② 处理

➢电力调度员立即将上述情况及影响范围告知调度长、COCC，向维修调度发布抢修令，通知各设备维护单位生产调度、变电站供电值班员或值守点对故障设备进行检查。

➢通知运营调度员对运营暂时无影响。

➢要求电力值班员密切关注变电站内正常运行的整流器组、直流开关电流变化及左右邻站直流开关电流变化情况。

➢要求电力值班员检查直流开关的机械位置是否正确，如确认是机械故障导致的直流开关受流中断，应立即将开关改至冷备用，期间通知运营调度员接触网单边供电对运营暂时无影响。

➢要求检修人员调整或检修直流开关机械位置，直至修复。

➢积极配合相关单位抢修工作，续报后续相关信息流程并详细记录事件过程。

➢修复后应尽快恢复直流开关投网运行，恢复双边供电方式。

➢积极配合设备维护单位抢修工作，续报后续相关信息流程并详细记录事件过程。

2)案例处置:控制面板死机

① 现象

混合变电站内电力值班员报直流开关Sitras PRO控制面板无任何显示(电压、电流、功率因数，均不能调阅，控制面板死机)，直流开关在运行位置，失去继电保护。

② 处理

➢电力调度员立即将上述情况告知调度长、COCC，向维修调度发布抢修令，通知各设备维护单位生产调度、变电站供电值班员或值守点对故障设备进行检查。

➢通知运营调度员对运营暂时无影响。

➢要求电力值班员密切关注变电站内正常运行的整流器组、直流开关电流变化及左右邻站直流开关电流变化情况。

➢由电力值班员提出申请重启 Sitras PRO 综合继电器,电力调度员许可。

➢重启 Sitras PRO 综合继电器前需提前告知运营调度员,接触网将短时形成单边供电。具体操作如下:应先解除直流开关联跳功能,后进行分闸操作。直流开关分闸后,供电人员可自行操作模块控制小开关,重启该直流开关柜内"装置电源"。重启成功后,可排除该控制面板死机的故障。(注意,直流开关在运行位置时重启柜内"装置电源"会引起分闸,故重启该直流开关柜内"装置电源"时,直流开关应在分闸位置)

➢积极配合设备维护单位抢修工作,续报后续相关信息流程并详细记录事件过程。

(3)直流控制电源失压

1)案例处置:直流屏内供直流开关控制电源的小开关跳闸;

① 现象

中央 SCADA 显示:牵引变电站通道中断;电力值班员报牵引变电站 4 个直流开关同时分闸;列车驾驶员报接触网网压为正常。

② 处理

➢电力调度员立即将上述情况及影响范围告知调度长、COCC,向维修调度发布抢修令,通知各设备维护单位生产调度、变电站供电值班员或值守点对故障设备进行检查。

➢首先检查失电原因,检查 1 号整流变,2 号整流变仍有电磁声,这一步很重要,可以基本判明是属于本牵引(混合)变电站故障,判别有可能直流电源故障而引起。故要求电力值班员对 1 500 V 直流开关的控制电源检查,如控制电源小开关在跳闸位置,调度许可将此直流电源小开关试合上,为恢复供电做准备。向设备维护单位生产调度发布抢修令,报告 COCC。

➢报告运营调度接触网单边供电,必须控制列车密度。

➢询问电力值班员跳闸原因,确认为直流屏供直流开关的控制电源小开关跳闸。

➢如果可以恢复直流屏障碍,则发令合上 4 个直流开关。

➢如果不能恢复直流屏障碍,要求运营调度员通知列车驾驶员作降弓处理后发令合上故障站的接触网联络闸刀,构成接触网大双边供电。

➢积极配合设备维护单位抢修工作,续报后续相关信息流程并详细记录事件过程。

(4)框架保护故障

1)电压型框架保护故障

电压型框架保护发生后,电力调度员对失电的整流器组及直流开关恢复送电的依据是：检修人员确认车站短路器 NK11 的整定值与电压型框架保护的整定值相匹配、电力值班员确认变电站内直流柜架无异常、整流器组及直流开关具备试送电条件的回复后，电力调度员可试送一次。

2）电流型框架保护故障

电流型框架发生后，电力调度员不得试送、强送，应迅速采用 35(33) kV 开关、1 500 V 直流开关改为冷备用和接触网上网闸刀断开的设备状态进行隔离。待原因查明故障排除，现场回复具备送电条件后可恢复送电工作。

3）案例处置：电流型框架保护故障跳闸

① 现象

典型的电流型框架保护故障跳闸现象如图 9.3 所示。

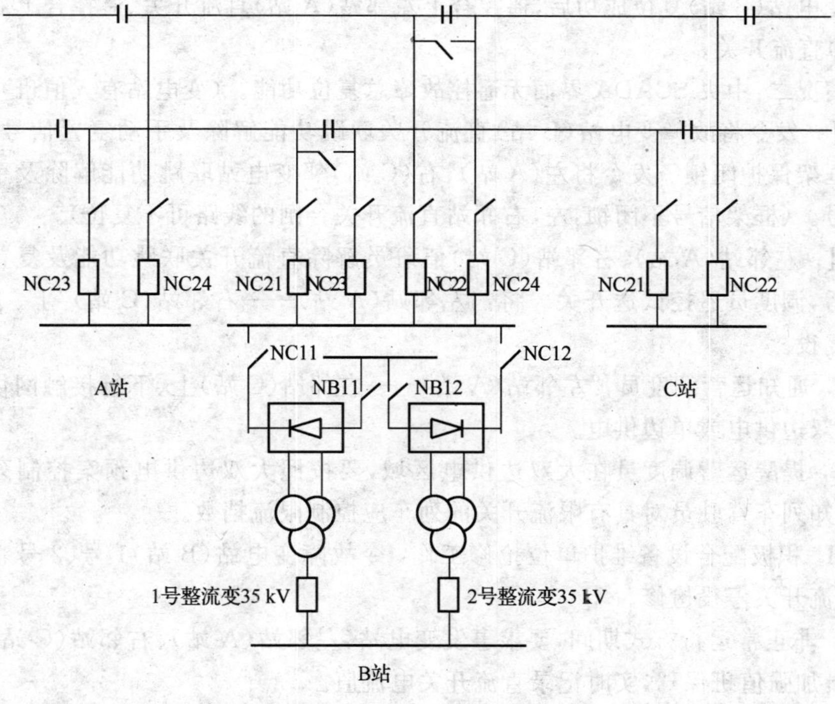

图 9.3 典型的电流型框架保护故障示意图

(B 站)牵引变电站出现电流型框架动作：1 号、2 号整流变 35 kV 开关跳闸、4 个直流开关跳闸、相邻左(A 站)右(C 站)邻牵引站 2 个直流开关跳闸。

② 处理

第一阶段：运行中的变电站因电流型框架保护动作后，电力调度员恢复接触网供电的处置操作流程：

A. 电力调度员立即将上述情况及影响范围告知调度长、COCC，向维修调度发布抢修令，通知设备维护单位生产调度、变电站供电值班员或值守点对故障设备进行检查；

B. 确认电流型框架保护后立即将接触网停电范围影响告知运营调度，如“A站——C站上下行接触网失电。（含折返线、渡线、存车线、出、入段/场线失电）

C. 要求运营调度员，对失电区段列车落弓，后续列车不得进入失电区段。

D. 要求电力值班员检查相关直流设备框架外壳有无异常、有无烟雾明火。

E. 电力调度员恢复接触网供电处置步骤：遥控拉开故障变电站（B站）接触网上网闸刀，将故障变电站退出运行，合上上、下行接触网联络闸刀（对于行车密度不高的线路，联络闸刀可不操作，可拟用单边供电方式）。

情况一：中央SCADA界面有遥控故障总复位功能，进行相关遥控复位操作。故障变电站（B站）复位成功后，遥控合上左邻站（A站）直流开关、遥控合上右邻站（C站）直流开关。

情况二：中央SCADA界面无遥控故障总复位功能。（变电站有人值班）

Ⅰ. 发令将故障变电站（B站）直流开关联跳功能解除及手动复置信号、手动解除框架保护闭锁。发令将左（A站）、右（C站）邻变电站联跳功能解除及手动复置信号。（框架信号不闭锁，左、右邻站直流开关合闸的线路可不复位）。

Ⅱ. 左邻站（A站）、右邻站（C站）值班员解除直流开关联跳功能及复置信号成功后，调度员遥控试送开关。将：“左邻站（A站）——右邻站（C站）”上、下行接触网复役。

F. 通知运营调度员，“左邻站（A站）——右邻站（C站）上、下行接触网供电方式：大双边供电或单边供电。

G. 提醒运营调度员在大双边供电区域，要按照大双边供电预案控制列车密度，通知列车驾驶员对具有限流开关的列车应控制限流挡数。

H. 积极配合设备维护单位抢修工作，令故障变电站（B站）1号、2号整流器组、直流开关停役检修。

I. 非正常运行方式期间，要求事发变电站、左邻站（A站）、右邻站（C站）变电站人员加强值班保驾，实时记录直流开关电流值。

第二阶段：框架故障修复后变电站投入运行的调整操作流程：

A. 电力调度员听取现场汇报后，引发框架保护的故障点已隔离，现场抢修工作已结束，确认设备具备受电条件后，由检修人员或电力值班员提出申请，可对停役检修设备进行试送电工作。

B. 如检修人员或电力值班员要求空充试送电，则电力调度员配合：遥控恢复（B站）变电站1号、2号整流器组、直流开关改运行，（上网闸刀处于拉开状态，事发变电站联跳功能停用状态），将直流电空充至短电缆。短电缆空充无异常后，由检修人员或电力值班员提出变电站投网申请后，调度员调整变电站运方，恢复运行。

C. 如检修人员或电力值班员要求直接送电，则把调整操作时对接触网停电的影响范围告知运营调度，即“左邻站(A站)——右邻站(C站)上、下行接触网失电(含折返线、渡线、存车线、出、入段/场线失电)。

D. 要求运营调度员在停电操作前告知列车驾驶员，相关区段的接触网将会有短时停电。对需停电调整区段范围内的电动列车就近停至站台后落弓，后续列车不得进入该区段。

E. 电力调度员将修复后的变电站投网恢复运行：将“左邻站(A站)——右邻站(C站)”上、下行接触网停役，拉开故障变电站(B站)上、下行接触网联络闸刀，(采用单边供电方式的不必操作)遥控恢复：“左邻站(A站)——右邻站(C站)”上、下行接触网恢复正常供电方式。令值班员用上直流开关联跳功能。

F. 通知运营调度员“左邻站(A站)——右邻站(C站)”上、下行接触网恢复正常供电方式。

G. 积极配合设备维护单位抢修工作，续报后续相关信息流程并详细记录事件过程。

3. 降压变电站故障

(1)电力变故障

案例处置：1号电力变匝间短路。

1)现象

1号电力变35 kV开关过流保护动作，1号电力变400 V失压分闸，400 V分段自切成功。车站站内照明等用电瞬时失电，基本无影响。

2)处理

➤电力调度员立即将上述情况及影响范围告知调度长、COCC，向维修调度发布抢修令，通知各设备维护单位生产调度、变电站供电值班员或值守点对故障设备进行检查；

➤核对站内设备状态，要求电力值班员对设备进行检查。

➤令将1号电力变改为冷备用。

➤要求变电站停用三类负荷。

➤检修人员或电力值班员回复，经检查1号电力变B相匝间短路现已修复。

➤在具备受电条件后，发令空充1号电力变。

➤待空充无异常后，调整运行方式，恢复该变电站400 V正常运行。

➤积极配合设备维护单位抢修工作，续报后续相关信息流程并详细记录事件过程。

(2)降压站全站失电处置

案例处置:单电源运行方式下,进线开关故障时的运行方式调整处置。

运行方式交代:某降压变电站1号电力变因匝间短路故障处于检修状态、35 kV分段开关因自切功能失灵故障,自切功能已停用;400 V二段带一段单电源运行。

1)现象

电源端35 kV二段进线II开关故障跳闸,变电站电力值班员汇报:35K二段进线开关无原因跳闸,2号电力变400 V开关失压跳闸,35 kV二段和400 V一、二段母线失压。经检查后确认:站内电压表、电流表、功率表的表计指示均为"0",站内交流照明全部熄灭,事故照明灯亮起,某降压变电站全站负荷失电。

2)处理

➢电力调度员立即将上述情况及影响范围告知调度长、COCC,向维修调度发布抢修令,通知各设备维护单位生产调度、变电站供电值班员或值守点对故障设备进行检查。

➢通知运营调度员:降压变电站全站失电,要求列车跳站运行。

➢发布抢修令,按照信息流程汇报。

➢要求值班员对35 kV二段进线开关进行查看,值班员回复:经查看35 kV二段进线开关未发现异常,申请试送。

➢遥控试送35 kV二段进线开关失败。发令现场就地合闸也不成功,值班员报:该开关面板显示故障。

➢电力调度员考虑应利用35 kV一段母线电源,通过35 kV分段开关试送35 kV二段母线。

➢遥控合上35 kV分段开关,恢复35 kV二段母线电源。

➢遥控合上2号电力变35 kV开关,恢复2号电力变运行。

➢遥控合上2号电力400 V开关,恢复400 V二段母线运行。

➢通知运营调度员:降压变电站二段恢复供电。

➢发令合上400 V分段开关,恢复400 V一段母线运行。

➢通知运营调度员:降压变电站全站恢复供电。

➢将35 kV二段进线开关改为冷备用进行抢修。

➢令电力值班员:某降压变电站三类负荷不得投用。

➢积极配合设备维护单位抢修工作,续报后续相关信息流程并详细记录事件过程。

(3)车站短路器NK11配合屏蔽门及钢轨打火故障的处置

实例:车站短路器NK11在屏蔽门及钢轨打火故障时的(以下简称"NK11")处

置流程：

1)现象

由于信号装置、屏蔽门/安全门非导电金属框架的接地情况不佳，当接触电阻增加，可能引起该装置的接地处钢轨电位升高，导致发生放电，甚至打火、冒烟等现象。

2)处理

此时应要求供电值班员或值守点人员尽快手动合上 NK11。电力调度员应将下列事故处理带来的影响范围告知调度长、COCC，向维修调度发布抢修令，通知各设备维护单位生产调度、变电站供电值班员或值守点、车站值班员对故障设备进行检查；

① 由于车辆的牵引系统故障，钢轨、道岔出现冒火星现象，甚至起火。异常现象发生在车站（含车站附近）的合上本站 NK11，属区间范围则合上两端车站的 NK11。

② 在牵引/混合变电站应急处理中，当确认属框架保护动作而退出运行时，作为临时应急措施，合上退出运行的故障变电站的 NK11，以抑制钢轨电位升高。

③ 当设备调度员得到钢轨的绝缘程度、屏蔽门/安全门绝缘程度、牵引/混合变电站等设备绝缘下降、变电站保护装置故障导致轨道电位升高的信息后，且现场 NK11 出现频繁动作时，应立即要求手动合上 NK11。

待上述故障故障已排除或故障设备已隔离，将及时将 NK11 手动拉开，恢复常分闸状态。积极配合设备维护单位抢修工作，续报后续相关信息流程并详细记录事件过程。

9.2.6　通信故障中断处理

1. 调度中心与上级调度、各类变电站、停车场（段）之间的调度电话、直线电话因故中断时，可采用调度所备用且录音的电话。

2. 当中央 SCADA 系统全部因故中断，已失去中央监控能力时，将调度管辖范围内的电系设备全部由遥控转为站控（分段自切装置除外），无人值守的变电站立即转换为有人值守，每隔 2 h 向中央电力调度员汇报设备运行情况。

3. 当车站与中央通信全部中断时，正在进行检修的设备，在通信中断期间检修工作已结束并可以复役时，在不影响主系统运行方式、继电保护的情况下可以投入运行，但只能送至本站用电负荷。否则只能作为紧急备用。

4. 当中央 SCADA 系统中断的情况下，有备用系统如综合监控正常的情况下，仍按照系统正常方式进运营调度度业务。

5. 在 SCADA 系统发生中断时，由专业通信信号公司配合设备维护单位排除故障，通信信号公司检查传输系统是否工作正常，传输网管上有无告警信息后，告知设备维护单位，若存在故障，通信信号公司负责排除传输故障。

9.3 环控调度管辖设备故障的一般处理原则

快速反应、高度集中、统一指挥、逐级负责、紧密联系、协调动作，保证抢险救援工作安全有序、顺利开展、控制事态、减少影响，尽快恢复整个轨道交通路网运营。

9.4 火警突发事件的调度处置要求

9.4.1 应急事件处理调度的一般原则

轨道交通区域内发生火灾时，环控调度员通过控制或指挥相关的消防设施设备进入火灾工况模式，协助、配合火灾扑救工作，确保乘客和工作人员的生命安全和财产安全。

9.4.2 环控调度处理的基本职责

根据轨道交通特点，因车站建筑布局不同，一般可将车站划分为如下几个防火分区，调度员在处理发令环控专业事故时，则以这些区域为准，开启执行相应的火灾工况：

(1)站厅层南(或东)端非公共区域；

(2)站厅层公共区域；

(3)站厅层北(或西)端非公共区域；

(4)站台层南(或东)端非公共区域；

(5)站台层公共区域；

(6)站台层北(或西)端非公共区域；

(7)站台下列车停车道(轨行区)区域；

(8)设备层公共区域；

(9)有地面建筑的车站，南(或东)、北(或西)地面建筑各分为一个防火分区。

注：非公共区域是指管理用房和设备用房。

9.4.3 火警突发事件应急联动机制

1. 现场工作人员或列车驾驶员发现火情后，应立即用电话或对讲机向车站值班员、中央调度员报警，也可以拉手动报警器报警。当列车在区间被迫停车、无法行驶或无线电话通话困难时，列车驾驶员也可利用隧道电话或手持电话向车站值班员或运营调度员报警，报告火灾事故情况。

2. 消防设备在第一时间内有危及生命安全或有明烟明火的，现场车站值班员可以不报告环控调度员就采取断电并隔离的措施，但必须尽快将现场情况(含人员伤亡、设备损坏程度等)汇报环控调度员。

3. 车站值班员、环控调度员及相关处置人员应协助有关部门组织的故障原因或事故调查分析、现场勘察、取证等活动。向上级部门提供与事故有关的材料，如现场值班/检修日志、调度日志、调度命令记录和调度电话记录、设备检修申请等。协助上级部门和消防机关完成火灾事故分析报告，总结经验，吸取教训。

9.4.4 事故现场火灾报警的处置要求

1. 终端设备显示火灾报警后，车站值班员必须在1 min之内向环控调度员核对火警信息并了解是否有施工等外来影响因素，后续3 min之内环控调度员必须与现场车站值班员进行信息真实性的确认，每隔3 min进行后续现场事件发展和采取措施的确认。在2个3 min后环控调度员无法联系现场车站值班员，即报相关设备维护单位生产调度及COCC，请求后续支援。如果在相邻区域连续发生多点火警仍无法确认现场实际情况的，环控调度员可视情况报市消防指挥中心进行支援。

2. 发生火灾报警后环控调度员应及时与电力调度员、运营调度员、调度长联系，并由调度长进行相关信息传递。

3. 车站值班员在确认火警过程中必须带好通信工具，将现场情况及已采取的措施告知环控调度员，若现场事态无法进一步控制时，应立即拨打119电话。

4. 各单位在接到车站值班员或环控调度员的火警信息后，确认事态在进一步扩大时应立即派员以增加后续处置力量。

5. 火警确认后应做好相关信息记录，写明触发火灾报警的原因。正常报警包括火灾报警、调试检验、设备故障等造成的报警；其他报警包括抽烟报警、站外烟气吸入、蒸汽、不明原因等造成的报警。

6. 指挥环控、消防设备运行的调度命令只能由当值环控调度员发布，环控调度员发布命令前必须详细了解现场情况。接令人按环控调度员命令必须立即执行运营调度命令，所有调度命令必须使用调度电话发布。

7. 在火灾情况下为了不影响救灾工作，环控调度员发布的口头命令或书面命令，发令和接令双方都必须作好记录。

8. 环控调度员与车站维修人员及车站值班员电话联络时均应使用标准调度

用语和标准设备名称、编号。

9. 环控调度员发布调度命令前，应当了解清楚现场情况明确所要达到的目的，调度员对调度命令的正确性负责，车站值班员对命令执行、操作的正确性负责。

9.4.5 车站火灾的事故处理

车站站厅、站台、非公共区域火灾处置

当车站发生站厅、站台或出入口等公共区域火灾时，当班调度长向全线车站值班员及全线列车驾驶员发布"×点×分开始××车站进入火灾抢险、××车站进行封闭"命令。车站站台层发生火灾后，有屏蔽门(不含安全门或安全护栏)进行隔离的车站，运营调度员必须采用越站的方式命令列车驾驶员通过事发车站；没有屏蔽门的车站，上、下行列车则严禁越过站台区域。车站站厅层发生火灾后，事发车站的列车也必须采用越站运行的方式处置，不得办理上下客作业，枢纽车站同时关闭通往相邻车站的防火卷帘门。站厅站台层公共区域和非公共区域火灾，各线路应根据本线火灾联动工况执行，开启或关闭相应的机电设备。

9.4.6 列车火灾事故的处理

列车、隧道区间火灾的事故处理

根据目前轨道交通网络内地铁列车车型，在事故风机联动工况时，列车行进方向(或列车控制端)中对列车着火点的头部和尾部范围定义如下：

- 4 节列车编组：列车第 1、2 节车厢属于头部，第 3、4 节车厢属于尾部；
- 6 节列车编组：第 1、2、3 节车厢属于头部，第 4、5、6 节车厢属于尾部；
- 7 节列车编组：第 1、2、3 节车厢属于头部，第 5、6、7 节车厢属于尾部；
- 8 节列车编组：第 1、2、3、4 节车厢属于头部，第 5、6、7、8 节车厢属于尾部；

1. 隧道区间内列车上火灾且还能动车

(1)当接到列车驾驶员报列车上有火警报告后，运营调度应立即要求列车驾驶员尽量将列车开行至就近车站。

(2)当班调度长向全线车站值班员及全线列车驾驶员发布"×点×分开始××区域进入火灾抢险、××相邻线路或区域封闭"命令。

(3)运营调度员通知接车车站做好应急处理准备，包括客流引导组织、接应车站只出不进、换乘车站卷帘门关闭、手动打开屏蔽门、车站广播的准备。

(4)车站值班员应根据接车车站"停车道区域火灾工况"模式开启相应的风机进行排烟送风作业。

(5)如果 FAS、EMCS 无法执行火灾工况，车站值班员应根据环控调度员的命令立即开启相应的风机。

(6)根据现场情况决定是否启动水喷淋系统、消防泵系统。如有高压细水雾系统的线路，车站值班员也应立即开启。

(7)通过监控系统和车站值班员联系确认现场设备动作情况。

(8)通过中央 CCTV 系统时刻观察车站情况，根据灾情变化随时变更处理方式。

2. 隧道区间内列车上火灾且列车不能动车

(1)接到列车火警后，运营调度员应立即与列车驾驶员确认行驶方向、列车行驶位置、列车具体着火点位置、人员伤亡等情况。

(2)当班调度长向全线车站值班员及全线列车驾驶员发布“×点×分开始××区域进入火灾抢险、××相邻线路或区域封闭”命令。

(3)根据火灾情况，环控调度员立即与调度长确认列车乘客疏散方向，并通告全线车站及列车驾驶员，要求相邻区段的列车扣车，不得进入火灾区段。疏散方向的原则是“以疏散离火源点远的大部分乘客为主，并以此为逃生方向作为火灾疏散方向”。

(4)通知接车车站值班员做好车站乘客接应、手动开启站台两端端头门、车站只出不进、关闭换乘车站卷帘门、车站广播等准备工作。

(5) 环控调度员根据乘客疏散方向，选择火灾工况依据如下(列车在上行方向行驶为例)：

1)行驶方向为上行，列车头部着火(如图 9.4)，乘客向行驶方向车尾疏散；开启该区间上行车头火灾工况，即通风方式为车头侧车站事故风机排烟，车尾侧车站事故风机送风；

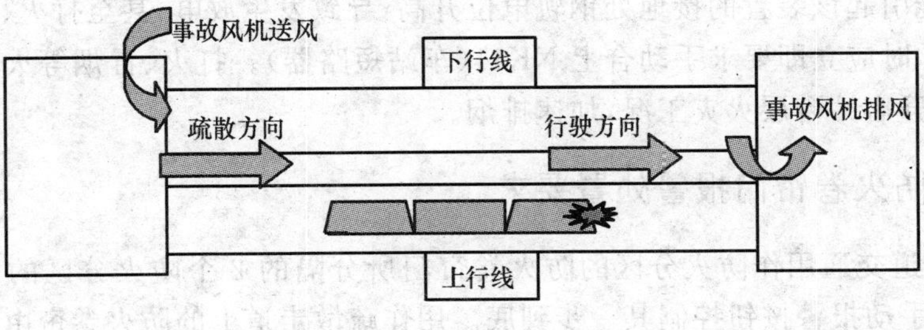

图 9.4　行驶方向为上行，列车尾部着火

2)行驶方向为上行，列车尾部着火(如图 9.5)，乘客向行驶方向车头疏散；开启该区间上行车尾火灾工况即通风方式为车尾侧车站事故风机排烟，车头侧车站事故风机送风；

(6)确认相邻车站区间泵运行是否正常；

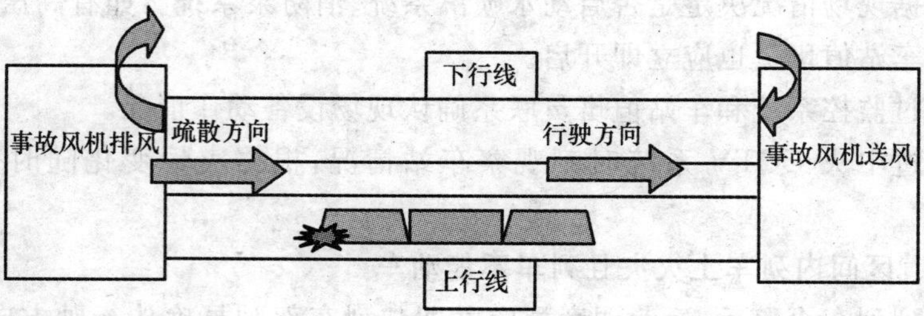

图 9.5 行驶方向为上行，列车尾部着火

(7)通过监控系统和车站值班员联系确认现场设备动作情况；

(8)通过中央 CCTV 系统时刻观察车站情况，根据灾情变化随时变更处理方式。

3. 正线运行列车驾驶员室内发生火灾

(1)列车驾驶员应立刻使用列车驾驶员室内灭火器进行灭火，控制火势。

(2)向运营调度员报告，按运营调度命令要求执行。

(3)依据情况向乘客广播解释，稳定乘客情绪，告知注意事项。

(4)车站值班员应协助列车驾驶员做好乘客的疏散工作，根据现场实际情况，具体实施规定可参阅本条内的第 1、2 点。

9.4.7 屏蔽门火灾事故的处理

屏蔽门火灾事故时的处置流程：

由于信号装置、屏蔽门/安全门非导电金属框架的接地情况不佳，当接触电阻增加，可能引起该装置的接地处钢轨电位升高，导致发生放电，甚至打火、冒烟等火灾现象，此时应立即要求手动合上 NK11(车站短路器)。打火、冒烟等火灾现象严重时发令开启站台层火灾工况，加速排烟。

9.4.8 防火卷帘门报警处置要求

1. 轨道交通用作防火分区的防火卷帘门所分隔的 2 个防火分区的 2 个探测器或 1 个手动报警按钮控制其一步到底。用作疏散走道上的防火卷帘由卷帘门附近专用的烟感报警后降至 9 m～2.0 m 温感动作后降到底或烟感报警后降至 1.9 m～2.0 m 后，延时 30 s 后自动降到底。

2. 环控调度员在接到 FAS 报警后，3 min 之内必须现场确认火警情况，并同时发令在初期火灾立即用手提灭火器扑灭；要求车站值班员做好换乘车站及大客流的疏导。

3. 突发事件处理完毕或确认为误报后，要求车站值班员在等到报警探头红灯熄灭或防火卷帘门报警单元控制箱报警无声后，用钥匙打开防火卷帘门开关面板，按下按钮开关，将卷帘门缓缓升起，直至升至上限位。

4. 车站不得有实施阻挡屏蔽门或安全门正常开启、关闭和其他影响列车正点停靠、驶离的行为。

9.5　枢纽站联动处置流程

9.5.1　处置原则

涉及枢纽车站，事故状态下控制中心之间应密切联动，事故处置主体控制中心应积极、果断进行事故处置，关联控制中心主动提供视频、现场等信息，并配合实施。

9.5.2　调度处置流程框图(图9.6)

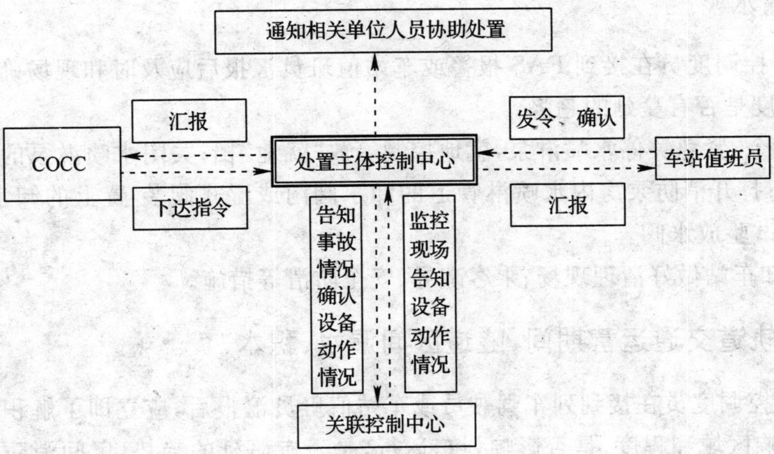

图9.6　调度处置流程图

9.6　水管爆裂处置要求

9.6.1　车站内生产、生活水管发生大量漏水

1. 环控调度员在接到车站值班员汇报后，应及时和现场确认影响范围和程度，是否有蔓延的趋势。

2. 发令：关闭车站入口处的生活水管总阀门，打开备用水点阀门进行放水。

如是空调季节则关停冷水机组。

3. 通知车站做好清理现场、乘客疏导、安全防滑等措施。

9.6.2 隧道区间、车站内消火栓(消火栓接合器)发生大量漏水

1. 环控调度员在接到列车驾驶员或车站值班员汇报后应及时和现场确认影响范围和程度,是否有蔓延的趋势。

2. 发令:关闭消防泵进口或出口阀门(2 只);关闭相邻两车站通往区间联络阀门(4 只);打开消防泵房内消火栓管网的旁路阀门进行卸水;密切关注区间消防泵和车站废水泵的运行情况。

3. 如果区间漏水的趋势无法得到控制且影响列车运行,调度员有权中断事故区段或全线的运营,并第一时间通知消防中心请求支援。

4. 通知车站做好清理现场、乘客疏导、安全防滑等措施。

9.6.3 车站或含有水喷淋系统的部位,玻璃球洒水喷头发生误喷或管道发生漏水

1. 环控调度员在接到 FAS 报警或车站值班员汇报后应及时和现场确认影响范围和程度是否有蔓延的趋势。

2. 发令:紧急关停水喷淋泵,就地控制箱放“就地”档;关闭水喷淋泵的进口或出口阀门;打开消防泵房内水喷淋管道的卸水阀门或湿式阀装 置上的卸水阀门;打开未端试验放水阀。

3 通知车站做好清理现场、乘客疏导、安全防滑等措施。

9.6.4 轨道交通运营期间,隧道区间漏水、积水

1. 环控调度员在接到列车驾驶员或车站值班员汇报后,应立即了解积水后渗漏水的影响区域和程度,是否影响列车运行,是否有蔓延的趋势,区间消防泵是否运行正常等相关信息。如图 9.7 所示。

2. 中央或车站都可通过 EMCS 系统上查看是否有高水位报警和水泵的运行状态。若高水位显示泵不动则远动开启另一台泵,直至高水位显示消失就停泵。

3. 如果上述措施未得到有效制止,并且现场水势有上涨或蔓延的趋势,则环控调度员与运营调度员积极配合车站,跟车至现场查看原因,以不影响列车运营为前提进行抢修。

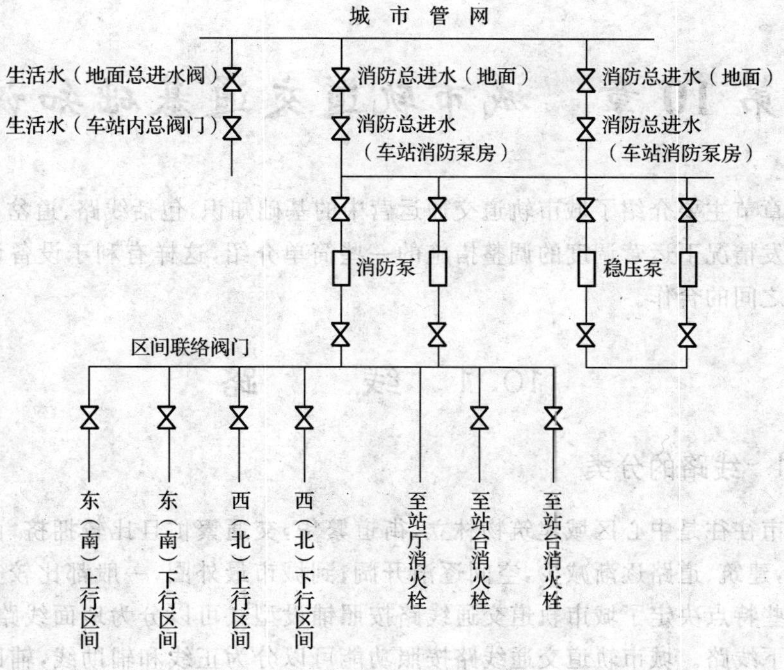

图 9.7　标准车站消防水管站台区间示意图

第 10 章　城市轨道交通基础知识

本章节主要介绍了城市轨道交通运营中的基础知识，包括线路、道岔、车辆、信号及突发情况下运营调度的调整措施的一些简单介绍，这样有利于设备调度与运营调度之间的合作。

10.1　线　　路

10.1.1　线路的分类

城市往往是中心区域建筑物林立，街道繁华，交通繁忙且比较拥挤；由中心城区向外，建筑、道路逐渐减少，空间逐渐开阔；到城市最外圈，一般都比较空旷。城市的这些特点决定了城市轨道交通线路按照铺设型式可以分为地面线路、高架线路和地下线路。城市轨道交通线路按照功能可以分为正线和辅助线，辅助线包括渡线、折返线、存车线、联络线等。

10.1.2　线路的定义、作用

1. 正　　线

正线是连接两个车站并从区间伸入或贯穿车站、行驶载客列车的线路。正线还可分为区间正线和车站正线。城市轨道交通系统的正线均采用上、下行分行，一般实施右侧行车惯例，以便与城市地面交通的行车规则相吻合。

股道编号，单线区段内的车站，从靠近站舍的线路起，向远离站舍方向顺序编号；双线区段内的车站，从正线起顺序编号，上行为双号，下行为单号；尽头式车站，向终点方向由左侧开始编号，如站舍位于线路一侧时，从靠近站舍的线路起，向远离站舍方向顺序编号。

2. 辅 助 线

辅助线一般不行使载客列车，是指车站内进行列车到发、通过、折返作业的线路，停放列车的线路，列车进出车辆段（停车场）的线路，以及将线网中的不同线路、车辆段与铁路连接起来的线路。他们包括：车站侧线、折返线、渡线、存车线、出入段（场）线、安全线和联络线等。

为使列车、车辆能从一条线路转入另一条线路，可以设置渡线。渡线有单渡线和交叉渡线两种。单渡线由两副单开道岔和道岔间的直线段组成,交叉渡线由四副单开道岔和一副菱形交叉组成。

折返线是供列车折返的线路,折返线的布置应尽可能保证线路最大通过能力的实现。

城市轨道交通线路的铺设方式主要有三大类型:地下线路、地面线路和高架线路。

在城市的中心区域由于受到诸多限制,城市轨道交通线路只能采取沿城市道路地下铺设的形式,称为地下线路。而中心区域以外的区域由于空间开阔、土地比较充裕,一般采取普通铁路路基作为轨道基础的铺设形式,称为地面线路。在城市外围,一般还可采取沿既有道路于高架铺设的形式,称为高架线路。

10.1.3 轨道线路的组成

1. 钢　　轨

(1)钢轨的定义

钢轨是轨道最重要的组成部件,它直接承受列车的荷载,依靠钢轨头部内侧面和机车车辆轮缘的相互作用,引导列车运行,依靠它本身的刚度和弹性把机车车辆荷载分布开来,传递给轨枕。

(2)钢轨的类型

1)按每m质量,我国把钢轨分为:75 kg轨、60 kg轨、50 kg轨、43 kg轨、38 kg轨等。不同运量的轨道线路采用不同质量的钢轨,即考虑了建设的成本,又可兼顾轨道线路的使用寿命。一般来说,轨道交通正线选用60 kg/m的钢轨,停车场选用50 kg/m的钢轨。

2)按单根钢轨的长度,钢轨又可分为:标准轨、缩短轨等。标准轨的长度有12.5 m和25 m两种。一般60 kg/m(含)以上钢轨采用25 m标准轨;其余50 kg(含)以下钢轨长度既有25 m标准轨,也有12.5 m标准轨。

(3)钢轨的横截面以及尺寸

钢轨分轨头、轨腰和轨底三部分。钢轨横截面为工字形截面,不同类型钢轨横截面的各部分尺寸不同。

2. 轨枕及扣件

(1)轨　　枕

轨枕是轨下基础部件之一。它的功用是支承钢轨,保持轨距和方向,并将钢轨对它的各向压力传递到道床上。

轨枕分为木枕和钢筋混凝土枕,这两种轨枕主要用于停车场和地面线的碎石道床。

1)木　　枕

木枕分为普通木枕、木岔枕(道岔用木枕)、桥枕(桥梁用木枕)和短木枕。其中桥枕在城市轨道交通中基本不使用。

木枕的主要特点是:弹性好,质量相对比较小,加工、运输及铺设方便,但使用寿命比较短,易受外界影响而失效。

2)钢筋混凝土枕

钢筋混凝土枕主要分为混凝土长枕、混凝土短枕和混凝土支撑块。其中混凝土长枕在城市轨道交通中使用的多为预应力混凝土枕。

钢筋混凝土枕的主要特点是:稳定性好,使用寿命长,能提供较高的阻力,但质量比较大,不利于铺设,且弹性比较差。

(2)扣　　件

扣件是钢轨与轨枕或其他轨下基础连接的重要联接零件,它的作用是固定钢轨,阻止钢轨纵向和横向位移,防止钢轨倾斜,并能提供适当的弹性,将钢轨承受的力传递给轨枕或道床承轨台。一般扣件都由钢轨扣压件和轨下垫层两部分组成。

目前在国内城市轨道交通中使用的扣件大致可分为传统扣件、DT 系列扣件、WJ 系列扣件、弹簧扣件和减震扣件五种。

3. 道　　床

道床是铺设在路基之上,轨枕之下的结构层,它主要有承受并传递荷载,稳定轨道结构的作用。道床从结构和形式上可分为碎石道床和整体道床两种。

(1)碎石道床

1)碎石道床的优缺点

结构简单,容易施工,减震、减噪性能较好,造价低。但其轨道建筑高度较高,造成结构底板下降,加大隧道的净空,排水设施复杂,养护工作频繁,更换轨枕困难。因此城市轨道交通的隧道内和高架混凝土桥面上的轻轨线一般不采用碎石轨枕道床,而一般在地面线及停车场道岔区域,才采用木枕或钢筋混凝土枕的碎石道床。

2)碎石道床的材料

碎石道床材料有碎石、熔炉矿砟、掺有碎石的筛选卵石,卵石含量达 50%以上的天然含砂卵石以及粗砂和中砂等。城市轨道交通一般采用碎石,也有用粗砂或中砂作为道床垫层。

3)碎石道床的作用

A. 均匀地传递列车荷载至路基面,保护路基;

B. 提供抵抗轨枕纵、横向位移的阻力,保持轨道几何形位;

C. 提供排水;

D. 提供缓冲和减震；

E. 为轨道养护维修作业提供方便。

(2)整体道床

1)整体道床的优缺点

整体道床也称无砟道床，其特点是整体性好，坚固、稳定、耐久；轨道建筑高度小，减少隧道净空，轨道维修量小，适应地铁和轻轨交通运营时间长、维修时间短的特点，但其弹性差，列车运行引起的震动、噪声比较大，造价比较高，施工时间长。

2)整体道床的分类

整体道床主要有无枕式整体道床、轨枕式整体道床、弹性整体道床等类型。

4. 轨　　缝

线路轨道结构以往普遍采用以标准长度钢轨铺设的普通线路。这种线路是将标准轨用钢轨连接零件进行连接，钢轨之间需预留一定的轨缝，称之为钢轨接头。采用标准长度钢轨铺设的普通线路，为适应钢轨热胀冷缩的需要，钢轨接头处必须留有一定的缝隙，这就是轨缝。

5. 曲　　线

地铁线路由一个方向转向另一个方向、由一个坡度转向另一个坡度时，必须圆顺过渡，其间以平面曲线、竖曲线连接。平面曲线由缓和曲线和圆曲线组成，即在直线与圆曲线间用缓和曲线连接。本课程主要介绍平面曲线，简称曲线。

10.1.4 轨道的几何形位

轨道几何形位是指轨道各部分的几何形状、相对位置和基本尺寸。轨道几何形位是否正确直接影响到城市轨道交通的安全，旅客的乘车舒适度以及线路设备的使用寿命和养护费用。轨道几何形位的基本要素有轨距、水平、高低、轨向。

1. 轨　　距

规矩是指轨道上两股钢轨头部内侧以下一定距离(城市轨道交通与国家铁路都采用 16 mm)处，两作用边之间的最短距离。世界各国城市轨道交通采用不同的轨距标准，采用最多的是 1 435 mm，称为标准轨距。

轨距用轨距尺(也叫道尺)进行测量，通常没 6.25 m 检查一处。轨距误差，规定宽不得超过 6 mm，窄不得超过 2 mm，所以在线路直线部分，轨距应不大于 1 441 mm，不小于 1 433 mm。

2. 水　　平

水平是指轨道上两股钢轨顶面的相对高低。轨道的水平必须满足一定的要求，在直线上保持同一水平，在曲线上满足均匀和平顺超高的要求。水平也用轨距尺与轨距同步进行测量。正线水平误差不得大于 4 mm，站场及其他线不得大于

6 mm。

3. 高　　低

高低是指一股钢轨纵向的相对高低。轨道高低必须满足平顺要求，以减少列车对轨道的冲击，确保运营的安全和旅客的舒适。高低用 10m 弦线在钢轨顶面中间测量最大矢度，最大矢度是弦线与钢轨顶面之间的距离最大者。高低差用 10 m 弦量误差不得超过 4 mm。

4. 轨　　向

轨向是指一股钢轨作用边的走向，也称方向，轨道方向要求直线段平直，曲线段圆顺。直线段轨向用 10m 弦线在钢轨顶面以下 16 mm 作用边处测量矢度，其允许误差正线不得超过 4 mm，站线及专用线不得超过 6 mm。曲线段轨向用 20 m 弦线在钢轨顶面以下 16 mm 作用边处测量矢度，称为正矢，其误差按曲线正矢误差规定执行。

10.1.5 限　　界

限界是指列车沿固定的轨道安全运行时，所需要的空间尺寸。限界主要分为车辆限界、设备限界、建筑限界、受电弓限界等，起控制作用的主要是设备限界和建筑限界。限界越大，安全度越高，但工程量和工程投资也随之增加。因此，合理限界的确定，既要考虑保证列车运行的安全，又要考虑系统建设成本。

1. 车辆限界

车辆限界是根据车辆的轮廓尺寸，考虑其弹簧挠度、各项间隙、磨耗、误差等技术参数的影响，对车辆在运行中可能出现的最大横向和竖向的偏移进行分析计算确定的。

2. 设备限界

设备限界是在车辆限界的基础上，考虑轨道的轨距、水平、方向、高低等在某些地段出现最大容许误差时，引起车辆的附加偏移量，以及在设计、施工、列车运行中不可预计的因素在内的安全预留量。设备限界是一条轮廓线，所有固定设备以及土木工程的任何部分都不得侵入此轮廓线内，它是保证城市轨道交通系统中的列车等移动设备在运营过程中的安全所需要的限界。

3. 建筑限界

建筑限界，是指在行车隧道和高架桥等结构物的最小横断面所形成的有效内轮廓线基础上，再考虑其施工误差、测量误差、结构变形等因素，为满足固定设备和管线安装的需要而必须的限界。换言之，建筑限界以内、设备限界以外的空间主要是为各类误差、设备变形和其他管线安装所预留的空间。

4. 受电弓限界

受电弓限界是根据车辆、轨道、接触网的触线、动态电间隙、各项公差等进行计算确定的。

10.2 道　岔

道岔是引导车辆由一条线路转向另一条线路的过渡设备。道岔是轨道线路的重要组成部分。道岔构造复杂,也是线路的薄弱环节之一。

地铁常见道岔有普通单开道岔、交叉渡线道岔、三开道岔及复式交分道岔等,其中普通单开道岔(图 10.1)为最常用的道岔。

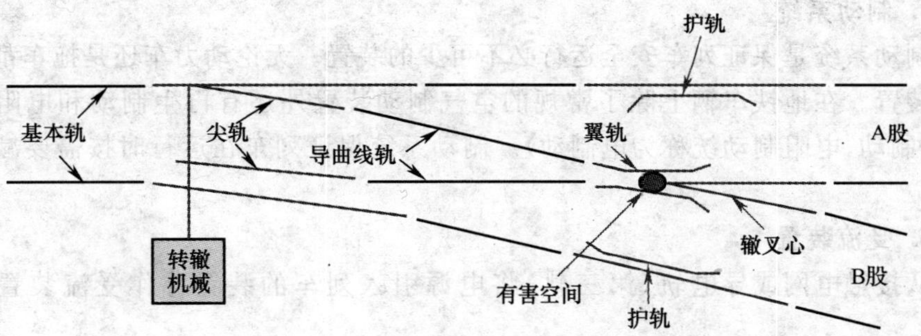

图 10.1　普通单开道岔

10.3 车　　辆

城市轨道车辆是城市轨道交通运输的重要设备,主要指地铁车辆、轻轨车辆和独轨车辆。城市轨道车辆除了应具有先进性、可靠性和实用性外,还应满足容量大、安全、快速、舒适、美观和节能的要求。

城市轨道车辆有动车和拖车、带司机室和不带司机室等多种形式。

10.3.1 城市轨道交通车辆主要组成部分

1. 车　　体

分有司机室和无司机室二种。它主要是容纳乘客及司机驾驶车辆的场所,又是安装与连接其他设备和部件的其础。它一般可由碳钢、耐候钢或不锈钢等组成。随着高科技的发展,目前已发展到采用高强度铝合金材料组成,它不仅能满足车体的强度要求,而且还能极大地减轻车体自身的质量以降低车辆运行时的能量消耗。它是由车顶、侧墙、端墙、底架、车门、车窗、贯通道等组成。

2. 转 向 架

转向架为车辆的走行装置，装置在车体与轨道之间，引导车辆沿轨道运行并顺利通过曲线，承受与传递来自于车体和线路的各种载荷，缓和或削减来自线路的冲击，提高车辆运行的平稳性是保证车辆运行品质的关键部件。转向架一般由构架、弹簧悬挂装置、轮对、轴箱和制动装置等组成。地铁车辆的转向架有动力车转向架和拖车转向架之分，动力车转向架装有牵引电机及传动装置。

3. 车钩缓冲装置

车钩缓冲装置由车钩和缓冲器组成。它的作用是连接车辆组成列车，传递牵引力和缓和列车由于速度变化而引起的纵向冲击、列车冲动。另外利用车钩装置还可将车辆之间的电气和压缩空气管路进行连通。

4. 制动系统

制动系统是保证列车安全运行必不可少的装置。无论动力车还是拖车都设有制动装置。在地铁车辆上除了常规的空气制动装置外还有再生制动和电阻制动（再生制动、电阻制动统称为电制动）。制动系统保证列车在运行时按需要减速或停车。

5. 受流装置

从接触电网或导电轨（第三轨）将电源引入列车的装置称作受流装置或受流器。

受流器大致有五种形式：

（1）杆形受流器（俗称拖铃）	用于无轨电车、有轨电车等。
（2）弓形受流器（简称受电弓）	用于有轨电车（小电流）。
（3）侧面受流器（旁弓）	用于单轨车、矿山机车。
（4）受电弓受流器（受电弓）	用于高速电力机车及地铁。
（5）轨道式受流器（受电靴）	用于第三轨受电、低电压、大电流。

6. 车辆电气系统

车辆电气系统包括车辆上的各种电气设备和控制电路。按其作用分为主电路系统、辅助电路系统和电子控制电路系统三部分。

7. 车辆设备

车辆设备包括服务于乘客的车体的固定附属装置和服务于车辆运行的设备装置。属前者的有照明、通风、空调、座椅、拉手等。服务于车辆运行的设备装置大多吊挂在车底下，如蓄电池箱、斩波器、逆变器、制动电阻箱、空压机组、储风缸、制动控制单元等，在车顶装有空调单元、受电弓等。当然，在客室内也还相应控制柜等。

10.3.2　城市轨道交通车辆类型

城市轨道交通车辆按有、无动力可分两类：

1. 动　　车

轨道交通车辆带有牵引动力装置的车辆称为动车，具体分有受电弓的动车(MP)和无受电弓的动车(M)；

2. 拖　　车

轨道交通车辆不带牵引动力装置的车辆称为拖车，具体分有驾驶室的拖车(TC)和无驾驶室的拖车(T)。

10.4　信　　号

地铁运营的安全，离不开科学规范的管理，而一个稳定、可靠的通信信号系统更是实现安全高效目标的基础和保障。“地铁的通信信号系统跟大铁路通信信号系统应用场景有着很大的不同。首先，地铁距离短，基本上都是在一个城市里面，长度最长大概三四十公里。第二，车站比较密，一般 1 km 就会有 1 个车站。第三地铁客流量密度很高，比如像我们现在上海，一般日均客流发动旅客数量是 600 多万人次。因此，相比大铁路，通信信号系统在地铁的应用更具挑战性。”

10.4.1　轨道交通信号系统发展过程

从 1825 年修建第一条铁路至今，轮轨交通事故发生的主要原因是由于能见度有限、超速、制动不力以及人为失误导致的。信号是保证行车安全、提高运输效率、及时和准确地传递列车运行信息的重要技术设备。它是以电子技术、通信技术、计算机技术、控制技术等为手段，结合轮轨交通的运输特点，形成的一门应用性极强的学科。信号技术的发展动力是行车安全和效率的矛盾。1870 年美国人 W·鲁滨孙发明轨道电路的百余年里，列车运行控制系统都是基于轨道电路技术。通信技术特别是无线电技术发展以后，20 世纪下半期开始出现以通信技术为基础的列车运行控制系统(CBTC)。

10.4.2　CBTC 信号技术介绍

最初的 CBTC 是在德国形成的，由于当时德国铁路大量使用钢枕木，无法使用传统的轨道电路，而计轴列车检测装置又无法向列车传输控制信息。这就是上世纪七十年代的基于环线的 LZB(连续式列车控制)系统。阿尔卡特在此基础上开发出适合于城市轨道交通的全自动无人驾驶的 Seltrack 移动闭塞系统。1995

年在多伦多斯嘎博罗线试点，1996年世博会前，在温哥华的天车线(Skytrain)正式投入商业服务。法国开发的SACEM系统也是一种基于环线通信的列车控制系统，尽管它还是依赖于轨道电路来检测列车的存在。

CBTCS(Communication Based Train Control System)基于通信技术的列车运行控制系统。自轨道电路出现后的百余年里，列车运行控制系统都是基于轨道电路技术。CBTC是以无线通信载体实现列车和地面的双向通信。CBTC的优点是有车一地双向通信，传输信息量大，传输速度快，很容易实现移动自动闭塞系统，容易适应不同车速、不同运量、不同类型牵引的列车运行控制等等。CBTC应用中的关键技术是双向无线通信系统(欧洲GSM－R系统，美洲扩频通信技术)；列车定位技术(测速一测距系统、全球卫星定位、感应回线、查询/应答器)、列车完整性检测(计轴器法、列车尾部加装无线信号法等)双向无线通信系统，既可以有安全类信息双向传输，也可以双向传输非安全类的信息，例如：导乘信息、列车运营信息。

CBTC的定义是指一个连续的列车自动控制系统，它利用高分辨率的列车位置确定方式，不依赖于轨道电路；高容量、车—地双向数据通信；以及能够实施故障安全功能的车载和轨旁处理器(转引)它的一般结构含下列几层：车载设备层、无线通信层、车站控制层、有线(光纤)通信层和调度控制中心层。CBTC条件下可以实现完全的闭环控制。受益于计算机技术和通信方式的发展，信号的概念已经改变：从被动反应到主动检测，从轨旁设备控制到列车自我控制。

CBTC信号技术的优势分析：

➢ 冗余设计，保证系统可靠工作

采用无线基站方式的CBTC，对通信设施和车载设备采用双套冗余，解决了轨道电路无法冗余的弱点，从而确保列车控制信息的可靠接收和车地信息的可靠交换。因此，任何单个设备的故障都不会影响列车的正常运行。

➢ 节约整体投资成本，降低系统运行的能源消耗

由于可以自动控制列车的增速和减速，在运营的非高峰时期，采用最节省能源的操作运营模式，将有助于缓解能源紧张。

➢ 降低系统长期的维护成本

CBTC由于大大减少了硬件尤其是轨旁设备，因而其长期维护成本大为降低；同时，进而进一步降低长期的运营成本。

10.5 运营调度调整术语说明

10.5.1 扣　车

是通过增加列车在车站的停站时间，达到确保列车安全、实现运营调整目的而

采取的一项调整措施。遇突发情况时，为防止列车可能在区间长时间停留或列车进入前方非安全区段，运营调度员需采用扣车手段。因安全因素进行的扣车，必须在确认安全后方可取消扣车，因运营调整而进行的扣车作业，原则上单站扣车时间不大于 5 min。

扣车这个调整措施要遵守“谁扣谁放”的原则。一般在前行列车有故障，或者列车早点时采用的方法，在确保列车间隔时采用比较多，如扣车不及时，造成列车在区间停车时，要及时通知司机做好广播安抚乘客。

10.5.2　调整终端站发点

由于某种原因，实际列车上线数少于图定列车数或线路发生拥堵时，调度员应采用调整终端站发点措施，确保列车之间的间隔均匀。

遇早晚高峰时段，调度员为避免列车晚点，也可采取终端站早发措施，但应控制在 2 min 内。这样调整的目的是让该车在中途可以有 2 min 的延误，确保列车终到不晚点，但对线路的通过能力起的作用不大。

10.5.3　降低运行等级(调整区间运行时分)

除线路故障造成的区间限速外，为避免列车长时间在车站停留，可采用降低运行等级(调整区间运行时分)的措施，一般在突发情况下，结合扣车使用。突发情况下，列车扣停在站台的时间如过长，容易引起乘客的恐慌，在确保前行列车动车的前提下，可以安排停站时间过长的列车低速前行至下一站，这样可以将列车等待的时间分散到车站扣车和区间低速运行。

调整停站时间：通过扣车或更改车站停站时间，以缩短列车与前后列车的间隔。在正常情况下，列车出现早点时，第一选择是调整停站时间，不得任由系统自动调整运行等级，这样可以将列车早点的时间多留给乘客上下车。

10.5.4　运休列车(收车)

由于设备故障等原因，造成线路拥堵严重，调度员应主动采取安排列车回库、进存车线(折返线)停运的措施。这样可以适当减少线路列车的拥堵情况。

10.5.5　加开列车

遇突发性客流增加或列车晚点造成客流积聚时，调度应进行备车的加开，在某一区段和时间段达到缩短列车间隔，增加线路输送能力的效果，从而缓解客流压力。

10.5.6　列车替开

通过备车替开计划列车(换表),减少列车晚点,尽快恢复列车按图行车,列车替开统计应符合运行图统计规则。

假如图定列车因故晚点时,可以通过安排终点站备车或者中间站备车替开晚点列车折返后的车次,而晚点列车折返后可以改开后续列车的车次,这样可以确保列车实际运行轨迹与列车运行图符合。

10.5.7　变更交路或者小交路

通过变更列车终到目的地,以满足运营的需要。主要适用于:前方区段异常,防止列车进入;均衡不同区段列车运能(大小交路列车密度的变更,上下行列车密度的变更)。

当某一线路造成拥堵时,由于列车无法及时在终点站折返,势必会引起另一线路的运用列车数量减少,甚至在相当长时间内某些车站及区段无列车通过,造成乘客滞留车站人数增加。为了减少这种影响,最有效的一种方法就是组织列车小交路运行,即组织拥堵线路的列车在中间站清客后,经渡线折返到另一线路运行。在客流量较大而运用列车数目不足时,也可以采用此方式。

10.5.8　载客通过

在车站不具备乘客安全乘降条件以及列车晚点可能或已经造成后续列车发生拥堵时,调度员可安排载客列车在部分车站通过,以达到恢复行车间隔,确保线路通畅和乘客人身安全的目的。载客通过是调度员调整列车运行间隔,组织按图行车的重要手段。在组织列车通过车站时,行调应提前下达命令。司机和车站有关人员应对乘客做好宣传解释工作,以防乘客恐慌。车站应维持秩序,严密组织好乘客乘降,确保乘客安全。

原则上安排载客列车通过车站要提前通知乘客,客流较大车站及首末班车不安排跳停,还要避免一列车连续多站载客通过及多列车在同一车站连续载客通过。在高峰时段,对某些车站进行载客通过,可以达到尽快疏通线路的良好效果。

10.5.9　列车救援

列车在运行中发生故障,运行速度极其缓慢或停滞,势必会造成线路堵塞,给全线列车的正常运行带来严重影响。此时可根据情况,采用前方或后方列车清客后救援(一般优先采用后续列车推进救援的方式),将故障列车送至存车线或回停车场进行检修。对因供电系统故障造成的救援应当使用内燃工程列车，当然此时的影响必然会扩大化。

10.5.10　列车反方向运行

地铁线路通常是按上、下行分别设计，在同一线路上列车的运行方向是一致的。当一个方向列车密度较大，而另一方向列车密度较小时，为恢复列车正点运行，可利用有岔站的渡线，将列车转到密度较小的线路上反方向运行；当一方向由于列车故障救援等因素可能造成较大间隔时，也可利用渡线将列车转到另一线路上反方向运行，以缩小列车间隔，均衡运行。

10.5.11　列车单线双向运行

单线双向运行，也称“拉风箱”，就是在固定区段内一侧线路在同一时间内只有一列车往返运行。当某个区段一侧线路上堵塞时，可以在该区段的另一侧线路上采用此种行车方式，但是两端车站必须控制好列车进路，否则会引起列车冲突。另外，如果两端车站距离过长，则该区段内乘客的等待时间会增加。

10.5.12　列车折返方式的变更

对于一具有站前折返和站后折返的混合站台(图 10.2)，列车在折返时，通常采用站后折返方式。此种方式车站接发车采用平行作业，不存在进路交叉，有利于确保行车安全，同时也避免了上、下车客流交汇，但因为列车折返时空走距离较长，所以折返时间较长。在列车晚点时，可以采用站前折返方式缩短折返时间，此种方式有利于缩短列车走行距离，但列车折返会占用区间线路，影响后续列车折返，同时导致上、下车客流交汇，需要车站及司机做好乘客引导工作。

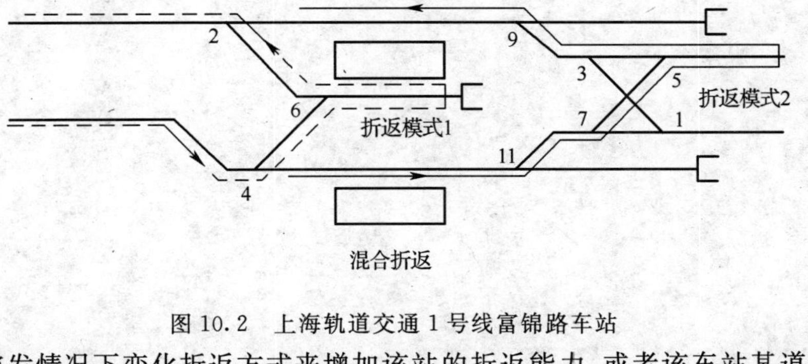

图 10.2　上海轨道交通 1 号线富锦路车站

在突发情况下变化折返方式来增加该站的折返能力，或者该车站某道岔故障了，也可以通过改变折返方式来避开故障道岔的手摇操作。例如图 10.2 中 6＃道岔故障，如果采用站台折返需要不断手摇 6＃道岔进行折返，在该种情况下，可以利用站后折返，增加折返能力。

10.5.13 公交接驳

当地铁某段线路因故停运时，为确保乘客的利益，从乘客出发，我们需要启动公交接驳应急预案，将乘客从一个地铁车站通过地面交通工具运送到另一个地铁车站，这需要通过地方客运管理部门的积极协调。

参 考 文 献

1 何宗华，汪松滋，何其光．城市轨道交通供电系统运行与维修[M]. 北京：中国建筑工业出版社，2005.

2 宋奇吼、李学武等．城市轨道交通供电[M]. 北京：中国铁道出版社，2009.

3 王育才主编．城市轨道交通变配电技术．北京：中国铁道出版社，2012.

4 叶华平主编．城市轨道交通概论．北京：中国铁道出版社，2009.